Marie Elisabeth Müller, Devadas Rajaram

Social Storytelling

Wie Storytelling heute in Social Media funktioniert

Rheinwerk
Computing

Liebe Leserin, lieber Leser,

Storytelling ist heute ein Muss in jedem Marketing-Repertoire, in den sozialen Netzen weiß jedoch kaum jemand, es effektiv einzusetzen. Wie können Geschichten für mobile Endgeräte ansprechend verpackt werden, damit sie in der schnelllebigen digitalen Welt ihre Wirkung entfalten können? Die klassische Heldenreise ist auf Instagram, Facebook oder TikTok nur schwerlich umzusetzen. Wie also können Sie Ihre Follower*innen mit Ihren Geschichten in den Bann ziehen? Social Storytelling beschreibt die Kunst, aus Fakten, Produkten und Dienstleistungen spannende und animierende Geschichten zu machen. Das Ziel ist es, in der enormen Flut an Postings wahrgenommen zu werden.

Mit diesem Buch steht Ihnen die erste Gesamtschau zu diesem Thema zur Verfügung. Ich freue mich sehr, dass Marie Elisabeth Müller und Devadas Rajaram ihr enormes Praxiswissen in dieses Buch haben einfließen lassen. Sie zeigen Ihnen, wie Sie mit dem Smartphone den Schlüssel für erfolgreiches Storytelling bereits in Händen halten. Für die gewünschte Aufmerksamkeit müssen Sie Geschichten multimedial und gezielt für die jeweilige Plattform erstellen und aufbereiten. Wie das genau funktioniert, erfahren Sie hier!

Dieses Buch wurde mit größter Sorgfalt geschrieben und hergestellt. Sollten Sie dennoch Fragen, Kritik oder inhaltliche Anregungen haben, freue ich mich, wenn Sie mit mir in Kontakt treten.

Nun wünsche ich Ihnen aber viel Freude und Erfolg mit Social Storytelling!

Ihr Erik Lipperts
Lektorat Rheinwerk Computing

erik.lipperts@rheinwerk-verlag.de
www.rheinwerk-verlag.de
Rheinwerk Verlag · Rheinwerkallee 4 · 53227 Bonn

Auf einen Blick

Wir hoffen, dass Sie Freude an diesem Buch haben und sich Ihre Erwartungen erfüllen. Ihre Anregungen und Kommentare sind uns jederzeit willkommen. Bitte bewerten Sie doch das Buch auf unserer Website unter **www.rheinwerk-verlag.de/feedback**.

An diesem Buch haben viele mitgewirkt, insbesondere:

Lektorat Erik Lipperts, Fynn Koretz
Korrektorat Isolde Kommer, Großerlach
Fachgutachten Julian Bossert, Stuttgart
Herstellung Norbert Englert
Typografie und Layout Vera Brauner, Maxi Beithe
Einbandgestaltung Judith Pappe, Köln
Coverbild iStock: 1032089696 © GeorgePeters
Satz III-Satz, Husby
Druck mediaprint solutions, Paderborn

Dieses Buch wurde gesetzt aus der Linotype Syntax (9,25/13,25 pt) in FrameMaker. Gedruckt wurde es auf chlorfrei gebleichtem Offsetpapier (90 g/m²). Hergestellt in Deutschland.

Bibliografische Information der Deutschen Nationalbibliothek:
Die Deutsche Nationalbibliothek verzeichnet diese Publikation in der Deutschen Nationalbibliografie; detaillierte bibliografische Daten sind im Internet über *http://dnb.dnb.de* abrufbar.

ISBN 978-3-8362-7812-6

1. Auflage 2021
© Rheinwerk Verlag, Bonn 2021

Informationen zu unserem Verlag und Kontaktmöglichkeiten finden Sie auf unserer Verlagswebsite **www.rheinwerk-verlag.de**. Dort können Sie sich auch umfassend über unser aktuelles Programm informieren und unsere Bücher und E-Books bestellen.

Inhalt

Geleitwort des Fachgutachters

Es war einmal vor langer, langer ... [swipe] vor einem großen Walde wohnte ... [swipe] und wenn sie nicht gestorben ...

Hätten die früheren Märchenschreiber und Autorinnen mit den heutigen kommunikativen Rahmenbedingungen für das Geschichtenerzählen zu schaffen gehabt, wären uns viele Märchen und packende Erzählungen verwehrt geblieben.

Doch nicht die Geschichten müssen sich ändern. Sie sind seit Beginn der Menschheit ein grundlegender Bestandteil unserer Gesellschaft. Sie ermöglichen das Verbreiten von Informationen, lehren und unterhalten uns – alles Dinge, an denen sich selbst nach Jahrtausenden nichts geändert hat. Und dennoch sind Geschichten bei allem Fortschritt heute relevanter denn je. In einer Zeit, in der Aufmerksamkeit ein immer wertvolleres Gut wird, muss sich Storytelling weitgehend transformieren.

Als Concept Developer und Content Creator für Marken wie Mercedes-Benz, Telekom oder HUAWEI merke ich, welches Potenzial innovatives und gut integriertes Storytelling hat: ein Publikum mit neuen Möglichkeiten zu begeistern, es durch Interaktivität teilhaben und seine Version der Geschichte kreieren zu lassen. Das alles fordert Verständnis, Kreativität und Routine, die gewonnen werden muss, bis man sich in einem Kosmos aus Digitalität, Technik und neuen Narrativen wohlfühlt.

Ich freue mich sehr, dass es endlich ein Buch zum modernen Social Storytelling gibt. In dieser Form wurden die Inhalte noch nicht zusammengetragen und verständlich aufbereitet. Man merkt, dass Marie Elisabeth Müller und Devadas Rajaram ihre vielfältigen Erfahrungen auf diesem Gebiet haben einfließen lassen. Davon profitieren nun Sie! Bei Ihrer Reise durch ein immer schneller expandierendes Universum aus Inhalten, Möglichkeiten und Funktionen wird Ihnen dieses Handbuch als kompakter Wegweiser sicherlich ein wichtiger Begleiter sein.

Julian Bossert
www.julianbossert.de
Instagram & Twitter *@eigentlichich*

Vorwort

»Wir sind im elektronischen Dauerrauschen. Noch nie haben so viele Menschen so oft so viel digitalen Content geteilt. Nur: Wie erzählen wir gute Geschichten, die auf vielen Plattformen herausstechen und im Gedächtnis von Menschen bleiben? Diese Frage muss heute jeder beantworten, der professionell mit sozialen Medien arbeitet.«
– Sascha Gottschalk, CEO Filmemacher Deutschland

An sozialen Medien kommt heute kein Geschichtenerzähler, kein Marketeer und ken Content-Stratege mehr vorbei. So wie die Sonne der Erde und allem auf der Erde ihre Energie spendet, so speisen und befeuern die heutigen sozialen Medien allen Content im digitalen Universum. Social Media ist zum persönlichen Solarsysten von Milliarden von Nutzern weltweit geworden. Social Storys beeinflussen nicht nur Inhalte und Nutzergewohnheiten im ganzen Web, sondern darüber hinaus auch in traditionellen linearen Medien wie Print, TV und Radio bis hin zu Offline-Events. Wer sich professionell damit beschäftigt, muss genauso vernetzt denken und planen. Im digitalen Universum kreisen Plattformen und Apps wie Planeten umeinander. Nutzer sind Plattform-Hopper, immer auf dem Sprung, unterwegs von Planet zu Planet. Auf ihrem Weg teilen und nutzen sie Storys und Content. Für Storyteller und Content Creator kommt es darauf an, diese Nutzer/Customer-Reise in ihrer Story-Reise zu spiegeln.

Herzlich willkommen in unserem Reiseführer durchs Social-Media-Solarsystem! Wollen Sie Storys erzählen, die auf vielen Plattformen gefunden werden und Menschen in Erinnerung bleiben? Dann sind Sie hier genau richtig. Am Ende unseres Buchs verstehen Sie garantiert besser, wie Sie sich mit Ihren Storys am besten positionieren. In unserem Buch teilen wir auf unterhaltsame Weise unser praktisches Wissen mit Ihnen und wünschen Ihnen viel Freude mit uns, Ihren beiden Autoren und unseren fünf Storytelling-Experten: Filmemacher und Content-Stratege *Sascha Gottschalk*, Journalistin und Social-Media-Expertin *Deana Mrkaja*, Business-Influencer und TikTok-Experte *Adil Sbai*, Anwalt, TikTok-Influencer und Storyteller *Tim Hendrik Walter*, Marketing-Manager und Jugend-Aktivist *Maximilian Wolf*.

Was ist das Besondere an unserer Gruppe? Wir alle haben unkonventionelles Wissen und viel praktische Erfahrung im digitalen Neuland aufgebaut. Und wir lernen leidenschaftlich gern zusammen. Deshalb begleiten wir Sie in diesem Buch zu Ihrer neuen Content-Strategie mit crossmedialen Methoden. Damit starten Sie im Social Web und schicken von dort ihre Geschichten auf Reisen durch das ganze digitale Universum. Unser Ziel ist Ihr Erfolg. Wir wollen erreichen, dass Sie sich in Social Media wohlfühlen und Ihre Inhalte und Storys optimal mit loyalen Followern und neuen Nutzern verbinden.

Wir können nicht über Social Media reden, ohne die gewichtigen Probleme zu erwähnen, die sie verursachen. Sie bringen uns eine riesige Masse an Fake News, politischer Desinformation und Verschwörungstheorien. Riskant ist auch die erzwungene kommerzielle Nutzung unserer persönlichen Daten durch große Technologieunternehmen und die politische Überwachung vorbei an gewählten Parlamenten. Alldem liegt eine einzige Ursache zugrunde: der Mangel an unabhängigen globalen Plattformen. Weltweit haben Regierungen und Gesellschaften den technologischen Fortschritt und die Dynamik der Entwicklungen unterschätzt. Dadurch konnten technologiegetriebene Unternehmen einen enormen Vorsprung erwirtschaften.

Die Kehrseite sehen wir heute überall auf der Welt. Gewählte Regierungen und ihre Behörden arbeiten fieberhaft an neuen Regeln, um die Daten von Bürgern besser zu schützen und freien Zugang zum Internet für alle zu gewährleisten. Damit handeln sie im Einklang mit den Erfindern des World Wide Web. Diese hatten die Vision eines für alle Menschen auf der ganzen Welt frei zugänglichen Mediums, um besser kommunizieren und Wissen effektiver teilen zu können. Davon sind wir heute weit entfernt. Aber bis sich etwas grundlegend ändert, sollten wir das Beste aus den vorhandenen Plattformen machen, weil wir dort die meisten Menschen erreichen – und durch gute Inhalte einen positiven Wandel mitbewirken können.

Heute nutzen bereits zwei Drittel der Weltbevölkerung, nahezu fünf Milliarden Menschen, das Internet. Davon sind etwa vier Milliarden auf den vorhandenen sozialen Plattformen der großen Technologiekonzerne aktiv. Auch die Nutzer und Communitys, mit denen wir uns vernetzen oder geschäftlich und beruflich zusammenarbeiten wollen, sind dort aktiv und finden uns dort. In diesem Buch diskutieren wir die politische Situation und die von ihr verursachten Nachteile nicht, denn uns geht es hier einzig und allein darum, Ihnen, unseren Lesern, zu helfen, Social Media als organisches Netzwerk zu verstehen und zu bespielen. Wir wollen Sie in kurzer Zeit mit unserem getesteten praktischen Wissen ausstatten. Damit planen, produzieren und verbreiten Sie ihre Social-Inhalte und Storys optimal und bauen eine Community mit loyalen und engagierten Nutzern auf.

Das multimediale, interaktive und von Storys angetriebene Social Web, das wir heute normal finden, ist erst wenige Jahre alt. Wir würden sagen, das Social Web, wie wir es heute kennen, begann im Jahr 2013, als Snapchat nach und nach innovative Funktionen wie vertikale Storys, konversationelle Chats, Avatare und 3D-Filter einführte und immer weiter optimierte. Die Funktionen wurden bis 2020 auch von allen anderen sozialen Plattformen eingeführt, wenn auch meist weniger komplex und nicht so ausgereift wie auf Snapchat. Gleichzeitig wurden Smartphones und Tablets in wenigen Jahren extrem leistungsstark. Damit ist die hochwertige Produktion und Verbreitung multimedialer Inhalte beinah kinderleicht, intuitiv und technisch reibungslos geworden.

Das Social Web ist heute in vielerlei Hinsicht synonym mit dem *Mobile Web*, da die meisten Nutzer mit Smartphone oder Tablet das Social Web betreten und bereisen. Heute verfügen wir mit unseren mobilen Geräten bereits über professionelle, hochtechnologische und komplette Produktionsstudios in unserer Handfläche. Gleichzeitig entwickelt sich die mobile Technologie immer schneller weiter. Bald schon werden wir flächendeckend 5G-Netze und Smartphone-Kameras mit KI-basierten Sensoren und Lichtfeld-Technologie verwenden. Lichtfeld-Technologie erlaubt es, die Daten eines gesamten Raumes einzuscannen und in der Postproduktion für Rekonstruktion und Spezialeffekte zu nutzen.

Dynamisch entwickeln sich auch Geschäftsmodelle und Technologien der Plattformen. Die Algorithmen, die bestimmen, welche Inhalte für wen wie lange im Feed oder in den Storys ausgespielt werden, werden regelmäßig neu ausgerichtet. Apps verschwinden, neue Apps tauchen auf. Jede Änderung beeinflusst auch die Interessen und Gewohnheiten von Nutzern – und damit die visuelle Sprache und Workflows für Storyteller und Content Creator.

Das einzig Konstante im Social Web ist also der Wandel. Bewahren Sie sich deshalb beim Storytelling einen kühlen Kopf. Drücken Sie ganz bewusst auf eine große imaginäre Pausentaste, und konzentrieren Sie sich dann auf Ihre Inhalte und Ihre Geschichten. Denn ohne eine gute Story wird auch die fortschrittlichste Technologie zum Rohrkrepierer.

Beispielsweise erinnert sich heute kaum mehr jemand an *Casady & Greene*. Zwei junge Programmierer gründeten die Firma und entwickelten das erste industrielle MP3-Abspielgerät und die Software *SoundJam MP*. Beides zusammen hatte enormes Skalierungspotenzial. Aber die Entwickler versäumten es, eine überzeugende Story dafür zu entwickeln. Völlig anders ging dagegen Apple vor. Der Technologie-Riese erkannte das Potenzial, kaufte SoundJam MP im Jahr 2000 und stellte die beiden Programmierer mit dem Auftrag an, den *iTunes Store* zu realisieren. Der Musikplayer erhielt ein unschlagbar intuitives Design, und Steve Jobs vermarktete ihn als *iPod*. Dafür erfand er den Story-Claim »The Walkman of the Twenty-first Century«. Das Ergebnis ist Legende. Heute kennt fast jeder iPod und iTunes. Beide haben wesentlich zu Apples und Steve Jobs weltumspannenden Erfolgen beigetragen. SoundJam MP und seine Erfinder kennen dagegen nur noch ein paar Experten.

13

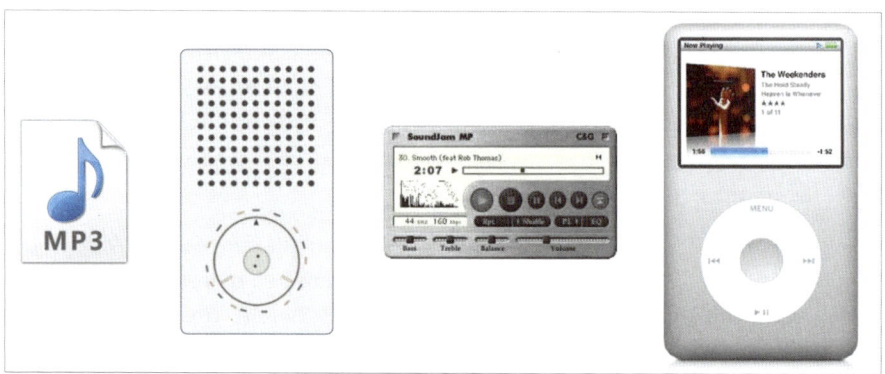

Abbildung 1 Evolution der MP3-Player (Quelle: Innovations-Manager Dr.-Ing. Ulrich Hutschek)

An dem Beispiel sehen Sie, wie Wandel und Veränderung zu einer mächtigen Zauberkraft werden. Jeder will sie haben. Aber Storytelling ist nicht nur magisch, sondern beruht auf Wissen und Handwerk. Wenn Sie ein neues Produkt erzählen wollen, kommt es darauf an, das Neue mit etwas Altem zu verbinden. Menschen akzeptieren Veränderungen und neue Produkte nur, wenn sie damit Kontinuität verbinden können. Was zuerst wie ein Ding der Unmöglichkeit klingt, schafft den Mehrwert, der Storytelling so wertvoll macht. Mit guten Storys stiften Sie Sinn und bringen unvereinbare Dinge zusammen – wie Apple in dem Claim »The Walkman of the Twenty-first Century« oder Rundfunkmacher mit »Kino im Kopf«.

Wenn Sie Geschichten im Social Web erzählen, arbeiten Sie auch mit einem Mix aus bewährten und innovativen Methoden. Sie entwickeln einen Blick für Storys, die in vielen Formaten und auf vielen Plattformen herausstechen. Dafür geben wir Ihnen in diesem Buch einen agilen und verständlich aufgebauten Werkzeugkasten an die Hand. Damit können Sie auch technologische Neuheiten, neue Formate und Algorithmen agil in Ihre Arbeitsweise und Ziele integrieren. So bleiben Sie in der dynamischen Umgebung leicht auf dem Laufenden!

Beginnen Sie, ihre Geschichten organisch aufzubauen und nach der »All-in-One«-Strategie zu planen. Wir gehen in den ersten beiden Kapiteln und in Kapitel 5 besonders darauf ein, was das heißt. Dann machen wir Sie Schritt für Schritt mit allen Methoden, Werkzeugen und Formaten vertraut, mit denen Sie Ihr Storytelling auf ein neues Niveau heben. Damit können Sie ganz alleine oder im Team Ihren Content und gute Storys für alle für Sie relevanten Plattformen planen, produzieren, veröffentlichen, den Erfolg evaluieren und danach ihre Strategie und ihren Content weiterentwickeln. Doch werfen wir zuerst einen kurzen Blick auf die kompakten sieben Kapitel und Stationen unserer gemeinsamen Reise.

In Kapitel 1 gehen wir darauf ein, warum Storytelling in den sozialen Medien ein Muss ist und wie Sie sich mit Nutzern, Plattformen und den für Storyteller und Content Creator wichtigsten Aspekten der Social-Media-Kommunikation vertraut machen.

Dann geht es in Kapitel 2 weiter mit neuen dramaturgischen Methoden, mit denen Sie Storys mit den Mitteln der sozialen Plattformen und für Nutzer in sozialen Medien extrem kurz und knackig erzählen können. Konventionelle Erzählmodelle wie die weltbekannte »Heldenreise« basieren auf langen Erzählbögen und wirkungsvollen Archetypen, die im kollektiven Gedächtnis der Menschheit aufbewahrt sind. Wir zeigen Ihnen, wie Sie diese wirkungsvoll weiterentwickeln und auf die Mikro-Formate in Social Media anpassen.

In Kapitel 3 zeigen wir Ihnen in unserem kleinen Multimedia-ABC, wie Sie professionell, kosteneffizient und schnell hochwertigen Content für alle für Sie relevanten Plattformen planen, produzieren, vertreiben und evaluieren können. Das Gute dabei ist, dass Sie ihr Smartphone in vielen Workflows nicht aus der Hand legen müssen. Geschichten in sozialen Medien produzieren wir für Nutzer an Smartphones oder Tablets. Am besten produzieren Sie ihre Geschichten ebenfalls mit dem Smartphone, denn so verwenden Sie dieselbe Technologie wie Ihre Follower und Nutzer. Dadurch stellen Sie Nähe her und beweisen, dass Sie Nutzer in Social Media verstehen. Viele von ihnen schätzen relevante und unpolierte Inhalte mehr als oberflächliche, aber perfekt polierte Imagefilmchen.

Danach wird es in Kapitel 4 höchste Zeit, sich die in die Plattformen integrierten Storytelling-Werkzeuge, neue Story-Genres und -Formate in Social Media anzuschauen. Einmal verstanden können Sie die getesteten Formate immer wieder verwenden, erweitern und für Ihre Inhalte und Ziele anpassen.

In Kapitel 5 geht es um die effektive crossmediale Strategie. Auch wenn Sie die Strategie in Ihrem Projektmanagement von Anfang an anwenden, gehen wir jetzt erst darauf ein. Der Grund ist, dass die Strategie auf dem Wissen aus Kapiteln 1 bis 4 aufbaut. Jetzt geht es darum: Wie finden und entwickeln Sie eine gute Story, die crossmedial funktioniert? Wie schicken Sie sie optimal und effektiv auf die Reise über mehrere Plattformen? Verwenden Sie mit der »All-in-One«-Content-Strategie alle produzierten Storys und Inhalte mehrmals. Dann nutzen Sie Ihre Ressourcen optimal, indem Sie die vorhandenen Storys variieren und kombinieren. Wir zeigen Ihnen, wie Sie ihre hochwertigen Social-Media-Inhalte fürs Web und lineare Plattformen aufbereiten.

Unser Experte Sascha Gottschalk übernimmt in Kapitel 6. Der Content-Stratege und Filmemacher hat gemeinsam mit Social-Media-Experte und Filmemacher Tariq Khan die Produktionsfirma *Filmemacher Deutschland*, kurz FMD, gegründet. FMD zählt weltweit zu den Top-Produktionsfirmen für Superlativ-Events und arbeitet mit globalen Firmen und Marken für innovative Content-Kampagnen und einzigartige Online-Offline-Events zusammen. 2020 ist FMD mit dem Innovations-Marketing-Award »Leuchtturm der Tourismuswirtschaft« ausgezeichnet worden.

In Kapitel 6 erklärt Sascha Gottschalk auf anschauliche Weise, wie datenbasiertes Monitoring und Auswertung von Erfolgsfaktoren bei der Entwicklung von Storys und dem Aufbau einer nachhaltigen Community helfen. Und er zeigt Ihnen auch, welche Indikatoren oftmals überschätzt werden und Ihnen bei der Erfolgsanalyse nicht helfen.

Zum Ende unseres Buchs schauen wir in Kapitel 7 gemeinsam mit unseren fünf Experten auf nächste Trends im Social Storytelling. Dann wissen Sie, worauf Sie und Ihr Team sich in der nächsten und mittleren Zukunft einstellen können.

Noch eine Sache: Jedes Buch entsteht nach einem Marathonlauf mit vielen Abenteuern auf dem Weg. Elisabeth denkt dabei auch an die Mühen Ihres Großvaters Julius. Ein Meister des Buchdrucks und Unternehmer, der vor und nach dem Ersten Weltkrieg eine Buchdruckerei in Duisburg unterhielt. Damals eine innovative Technologie mit Bleisatz, im Vergleich zu heute noch sehr viel aufwändiger.

Abbildung 2 Elisabeths Initiale in Blei, Schriftart Courier –
das Geschenk eines lieben Kollegen und Bleidruck-Experten.

Wir sind ganz besonders unserem Lektor Erik Lipperts und dem Rheinwerk Verlag verbunden, die uns von der ersten zündenden Idee bis zum fertigen Buch begleitet haben. Ohne Eriks immense Erfahrung, seine verständnisvolle Unterstützung und Begeisterungsfähigkeit hätten wir uns nicht an dieses Abenteuer gewagt und können wir uns dieses Buch nicht vorstellen. Vielen Dank!

So, nun genug der einleitenden Worte. Auf geht's!

Ihre

Marie Elisabeth Müller und **Devadas Rajaram**

1   Wozu kann ich Storytelling nutzen?

Sie möchten ein tolles Produkt, eine einmalige Marke, wichtige Informationen oder Werbung in Social Media groß rausbringen? Oder auf Social Media mit Ihrer Expertise persönlich professionell sichtbar werden und sich eine eigene Community aufbauen? Dann sind Sie hier genau richtig. Nur gut gemachtes Storytelling bringt Sie ans Ziel. Erzählen Sie Ihre Geschichten so, dass andere Menschen sie aktiv fühlen und erinnern.

»If I would have asked people what they wanted, they would have answered faster horses«, wird dem amerikanischen Autobauer Henry Ford zugeschrieben. Wer immer das gesagt hat, er hat eine wichtige Einsicht formuliert. Wollen Sie Informationen oder ein Produkt vielen Menschen vermitteln, müssen Sie ein gemeinsames Verständnis herstellen. Das gelingt am besten mit visuellen Nahgeschichten. Mit einfach verständlichen Storys und vertrauten Bildern, nah an dem, was Menschen in ihrem Alltag bewegt.

So designte und visualisierte Ingenieur Eric Horvitz Ende der Neunziger »Clippy«, Microsofts ersten Chatbot, auf Deutsch »Karl Klammer«. Ausgestattet mit Augen und einer extrem limitierten Interaktionsfähigkeit tauchte die Büroklammer als zappelnder Assistent in der Office-Software auf. Als konventionelle Büroklammer sollte der sprechende Bot leichter das Vertrauen von Nutzern gewinnen. Und auch wenn viele Nutzer ihn als extrem nervig empfanden und ignorierten, bekam Clippy schnell Kultstatus. Hinter seinem harmlos vertrauten Design verbarg sich einer der ersten mit rudimentärer künstlicher Intelligenz (KI) gefütterten konversationellen Agenten. Ein abstrakter Computercode, der Daten sammelte, daraus lernte und seine Kommunikation immer weiter verbesserte.

Aus demselben Grund verwenden Marketeers in der Autoindustrie bis heute den Ausdruck »Pferdestärken«, auch wenn schon lange keine Ähnlichkeit mehr zwischen Autos und Kutschen besteht. Denken Sie auch an Begriffe wie »Ordner« für digitale Datenstrukturen, »stitchen« für automatisierte Montage von Video- und Musik-Clips oder »Filter« und »Linsen« für computergrafische 3D-Effekte. Vertraute Wörter übersetzen neue Dinge in vertraute Erfahrungen. Sie bringen uns Produkte nahe, die neu und disruptiv sind und die wir ohne vertraute Wörter möglicherweise störend fänden.

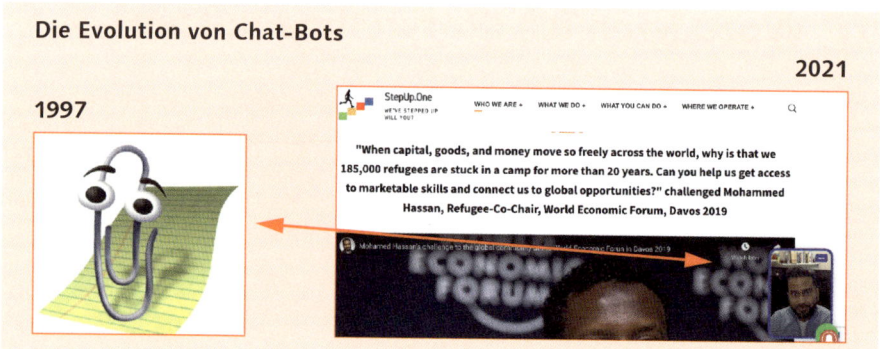

Die Evolution von Chat-Bots

Abbildung 1.1 Links: Clippy, Microsofts KI-getriebene Büroklammer, tat von 1997 bis 2007 Dienst als Office-Assistent und wurde vor Kurzem von Microsoft reaktiviert. Rechts: CEO Anis Mohamed nutzt einen persönlichen Video-Chatbot für die Website der NGO Stepup.One, mit der Software »Videoask«.

Auch das umgekehrte Phänomen funktioniert. »Magic Vision Control« nennt ein Autohersteller einen digitalisierten, KI-basierten »Scheibenwischer«. Das Ding ist neu, der Begriff ist neu, aber der visuelle Eindruck bleibt vertraut.

Gelingendes Storytelling beruht darauf, wie Sie Sprache verwenden. Wörter, Bilder, Musik – wenn wir kommunizieren, modellieren wir die Welt. Dadurch haben Sie es selbst in der Hand, wie andere Ihre Geschichten wahrnehmen. Namen, einzelne Wörter und Bilder gehören zu den kleinsten Storytelling-Elementen. Klein, aber fein. Damit können Sie große Wirkung erzielen, Nutzer engagieren oder abschrecken.

Anders gesagt: Storytelling ist wie ein gutes Essen. Jeder isst gerne und weiß, was ihm schmeckt, aber es gibt nicht die eine Regel für alle. Was wirklich gut ist und auch anderen passt, müssen wir erst herausfinden und gemeinsam entwickeln. Um es erfolgreich zu teilen, müssen wir unsere Ideen davon in Worte fassen und darüber mit denen sprechen, mit denen wir es gemeinsam genießen wollen. Am allerbesten probieren wir Zutaten und Menüs aus und experimentieren mit der Versuch-und-Irrtum-Methode. Dann bilden sich ein gemeinsames Wir und eine geteilte Vorliebe heraus. Daran können wir über die Dauer unseres gesamten Lebens immer wieder anknüpfen und sie immer wieder in Variationen herstellen.

Genauso funktioniert auch Storytelling im Social Web. Nur dass wir beim Storytelling einen gemeinsamen Nutzen und Mehrwert, ja, eine geteilte Sinnhaftigkeit, also *Purpose*, erfahren. Purpose ist gefühlter Sinn, den wir mit anderen teilen. Dafür sind Storys ideal, weil sie uns mit individuellen und kollektiven Erinnerungen verbinden. Mit Storys organisieren wir unser Wissen und unsere Welt in sinnhafte und empathische Sequenzen. Oft erinnern sich Menschen nicht mehr an alle Einzelheiten einer Geschichte. Aber sie erinnern sich daran, wie sie sich bei einer Geschichte gefühlt haben. Auch Sie können Storytelling nutzen, um Ihre Inhalte emotional zu erzählen und Beziehungen zu anderen einzugehen.

Abbildung 1.2 Vorbereitung zum Dinner in einem ugandischen Luxuscamp inmitten eines Nationalparks. 2018 bereiste die FMD-Crew das gesamte Land Uganda, um Content für das Tourism Board zu entwickeln (Quelle: Marc Bächtold, FMD Content Manager).

Pro-Tipp: »Purpose« für Nutzer finden (von Tim Hendrik Walter)

Zunächst geht es um die Frage, was »Purpose« eigentlich ist. Sinnhaftigkeit oder Zweck sind gegeben, wenn der Content einen gefühlten oder faktischen Mehrwert vermittelt – ob das nun faktische Informationen sind, Inspiration in Form einer sinnhaften Message oder simple Unterhaltung oder alles gleichzeitig. Wichtig ist, dass Nutzer das Gefühl haben, dass Ihr Video ihnen in diesem Moment einen Mehrwert gibt. Meiner Meinung nach ist das essenziell, um erfolgreich zu sein, und die Aufgabe, wie dieser Mehrwert im Zusammenspiel mit Nutzern entsteht, muss jeder individuell lösen.

Ich bin überzeugt, dass das Finden des »Purpose« ein Prozess ist, der sich nicht auf dem Reißbrett skizzieren lässt, sondern der sich mit der Zeit, mit Geduld, interaktiv mit der Community und iterativ durch viele Versuche und Wiederholungen ergibt. Geschätzt 90 % der Ideen für meine Videos kommen aus der Community. Ich lese bis heute fast alle Kommentare. Ich habe ein Dokument auf dem Smartphone, das mittlerweile sechshundert reale Fragen listet. Das sind keine unrealistischen Szenarien, sondern reale Fragen, die offensichtlich jemanden umtreiben. Zu verstehen, was mein Content ihnen bedeutet und welche Sorgen und Probleme sie umgeben, hilft mir, meine Rolle zu definieren.

Teilweise kommen sehr persönliche Nachrichten aus meiner Community. Zum Beispiel, dass jemand ohne Vater aufgewachsen ist und ich ihm Werte vermittle, die ihm im Alltag fehlen. So etwas geht unter die Haut, zeigt aber, dass junge Menschen meinem Content großen Wert beimessen und Sinn darin sehen. Das ist wohl das, was wir gemeinhin unter »Purpose« im Social Storytelling verstehen.

Tim Hendrik Walter aka @*HerrAnwalt* erreicht auf TikTok 2021 mehr als drei Millionen Follower mit juristischem Rat, den er knackig in 1-Minute-Lernen-Videos und humorvollen TikTok-Slang verpackt. Herr Anwalt versucht, alle Kommentare seiner Community zu lesen, ihre Fragen in seinen Videos zu beantworten, und nimmt jede Gelegenheit wahr, mit seinen Followern zu kommunizieren.

Abbildung 1.3 Tim Hendrik Walter aka @HerrAnwalt auf TikTok

Storytelling im Social Web ist ein dynamisches Geschehen, bei dem viele Methoden und Wege zum Erfolg führen können. Es ist aber kein Glücksspiel. Algorithmen sind darauf ausgelegt, gemeinsamen Mehrwert zu identifizieren und zu produzieren, damit Nutzer wiederkommen. Und wir können im Digitalen und in sozialen Medien alles in Echtzeit messen und auswerten – alle Aktionen, Reaktionen und die Zeit, die andere Menschen mit unseren Storys und unserem Content verbringen. Wenn Sie sich länger damit beschäftigen, definieren und antizipieren Sie den Erfolg Ihrer Geschichten immer zutreffender. Dafür müssen wir auch die Gewohnheiten der Menschen verstehen, die wir erreichen wollen, und die Technologien, die sie nutzen.

Im Social Web sind 2021 schon mehr als vier Milliarden Menschen aktiv, mehr als die Hälfte der Weltbevölkerung. Das Social Web ist der Nahbereich des Internets, den Menschen unmittelbar und ständig in ihrem Alltag nutzen. Im Internet erwarten Nutzer bereits heute, dass sie alles sofort und ohne Warteschleife haben können. Ihre Erwartungshaltung beeinflusst auch ihre Aufmerksamkeitsspanne für Geschichten im Social Web. Deshalb müssen Sie Ihre Geschichten so bauen, dass Sie Nutzer damit sofort engagieren. Denn der nächste Impuls und die nächste Story sind immer nur einen Klick weit entfernt.

Heute sind Nutzer nicht mehr eine große, homogene Gruppe, die wir in alten Massenmedien wie dem linearen TV das Publikum nannten. Im Social Web fühlt sich jeder zu vielen verschiedenen Gruppen zugehörig, so wie im richtigen Leben. Mit unseren Storys, Inhalten und Produktlinien zielen wir auf Gruppen und Nischen. Dafür fragmentieren wir unsere Inhalte in verschiedene Medien und Formate, etwa lange und kurze Videos, Fotogalerien, Podcasts. So erreichen wir viele verschiedene Zielgruppen und Nutzer, adressieren unterschiedliche Nutzungssituationen und Gewohnheiten.

Das wird sich auch in naher Zukunft nicht ändern. Es kommt darauf an, die gängigen Methoden und Gewohnheiten zu verstehen und zu beherrschen. Damit Sie sich mit Ihren Inhalten im Social Web wohlfühlen und zurechtfinden, bringen wir Sie auf den neuesten Stand. Sie erfahren alles über neue Storytelling-Strategien, Werkzeuge und Methoden – kurz, praktisch und direkt anwendbar.

1.1 Facts tell, Stories sell

Wer kannte Felix Baumgartner, bevor er für die Marke »Red Bull« aus der Stratosphäre zur Erde sprang? Wer glaubte den Entschuldigungen deutscher Politiker, bevor Willy Brandt in Warschau auf sein Knie fiel? Wer interessierte sich für die Kunst gemalter Siebdrucke, bevor Andy Warhol sie mit Motiven von Influencern seiner Zeit, etwa Marylin Monroe, malte und zu »Pop Art« erklärte? Es sind Bilder, die Menschen im Gedächtnis bleiben. Es sind Storys, die Menschen motivieren, eine Beziehung einzugehen.

Im Social Web funktioniert der Beziehungsaufbau nicht anders als im richtigen Leben. Menschen vertrauen Ihnen, wenn Sie über einen längeren Zeitraum glaubwürdig und authentisch kommunizieren. Dabei helfen Ihnen sauber recherchierte Daten und Fakten. Mithilfe von Daten und Fakten vermitteln Sie Einsichten in wahre Ereignisse und Zusammenhänge. Damit können andere verlässlich planen, Dinge einordnen, Sinn erforschen und Wissen generieren.

Aber Daten und Fakten allein sind zu abstrakt und nicht aussagekräftig genug. Denken Sie an eine abstrakte Farbe wie »Polarweiß« oder »Purpurviolett«: Menschen können sich Farben nicht ohne einen Gegenstand vorstellen. Das liegt an der kontextbasierten Arbeitsweise unseres Gehirns. Es merkt sich Dinge und Fakten, indem es sie visualisiert oder verklanglicht, etwa einen »Ohrwurm«. Diese Bilder und Klänge assoziiert unser Gehirn dann mit Gefühlen und vernetzt sie mit Dingen und Informationen: eine Menüfolge, die wir uns merken und wieder erinnern können, weil sie Sinn ergibt.

Bilder visualisieren besondere Momente. Stills sind wie Zeitkapseln, die Geschichte visualisieren und im kollektiven Gedächtnis bleiben.

Abbildung 1.4 Drei Bilder der Weltgeschichte – Links: Andy Warhols Siebdruck-Serie erzählt 1967 die Geschichte von Pop Art und ihrer Ikonen, die heute als Influencer gelten. Mitte: Willy Brandt entschuldigt sich 1970 mit einer visuellen Geste in Warschau für die deutschen Verbrechen während des Zweiten Weltkriegs. Rechts: Felix Baumgartner springt 2007 aus der Stratosphäre aus etwa vierzig Kilometern Höhe auf die Erde.

Betrachten Sie Storytelling als kreative Übersetzungsleistung. Etwa so, wie wir beim Kochen viele Zutaten in eine Ordnung und ein schmackhaftes Gericht übersetzen. Vergleichbar übertragen Sie in Ihren Storys im Social Web neue Ereignisse und abstrakte Informationen in eine sinnhafte, emotional ansprechende, audiovisuelle und multimediale Erfahrung. Storytelling ist die »Schwitze«, die alles zusammenhält.

Übersetzen Sie in Ihren Storys ein neues Produkt immer in etwas Vertrautes. Damit gelingt es Ihnen, Innovation und Veränderung vor dem Hintergrund von Kontinuität zu erzählen. Sprachlich legen Sie so die psychologische Grundlage dafür, dass Menschen bereit sind, mit Ihnen eine Beziehung einzugehen. Und sich dann auch auf Ihr neues Produkt einzulassen, es zu kaufen und zu nutzen. Wenn Sie die Verbindung nicht erzählen, laufen Sie Gefahr, Menschen zu verschrecken. In deren Wahrnehmung übersteigt die Angst vor etwas Neuem dann womöglich den Nutzen des neuen Produkts.

Pro-Tipp: Purpose ist nur ein Weg zum Erfolg (von Adil Sbai)

Purpose ist sicher nicht der einzige Weg, um mit Storytelling erfolgreich zu sein. Es gibt sehr erfolgreiche Tänzer oder Comedians auf TikTok, die keine tieferen Botschaften in ihren Content verpacken und in erster Linie unterhalten. Auch finde ich es nicht verwerflich, dass einige vorrangig monetäre Ziele haben. Ich denke aber, dass beides nicht der Weg von Creatorn wie »Herrn Anwalt« ist, denen es um mehr geht als »Fame«, ihre Karriere oder Follower-Zuwachs. Für Creator wie »Herrn Anwalt« entstehen nur durch Sinnhaftigkeit werthaltige Botschaften.

Trotzdem bleibt es eine individuelle und persönliche Herausforderung, wie Sie den Purpose für Ihren Content in Verbindung mit Ihrer Marke finden. Das muss jeder für sich selbst beantworten. Ich maße mir nicht an, das generell zu beantworten. Ich glaube aber, sich die Frage zu stellen, ist bereits die halbe Miete.

Abbildung 1.5 Adil Sbai, CEO von weCreate, erklärt die Content-Strategie von TikTok-Influencer und Creator Younes Zarou.

Gute Storys ziehen uns in Bann, stimulieren menschliches Mitgefühl, transportieren Menschen in unbekannte Welten. Wenn andere sich auf unsere Storys einlassen, dann fühlen sie sich in unsere Protagonisten hinein, merken sich das Geschehen, erzählen unsere Story in ihren eigenen Worten weiter, variieren sie dabei und übertragen sie in andere Kontexte.

Deshalb können auch Sie Storytelling dafür nutzen, Ihre Inhalte, Ihre Person, Ihre Marke und Ihre Produkte und Dienstleistungen sichtbar zu machen und zu erklären. Im Social Web verbinden Sie sich so mit einer interessierten und aktiven digitalen Community. Mit Menschen, für die Ihre Inhalte relevant sind und deren Mitglieder und Inhalte für Sie relevant sind. Dafür gibt Ihnen Storytelling eine einzigartige Technik an die Hand, von Menschen seit Jahrtausenden getestet und weiterentwickelt. Wie das genau funktioniert, besprechen wir jetzt.

1.2   Was ist Social Storytelling?

Social Storytelling nennen wir die Kunst, engagierende Geschichten auf Social-Media-Plattformen zu teilen. Social Storys erzählen Sie für Nutzer, die auf sozialen Plattformen wie Snapchat, Instagram, TikTok und YouTube unterwegs sind, meist mit dem Smartphone. Es ist möglich, Social Storys allein mithilfe der Werkzeuge zu erstellen, die in diese Plattformen integriert sind.

Aber was genau bedeutet das »Social« in »Social Storytelling«? Übersetzen Sie »Social« mit »gemeinsam mit anderen«, im Englischen »*Peer-to-Peer*«: Interaktionen zwischen zwei Gleichgesinnten.

Im Social Web unterhalten sich Individuen mit anderen Individuen, ein Nutzer mit einem anderen Nutzer. Eine Menge aktiver Nutzer formt eine *Community*, wenn alle einem Account folgen und sich alle an der Unterhaltung zu einem Thema oder mehreren für sie relevanten Themen beteiligen. Verwechseln Sie Community nicht mit passivem Publikum.

Eine digitale Social Community beruht auf aktiven Interaktionen ihrer Mitglieder miteinander und untereinander. Unternehmen mit aktiven Communitys nennen wir *Social+*-Unternehmen. Diesen Ausdruck hat D'Arcy Coolican, Analyst beim amerikanischen Venture-Capitalist-Unternehmen Andreessen and Horowitz (*https:// a16z.com/2020/12/07/social-strikes-back-social-plus/*), geprägt.

Aktive Communitys sind in die »DNA« eines Social+-Unternehmens eingebaut. Das kann eine Plattform wie TikTok oder Snapchat sein oder ein Produkt wie Zoom, Minecraft, Twitch. In jedem Fall handelt es sich bei Social+ um Unternehmen, die eine integrierte soziale Erfahrung um eine einzelne soziale Kategorie wie »Sport«, »Gaming«, »Musik« oder »E-Commerce« herum aufbauen. Ohne eine integrierte Social+-Community werden es Unternehmen zukünftig schwerer haben.

Abbildung 1.6 Mit Ihrer Community kommunizieren Sie interaktiv, und Ihre Follower und Kunden werden zu Ko-Creators, beispielsweise mit User-generated Content (UGC). Audience sind die passiven Konsumenten und das Publikum der konventionellen linearen Medien (Meme nach einem Tweet von Rosie Sherry, 2020).

Wie Social-Media-Nutzer und Social-Communitys kommunizieren, ist das Thema von Social Storytelling. Es gibt informelle Communitys, die sich nur über einen Hashtag oder vorübergehend für ein Spendenziel formieren. Und es gibt formelle Communitys, die sich dauerhaft verbinden. Beispielsweise folgen alle Mitglieder aktiv einer NGO, einem Influencer, einer Marke, einer Organisation oder treten einer geschlossenen Gruppe bei, die sich auf eine gemeinsame Netiquette und gemeinsame Ziele einigt.

Pro-Tipp: Marken, Influencer und ihre Communitys verbinden (von Adil Sbai)

Ich sehe mich höchstens als Business-Influencer und bin froh, hinter den Kulissen zu sein, da fühle ich mich wohler. Das Rampenlicht überlasse ich gern den Creatorn, die wir managen. Obwohl ich es jetzt schon schade finde, nicht jeden meiner in 2021 über 9.000 LinkedIn-Follower zu kennen.

Immerhin kann ich meine relative Bekanntheit für sozial gute Kampagnen einsetzen und mache das sehr gern, natürlich gemeinsam mit den Creatorn aus meinem Netzwerk. Zum Beispiel setzen wir regelmäßig karitative Projekte um, wie zuletzt zu #BlackLivesMatter oder #Pride. Der Hashtag #wecreatelove, den wir dafür verwenden, hat über 50 Millionen Views, darauf bin ich sehr stolz.

Auch unterstützen wir aktuell den Weißen Ring in einer Kampagne zur Aufklärung gegen häusliche Gewalt. Reichweite verpflichtet, dazu gehört neben meinen eigenen 9.000 LinkedIn-Followern und 85.000 TikTok-Followern auch der »Zugang« zur Reichweite durch die Creator, die wir managen. Das nehmen wir gern an und wahr.

Wenn wir mit Influencern zusammenarbeiten, stehen an erster Stelle die Werte: Passen jene der Marke mit denen des Creators zusammen? Würde er oder sie auch ohne Bezahlung die Markenprodukte konsumieren oder eine Beziehung zu der Marke aufbauen? Wenn beispielsweise eine Marke dem politisch rechten Rand zugeordnet wird, der Creator das jedoch übersieht und eine Zusammenarbeit eingeht, obwohl er oder sie diese Ansichten selbst überhaupt nicht teilt, könnte das zum Super-GAU werden. Ohne Imageverlust kommt man da nicht mehr raus.

Wir gehen deshalb gar nicht erst in Verhandlungen, wenn wir das Gefühl haben, die Marke passt nicht zum Creator. Fragt beispielsweise McDonald's bei Younes Zarou an, der extrem auf gesunde Ernährung achtet, wäre eine Zusammenarbeit eher unglaubwürdig, trotz aller Bio-Versprechen, die McDonald's angeblich hält. Zudem ist es uns wichtig, dass die Marke uns und den Creatorn Vertrauen schenkt, die Umsetzung genuin und authentisch anzugehen, und uns kein kreatives Korsett aufzwängt.

Abbildung 1.7 Adil Sbai, CEO von weCreate, erklärt, dass TikTok-Influencer und Creator Younes Zarou täglich mehrere Storys für seinen deutschen und seinen internationalen Kanal produziert und teilt (https://www.linkedin.com/posts/adil-sbai-500b75117_influencermarketing-tiktokmarketing-video-activity-6733780936288206848-iOdA).

Social Storytelling befeuert die interaktiven Konversationen von Communitys. Das hat nichts mit der Länge einer Story zu tun. Social Storys beginnen mit kürzesten Storys, etwa einer Kombination aus emotionalen Reaktionen wie Emojis, kurzen Textnachrichten, interaktiven Chats, Hashtags. Weiter geht's mit kurzen und langen Livestreams. Dann kommen wir zu kurzen interaktiven Multimedia-Clips bis hin zu langen multimedialen interaktiven Videos, Audios und Long-form-Multimedia-Reportagen. Alle guten Social Storys funktionieren:

▶ Interaktiv – Nutzer wählen Elemente, Effekte oder den Verlauf der Story aus und können direkt mit dem Creator oder Account kommunizieren. Und Nutzer interpretieren und teilen Inhalte und Formen selbst, etwa Memes oder TikToks.

▶ Gamifiziert – Nutzer befolgen Spielregeln und beteiligen sich an Spielen, etwa Umfragen und Quiz.

▶ Multimedial – Inhalte basieren auf mehreren simultan aktiven Medien, etwa Video, Musik, Text, GIFs in einem Video-Clip.

Dabei sind Kreativität und Innovation keine Grenzen gesetzt. Im Verlauf unseres Buchs gehen wir auf alle aktuellen Story-Formate ein.

Und warum ist Social Storytelling so wichtig für jeden? Ganz einfach. Im Universum digitaler Kommunikation und digitaler Geschichten nehmen soziale Medien das Zentrum des persönlichen professionellen Solarsystems vieler Nutzer ein. In China ist die soziale Plattform *WeChat* des Unternehmens *Tencent* – auf Chinesisch »Wēixìn« – mit im Jahr 2020 monatlich mehr als einer Milliarde aktiver Nutzer sogar zum Solarsystem selbst geworden. Denn WeChat hat durch die Integration zahlloser *Mini-Programme* dafür gesorgt, dass Nutzer praktisch alles mit ihren mobilen Geräten in WeChat erledigen können. Von Chatten über Spiele bis hin zu Geldtransfers und der Führung ganzer Unternehmen – die Nutzer müssen die Plattform praktisch nie verlassen.

Außerhalb Chinas, im Rest der Welt, dominieren andere technologische Plattformen. Aber egal wo, die Plattformen sind Technologie-Riesen, die mit geheimen Algorithmen und den Daten ihrer Nutzer Geld verdienen und die Gewohnheiten von Milliarden von Menschen prägen.

Wenn Sie mit Ihren Inhalten, Produkten und Geschichten sichtbar werden und sich erfolgreich mit anderen vernetzen wollen, müssen Sie die Spielregeln dieses dynamischen Universums verstehen und nutzen. Damit Sie sich darin bald heimisch fühlen, machen wir Sie jetzt mit den wichtigsten »weichen« Faktoren vom Storytelling im Social Web bekannt. Verstehen Sie die kulturellen Eigenschaften, und beherrschen Sie einige wenige grundlegende Fertigkeiten. Damit steigen Sie in die Kunst des Social Storytelling ein.

1.2.1   Hören Sie Ihren Followern zu

Wenn Sie Social Media nutzen, sehen Sie garantiert Posts oder Chats mit der Aufforderung »Join the conversation«. Auf Deutsch heißt das so viel wie »Beteilige dich an unserem Gespräch«. Verstehen Sie das wörtlich! Tatsächlich findet der Austausch von Informationen auf allen Plattformen in Form eines Gesprächs statt. Ob in Chat-Funktionen oder im Feed: Mit vielen Inhalten adressieren die Creator gezielt Communitys, die etwas gemeinsam haben – beispielsweise die Gruppe der TikTok-Experten oder alle Filmemacher mit einem Bezug zu Deutschland. Oder sie sprechen andere individuelle Nutzer direkt an, etwa in Kommentaren, in DMs, also Direktnachrichten, mit Tags oder geteilten Posts, denen ein eigener Kommentar voransteht.

Social Storytelling ist eine prinzipiell endlose Konversation, ohne natürlichen Anfang oder definierten Endpunkt. Jeder kommunikative Akt, etwa ein Like, Share, Retweet oder ein Kommentar, setzt immer eine Konversation in Gang. Konversationen sind Interaktion und Teilhabe.

Aber alles beginnt mit Zuhören. Bevor Sie beginnen, selbst zu senden, tauschen Sie sich über Ihre Eindrücke, Vorlieben und Einsichten am besten mit Ihren Mitarbeitern, Kollegen, Freunden und Ihrer Familie aus. Am wichtigsten ist: Hören Sie so viel wie möglich zu. Denn damit Nutzer Ihre Inhalte finden, müssen Sie zuerst verstehen, wie Nutzer auf einer Plattform ticken und was ihre Gewohnheiten sind. Dafür hören Sie gezielt in Gespräche und Storys hinein – auf der einen Seite in die Gespräche Ihrer Follower, auf der anderen Seite in Accounts von Nutzern, die Ihnen noch nicht folgen. Recherchieren Sie Nutzer, die Sie interessant finden und mit denen Sie sich verbinden wollen. Folgen Sie ihnen dann und interagieren Sie regelmäßig mit ihnen.

Wenn Sie in soziale Medien hineinhören, werden Sie rasch feststellen, dass Gesprächsteilnehmer in der Regel eine informelle Sprache gebrauchen, so als würden sie mit Freunden oder Nachbarn reden. Auch wenn die Ausprägung je nach Plattform variiert, duzen sich viele Nutzer, springen sofort ins Thema, verzichten auf konventionelle formale Einleitungen oder Formeln einer Verabschiedung, wie sie in Schriftverkehr und E-Mails üblich sind. Neue Konventionen und Genres bilden sich heraus. So motiviert etwa ein *Call-to-Action* (CTA) am Ende von Posts zu einer Aktion.

Digitale Konversationen können zu jeder Zeit und von überall begonnen, ausgesetzt und wieder aufgenommen werden. Nur der Umfang aller Content-Elemente ist begrenzt. Jede Plattform legt eine beschränkte Anzahl von Zeichen und multimedialen Inhalten pro Content-Element fest, egal ob Textnachricht, Fotogalerie oder Video-Clip.

Begrenzt sind auch Zeit und Aufmerksamkeitsspanne von Nutzern in sozialen Medien. Deshalb beherzigen Sie immer eine Regel, egal wie kurz oder lang eine Story ist: Jede Story muss beides zugleich sein, kurzweilig und profund. Denken Sie auch daran, dass Storys für Nutzer am Smartphone und Tablet funktionieren müssen. Die handflächengroßen mobilen Computer befördern die informelle Tonalität, weil sie im Alltag präsent und den Menschen vertraut sind. Smartphones sind zu unseren zweiten Gesichtern, Augen, Mündern, Ohren geworden. Diese physische Nähe spiegeln Sie auch in der informellen Tonalität in Ihren Social Storys wider.

In Abbildung 1.8 sehen Sie links eine Instagram-Story mit interaktiver Card mit Umfrage des SWR im Social-TV-Format »Naber? Was geht!« für Menschen mit migrantischer Familienerfahrung in Deutschland. In der Mitte das Instagram-Feed-Format mit dem viralen Hashtag #ShowerThought und inspirierenden Zitaten von der Brand-Marketing-Agentur *ttt* – auf Deutsch: »Vielleicht war das Leben nie als Stück Kuchen gemeint, das sich mühelos verspeisen lässt. Vielleicht hatte es schon immer mehr mit den Menschen zu tun, mit denen wir es teilen, mit den Momenten, für die sich all die Mühe erst lohnt.« Rechts sehen Sie eine Snapchat-Discover-»First Person«-Story über die Bedeutung von Bienen mit Video-Cards vom Social-TV-Newsroom »Hashtag Our Storys«, einem globalen Community-Netzwerk mit Storys über Menschen, die positive Veränderungen bewirken.

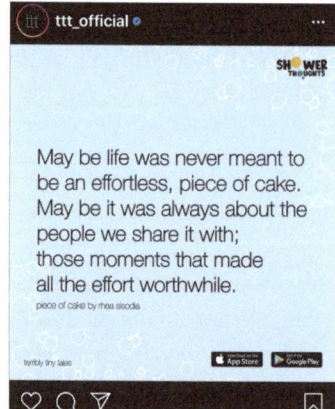

Abbildung 1.8 Drei Beispiele für informelle Konversationen

1.2.2 Finden Sie die richtige Ansprache

Wenn zwei oder mehr Nutzer in Social Media eine Unterhaltung beginnen, vernetzen sie mit einem Mal ihre bisher unverbundenen Leben. Gemeinsam ändern sie ihre Richtung, obgleich sie sich im richtigen Leben vielleicht noch nie begegnet sind. Jeder Sprechakt in ihrer digitalen Unterhaltung vertieft ihre Beziehung. Mit jedem Element gibt jeder Gesprächsteilnehmer etwas mehr von sich preis, teilt Informationen, stiftet im besten Falle Sinn, sorgt für unterhaltsame Zerstreuung – und wird Teil der Community. Wie häufig setzt sich eine online begonnene Unterhaltung dann auch offline fort und umgekehrt. Auf Schlau: *Online2Offline-Storytelling*.

Damit im Digitalen eine persönliche Konversation gelingt und wir einander zu Recht vertrauen, müssen wir den Content so gestalten, dass er auch unsere emotionalen Reaktionen ausdrückt. Was wir im richtigen Leben mit Mimik und Körpersprache ausdrücken, übersetzen wir mit multimedialen Mitteln in visuelle und verklanglichte Elemente, beispielsweise mit Emojis und Musik, auf Schlau *Sonifikation*.

Machen Sie sich auch bewusst, wie Sie transparent und klar mit anderen kommunizieren, damit Sie und Ihr Content glaubwürdig und zuverlässig sind. Die Glaubwürdigkeit Ihres Profils und Ihrer Marke ist der Schlüsselfaktor in sozialen Medien. Auch hier kommt es darauf an, sich erfolgreich und empathisch in andere Nutzer und in Ihre Community hineinzuversetzen. Antizipieren Sie die Unsicherheiten, die durch Online-Kommunikation entstehen können – beispielsweise weil der Kontext, in dem Nutzer sich während der Kommunikation befinden, unsichtbar bleibt.

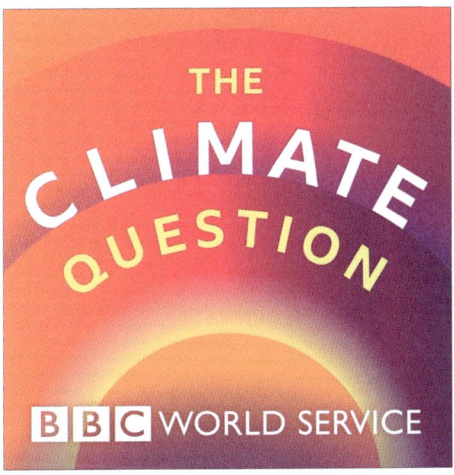

Abbildung 1.9 Hören Sie sich an, wie die Klimaerwärmung von über einem Grad klingt. Die amerikanische Weltraumbehörde NASA dokumentiert die Erwärmung des Klimas ab 1880, und die BBC übersetzte jedes Jahr in einen Ton, mit hohen und tiefen Tönen je nach Jahrestemperatur in Korrelation zur Gesamtentwicklung. Das Ergebnis hören Sie in der dritten Folge der BBC-Podcast-Serie »The Climate Question« vom 30. November 2020 ab Minute zwei.

Antizipieren Sie Fragen und Erwartungen, die andere Nutzer haben könnten, oder fragen sie Ihre Follower direkt, und bitten Sie um ihr Feedback. Dann bemühen Sie sich, diese Fragen und Erwartungen in Ihren Sprechakten zu adressieren.

Gewöhnen Sie sich an, offene und empathische Fragen zu stellen, etwa »Was bedeutet das für Sie?« Und erklären Sie, was andere online nicht sehen können. Beispielsweise eine längere Funkstille (»nicht wundern, ich bin im Urlaub«) oder eine Serie von Fotos mit exklusiven Filtern (»arbeite an Vortrag zu Smartphone-Kameras«).

Lernen Sie, zwischen »konversationell« und »transaktionell« zu unterscheiden. Evan Spiegel, der Gründer und CEO von Snapchat, betont das häufig. Snapchat fokussiert auf den freundschaftlichen Beziehungsaufbau mithilfe von »konversationellen Gesprächen«. Diese drehen sich um sozialen Mehrwert und Freundschaften. Demgegenüber sind »transaktionale Gespräche« geschäftlich. Beispiele sind Gespräche mit einem Uber-Fahrer oder einem Airbnb-Gastgeber, ein Twitter-Interview mit einer Filmregisseurin oder das Forum einer geschlossenen Facebook-Gruppe für Fitness-Produkte, in der die Mitglieder sich beraten und Produkte und Dienstleistungen promoten und verkaufen.

Zwar tauschen auch Gesprächspartner in transaktionalen Gesprächen wichtige Informationen aus, lernen voneinander, profitieren gegenseitig voneinander und entwickeln sich über einen langen Zeitraum zu einem sozialen Netzwerk mit einer aktiven Community. Jedoch bestimmt das Ziel der geschäftlichen Transaktionen den Charakter der Konversationen und des damit verbundenen sozialen Netzwerks. Dieses bleibt in der Regel auf das Ziel der Transaktion und darauf, was damit zusammenhängt, beschränkt. Die Mitglieder einer transaktionell motivierten Community, beispielsweise Gastgeber und Gäste auf Airbnb, interagieren primär zum Zwecke der Transaktion und unabhängig davon, ob sie über das Ziel der Transaktion hinausgehende gemeinsame Werte, Interessen oder freundschaftliche Gefühle teilen.

Abbildung 1.10 Evan Spiegel, CEO von Snapchat, sagt: Snapchats Chat-Funktionen sind konversationell und nicht transaktionell. Nutzer erleben Snapchat wie eine echte Unterhaltung mit einem Freund (*www.vox.com/2015/6/8/11563322/snapchat-ceo-evan-spiegel-on-diversity-features-for-the-olds-and-more*).

Definieren Sie Ihre Ziele, die Sie mit Ihren Storys verfolgen, und machen Sie klar, ob Sie transaktionell oder konversationell unterwegs sind. Das gehört zu Ihrer

Transparenz. Für konversationelle Storys müssen Sie gemeinsame Werte und Interessen herausfinden, die Sie mit anderen teilen. Planen Sie Ihre Storys dann um diese Werte herum. Dann gelingt der Beziehungsaufbau, und Sie kommunizieren den Purpose, der Sie mit Ihrer Community verbindet.

Pro-Tipp: In Kooperationen den Purpose erklären (von Maximilian Wolf)

Anders als bei einer kommerziellen Kooperation sollte im Non-Profit-Bereich der Purpose der Organisation im Vordergrund stehen. Bei Kooperationen mit Influencern ist dieses gemeinsame Engagement oft von Beginn an gegeben, sollte aber auch in der Entwicklung der Kommunikationsformate niemals vergessen werden. Dafür ist gute Vorbereitung ausschlaggebend.

Sie müssen Kooperationspartner und Creator ausführlich thematisch abholen und ihnen einen guten Einblick in die Thematik gewähren. Je besser beteiligte Influencer Ihr Anliegen verstehen, desto besser wird auch ihr Content und umso größer der Erfolg für alle Beteiligten. Dies wird besonders in sozialen Interaktionen deutlich, wenn die Community dem Creator Fragen zur Organisation oder den Projekten stellt und der Creator selbst direkt und glaubwürdig antworten kann.

Abbildung 1.11 FAQ YOU ist die Bildungsplattform von »Jugend gegen AIDS«. Hier stellen junge Menschen aus der ganzen Welt ihre Fragen zu sexuellen Verhaltensweisen und erhalten verständlich Antworten und Rat. FAQ YOU arbeitet mit Influencern zusammen, die mit ihren Werten wie Diversität, Gleichheit, wertschätzender Kommunikation und respektvollem Sex übereinstimmen. Mit der deutschen Unternehmerin und Influencerin Diana zur Löwen bewirbt FAQ YOU unter anderem sein Aufklärungsbuch.

31

1.2.3   Lassen Sie Ihre Storys über alle Kanäle reisen

Als Nächstes beschäftigen Sie sich mit den spezifischen Eigenschaften jeder einzelnen Plattform. Sie wollen verstehen, wie die Plattformen sich unterscheiden und wie Sie sie für Ihre Ziele nutzen können? Alles steht und fällt mit den Gewohnheiten der Nutzer. Wie viel Zeit verbringen Nutzer dort? Wie bewegen sie sich, welche Sprache, welche visuelle Sprache, welche Formate und Genres funktionieren? Was macht die Dann einer Plattform aus, und welchen Mehrwert bietet sie den Nutzern?

Erste Antworten können wir an uns selbst ablesen. Auf Snapchat sprechen wir mit unseren Patenkindern, mit unseren Kindern auf Telegram oder WhatsApp, mit unseren Eltern auf Facebook. Für neues Wissen surfen wir auf YouTube und im Web. Um uns zu unterhalten und zu erfahren, was auf Social Media gerade »in« ist, scrollen wir durch TikTok. Während wir trainieren, hören wir uns einen Experten-Podcast an oder die Spotify-Playlist eines Fitness-Influencers. Tagsüber gehen wir in kleinen Pausen auf Instagram und wischen durch die Storys von Familie, Freunden und Kollegen.

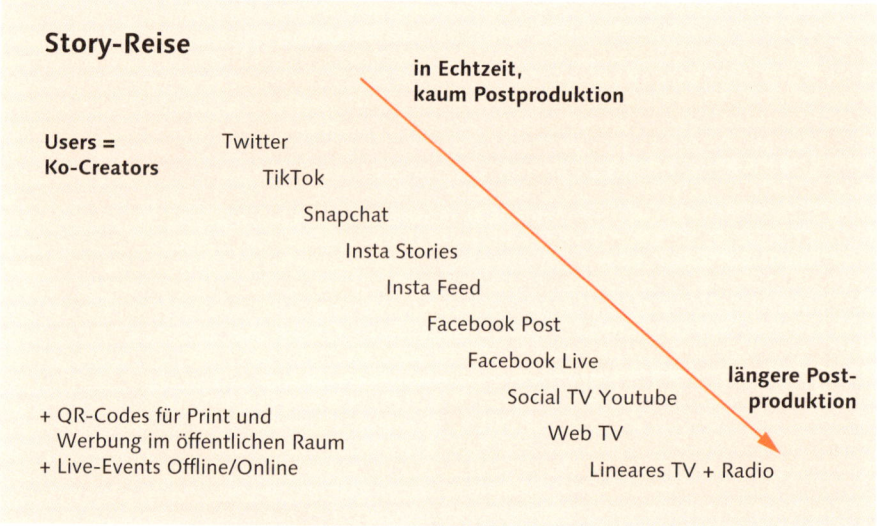

Abbildung 1.12 Wir haben für Sie die »All-in-One«-Strategie entwickelt. Damit spiegeln Sie die Nutzer/Customer-Reise wider und stellen sicher, dass Sie und Ihr Content auf allen für Sie und Ihre Community relevanten Plattformen gefunden werden. Lassen Sie Ihre Storys reisen! Mehr dazu erfahren Sie in Abschnitt 2.6, »Nutzen Sie Crossplattform-Methoden effektiv«.

Jede Station ist Teil des dynamischen Social-Media-Systems, in dem Nutzer und Inhalte von Plattform zu Plattform reisen. Auch das kennen wir von uns selbst. Wir alle gebrauchen im Laufe eines Tages, einer Woche, eines Monats mehrere Screens, viele Plattformen und unterschiedliche Formate. Damit konsumieren wir Inhalte, interagieren mit anderen und teilen selbst Inhalte. Wenn wir eine Story entwickeln, müssen wir das bedenken.

Heute sind es viele Menschen gewohnt, am Smartphone kreativ zu sein. Sie produzieren eigenständig Inhalte und Storys. Sie kennen sich mit unterschiedlicher Tonalität, Längen und Schnittstellen für Interaktion und Engagement aus. Wir haben es mit einem radikal veränderten individuellen Medien-Nutzungsverhalten zu tun. Vergleichbar ist dies mit einem Vogelschwarm, der von Plattform zu Plattform reist, sich dabei immer wieder anders formiert, unterschiedlich lange verweilt. Und an allen Stationen kommen auch neue Vögel hinzu, während andere nur über wenige Plattformen mitreisen.

Diese Nutzer-Reise, im Marketing »Customer-Journey« genannt, spiegeln Sie als Storyteller mit der Story-Reise wider. Dafür planen Sie eine Story von Anfang an strategisch. Sie zerlegen sie in unterschiedliche Blickwinkel, Formate und Fragmente, die zu unterschiedlichen Plattformen passen.

So nutzen Sie Ihren Content optimal, und Nutzer finden Sie an vielen Schnittstellen auf vielen Plattformen im Laufe eines Tages, einer Woche oder eines Monats. Bauen Sie mit Ihrem Content für den Vogelschwarm an allen potenziellen Stationen Nistplätze ein. Geben Sie Anreize, crossmedial über mehrere Plattformen hinweg gefunden zu werden. So erreichen Sie verschiedene Gruppen und Nischen.

1.2.4   Beginnen Sie mit Social Storys eine lange Beziehung mit Ihrer Community

»Menschen, die ihre Geschichte erzählen können und deren Stimme gehört wird, greifen nicht zur Waffe«, erklärt Choudary Shubranshu. Er muss es wissen. Der BBC-Journalist hat die Voice-Online-Plattform *CGNet Swara* gegründet. Auf der erzählen Bürger-Journalisten (»Citizen Journalists«) per Audio-Nachrichten ihre Geschichten und Neuigkeiten.

Der preisgekrönte Newsroom arbeitet seit 2010 in der Region Gondwana in Zentralindien. Bis 2016 verzeichnete CGNet Swara bereits mehr als 575.000 Anrufe, über 6.900 publizierte Storys und 287 Berichte zu speziellen Alltagsproblemen, die mithilfe der Plattform gelöst werden konnten.

Shubranshu Choudhary erkannte früh, dass soziale Medien jedem eine Stimme und ein öffentliches Forum geben. In Social Media ist jeder Nutzer ein Storyteller. Und Menschen, die mit ihren Inhalten ernst genommen werden und erleben, dass sie mit ihren Geschichten einen Unterschied machen können, leben erfüllter, wachsen spirituell und nehmen andere mit. (*www.nationalgeographic.com/news/innovators/ 2014/06/140617-shubhranshu-choudhary-india-maoists-citizen-journalism/*).

Abbildung 1.13 Mithilfe von Mobile Phones, Bluetooth und Audio-Nachrichten erzählen und verbreiten Einheimische ihre Geschichten selbst. (Quelle: Screenshots National Geographics Innovators Project 2014.)

Auch Ihr Leben und Ihre Erlebnisse sind ein unerschöpfliches Reservoir an Bildern und Geschichten. In Social Media kommt diese persönliche Seite des Storytellings zu voller Geltung. Zeigen auch Sie deswegen so oft wie möglich Ihr Gesicht, und lassen Ihre Stimme hören, erzählen Sie Geschichten aus Ihrem persönlichen professionellen Leben – jedoch ohne Ihr privates Leben öffentlich zu machen. Denn was privat und intim ist, soll auch privat bleiben. Eignen Sie sich daher auf allen Plattformen die Einstellungen an, mit denen Sie die Gruppenmitglieder auf einen ausgewählten Kreis von Freunden, Kollegen oder Familie festlegen. Regulieren Sie, welche Inhalte privat bleiben und welche öffentlich von allen genutzt werden können.

Abbildung 1.14 An der politischen Spitze Berlins stand erst einmal eine weibliche Politikerin, die Sozialistin Louise Schroeder, die nach dem Zweiten Weltkrieg ab 1947 ganz Berlin regierte, von 1949 bis 1951 dann West-Berlin. Unsere Expertin Deana Mrkaja tritt 2021 mit ihrer Partei »Die Neuen« an.

Mehr dazu erklärt Ihnen jetzt unsere Social-Media-Expertin Deana Mrkaja. Sie selbst nutzt das Social Web beruflich als Journalistin und Politikerin. Mrkaja will die nächste Regierende Bürgermeisterin Berlins werden und dafür eine unterstützende Community aktivieren.

Pro-Tipp: Kontrollieren Sie, was Sie von sich auf Social Media preisgeben (von Deana Mrkaja)

Wer sein privates Profil auch im professionellen Bereich zum Teilen von Arbeiten, zur Recherche oder zu Ähnlichem nutzen möchte, sollte ein paar Punkte beachten. Dies trifft insbesondere auf bestimmte, öffentlichkeitswirksam tätige Berufsgruppen wie Journalisten, PR-Experten oder Künstler zu.

Zunächst geht es um die Informationen, die Sie auf Ihrem Profil angeben: Der Profilname sollte dem Klarnamen entsprechen. Wenn Sie einen Künstlernamen haben, unter dem Sie bekannt sind, kann alternativ auch dieser gewählt werden. Ebenso sollten Sie auf Ihrem Profilfoto zu erkennen sein. Gerade bei persönlich professionellen Kanälen kommt es darauf an, dass das Foto qualitativ hochwertig ist und im besten Fall Ihr Porträt zeigt. Ebenso sollten Sie in allen sozialen Netzwerken, in denen Sie angemeldet sind, dasselbe Profilfoto nutzen, um den Wiedererkennungswert zu steigern. Dasselbe gilt auch für das Titelbild, wie man es beispielsweise auf Facebook, LinkedIn oder Xing einstellen kann. Das Titelfoto eignet sich auch gut dazu, das aktuelle Projekt zu bewerben, ein Statement zu setzen oder ein zum Beruf passendes Cover auszuwählen. Achten Sie stets darauf, dass die gewählten Fotos zu den jeweiligen Maßangaben des Netzwerkes passen.

Wofür wollen Sie bekannt sein, oder wofür sind Sie bereits bekannt? Aus Ihrem Profil sollte sofort erkennbar sein, was Ihre Profession ist. Geben Sie ebenso an, ob Sie als Freelancer tätig sind oder einen Arbeitgeber haben, den Sie namentlich erwähnen sollten. Auch ehemalige Arbeit- oder Auftraggeber zu nennen, kann sinnvoll sein, um einen Überblick über Ihre berufliche Erfahrung zu geben. Erwähnen Sie zudem ihre Webseite, falls Sie eine haben, und machen Sie auf allen Profilen auf Ihre jeweiligen anderen Social-Media-Profile aufmerksam, um Cross-Promotion für Sie selbst zu betreiben.

Während es in sozialen Netzwerken wie Instagram, LinkedIn oder auch TikTok nicht möglich ist, die Anzahl an Freunden, Followern oder Kontakten zu verbergen, können Sie beispielsweise auf Facebook selbst entscheiden, ob die Anzahl ihrer Kontakte für jeden sichtbar sein soll. Wer seine Freunde zeigt, zeigt auch, dass er nichts zu verbergen hat. Für viele Auftraggeber wird auch der sogenannte »Cultural Fit« immer wichtiger. Das heißt, dass nicht mehr nur die fachliche Kompetenz gefragt ist, sondern auch, wie gut jemand zum Spirit des Unternehmens oder Projekts passt. Wählen Sie somit weise aus, welchen anderen Seiten und Menschen Sie folgen und welche Ihrer Hobbys sichtbar sind – denn all das ist auf Ihren Kanälen einsehbar. Der Beziehungsstatus ist kein Teil eines professionellen Profils und sollte daher nicht angezeigt werden. Ebenso sollte darauf verzichtet werden, die religiösen oder politischen Ansichten in den Profildetails kenntlich zu machen, da diese Informationen eher privater Natur sind.

Ein weiterer wichtiger Punkt in Bezug auf die Sichtbarkeit für Dritte sind Ihre Posts und publizierten Fotos. Achten Sie bei der Veröffentlichung stets darauf, für wen Sie einen Inhalt sichtbar machen wollen. Gerade bei Facebook haben Sie die Möglichkeit, die

Sichtbarkeit einzelner Beiträge öffentlich zu machen oder diese nur Freunden anzuzeigen. Vor allem bei Inhalten – insbesondere Fotos –, auf denen Sie markiert wurden, ist es wichtig, die Profileinstellungen zu so zu konfigurieren, dass eine Erlaubnis von Ihnen erforderlich ist, bevor jemand Sie markieren darf – diese Einstellung ist bei den meisten Plattformen möglich.

Wer sich wirklich sicher sein möchte, Privates und Öffentliches nicht zu stark zu vermischen, sollte über zwei getrennte Profile nachdenken. So bietet es sich beispielsweise auf Facebook und Instagram an, Unternehmenskonten, professionelle Profile oder Pages (Facebook) anzulegen, die auch als solche nach außen gekennzeichnet sind. Der Vorteil ist zudem, dass Sie sich Aktivitätszahlen Ihrer Seite und einzelner Beiträge anschauen und Ad-Kampagnen starten können. Ein solches Vorgehen ist nur dann sinnvoll, wenn Sie Zeit haben, beide Kanäle ausreichend zu bedienen, und es für Sie wichtig ist, Privates und Berufliches komplett zu trennen.

Sobald Sie ein Social-Media-Konto anlegen, aktiviert die jeweilige Plattform ihre Basis-Konfigurationen für Ihr Profil. Das ist besonders für die Privatsphäre Ihres Kontos relevant. Denn wer in sozialen Netzwerken unterwegs ist, hinterlässt Spuren. Unter Ihren Einstellungen können Sie unter dem Punkt »Privatsphäre« nicht nur einsehen, welche Ihrer Daten auf der Plattform gespeichert werden, sondern welche auch nach außen sichtbar sind. Überprüfen Sie daher stets, ob die Einstellungen für Sie in Ordnung sind und welche Anpassungen Sie vornehmen möchten. So können Sie auch Ihr Profil für Suchmaschinen unsichtbar machen und Ihre Kontaktdaten vor den Blicken der Öffentlichkeit schützen. Auch wenn Sie nach außen verbergen, welche weiteren Seiten Sie gelikt haben oder wo Ihre Hobbys liegen, muss Ihnen bewusst sein, dass diese Informationen dennoch auf der Plattform gespeichert sind – denn mit diesen Daten verdienen soziale Netzwerke Geld. So geben Facebook und Co. Werbetreibenden die Möglichkeit, Zugang zu potenziellen Kunden zu erhalten, indem sie perfekt auf Ihre Bedürfnisse ausgespielte Werbung schalten und Sie somit gezielt targeten.

Wenn Sie also unter jedes Katzenbild ein »Like« setzen, wird Ihnen schon bald Werbung für Ihre Katze ausgespielt – ob Sie eine haben oder nicht. In diesen Fällen wurden nicht Ihre Daten weitergegeben, sondern aufgrund Ihres Verhaltens Schlussfolgerungen gezogen. Am Ende liegt es in unserer eigenen Verantwortung, welche Daten wir von uns preisgeben wollen und wie wichtig uns der Schutz unserer Privatsphäre ist. Daher sollten die eigenen Posts stets mit Bedacht gewählt und die Einstellungen des Kontos immer wieder überprüft werden, da sich die Konfigurationen der Plattformen stetig verändern.

Bereits jetzt können Sie bei vielen Netzwerken zudem festlegen, was mit Ihrem digitalen Nachlass passieren soll. Entweder können Sie – wie dies bei Facebook und Instagram der Fall ist – einen Nachlasskontakt festlegen, der das Konto später verwaltet, jedoch keine Beiträge verfassen darf. Oder Sie können der Plattform bereits heute mitteilen, dass Ihr Profil nach Ihrem Ableben gelöscht werden soll. Wer keine Vorkehrungen trifft, riskiert, auf einer Art digitalem Friedhof der Plattform zu landen, ohne Einfluss auf die Kommentare und Ähnliches zu haben. Bei manchen Plattformen gibt es auch die Möglichkeit, dass Familienangehörige oder Freunde den Tod des Nutzers melden und somit dafür sorgen, dass der Account in eine Art »Gedenkzustand« kommt. Ebenso können Sie eine Löschung des Profils beantragen. Eine Herausgabe der Account-Zugangsdaten schließen alle Plattform-Anbieter jedoch aus.

In Gesprächen und Storys auf Social Media geht es um Teilhabe und Beziehungs-aufbau. Praktischerweise gibt es dafür zahlreiche interaktive Elemente und viele Rückkanäle, über die Nutzer mit dem Account oder anderen Nutzern kommunizieren können. Scrollt ein Nutzer etwa durch eine interaktive lange Story, in der er aus vielen multimedialen Elementen wie Podcasts, Videos, animierten Infografiken und Texten auswählen kann, erhält er Teilkontrolle darüber, wie er die Story erlebt. Umgekehrt erhalten Storyteller mithilfe interaktiver Werkzeuge wie Umfragen, Kommentaren und Quizzen direktes Feedback von Nutzern und können sich mit ihnen austauschen.

Das Prinzip der Teilhabe beruht auf gegenseitigem Nutzen und Sinnstiftung. Im Social Web gibt es dafür neue Formen, wie *Crowd Sourcing*. Dabei machen sich Accounts die kollektive Schwarmintelligenz auf Social Media zunutze. Sie motivieren eine große Anzahl von Nutzern, in kurzer Zeit Wissen zu generieren. So können Journalisten an sinnvolle Tipps kommen, Wissenschaftler an Daten, Marken an qualitatives Feedback. Der amerikanische Investigativ-Journalist David Fahrenthold von der Washington Post war einer der Ersten, der Crowd Sourcing in sozialen Medien für seine investigativen Rechercheprojekte einsetzte und transparent über sein Vorgehen berichtete.

Durch Crowd Sourcing bildet sich eine Community aus aktiven Nutzern schon zu einem frühen Stadium eines Projekts. Sie setzen sich gemeinsam dafür ein, identifizieren sich damit und erfahren Sinn. Darüber hinaus erhalten sie freien Zugang zu Ergebnissen oder Endprodukten oder nützliche Gegenleistungen wie Zugang zu exklusiven Events oder »Give-Aways« in limitierter Auflage. Dadurch erfahren sie Nutzen.

Erfolgreiche Mutproben und Herausforderungen sind eine weitere neue Methode zur Teilhabe auf Social Media, sogenannte *Challenges*. Dabei motivieren die Initiatoren viele Menschen, sich gemeinsam für ein sozial wertvolles Ziel zu engagieren. Jeder Teilnehmende absolviert die gleiche öffentlichkeitswirksame Mutprobe, streamt live oder filmt und postet das Ereignis dann unter einem bestimmten Hashtag auf einer oder crossmedial auf mehreren Plattformen. Challenges sind ein Beispiel für erfolgreiche crossmediale Verbreitung und Community-Aufbau über mehrere soziale Plattformen hinweg.

Die »Icebucket Challenge« im Sommer 2014 war eine der ersten digitalen Challenges, die crossmedial und weltweit viel Aufmerksamkeit erhielt. In der Folge spendeten viele Nutzer zum ersten Mal für ALS-Erkrankte (Amyotrophe Lateralsklerose), einer unterrepräsentierten Patientengruppe mit einer untererforschten Krankheit. Bis heute veröffentlicht die ALS Association regelmäßig auf ihrer Website den aktuellen Stand der Spendeneingänge und aktuelle Ereignisse, die immer noch mit der

Challenge und der daraus hervorgegangenen aktiven globalen Community verbunden sind.

Abbildung 1.15 Der britische Guardian war 2014 noch skeptisch und meinte, der virale Erfolg der Icebucket Challenge würde zu keiner langfristigen Verbesserung für ALS-Patienten führen. Doch in diesem Punkt irrte der Guardian, selbst einer der innovativsten digitalen Newsrooms. Die erste globale Challenge in sozialen Medien aktiviert bis heute Menschen und veränderte die ALS-Forschung nachhaltig. Allein bis 2019 generierte die Challenge über 220 Millionen US-Dollar für ALS-Patienten und initiierte viel mehr Forschungsarbeiten (*https://alstreatment.com/ice-bucket-challenge-legacy/*).

Eine weitere neue Methode zur Teilhabe sind von Nutzern in eigener Motivation produzierte Storys über eine Marke oder ein Produkt, also *User-generated Content* (UGC). UGC gehört zum wertvollsten Content auf Social Media, den ein Projekt, eine Marke, eine Person und ein Account erhalten können. UGC ist *Earned Content*, für den eine Marke nichts bezahlt und mit dessen Hilfe sie sichtbar bleibt. Sie kann sich durch UGC mit unterschiedlichen Nutzergruppen verbinden, deren gemeinsamer Nenner die Marke oder das Produkt ist. UGC entsteht, wenn viele unterschiedliche Nutzer authentische Inhalte zu einem vorab definierten Thema, Produkt oder Hashtag erstellen und posten. Diese Posts entstehen spontan und können durch eine Challenge zusätzlich angespornt werden.

Pro-Tipp: User-generated Content ist unschlagbar (von Maximilian Wolf)

User-generated Content (UGC) ist die wohl authentischste Form der Unternehmenskommunikation, da sie originell, kreativ und oft unkonventionell daherkommt. Sie ist in Teilen unplanbar, entsteht in eigener Motivation vonseiten begeisterter und interessierter Nutzer und ist deshalb besonders wertvoll. In den meisten Fällen entsteht UGC als Reaktion auf ein Produkt oder eine Kampagne. UGC kann intrinsisch motiviert sein oder durch einen konkreten Aufruf der Organisation an die Community initiiert werden. Immer geht es darum, dass Nutzer selbst Inhalte erstellen, teilen und aktiv werden.

Meine Erfahrung ist, je impliziter ein UGC-Aufruf, desto größer ist die Partizipation der Nutzer und desto mehr Zeit und Kreativität bringen sie in die Verbreitung von Botschaften Ihrer Organisation ein. Besonders emotional aufgeladene Botschaften können sogar ohne den Aufruf der Organisation durch die Community verbreitet werden. Im Non-Profit-Bereich sind das oftmals Inhalte, die Missstände dokumentieren, sowie Aufrufe zu Demonstrationen oder zur Unterzeichnung von Petitionen.

Nachen Sie sich in jedem Fall bewusst, dass UGC oft nicht Ihren eigenen Kommunikationsstandards und manchmal auch nicht den Compliance-Richtlinien entspricht. Gerade das zeichnet UGC aus, überrascht aber auch erfahrene Kommunikations-Experten. Je besser die Community informiert ist und je stärker sie sich mit Ihren Botschaften identifiziert, desto besser wird auch der UGC sein. Zeigen Sie sich dementsprechend auch dankbar, und gehen Sie in Interaktion mit den UGC-Posts. Loyale Follower Ihrer Organisation freuen sich über die Anerkennung, auf Ihren Kanälen geteilt zu werden, oder über Kommentare und Likes unter ihren eigenen Beiträgen. Diese Form der Interaktion macht Ihre Organisation nahbar und verbindet sie noch enger mit Ihrer Community.

Das Nachverfolgen von Ereignissen in sozialen Medien ist unverzichtbar für den Aufbau einer Community. Es liegt in Ihrer Verantwortung, Ihre Storys nachhaltig zu nutzen. Experimentieren Sie damit, dann wird es Ihnen zunehmend leichter fallen, Methoden wie Crowd Sourcing und Challenges geschickt zu nutzen und Ihre Storys in crossmediale Konversationen zu verwandeln.

1.3   Warum ist Storytelling so wirkungsvoll?

Gute Storys brennen sich wie emotionale Momente und echte Erfahrungen in die Erinnerung von Menschen ein. Menschen mögen es, intensive Erfahrungen und Geschichten in ihrer Vorstellungskraft zu wiederholen, in Variationen und unabhängig davon, ob tragisch oder heiter. Gute Storys werden nicht langweilig.

Verstehen Sie besser, welchen Nutzen Ihre Storys für andere haben. Dann können Sie analysieren, wer potenzielle neue Nutzer und interessierte Communitys sind, mit denen Sie gemeinsame Werte teilen, und sich mit ihnen vernetzen. Sammeln Sie diese Einsichten, um anschließend strategisch vorzugehen und Ihre Storys für Smartphone-Nutzer im Social Web zu optimieren.

1.3.1   Storys verkabeln Bilder mit unserem Gehirn

An einem Tag im Mai 2017 trat der 17-jährige Ke Jie, hochbegabter »Go«-Spieler und amtierender Weltmeister, in Beijing gegen den Deep-Learning-Computer »AlphaGo« an. Ein Mensch gegen eine künstliche Intelligenz in einem mehrere Tausende Jahre alten Brettspiel. Das Spiel Go gehörte vor mehr als zweitausendfünfhundert Jahren im antiken China zu einer von vier Kunstformen, die chinesische Gelehrte beherrschen sollten.

Das Spielfeld besteht in der Regel aus 19 mal 19 Linien und weißen und schwarzen Steinen. Die Komplexität des Spiels erfordert ein Mindset, das geduldiges Positionieren mit langsamem Umzirkeln kombiniert. »Die Anzahl möglicher Positionen übersteigt die Anzahl von Atomen in dem uns bekannten Teil des Alls«, schreibt der chinesische KI-Forscher und Bestsellerautor Kai-Fu Lee 2018 in seinem Buch »AI Super-Powers«.

Was aber geschah weiter an jenem verhängnisvollen Tag? Ke Jie und AlphaGo spielten drei Runden, live übertragen für ein enthusiastisches Millionenpublikum. Und am Ende der dritten Runde besiegte AlphaGo den jungen Ke Jie. Das Match wurde in der chinesischen Öffentlichkeit aufmerksam, ja geradezu euphorisch verfolgt und beförderte die in China unter Unternehmern, Wissenschaftlern und Politikern bereits seit Jahren positive Haltung gegenüber künstlicher Intelligenz.

Nichtsdestotrotz blieb an diesem Tag nicht der Sieger den chinesischen Zuschauern und Autor Kai-Fu Lee besonders in Erinnerung, sondern der junge Champion Ke Jie. Das lag an einem ganz besonderen Augenblick, in dem vielen Zuschauern die Tränen kamen. Nach genau zwei Stunden und einundfünfzig Minuten nahm sich der junge Spieler in einem Moment großer Schwäche seine Brille ab und wischte sich mit einer leichten Bewegung seines Handrückens Tränen aus beiden Augen. Mit seiner zarten Geste öffnete Ke Jie die Gefühle vieler Zuschauer und wurde zum Champion ihrer Herzen.

Die Menschen fühlten in diesem Moment nicht nur mit dem tapferen Jungen, sondern erfühlten auch etwas anderes, essenziell Wichtiges: dass es unsere Gefühle sind, die uns von Maschinen unterscheiden und in Zukunft ein immer wichtigeres Kriterium sein werden, um Menschen daran zu erinnern, was Menschsein bedeutet. Die individuelle und die kollektive Seite menschlicher Empathie kamen hier zusammen.

Machen Sie sich klar, dass menschliche Gefühle zwar unsichtbar sind, aber die DNA von Geschichten bilden. Damit unsere Geschichten und die Informationen, die wir mit Geschichten transportieren, bei anderen ankommen und ihnen in Erinnerung bleiben, müssen wir sie so erzählen, dass daraus Gefühle und Mitgefühl erwachsen. Dann triggern Storys das Glückshormon Dopamin, das unser Körper bei intensiven Erfahrungen ausschüttet.

Dopamin sorgt dafür, dass wir Erfahrungen einscannen, abspeichern, wieder aufrufen und wiederholen können. Das gilt für das Ereignis genauso wie für die Gefühle, die wir in diesem Moment hatten. Eine gute Story funktioniert genauso. Sie ist wie eine echte Erfahrung. Menschen erinnern sich an eine gute Story wie an eine Erfahrung, die sie gemacht haben. Deshalb stiften Storys auch Sinn. Die Kunst des Geschichtenerzählens besteht also in dieser komplexen Übersetzungsleistung. Storyteller übersetzen Informationen mithilfe von multimedialen Bildern in emotionale Erfahrungen.

Überall auf der Welt lieben Menschen es, sich Geschichten von anderen Menschen anzusehen und anzuhören. Wer kennt nicht die Redewendung »in etwas zu lesen«, sei es in der Mimik eines Gesichts, den Falten einer Hand, der Patina einer Häuserfassade oder den Augen eines Haustiers. Wir alle können darauf bauen, dass es etwas zutiefst Menschliches ist, Geschichten zu erzählen und zu nutzen.

Storys haben Menschen seit den Anfängen menschlicher Kommunikation begleitet und werden immer bleiben, solange es Menschen gibt. Die ältesten visuellen Geschichten sind uns als Wandmalereien überliefert, die mehr als vierzigtausend Jahre zurückdatieren. Auch die menschliche Faszination für orale Geschichten, die verschriftlicht wurden, um das in ihnen enthaltene Wissen über den Augenblick hinaus zu dokumentieren und weiterzugeben, ist seit mehr als viertausend Jahren überliefert.

Auf der unsichtbaren emotionalen Ebene verbinden wir gute Geschichten immer mit Stimmen, Gesichtern, Gesten und einem bestimmten Sound. Wenn wir von einer Geschichte in eine neue räumliche Umgebung transportiert werden, in der wir uns als Teil der Story empfinden, sprechen wir von »immersiven Geschichten«. Multimediale Effekte und Methoden befördern die immersive Wirkung, die bei Nutzern eine intensive Erfahrung bewirkt. Das reicht von Audiogeschichten im Kopf bis hin zu 3D- und Virtual-Reality-Geschichten, die wir mit Headsets und Motion Tracking erleben. Dann sprechen wir von »Story Experience« anstelle von »Story Telling«.

Multimediale interaktive Storys erreichen viel schneller als Texte das menschliche Gehirn, nämlich mehr als sechzigtausend Mal schneller. Sie werden in der Erinnerung von Menschen so intensiv wie reale Erfahrungen abgespeichert, beschreibt Designer und Forscher Jonny Czar 2019 in seinem Essay »The power of visual in product design«. Verwandeln auch Sie Ihre Storys in immersive Erfahrungen. Nutzen Sie multimediale Methoden, um Menschen in Ihre Storys hineinzubringen. Sie werden diese dadurch intensiver erfahren und behalten.

Wer regelmäßig und schnell Geschichten produzieren und teilen kann, die konsistent mit seiner Person oder Marke verbunden sind, bildet und stärkt seinen Markenkern. Er motiviert Menschen, sich für ihn und seine Serviceangebote oder Produkte zu interessieren, sich in der Kommunikation zu engagieren und eine persönliche oder geschäftliche Beziehung einzugehen. Dafür ist das Social Web ideal.

Adil Sbai, CEO von weCreate, meint, dass Nutzer den Blick hinter die Kulissen zu schätzen wissen. Younes Zarou nimmt sich Zeit für »Making-of«- und »Behind the Scenes«-Storys, die teils mehr Reichweite erzielen als die Original-Story.

Pro-Tipp: Kein Social Media ohne Storytelling (von Adil Sbai)

Storytelling ist für mich die Kunst, Geschichten auf eine möglichst unterhaltsame Art und Weise zu erzählen. Eine Story besteht aus drei Teilen, die in einfachster Form mit Anfang, Mitte, Ende bezeichnet werden können. Konkret: Ausgangssituation, Komplikation, Auflösung. Und anders, als viele denken, bedarf es für eine gute Story keines 10-minütigen YouTube-Videos oder langer Formate. Creator wie »Herr Anwalt« zeigen, dass schon 59 Sekunden und weniger dafür reichen.

Ohne Storytelling wäre Social Media undenkbar. Denn wir alle wollen unterhalten oder inspiriert werden. Menschen mögen Menschen und ihre Geschichten. Das ist kulturell, universell und plattform- oder medienunabhängig. Ergo spielen Geschichten auch auf Social Media eine wichtige Rolle, warum sollte das anders sein als in Büchern oder im Fernsehen?

Das gilt übrigens für Creator wie Marken gleichermaßen: Auch die Art und Weise, wie Werbung aufgebaut ist, hat sich in den letzten Jahrzehnten gewandelt. Es geht zunehmend weniger um Informationen und mehr um Emotionen. Kaum jemand interessiert sich für ellenlange Produktbeschreibungen und Listen mit allen technischen Eigenschaften eines Produkts. Viele Konsumentscheidungen werden von Gefühlen getriggert, und das wirkt sich auch auf den Content von Marken und Organisationen aus. Zu den bekannten Formaten, die gut funktionieren, gehört der Blick hinter die Kulissen der Organisation oder eines Content Creators – für viele Menschen spannender als Hochglanzbilder.

1.3.2 Komplexe Inhalte in Storys verständlich erklären

»Erzähl mir nicht, was für ein tolles Thema das ist, sag mir, wie du es Nutzern verkaufen wirst«, sagt der Chef in der Programmkonferenz zu den anwesenden Nachrichtenredakteuren. Daran können auch Sie sich orientieren. Planen und formulieren Sie jedes Thema von Anfang an so konkret und nutzerorientiert wie möglich. Das gilt für journalistische Reportagen genauso wie für Forschungsberichte, Wissensformate, Markengeschichten und das Marketing von Produkten und Serviceleistungen – insbesondere für Social-Media-Storys, in denen wir komplexe Inhalte in kurze, knackige und witzige Clips verwandeln müssen.

Gute Social-Media-Storys haben viel gemeinsam mit pfiffigen Schlagzeilen und knackigen Pitches, also kurzen, mündlichen Zusammenfassungen, mit denen ein Thema oder Produkt einem Auftraggeber, Käufer oder Investor vorgestellt und erklärt wird, mit dem Ziel, zu einer geschäftlichen Interaktion zu kommen. Alles, was wir kurz und knapp in einer Schlagzeile, einem Claim oder einem kurzen Pitch erklären und zusammenfassen können, haben wir selbst gut verstanden und können wir auch anderen gut erklären.

Stellen Sie sich ein allgemeines Thema wie Greta Thunbergs Besuch in Deutschland vor. Dann machen Sie sich klar: Was ist konkret relevant und besonders an dem Besuch, was interessiert Nutzer in Deutschland an der Geschichte? Die Schlagzeile könnte dann etwa lauten: »Thunberg legt sich mit Siemens an.« Für deutsche Nutzer ist interessant, dass Greta Siemens auffordert, die Lieferung von Eisenbahnzubehör an eine australische Kohlemine einzustellen. Oder Sie legen den Fokus auf »Triff die deutsche Greta«. Und publizieren ein Porträt von Luisa Neubauer.

Um kurze, nutzerorientierte und relevante Geschichten zu erzählen, können Sie dieser dreiteiligen Bauformel folgen:

▶ Zeigen Sie echte Leute.

▶ Zeigen Sie, wie sie etwas machen.

▶ Zeigen Sie, was dann passiert oder was daraus resultiert.

Die Inhalte bringen Sie in die typische Verlaufsform einer Geschichte:

Anfang – Mitte – Ende.

Stellen Sie sich ein abstrakteres Thema wie etwa eine neue Technologie vor, die Sie verkaufen wollen. Dann finden Sie einen konkreten Anwendungsfall und beschreiben anhand dieses Beispiels die konkrete Wirkungsweise und Vor- und Nachteile des Produkts.

Nehmen Sie die Augmented-Reality-App Streem. Sie erleichtert Kunden und Handwerkern das Leben, spart Zeit und Kosten – und die Firma versteht es, ihre Vorteile mit witzigen Storys und anschaulichen Videos zu erzählen.

Abbildung 1.16 Der Claim von »Streem« erklärt das Geschäftsmodell in einem Satz: »Better than being there«, auf Deutsch: »Besser als vor Ort«.

Mit der Mobile App verbinden sich Handwerker in einem Video-Livestream mit ihren Kunden, machen sich dann live und in 3D ein Bild vom Schaden oder dem zu reparierenden Objekt in der Wohnung des Kunden. Sie können den Schaden von allen Seiten scannen, ausmessen und bewerten. Dann bestellen sie schon die Ersatzteile, bevor sie einmal zum Kunden fahren. Umfassend informiert, vorbereitet mit dem passenden Ersatzteil zur Hand führen sie erst dann die Reparatur vor Ort durch. Die Streem-App generiert für alle Beteiligten einen hohen materiellen und ideellen Mehrwert, den die Firma für ihre Kunden pfiffig erzählt.

1.3.3   Führen Sie Nutzer als Guide durch Ihre Storys

Die konversationelle Tonalität im Social Web transformiert auch die Rollen von Storyteller und Rezipienten. Früher waren viele Menschen vor einer Kamera und vor einem Mikrofon schüchtern. Heute sind die meisten Menschen daran gewöhnt, aufgenommen zu werden, etwas in die Kamera zu sagen und sich in Videoclips online zu sehen und zu hören. Das erleichtert es auch professionellen Storytellern, mit Menschen vor der Kamera zu sprechen und interessante Originaltöne aufzunehmen. Auch nehmen Menschen das Smartphone nicht als großes Produktionsstudio wahr und agieren vor der Smartphone-Kamera gelassen, authentisch und kreativ.

Nutzer waren früher passive Rezipienten. Heute sind Nutzer zu gleichberechtigten Gesprächspartnern und interaktiven Ko-Storytellern geworden. An ihrer Seite werden Storyteller zu Guides im Social Web. Dafür erzählen Sie im Selfie-Mode und in der ersten Person Singular. Sie werden zum Ich-Erzähler. Deshalb müssen Sie in Ihrem Profil und in Ihren Storys auffindbar sein. Denn Sie stehen für die Glaubwürdigkeit Ihrer Inhalte. Mit Ihren gut recherchierten Inhalten helfen Sie anderen, Neues zu lernen, sich zu unterhalten, kreativ zu sein und sich gemeinsam für etwas stark zu machen. Werden Sie zum Guide der ganzen Story-Reise und Customer-Journey. Wie, das zeigen wir in Kapitel 2. Aber vorher können Sie sich hier Inspiration für Ihr Profil holen, und wie sich damit auffindbar machen.

1.4   So funktioniert es – lassen Sie sich inspirieren

Betreten Sie eine Social-Media-Plattform, haben Sie die Wahl zwischen zwei zentralen Dashboards. Tappen Sie auf das Home-Icon, öffnet sich das Home-Dashboard mit dem Algorithmus-getriebenen Feed zum Content anderer Accounts. Tappen Sie auf das Profil-Icon, öffnete sich das Dashboard mit Ihrem Profilbild, Ihrer Kurzbiografie, einem Banner und dem Archiv Ihres bisher veröffentlichten Contents.

Auf beiden Dashboards können Sie viele weitere Einstellungen und Optionen nutzen, welche genau, das unterscheidet sich stark von Plattform zu Plattform. Die Bandbreite reicht von integrierten kreativen Werkzeugen über weitere in die Plattform integrierte Kanäle bis zu Benachrichtigungen und Chats, praktischen Listen, Suchfunktionen, Account-Settings sowie analytischen Daten und Werkzeugen.

Ihr persönlich-professionell gestaltetes Profil auf Social Media ist wie Ihre digitale Visitenkarte. Damit garantieren Sie die Glaubwürdigkeit Ihrer Marke und der unter Ihrem Namen und Profil veröffentlichten Inhalte und Storys. Wer sich mit einem Klick über Sie informieren oder mit Ihnen vernetzen will, sollte Ihr aussagekräftiges und aktuelles Profil auf allen für Sie relevanten sozialen Plattformen finden und wiedererkennen. Dabei legen Sie Wert darauf, Design und Inhalt Ihres Profils an die Gewohnheiten jeder Plattform anzupassen. Mit leicht variiertem Design und unterschiedlicher Tonalität signalisieren Sie Besuchern Ihres Profils auf den ersten Blick, dass Sie verstehen, wie die Plattformen ticken.

Social-Media-Profile sind multimedial aufgebaut und kombinieren in Variationen Profil-Foto vor Banner-Foto, Audio- und Video-Clips, Weblinks und kurze, limitierte Biotexte, in denen Sie relevante Hashtags angeben können. Mit dem Selfie-Visual in Ihrem Porträt wollen Sie kompetent, einflussreich und sympathisch wirken und Nutzern sofort auffallen, etwa beim Scrollen durch den Twitter-Feed. Deshalb verwenden Sie einen Klarnamen und sind auf den ersten Blick wiederzuerkennen. Wenn Sie ein Profil auf einer Plattform einrichten oder anpassen, prüfen Sie auf allen Geräten von Smartphone und Tablet bis Desktop, wie es ausgespielt wird. Passen Sie das multimediale Material in Ihrem Profil gegebenenfalls gerätespezifisch an.

Persönlichkeiten und Lebensläufe, Marken und Unternehmen waren nie und sind heute schon gar nicht in Stein gemeißelt. Deshalb reflektieren Sie Ihr Profil immer wieder aufs Neue, und halten Sie Fotos und Biotext aktuell. Ihr Profil ist dann transparent und glaubwürdig.

Haben Sie einen zentralen digitalen »Hub« (Knotenpunkt), beispielsweise Homepage, Online-Shop oder LinkedIn-Profil, verlinken Sie Ihr Profil auf allen Plattformen damit. Dann finden interessierte Nutzer Sie einfach und können reibungslos eine Konversation mit Ihnen beginnen.

Öffnen Sie Instagram, dann kommen Sie auf das Dashboard der Plattform. Es gibt zwei Hauptansichten. Der Home-Screen mit dem Content anderer Accounts, denen Sie folgen. Und der Profil-Screen, auch die Ansicht, die andere erhalten, wenn sie auf Ihr Profil kommen und Ihren Content ansehen. Mit dem kleinen Pluszeichen öffnen Sie in beiden Ansichten die Kamera und den Editor. Die Navigation ist auf den meisten gängigen Social-Media-Plattformen ähnlich aufgebaut. Eine Ausnahme ist zum Beispiel Snapchat, wo alle Wege über den Kamera-Screen führen

Beschäftigen Sie sich intensiv mit Ihrem Profil, legen Sie Profilbilder und Kernbotschaft für jede Plattform fest. Auch durch Selbstreflexion und Auswertung Ihres eigenen Profils werden Ihnen die Eigenheiten jeder Plattform vertrauter. Das hilft Ihnen auch dabei, die angemessene Tonalität fürs Storytelling zu entwickeln. In der Regel lassen sich nur einige wenige Elemente wie der Account-Name nach der Registrierung auf einer Plattform nicht mehr oder nur in vorgegebenen Zeitfenstern editieren. Aber Biotexte, Links oder Hashtags, die im Profil stehen, können Sie jederzeit modifizieren und im Laufe der Zeit immer wieder anpassen.

Social-Media-Profile sind keine »reinen« Genres. Vielmehr sehen wir in allen erfolgreichen Profilen einen Mix aus persönlich-professionellen Informationen kombiniert mit Informationen zu Marke, Unternehmen, Organisation, Communitys. Trotzdem macht es Sinn, dass Sie sich bei der Entwicklung Ihres Profils auf ein Genre festlegen und Ihre Inhalte fokussieren. Dieser Fokus strahlt dann von Ihrem Profil in alle Interaktionen, Inhalte und Storys aus. Er hilft Nutzern, mit einem Blick die Werte zu erkennen, die sie miteinander teilen.

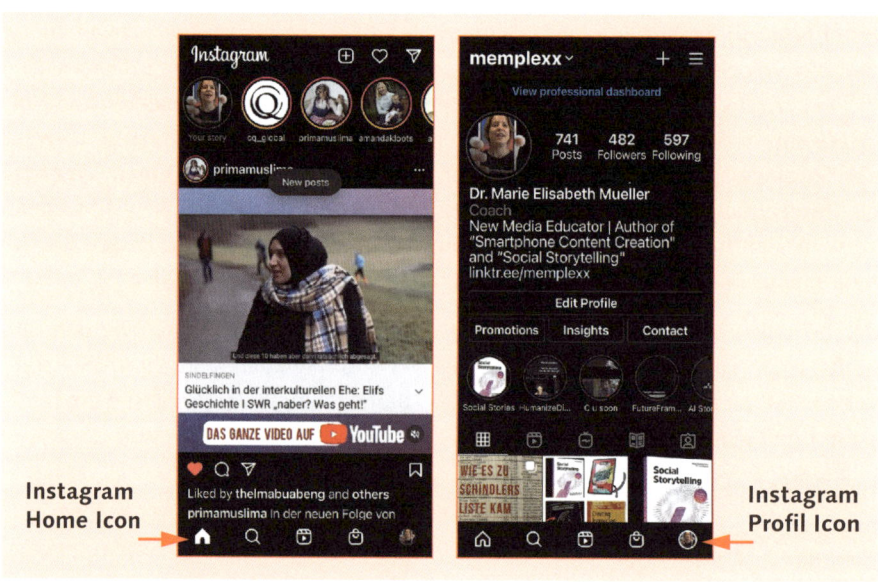

Abbildung 1.17 Links finden Sie Instagrams Home-Screen, rechts den Profil-Screen.

Als Inspiration zeigen wir Ihnen jetzt eine kurze Typologie, bestehend aus vier Profil-Genres.

1.4.1   Personal Profile Storys

Personal Profile Storys, auch »Profersonal Storys« genannt, reflektieren individuelle Nutzer, die Inhalte und Storys unter ihrem Namen in Verbindung mit ihrem Beruf,

Fachbereich und geschäftlichen Aktivitäten posten. Ob Softwareentwickler, Buchhändler, Coach, Marketer, Wissenschaftler, Lehrer, Politiker, Künstler, Manager,
Unternehmer und andere mehr, individuelle Nutzer unterhalten den Account, um
in Verbindung mit Fokusthemen wahrgenommen zu werden, Inhalte zu teilen, sich
auszutauschen und zu vernetzen.

Ein Profersonal Profile ist strategisches *ID-Marketing*. Es nutzt einerseits der persönlichen Markenbildung und dem Personal Branding, um mit fachlicher Expertise
und digitaler Kompetenz sichtbar zu werden – unabhängig davon, wie groß die
Anzahl der bereits loyalen Follower ist. Andererseits profitieren Arbeitgeber und
mit der Person assoziierte Organisationen, Netzwerke oder Communitys von der
starken »ID-Marke« eines individuellen Nutzers.

Ein individuelles Profersonal-Profil betreibt zum Beispiel Stefan Rahmstorf. Der
weltbekannte deutsche Physiker und Klimaforscher leitet unter anderem das Potsdamer Institut für Klimafolgenforschung (PIK) und hat eine Professur für die Physik
der Ozeane an der Universität Potsdam inne. Unter *@Rahmstorf* ist er auf mehreren
Plattformen, vor allem Twitter, Facebook, YouTube und im Web, fast täglich aktiv.

Abbildung 1.18 Der deutsche Wissenschaftler Stefan Rahmstorf ist auch international einer
der bekanntesten Klimaforscher. Das liegt auch daran, dass er es versteht, Social Media strategisch zu nutzen. Er bespielt konsistent und regelmäßig mehrere Profile auf verschiedenen Plattformen, passt seine Inhalte an die unterschiedliche Tonalität an und kommuniziert auf Deutsch
und Englisch.

Rahmstorf versteht die Eigenheiten der Plattformen, kommuniziert zuverlässig, freundlich und informell. Darüber hinaus produziert und postet er auf allen Plattformen originale Storys, die er multimedial und plattformspezifisch produziert. Der Wissenschaftler postet also meist nicht Inhalte anderer oder verlinkt zu anderen Inhalten, sondern kreiert Native Content, der von den Plattformen als besonders wertvoll gerankt und mehr Nutzern gezeigt wird. Sein Fokusthema ist die Klimakrise und ihre Folgen. Das wird auf einen Blick als die DNA seines Profils auf allen relevanten Plattformen sichtbar.

Auch ein Hashtag kann starke Wirkung entfalten und wie ein Profil funktionieren. Ein Hashtag-getriebenes Profersonal Profile wird in der Regel von einem Influencer oder von einer mit dem Influencer verbundenen loyalen Community initiiert und verbreitet. Es dient der Vernetzung verifizierter, fachlicher Inhalte und Storys in Verbindung mit einem Experten oder Influencer. Hashtags sind deshalb auch in Ihrem Profil und für Ihr ID-Marketing immens wichtig und effektiv. Hashtags werden auf sämtlichen Plattformen gleichartig verwendet, sie können in Suchbereichen gefunden, abonniert und damit wie ein Profil von Algorithmen auch in Feeds hoch gerankt und vielen Nutzern ausgespielt werden.

Die junge schwedische Klimaaktivistin Greta Thunberg ist unter @*GretaThunberg* mit ihrem Profersonal-Profil auf vielen Plattformen aktiv. Doch auch ohne eigenes Handle, wie das Zeichen @ mit dem Account-Namen genannt wird, erzielte sie allein mit dem Hashtag #*GretaThunberg* eine enorme Reichweite.

Ein anderes Beispiel ist der Hashtag #*l619Project* der amerikanischen Journalistin Nicole Hannah Jones vom New York Times Magazine. Ihr Fokusthema ist die Geschichte der Sklaverei und die bedeutende Rolle von Afroamerikanern beim Aufbau der amerikanischen Demokratie. Folgt man diesem Hashtag, findet man viele Posts zu Jones' Fokusthema. Hashtag-getriebene Profile formen »liquide« Profile, die im Suchbereich oder durch das Abonnieren eines Hashtags kuratiert werden. Ohne zentralen Hub vernetzen sie eine Persönlichkeit und ihr Fokusthema mit der ihr verbundenen Community.

1.4.2 Community Profile Storys

Community Profile Storys reflektieren in der Regel die gemeinsamen Werte und Aktionen eines nicht-kommerziellen Netzwerks, dessen Mitglieder sich zusammenschließen, um ein sozial relevantes Ziel gemeinsam zu erreichen – beispielsweise die Förderung autofreier Städte oder die Verbreitung von einfach erklärtem Wissen über künstliche Intelligenz. In ein Community Profile gehören der *Claim* der Community, der den Zweck der Community, ihren »Purpose«, mit einem knackigen Ausdruck kommuniziert, ferner der zentrale Hashtag, den die Community nutzt. Beispielsweise ist der Claim von *Jugend gegen AIDS* »Do what you want. Do it with love, respect & condoms«, mit dem zentralen Hashtag *#faqyou*.

Digitale Communitys starten entweder auf Social Media oder entstehen als digitaler Zwilling einer bereits existierenden Offline-Organisation. Das Community-Profil auf sozialen Medien ist eine effiziente Methode, mithilfe von interaktiven Storys und Hashtag-Kampagnen die Community schneller wachsen zu lassen und sie mit unterschiedlichen demografischen, regionalen und internationalen Gruppen, Influencern und Sponsoren zu vernetzen. Für Community-Profile bietet es sich auch an, Nutzer gezielt zu motivieren, wertvollen UGC zu teilen.

Erfolgreiche Communitys, die digital gestartet sind, werden auch offline aktiv. Sie geben sich online und offline eine Rechts- und Organisationsform. Aber eine digitale Community auf Social Media geht weit über die reine Organisationsform hinaus. Sie generiert Mehrwert durch die inhaltliche Vernetzung über engagierende Storys, Memes, Hashtags und andere Kampagnen. Viele Nutzer engagieren sich und interagieren mit Storys und Inhalten, ohne formal Mitglied der Organisation zu sein oder werden zu wollen. Das Profil funktioniert wie eine Website, dort werden die gemeinsamen Werte, Aktionen und Ziele in Form von Storys kommuniziert und dokumentiert.

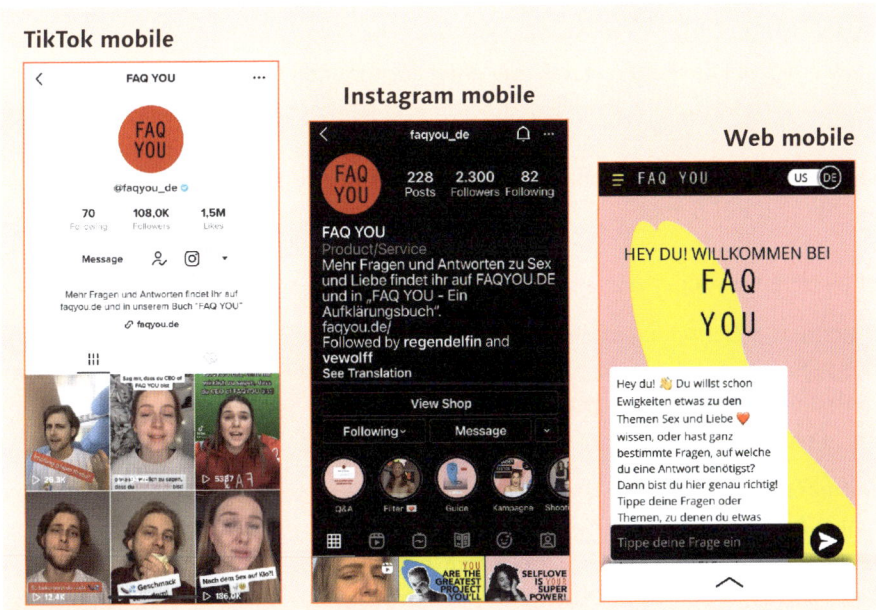

Abbildung 1.19 FAQ YOU ist auf vielen Plattformen präsent, arbeitet mit Crossplattform-Kampagnen und legt großen Wert auf Interaktionen und direkte Kommunikation mit ihrer Community. Seit 2020 gibt es auch eine Buchpublikation, eine englischsprachige Website und amerikanische Vertretung.

Ein Beispiel für eine Community Profile Story ist *Jugend gegen AIDS* (Youth Against AIDS), für die unser Experte Maximilian Wolf als Marketing-Chef tätig ist. Die in Deutschland gegründete Organisation ist auf Social Media zu einer aktiven internationalen Community geworden, deren Inhalte besonders gut auf TikTok und unter TikToks jugendlichen Nutzern ankommen.

Seit Sommer 2020 zählt die TikTok-Community mehr als hunderttausend Follower, und FAQ YOU ist Mitglied der Hashtag-basierten *#TikTokLernen*-Community geworden. Die Organisation nimmt im Namen die typische TikTok-Tonalität auf, die mit Wortwitz und Slangsprache arbeitet. Ihr TikTok-spezifisches 1-Minute-Lernformat heißt gleich. Hier werden Fragen von Jugendlichen zu ihrer Sexualität direkt, schnell, ehrlich und pfiffig beantwortet.

Keine andere Plattform ist so Hashtag-getrieben wie TikTok, und die Nähe zwischen Hashtags, Profilnamen und Storys spielt hier eine besonders große Rolle für den Erfolg jedes Profils.

Rein Hashtag-getrieben und ganz ohne zentrales Profil funktioniert eine globale Community wie *#BlackLivesMatter*.

1.4.3   Marken-Profile-Storys

Marken-Profile-Storys reflektieren Nutzen, Lösungskompetenz und im Idealfall auch kreativen Spaß, den Nutzer mit einer Marke und ihren Produkten oder ihrem Service verbinden. Wie bei allen anderen Profilen auch, insbesondere im Fall von Personal Profile Storys, verändert sich auch eine Marke ständig. Sie muss in einem stetigen Prozess offener Innovation im Wettbewerb um Kunden, Nutzer, Marktanteile und der dynamischen technologischen Transformation bestehen. In dieser Dynamik muss die Profile Story – genauso wie Vision und Mission – ständig weiterentwickelt und angepasst werden.

Besonders augenscheinlich wird dies beim amerikanischen Unternehmen Amazon, das seit 1994 den beachtlichen Wandel vom Einzelhandelsbuchhändler zum weltumspannenden Online-Versandhändler und zu einem der größten börsennotierten Technologiekonzerne der Welt hingelegt hat.

Mit über Hundertmillionen Views wurde das Magazin »National Geographic« der amerikanischen »National Geographic Society« unter @*natgeo* und mit dem Hashtag #*natgeo* zu einer der erfolgreichsten publizistischen Marken der Welt. Seine DNA ist das Fokusthema »Abenteuer, Wissenschaft und Reisen«, das sich optimal für multimediale Inhalte und Storys eignet. Auch wertvoller UGC und eine engagierte Community befördern den Erfolg. Das Ende des 19. Jahrhunderts gegründete Magazin, seit 2019 in Besitz von Disney, ist stolz auf seine neugierige und wissbegierige globale Community. Die bildete sich schon in Printzeiten heraus und besitzt eine dementsprechend lange Tradition.

Wie nur wenige andere Marken pflegt das Medienhaus sein Profil in allen traditionellen Medien und auf allen digitalen Plattformen, natürlich auch im Social Web. Dabei integriert es seine zahlreichen Produktlinien. Die globale Marke publiziert auf jeder Plattform spezifischen Native Content. Doch überall nutzt sie ihren einen Claim: »Taking our understanding and awareness of the world further for more than 130 years« – in der magischen Verbindung von Innovation und Tradition.

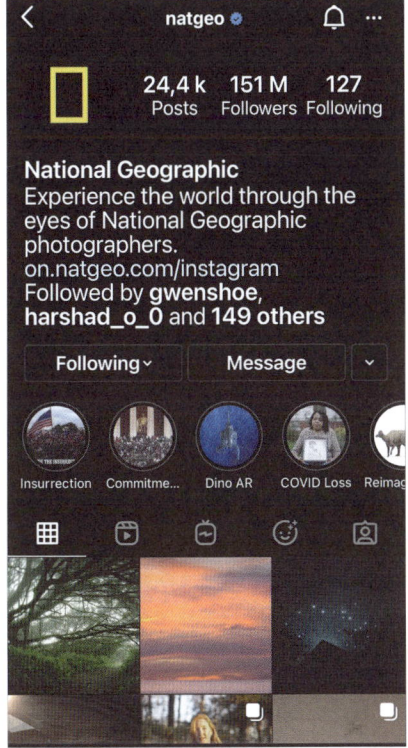

Abbildung 1.20 Hier das Instagram-Profil von National Geographic. Die Marke publiziert auf sämtlichen großen Plattformen und bespielt alle digitalen und linearen Ausspielkanäle. Sie macht es loyalen Followern und neuen Nutzern aus ganz unterschiedlichen Zielgruppen einfach, sie und ihren Content zu finden.

Marken verwenden Hashtags, um an aktuellen Themen teilzuhaben, und/oder kreieren diese selbst, um ihren Produkten eine Bühne, Raum für Diskussion und Teilhabe zu bieten. Große Unternehmen mit speziellen Produkt-Verticals machen mit Hashtags ein Produkt in Kombination mit der Marke bekannter. Damit gelingt es, eine Community um dieses spezifische Produkt herum zu aktivieren und für weitere

Produkte zu interessieren. Das Hauptziel der Marke ist es dann, den Verkauf zu skalieren.

Zum Beispiel benutzt Amazon den Hashtag *#OnPrime* in Kombination mit Ondemand-Medien. Ein Beispiel ist der erste Corona-Lockdown-Film »C u Soon«, produziert von dem indischen Filmemacher Mahesh Narayanan. Er brachte ein Team aus Stars der Malayalam-Filmindustrie dazu, den Film nur mit iPhones und einem improvisierten Setting im Hause des Hauptdarstellers und Produzenten Fahad Fazil zu produzieren. »C u Soon« wurde dann unter *#CuSoonOnPrime* auf Social Media vermarktet.

Abbildung 1.21 Den Thriller »C u Soon« hat der Malayalam-Filmdirektor Majesh Narayana 2020 während der Corona-Pandemie komplett mit Smartphones aufgenommen und produziert. Star-Schauspieler wie Fahad Fazit und Darshana Rajendran machten mit und nahmen alles bei sich zu Hause auf. Damit übersetzten sie zum ersten Mal unsere kollektive Erfahrung, »nur noch durch Bildschirme miteinander zu kommunizieren«, in einen Film mit einer radikal neuen, immersiven Grammatik.

Marken können Hashtags, die sie mit einem Influencer als Markenbotschafter verbinden, nur dann erfolgreich nutzen, wenn die gemeinsamen Werte übereinstimmen und glaubwürdig sind. Anderenfalls laufen sie Gefahr, eine massive Gegenreaktion bis hin zu geschäftlichen Boykott-Aufrufen zu erleiden, beispielsweise in Verbindung mit dem Hashtag *#cancelculture*. Damit rufen Influencer, Organisationen oder andere Persönlichkeiten zum Boykott einer Marke, zum Beenden von Abonnements und Entfolgen auf.

Der dänische Spielwarenhersteller Lego bemüht sich seit vielen Jahren um Diversität. Er designt Figuren und Settings mit größtmöglicher Vielfalt und Kreativität und repräsentiert viele berufliche, ethnisch-kulturelle und Gender-Attribute – etwa mit einer seiner ältesten Lego-Serien, den »Minifiguren«, die inzwischen mehr als achttausend Typen umfassen. Als Lego im Sommer 2020 in seinen Posts den Hashtag *#BlackLivesMatter* nutzt und sich mit der gleichnamigen Bewegung solidarisiert, fügt sich das ins Gesamtgefüge von Legos sorgsam aufgebauten Marken-Profile-Storys ein. Dafür erntet die dänische Marke positive Resonanz und erzeugt Mehrwert durch ihre glaubwürdige Kommunikation und klare Haltung. Damit identifizieren sich viele Menschen und verhelfen Lego bereitwillig zu UGC und weiterer Sichtbarkeit und Reichweite. Viele Marken setzten sich auf den Trend auf, aber wenige so überzeugend wie Lego. Ohnehin lassen sich die auf der ganzen Welt bekannten Legosteine prima für digitale Games und für Storytelling verwenden. Beispielsweise machte sich das der deutsche Autobauer Porsche während des Lockdowns seit Mai 2020 zunutze. Unter dem Hashtag *#GetCreativeWithPorsche* teilte der Porsche-Newsroom eigene Storys mit nachgebauten Porsche-Modellen in Lego-Landschaften und animierte Nutzer auf Social Media zu User-generated Content (*https://newsroom.porsche.com/en/2020/sport-lifestyle/porsche-masterclass-part-7-recreating-images-lego-dominic-fraser-20936.html*).

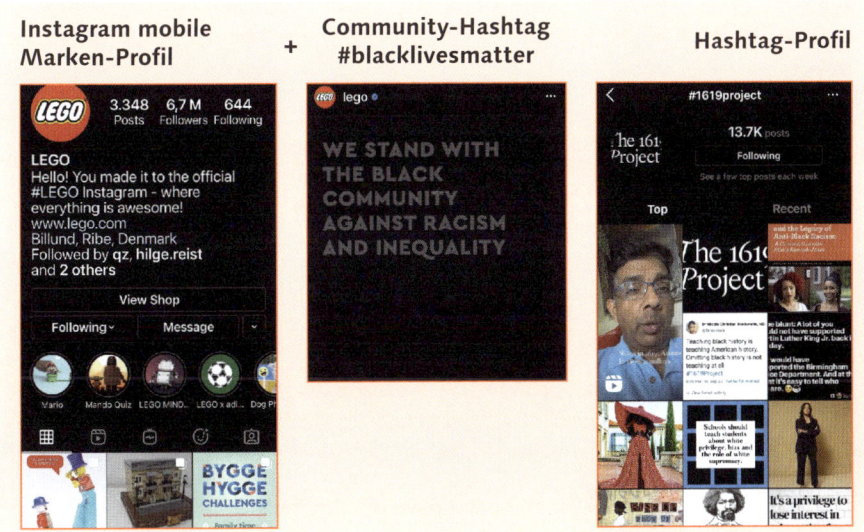

Abbildung 1.22 Marken- und Community-Profile können Hashtag-basiert sein. Der dänische Spielwarenhersteller Lego betreibt zwar Social-Media-Profile, profitiert aber stark von UGC, der oft Hashtag-basiert ist. Lego gelingt es, sich glaubwürdig an Challenges und Memes anzudocken, beispielsweise an #BlackLivesMatter. Das Projekt #1619 vom Magazin der New York Times gibt es im Social Web nur als Hashtag oder als Website.

1.4.4 Journalistische Profile Storys

Journalistische Profile Storys reflektieren Expertise und Glaubwürdigkeit in Profilen von Journalisten, die entweder auf ein Thema spezialisiert sind und wie eine Solo-Marke funktionieren, oder die zu einem Medienhaus gehören und als Botschafter dieser Marke wirken. Wir definieren journalistische Profile Storys aus zwei Gründen als eigenes Genre.

Zum einen, weil Journalisten Geschichtenerzähler par excellence sind. Storyteller in nicht-journalistischen fachlichen Bereichen sollten unbedingt grundlegende journalistische Storytelling-Techniken erlernen und beherrschen: etwa die tiefgehende Recherche von Inhalten, die Berücksichtigung von voneinander unabhängigen Perspektiven, die Verifizierung von Fakten und Informationen, der Aufbau und die Durchführung von Interviews und die Übersetzung von gut recherchierten Fakten und Einzelbausteinen in eine spannende und gut gebaute Geschichte.

Zum anderen, weil Journalisten eine wichtige und einzigartige Sonderrolle in demokratischen Gesellschaften einnehmen. Sie verkörpern die unabhängige »Vierte Macht«. Diese hat neben Regierung, Gerichten und gesetzgebenden Organen die Öffentlichkeit umfassend zu informieren, politische Entscheidungsprozesse transparent offenzulegen und die Mächtigen zu befragen. Im Rahmen von journalistischen Recherchen sind Journalisten berechtigt, Menschen in Ämtern dazu aufzufordern, Rechenschaft ihres politischen Handelns abzulegen, insofern das von öffentlichem Interesse ist.

Das Verhältnis zwischen Journalisten und dem digitalen Universum mit dem Social Web ist ambivalent. Dem Berufsstand kam seine exklusive Rolle als Türwächter oder »Gate Keeper« abhanden. Fakt ist, in Social Media ist jeder ein Storyteller. Jeder hat online Zugang zu unendlich vielen Daten, Informationen und Storys. Jeder kann veröffentlichen, ohne einen Mittelsmann oder eine Zwischeninstanz beauftragen und um Erlaubnis fragen zu müssen. Vielen Journalisten fällt es schwer, das zu akzeptieren.

Doch Journalisten, die mit offenem Mindset das digitale Universum erforschen, nutzen Social-Media-Plattformen vielfältig und hocheffektiv für Recherchen, Konversationen – und die eigene Markenbildung.

Das Social-Media-Profil der jungen promovierten Chemikerin Mai Thi Nguyen-Kim ist ein Beispiel für eine journalistische Profile Story, die alles richtig macht. Nguyen-Kim lehnte ein Job-Angebot des Konzerns BASF ab und machte lieber Karriere als unabhängige Naturwissenschaftlerin, Hochschullehrende und Journalistin mit ihrem eigenen »MaiLab«-Kanal auf YouTube und als Moderatorin für das ARD-Format Quarks sowie für FUNK, das junge Content-Netzwerk von ARD und ZDF.

Noch bevor Nguyen-Kim mit »MaiLab« den Durchbruch schaffte, definierte sie ihren Markenkern und designte ihr Profil crossmedial für Twitter, LinkedIn, TikTok, Instagram, Facebook, YouTube und Web. Sie versteht und prägt die Tonalität jeder Plattform, kommuniziert und teilt regelmäßig plattformspezifischen Native Content.

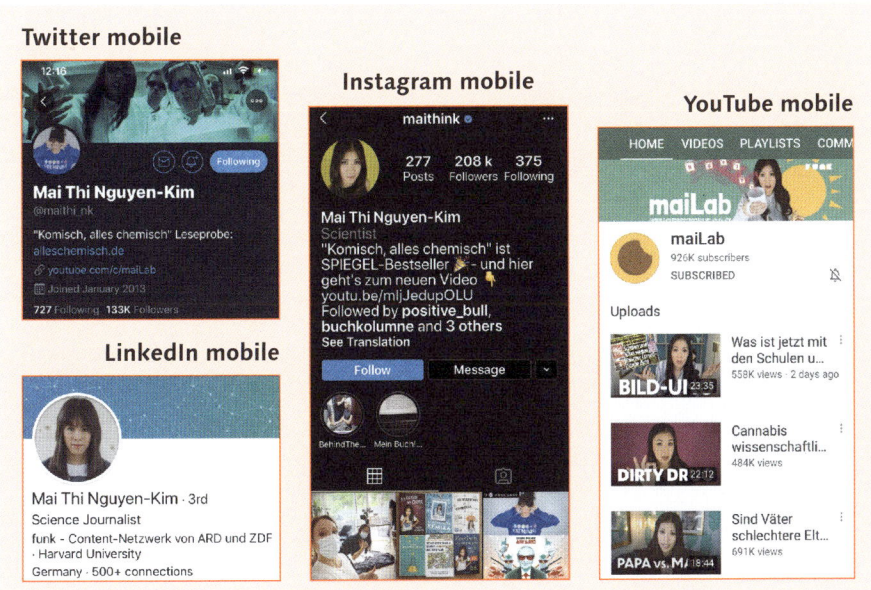

Abbildung 1.23 Egal, in welchen Medien man der promovierten Wissenschaftsjournalistin Thi Nguyen-Kim begegnet, in der DNA ihrer Inhalte geht es immer darum, naturwissenschaftliche Forschung so zu erklären, dass sie jeder versteht und in seinem Alltag nutzen kann. Das macht sie schon in ihrem Profil klar.

Wie im Beispiel des Hashtags *#1619Project* verwenden Journalisten Hashtags häufig wie Labels oder Tags. Damit machen sie ihre Inhalte und Storys auffindbar, positionieren sich innerhalb eines aktuellen journalistischen Diskurses und vernetzen sich mit Nutzern zu einem Fokusthema.

Im deutschsprachigen Raum benutzen Journalisten beispielsweise den Hashtag *#FaktenChecker* bei Recherchen zu Fakes oder den Hashtag *#LeaveNoOneBehind* bei Reportagen zum Thema Migration und europäische Außengrenzen.

Und jetzt? Jetzt liegt der Ball bei Ihnen. Treten Sie den Social-Konversationen bei, und designen Sie Ihr Profil crossmedial. In unserem Buch geht's jetzt weiter mit unserem innovativen Baukasten fürs Storytelling im Social Web.

2 Ein radikal neuer Baukasten für Social Storyteller

Sie fühlen sich nicht zum Erzähler berufen, wollen aber auf die Macht von Storys in Ihrem professionellen Profil, in Kommunikation und im Marketing setzen? Kein Problem. Machen Sie sich klar: Storytelling muss keine »Quantenphysik« sein. Denken Sie »klein«, und fangen Sie mit Mikro-Storys und bewährten Bauprinzipien an, die wir Ihnen jetzt vorstellen.

Punkt, Punkt, Komma, Strich, dazu noch ein kleines Bäuchlein, zwei Arme und zwei Beine, und fertig ist das Strichmenschlein. Erinnern Sie sich, wie leicht es Ihnen als Kind fiel, drauflos zu zeichnen und so zugleich zu erzählen, sich Geschichten und Dinge auszudenken und mit anderen zu teilen? Diese naive Freude am Erzählen, an nahe liegenden kreativen Lösungen und kurzen Geschichten wird am Smartphone und in Social Media reaktiviert.

Wir haben für Sie einen Baukasten mit bewährten digitalen Storytelling-Formen und -Werkzeugen entwickelt, den wir mit Ihnen schrittweise in den nächsten Kapiteln durchgehen. Am Ende designen Sie Ihre Social Storys so leichthändig, als würden Sie mit wenigen geometrischen Formen ein Strichmenschlein zum Leben erwecken. Bevor wir jedoch zu all den praktischen Werkzeugen im Baukasten kommen, wollen wir zuerst vertiefen, wie Storytelling funktioniert.

Wie Landvermesser stecken wir für Sie das digitale Storytelling-Terrain ab. Am Ende haben Sie einen Storytelling-Baukasten zu Ihrer Verfügung, in dem alles aufeinander aufbaut, damit Sie verstehen, wie Social Storys funktionieren, wie Sie sie aufbauen und zum Guide für Ihre Follower werden.

Viele überlieferte Methoden helfen Ihnen hier nicht mehr. Social Storys bauen wir radikal anders als konventionelle (und analoge) Storys. Dafür machen wir jetzt zuerst einen kurzen Abstecher in die Erzähltheorie. Von Abschnitt 2.1 bis 2.5 erklären wir fünf Methoden, die Ihnen helfen, gute Storys zu finden und erfolgreich im Social Web zu erzählen.

2.1 Story-Anatomie statt Heldenreise

Sie sind wie jeder Mensch von Geburt an ein Storyteller. Denn die bewegendste Geschichte, die jeder erzählen kann, ist unser Leben. Wir alle haben also »Was« zu erzählen. Aber dann müssen wir das »Wie« lernen. »Wie« erzählen wir, für wen und mit welchen Medien-Technologien. Denn die Technologien, die wir verwenden, prägen unser »Wie«.

Abbildung 2.1 »First Person«, auf Deutsch »Erste Person«, lässt Menschen, die sich für positive Veränderungen einsetzen, ihre Geschichten selbst erzählen. Dahinter stecken Yusuf Omar und sein Team.

2.1.1 Abschied von der »Heldenreise«

Der amerikanische Mythenforscher *Joseph Campbell* machte vor mehr als hundert Jahren eine faszinierende Entdeckung. Er bemerkte, dass alle Naturvölker, die er besuchte, eine Gemeinsamkeit hatten. Sie erzählten sich Geschichten, um voneinander zu lernen. Irgendwann fiel Campbell dann auch noch auf, dass allen Geschichten eine typische Situationsabfolge und ähnliche Charaktere gemein waren. Er legte dieses Grundmuster 1949 in »The Hero with a Thousand Faces« frei. Seine Erkenntnisse sind bis heute relevant. Wir wissen dank Campbell, dass Menschen auf der ganzen Welt zwei Arten von Erzählungen besonders lieben: Erzählungen über andere Menschen und lehrreiche Erzählungen.

Drehbuch Autor Christopher Vogler machte sich 1992 Campbells Einsichten zunutze. Ihn interessierten vor allem die universalen Archetypen und die universale Liebe zu Erzählungen über andere Menschen. In seinem später zum Bestseller avancierten Buch »The Writer's Journey« entwickelte Vogler die berühmteste Story-

Matrix der Welt: die »Heldenreise«. Die Heldenreise funktioniert immer gleich. Ein Held macht eine Reise, in drei Akten und zwölf Schritten. Damit kann jeder eine spannende Handlung bauen. Ja, die Heldenreise funktioniert in sämtlichen Erzählstoffen, seien es Unterhaltungsfilme, Songtexte oder wissenschaftliche Bücher.

Abbildung 2.2 Die Filmemacher Deutschland 2018 bei einem halsbrecherischen Rafting in Uganda. Spektakuläre Reise-Reportagen und Reise-Vlogs sind auf der ganzen Welt populär. Sie enthalten alle Ingredienzien für gute Storys. Sie bilden Nutzer und nehmen Menschen im Geiste mit zu unbekanntem Territorium oder lassen uns bekannte Gegenden mit anderen Augen neu sehen (Quelle: Marc Bächtold, FMD Content Manager).

Der Protagonist reist entweder tatsächlich, etwa in einem Road Movie oder Reise-Vlog. Oder er reist im übertragenen Sinne, etwa in einer Story über persönliches Wachstum oder darüber, wie es ist, Mutter zu werden, oder wie ich ein neues Produkt auspacke. Der Spannungsbogen einer kompletten »Heldenreise« im Film umfasst einen menschlichen Lebenszyklus, bestehend aus drei Phasen:

1. Aufbruch aus einer Komfortzone zu einem neuen Ziel

2. auf Reisen gehen und Herausforderungen meistern

3. Ankunft und Verweilen in einer neuen Komfortzone bis zum nächsten Aufbruch oder Scheitern und Tod

Was das konkret heißt, zeigen wir kurz am Beispiel von Joanne K. Rowlings erstem »Harry Potter«-Band:

Harrys Heldenreise beginnt mit einem dröhnenden Paukenschlag. In Phase 1 verliert der Kleine erst seine Eltern. Er muss zur Familie seines schrecklichen Onkels ziehen. Von da wird er ins Schulinternat Hogwarts gebracht. Er erfährt obendrein, dass seine Eltern andere waren, als er dachte, und er selbst Zauberkräfte besitzt. Herausgerissen aus seiner alten Lebensnormalität und geplagt von Identitätsfragen fliegen dem kleinen Harry natürlich die Herzen aller Leser zu. Wir können es kaum erwarten, ihn durch das Labyrinth Hogwarts weiter zu begleiten.

In Phase 2 hat Harry sich kaum im Internat eingelebt und Freunde gefunden, als neues Ungemach droht. Der kleine Junge droht wieder alles zu verlieren. Allein dieses Mal liegt gleich auch noch das Schicksal der Welt in seinen Händen. Harry muss also weiterreisen und viele Herausforderungen bestehen. Am Ende rettet er jedes Mal die Welt, natürlich nur vorübergehend.

In Phase 3 kehren Harry und Freunde zurück ins Internat und holen kurz Luft. Dann beginnen das neue Schuljahr und neues Ungemach.

Diesen modellartigen Aufbau der »Heldenreise« finden Sie in allen großen Menschheitserzählungen und Märchen wieder, quer über den Globus, auch in denen der Gebrüder Grimm. Die Empathie, die Fähigkeit, mit anderen Lebewesen mitzufühlen, lässt uns als Leser die Erlebnisse von Helden miterleben und dann auch erinnern. Wir erinnern sie dann so, als wären wir tatsächlich selbst dabei gewesen. Das macht Storytelling so wirkungsvoll.

Doch nur wenigen Autoren gelingt es so meisterhaft wie Joanne K. Rowlings. Sie vervielfacht jede Steigerung und jeden Spannungsbogen und erzählt alles gleichzeitig so organisch als einen nachvollziehbaren Teil der Handlung. Nichts wirkt übertrieben oder aufgesetzt, beispielsweise unmittelbar zu Beginn, als Harry gleich mehrere schmerzhafte Verluste erleidet und plötzlich mutterseelenallein ist. Zudem sind fantastische Elemente genregetreu, befeuern die Spannung und erlauben viele kreative Elemente.

Rowling erzählt wie die Komponistin eines symphonischen Werks. Oder wie eine Chirurgin, die die Handlung in viele Nanopartikel und Mikro-Storys zerlegt. Ihre Gesamterzählung folgt in jedem Harry-Potter-Band der konventionellen linearen Matrix der Heldenreise. Jedoch baut sie viele originelle Nanoteilchen ein, die einen Pool von Mikro-Erzählungen und Mini-Legenden ergeben.

Rowlings Erzählweise nennen wir »hybrid«. Wie andere epische Erzählungen, die an der Schwelle zum Social Web entstanden sind, etwa »Star Wars« und »Herr der Ringe«, nehmen die »Harry Potter«-Romane in ihrem hybriden Aufbau eine digitale non-lineare Erzählweise vorweg – noch bevor das Social Web zu einem Massenmedium wurde und hybrides, non-lineares Storytelling revolutionierte.

Abbildung 2.3 Hybride Storys mit parallelen und non-linearen Erzählsträngen sind im Social Web gang und gäbe. Hier ein Screenshot vom »Idukki Mashup« des innovativen Drone-Storytellers Arun P Jose aus Kerala (*www.facebook.com/716687891/posts/10160243370822892/?d=n*).

Der weltweite Erfolg von Storys, die der Matrix der »Heldenreise« folgen, hat zwei Gründe. Einerseits konnten Menschen sich in ihrem individuellen Alltag darin wiedererkennen, damit identifizieren, mitfiebern und sich unterhalten – alles Dinge, die überall auf der Welt gut ankommen. Andererseits sind Menschen auf der ganzen Welt mit ähnlichen archetypischen Charakteren vertraut, weil sie in sämtlichen überlieferten Erzählungen, seien es Märchen und Legenden oder Kino- und Fernsehfilme, vorkommen. Damit sind sie im kollektiven Gedächtnis verankert. Archetypen sind universal in allen Kulturen bekannt, wie beispielsweise »Schatten«, die destruktive Kräfte repräsentieren, oder »Boten«, die verändernde Neuigkeiten überbringen, oder »Mentoren,« die den Helden beschützen und beschenken.

Wir alle kennen Mentoren wie die Göttin Athena aus der »Odyssee«, Obi-Wan Kenobi aus »Star Wars« oder Professor Albus Dumbledore aus »Harry Potter«. Sie haben es zuerst in konventionalen linearen Medien – Print, Kino und TV – zu globalem Ruhm gebracht und dann den nutzergetriebenen Sprung ins Social Web geschafft. Auf TikTok und anderen Plattformen werden berühmte Archetypen aus der traditionellen Unterhaltungsindustrie bis heute in Memes und Hashtags weitererzählt und befeuern eine lebendige Fan-Community.

Die universale emotionale Wirkung von Mythen und Archetypen bleibt also auch in Social Storys erhalten. Doch die »Heldenreise« funktioniert im digitalen Universum und beim Aufbau von Storys für Social Media nicht mehr. Die Matrix der »Heldenreise« stammt aus dem Zeitalter analoger Technologien mit seinen linearen Formaten. Erinnern Sie sich an die analoge Filmtechnologie, bei der eine Sequenz auf die andere, ein Filmframe auf das andere folgt? Diese lineare Technologie ist wie gemacht dafür, lineare Handlungsabfolgen, Schritt für Schritt wie in der »Heldenreise« zu reproduzieren. Deshalb gibt es praktisch keine Blockbuster-Filme, weder in der westlichen, indischen, chinesischen noch der afrikanischen Unterhaltungsindustrie, die nicht nach dem Muster der »Heldenreise« gebaut sind. Hollywood sind mit Welterfolgen wie »Casablanca«, »Tootsie«, »Der König der Löwen« oder »Titanic« idealtypische Adaptionen gelungen.

Typischerweise beruhen die großen Erzählungen im 20. Jahrhundert auf zwei Plots: entweder auf einem monumentalen, gewaltigen Super-Plot, wie in den Filmen von George Lucas oder mit Arnold Schwarzenegger. Oder auf einem unaufgeregten, feinen Anti-Plot, wie in den Filmen von Woody Allen und des europäischen Autorenkinos, beispielsweise von Jean-Luc Godard und Wim Wenders. In Super-Plot Filmen gibt es einen eindeutigen roten Faden, ein externer Konflikt wird ausgefochten, Konfliktparteien und Ziele sind klar, die dramatische Handlung betrifft in ihren Konsequenzen die ganze Welt, und der Film wird mit gigantischem technischem Aufwand realisiert.

Hingegen sind in Anti-Plot Filmen die Konflikte verinnerlicht, der Held wird zum Anti-Held, der an allem und sich selbst zweifelt, Stadt und Landschaft werden zum Canvas für psychologische Handlungen, die sich in stummen Bildern und Unterhaltungen zwischen Menschen manifestieren.

Der amerikanische Starregisseur Steven Soderbergh produzierte mit »Unsane« in 2018 und »High Flying Bird« in 2019 schon zwei Thriller für Kino und TV nur mit iPhones. Er meint, »mit Film zu drehen ist wie mit dem Füller zu schreiben«.

From left, Steven Soderbergh films High Flying Bird star Bill Duke and André Holland with a smartphone. Netflix

Abbildung 2.4 Der Trend geht zu agilen Mobile-Filmproduktionen mit einer neuen, intimeren visuellen Grammatik, wie hier bei Steven Soderbergh.

2.1.2   Guides

Mit Super-Plots und Anti-Plots ist im 21. Jahrhundert Schluss. Im Storytelling erleben wir den von Nutzern getriebenen Paradigmenwechsel von reisenden Helden zu agilen Guides – Guides, die im digitalen Universum unendlich viele Gesichter und Formen annehmen können. Mit dem Social Web lösen lehrreiche Mikro-Storys die eine große »Heldenreise« ab. Ab jetzt übernehmen interaktive Games, multiple Bildschirme und hybride »Multi-Strand«-Erzählungen, also non-lineare Erzählungen, die nicht von A bis Z durcherzählt werden und keinen roten Faden haben müssen. Sie arbeiten mit simultanen Erfahrungsebenen, vielen Zeiten und virtuellen Räumen, in denen Nutzer über wesentliche Aspekte des Erzählverlaufs mitbestimmen und zu Ko-Creators werden.

Für viele Social-Web-Nutzer haben Erzählungen über Helden keinen Mehrwert mehr, denn Helden sind sie selbst schon in ihrem eigenen Leben. Im digitalen Universum und in Social Media treffen wir ab jetzt auf eine ziemlich bunte Crowd. Auf diverse, pfiffige und kreative Menschen, die Gefühle zeigen, Schwächen haben und darüber reden wollen. Nutzer und Creator im Social Web wollen sich mit Guides, Mentoren, Freunden, Followern, Kunden und Klienten vernetzen. Mit digitalen Freunden haben sie Spaß, von und mit ihnen lernen sie, machen Geschäfte, arbeiten zusammen und machen sich gemeinsam für eine Sache stark. Das ist die demokratische, pluralistische Seite des Social Web, wo Nutzer die Verletzlichkeit der anderen wahrnehmen und dadurch empathischer und humaner in ihren Konversationen und Storys agieren.

Lassen Sie uns kurz die bisher gesammelten Einsichten zum radikal neuen Aufbau von Geschichten im Social Web zusammenfassen, damit Sie sie für die Planung und den Aufbau Ihrer Storys nutzen können:

▶   Universelle Archetypen bleiben uns auch in Social Storys erhalten, sie werden aber diverser und bunter.

▶   Wichtiger als Helden sind Guides mit glaubwürdiger Markenbildung und authentischen Inhalten, die anderen helfen, Neues zu lernen, sich zu unterhalten, kreativ zu sein und sich gemeinsam für etwas stark zu machen.

▶   Die universale Faszination fürs Lernen wird im Social Web aktiviert und in Storys übersetzt, beispielsweise von der rasant wachsenden Community von Lernenden und Lehrenden auf TikTok unter dem Hashtag *#lernenmittiktok*.

▶   Der interaktive und im Prinzip endlose Austausch mit anderen Nutzern macht den Creator zu einem viel interessanteren Charakter als den klassischen Filmhelden.

▶ Die Matrix der »Heldenreise« aus dem Zeitalter analoger Erzähltechnologien ist fürs »Social Storytelling« zu konventionell, zu patriarchalisch und zu linear. Denn Social Storys funktionieren so:

- Häufig extrem kurz – für einen ganzen Heldenzyklus ist kein Raum.

- Konversationell und interaktiv – sie verhandeln über Identitäten und Erfahrungen im Dialog und Spiel.

- Mit 3D-Filtern, 3D-Computergrafiken und multimedialen Effekten – sie experimentieren mit multiplen Realitäten, Avatars, vielen digitalen Identitäten.

- Non-linear, mehrsträngig (»multi-strand«) und hybrid – sie erzählen in jeder Einstellung viel mehr als eine Geschichte oder einen Protagonisten und spielen mit vielen Zeiten und Räumen.

- Inklusiv und divers – ein bunter Kosmos ergänzt die überlieferten konventionellen und häufig patriarchalischen Archetypen.

- Live oder in Realtime und immer in Bewegung – Reisen, real und im übertragenen Sinn, wird zu einem Bewusstseinszustand, und Helden werden zu Guides.

In der »Heldenreise« steht meist ein dominanter Typ im Zentrum der Handlung. Beim Social Storytelling dreht sich alles um Konversationen, gemeinsame Aktivitäten, Netzwerken, um ganz normale Menschen und Influencer und ihre Community. Und – ja, ums Lernen, um Lernende und Lehrende. Befördert von Snapchat, TikTok & Co., die innovative und intuitive professionelle Videotechnologie auf Smartphones allen zur Verfügung stellen, entstehen eine neue visuelle Grammatik und neue Erzählweisen. Diese beeinflussen auch alle anderen Genres und Erzählformen außerhalb des Social Webs, auch wenn viele Medienhäuser und Filmemacher sie bis jetzt nicht ernst genug nehmen und sich zu weit weg von den neuen Nutzungsgewohnheiten und von ihren Nutzern positionieren.

Davon können Sie profitieren, weil Sie sich jetzt mit den neuen Methoden des Social Storytellings beschäftigen. Wer frühzeitig die veränderten Nutzergewohnheiten und die neue visuelle Grammatik versteht, gehört schnell zu den weltweit 10 % der Top-digitalen-Storyteller. Für erfolgreiches Storytelling im Social Web gibt es für Storyteller und Creator noch viel Luft nach oben. Beispielsweise wurden 2020 ganze 70 % der erfolgreichsten YouTube-Videos von nur 10 % der Creator produziert. Und mehr als 90 % aller Social-Media-Nutzer verhalten sich passiv.

Pro-Tipp: Mikro-Storys brauchen Struktur (von Tim Hendrik Walter)

In den Kurzgeschichten, die einem Social-Media-Plattformen maximal erlauben, sollte eine klare Struktur, ein roter Faden zu erkennen sein – wie in einem Aufsatz in der Schule.

Das Wichtigste dabei ist der Mehrwert für die Audience durch Information, Inspiration oder Unterhaltung – idealerweise eine Mischung aus mindestens zwei dieser drei.

Das zeigt sich beispielsweise auch daran, dass sogenannte »Making-ofs« auf TikTok besser performen als die »Originale«, auf die sie sich beziehen. Das ist zwar eher kontraintuitiv, zeigt aber auch, dass man sich trauen sollte, seine Community hinter die Kulissen mitzunehmen und einen ehrlichen Einblick zu liefern. Ich zeige deshalb oft auch, wie mein Studio aufgebaut ist, oder nehme meine Community gar mit in meinen Arbeitsalltag als Anwalt für Familienrecht. Das kommt erstaunlich gut an, dabei denke ich mir gar nichts »Neues« aus, sondern dokumentiere nur.

Abbildung 2.5 Rechtsanwalt Tim Hendrik Walter wurde mit wertvollem juristischen Rat auf TikTok und YouTube für Jugendliche zum Influencer des Edutainments. Dabei hilft ihm auch sein authentischer persönlicher Stil. Er berichtet aus seinem Arbeitsalltag und dreht mit seinem Vater kurze Toks und Werbefilme, hier für Mercedes Benz 2020.

Alle sozialen Plattformen und Storytelling-Apps arbeiten heute bereits mit künstlicher Intelligenz (KI), die viele technische Funktionen von Storyboard bis Soundmischung automatisiert. Aber auch auf lange Sicht werden KI und Maschinen nicht die Erzählweise und den Sinn menschlicher Erzählungen toppen. Um sich von anderen Erzählern, anderen Marken abzuheben, müssen Sie mit Ihrer ganz eigenen Erzählweise punkten und kreativ herausarbeiten, was an Ihnen und Ihren Inhalten und Produkten besonders ist. Dabei spielen zwei Faktoren eine besondere Rolle: *Wie* Sie Ihre Geschichten aufbauen. Und welchen Nutzen oder Sinn, also »Purpose«, Sie mit Ihren Geschichten für Ihre Follower und Nutzer stiften.

Im Folgenden zeigen wir Ihnen zuerst, wie Sie konkret mithilfe der »Story-Anatomie« geeignete »Native« Storys fürs Social Web finden und entwickeln.

2.1.3 Story-Anatomen

Storys im Social Web sind häufig sehr kurz, umfassen nur einige wenige Fotos mit Text oder 10-Sekunden-Clips. Es ist offenkundig, dass Sie keine epische Story erzählen können. Bei der Planung und dem Aufbau von kurzen und knackigen Social Storys gehen Sie deswegen »Pars pro Toto« vor.

Am Beispiel eines Schuhs erklären Sie neues selbstreinigendes Material. Am Beispiel der besonderen Farbe einer aufgeschnittenen Kartoffel erzählen Sie nachhaltige Landwirtschaft. Am Beispiel einer Fahrt mit einer Zahnradbahn erklären Sie die Entwicklung des Nahverkehrs in einem Bergdorf. Das bedeutet, Sie erzählen »einen Teil für das Ganze« und wenden damit eine uralte narrative und rhetorische Strategie aus dem kollektiven Erzählarchiv der Menschheit an. Diese Methode verstehen andere Menschen intuitiv. Bei der »Pars pro Toto«-Methode arbeiten Sie mit Details, Beispielen, Momenten. Die erlauben es Ihnen, eine gute Story und relevante Inhalte extrem kurz und kompakt zu erzählen.

Abbildung 2.6 Die Erzählstrategie »Pars pro Toto« gelingt Ihnen mit Close-ups besonders gut. Hier steht die Nahaufnahme einer Löwin für die atemberaubende und für Europäer fremde Schönheit Ugandas (Quelle: Marc Bächtold, FMD Content Manager).

Aber welcher Teil kann das Ganze repräsentieren und wird von allen anderen auch verstanden? Um das herauszufinden, schlüpfen Sie in die Rolle des Story-Anatomen, angelehnt an John Trubys gleichnamiges Buch »The Anatomy of Story« von 2007. Truby geht es darum, die Matrix der »Heldenreise« auf 22 Schritte zu erweitern, mit denen er eine präzise und praktische Vorlage für große Erzählungen aller Genres entwirft. Wir aber adaptieren seine anatomische Methode und wenden sie speziell aufs Geschichtenerzählen im Social Web an.

Und zwar so – hier der Vlog-Case »Wengen«: Werden Sie Story-Anatom und stellen Sie sich von Anfang an die gesamte Story vor. Nehmen wir an, Sie betreiben einen Reise-Vlog, also ein Video-Blog, auch in Art eines Video-Tagebuchs. Sie wollen über Ihre bevorstehende Reise nach Wengen berichten, einem autofreien Ort in den Schweizer Alpen. Von Anfang an betrachten Sie dann die gesamte Reise von der Idee über Planung, Buchung, Durchführung bis zur Rückkehr. Sie gehen sie durch und identifizieren einzelne dramatische Schlüsselmomente, so wie ein Anatom einzelne Körperteile. Sie finden die Momente, in denen etwas passiert, ja, in denen etwas kulminiert. Die Momente, die Sie erzählen können, um damit »Pars pro Toto« mehr als den einen Moment zu erzählen. Momente, in denen wir auch zurück- und voraussehen. Mit Bildern und Tönen, die Assoziationen aktivieren.

Wenn Sie dann losgehen, um Material aufzunehmen, wissen Sie ganz genau, was Sie erzählen wollen. Sie nutzen die vorab identifizierten Momente, um gezielt live vor Ort zu berichten. Oder mit Interviewpartnern zu sprechen. Oder audio-visuelles Material für kurze und lange Storys aufzunehmen, die Sie anschließend produzieren.

Im Falle der Wengen-Reise könnte ein geeigneter dramatischer Moment beispielsweise zu Beginn eine Wette sein, die Sie überhaupt auf die Idee bringt, in die Schweizer Alpen zu reisen. Ein weiterer Moment könnte der Online-Buchungsprozess sein, bei dem Sie Nutzer an die Hand nehmen und Schritt für Schritt die Buchung vorführen. Ein dramatischer Moment liegt in der Ankunft im Lauterbrunnen-Tal, gefolgt von der Auffahrt mit der längsten Zahnradbahn der Welt.

Seien Sie kreativ, denn Storytelling im Social Web eröffnet Ihnen unendlich viele Möglichkeiten. Nachdem Twitter 2006 online ging, waren es Nutzer, die den Hashtag erfanden. Zahllose weitere Storytelling-Methoden und -Genres entstanden und entstehen auf den Plattformen durch den täglichen Gebrauch und das schnelle Teilen und die unkomplizierte Verbreitung von Trends.

Es gibt auf Social Media keine eindeutigen Regeln und keine statische Systematik für das, was funktioniert und was nicht. Dramatische Momente in Social Media, die neue Genres prägen, entstehen oft spontan. Sie werden dann durch vielfache Nachahmung zu einer festen Erzählweise. Wie in einer Spirale ergänzt jeder Nutzer

eine kleine Anpassung und eigene Note. So entwickelt jedes Genre sich immer weiter. »Unboxing« ist zum Beispiel ein von Nutzern erfundenes Genre, das auf einen
dramatischen Moment fokussiert. Dabei erzählt der Ich-Erzähler den Augenblick,
wenn er ein neues Produkt erhält, die Verpackung öffnet und es zum ersten Mal
testet: eine komplette Reise, komprimiert auf einen Moment.

Abbildung 2.7 Der amerikanische TV-Reporter Mike Castellucci spezialisiert sich auf iPhone-
Reportagen. Dabei nutzt er die neue visuelle Grammatik und dokumentiert Menschen von ganz
nah, in ihrem Alltag in texanischen Kleinstädten. Seine Protagonisten erzählen ihre Geschichten
weitgehend selbst (*https://youtu.be/lEQinJa_n20*).

Storyteller können sich aus dem reichhaltigen Fundus an sowohl traditionellen Formen als auch neuen Trends bedienen. In der konventionellen »Heldenreise« gibt es
sieben dramatische Wendungen, die Sie zur Inspiration nutzen können. Dramatische Momente, die erzählenswert sind, entstehen, weil etwas Entscheidendes
fehlt. Ein Mangel oder sogar ein Dilemma taucht auf, eine große Herausforderung,
die nicht mit vorhandenen Mitteln gelöst werden kann. Mit anderen Worten, es
muss etwas passieren. In der »Heldenreise« sind das sieben Wendepunkte, die jede
lange Erzählung behandelt. Der Held

1. hat bewusst oder unbewusst eine Schwäche, die ihn in eine schwierige Situation bringt und ein Bedürfnis hervorruft (»weakness and need«),

2. verlässt seine Komfortzone, um seinem starken, bewussten oder unbewussten
   Begehren nach Veränderung und einem Ziel zu folgen, das seine Schwäche auf-
   heben oder heilen soll (»desire«),

3. wird von einem mächtigen Gegenspieler attackiert, der die Pläne des Helden
   und seiner Alliierten durchkreuzt (»opponent«),

4. fasst einen pfiffigen Plan, um den Gegenspieler auszuschalten (»plan«),

5. zieht in die große Schlacht, die er entweder gewinnen oder in der er sterben wird (»battle«),

6. gewinnt die Schlacht und kommt zu einer bahnbrechenden Selbsterkenntnis, die ihm hilft, seine Schwäche zu akzeptieren oder zu heilen (»self-revelation«),

7. kommt an seinem Ziel an und richtet sich in einer neuen Komfortzone ein (»new equilibrium«).

Übertragen wir diese sieben dramatischen Wendepunkte in die Welt des Social Storytellings. Dann können wir daraus sieben Fragestellungen entwickeln, um den Nutzen und das »Warum« einer Story zu finden. Wenn Sie am Anfang einer Story das »Warum« entwickeln, fällt es Ihnen leichter, die gesamte Story mit den geeigneten dramatischen Momenten zu antizipieren und zu planen.

Das kann beispielsweise so aussehen:

1. **Schwäche**: Welches Problem für Nutzer löse ich mit meiner Story, meinem Produkt, meinem Service?

2. **Begehren**: Welchen Nutzen haben andere von meiner Story, meinem Produkt, meinem Service?

3. **Gegenspieler**: Welche Nachteile und Schwächen könnten Nutzer in meiner Story, meinem Produkt, meinem Service sehen? (Oder auch: Wie positionieren sich meine direkten Konkurrenten?)

4. **Plan**: Welchen »Call-to-Action« baue ich in meine Story ein? Was müssen Nutzer wissen, wie geht es weiter?

5. **Schlacht**: Welche Hashtag-Challenge kann ich am besten nutzen, und wie?

6. **Selbsterkenntnis**: Was sind meine Stärken und mein Fokusthema, auf denen ich meine Marke aufbauen und sichtbar machen kann?

7. **Ankommen**: Wie zelebriere ich meine Follower, und mit welchen Influencern und Communitys kann ich mich und meine Produkte und meinen Service am besten vernetzen?

2.1.4 Nanoteilchen

Die Methode der Story-Anatomie ist vergleichbar mit den Etappen auf einer Reise oder den Schwierigkeitsstufen beim Wettbewerb von Turmwasserspringern oder den Schwierigkeitsgraden in Computerspielen. Ihnen allen ist gemeinsam, dass sie nicht linear verlaufen, einzelne Stufen können ausgelassen oder übersprungen werden. Dasselbe Prinzip erlaubt Ihnen die Story-Anatomie. Sie können sich beim Aufbau einer Story auf Mini-Etappen der Geschichte und auf Mikro-Storys fokussieren.

In Mikro-Storys können Sie vieles überspringen und auslassen. Nichts hindert sie daran, diese ausgelassenen Elemente der Story in längeren Formaten später auf anderen Plattformen zu erzählen und zu verlinken. Denken Sie daran, dass Ihre Nutzer auf verschiedenen Plattformen und mit unterschiedlich viel Zeit unterwegs sind.

In den Mikro-Storys können Sie sich darauf verlassen, dass Nutzer auch Nanoteilchen verstehen, also kleine Story-Schnipsel, Zehn-Sekunden-Clips oder Mini-Foto-Storys – weil unsere Gewohnheiten vom Social Web geprägt sind. Außerdem erzählt jeder kurze Clips etwas und stiftet Sinn. Menschen sind geborene Storyteller und mit dem kollektiven Fundus an Storys verbunden. Sie können auch in komprimierten Mikro-Storys intuitiv die Matrix der ganzen Story assoziieren und mitdenken, weil sie im kollektiven kulturellen Gedächtnis verankert ist.

Sehen wir uns dazu den preisgekrönten Imagefilm »The Arrivals« (*https://youtu.be/eWUYf_zf2OO*) genauer an.

Abbildung 2.8 »The Arrivals« erzählt Flugreisen aus Sicht der Menschen, die am Ankunftsgate auf Reisende warten.

Mit dem Claim, auf Deutsch, »Wer reist, bringt es weit« profilierte sich die skandinavische Fluglinie SAS 2018 als persönlicher Reiseführer und Mentor für persönliches Wachstum. Der Film punktet mit seinem gut gewählten, überraschenden Storypunkt am Ankunftsgate.

Das knapp über drei Minuten lange Video wurde 2018 von der skandinavischen Airline SAS veröffentlicht und präsentiert eine Mikro-Story. Die Macher greifen aus der Anatomie einer Flugreise den Moment der Ankunft am Gate heraus. Wir befinden uns vor der verschlossenen Tür zum Terminal, dahinter liegen vermutlich die Gepäckbänder und der Ausgang. Doch hinter die Tür sehen wir nie. Story und Einstellungen fokussieren im Film auf die Menschen, die vor der Tür am Gate warten. Auf exakt den Moment, in dem die Tür aufgeht und der Reisende herauskommt. Der Film zeigt Gesichter und Reaktionen in diesem dramatischen Augenblick, wenn die Wartenden die Reisenden gerade noch erwartet haben, sie urplötzlich sehen und in Empfang nehmen.

Eine sparsam eingesetzte Audio-Erzählerin spricht die Zuschauer mit ruhiger Stimme direkt an, stellt (rhetorische) Fragen, kommentiert und ergänzt einige wenige Hintergrundinformationen. Sie ordnet Menschen und Bildern mehr Kontext zu, während die Bilder mit dem heute vielen Menschen vertrauten Sound einer Flughafen-Ankunftshalle und leiser Musik unterlegt sind.

Für eine Airline, deren Dann darin besteht, Menschen und Dinge schnell von A nach B zu transportieren, ist die Wahl dieses Storypunkts ein überraschender Twist und dadurch erzählerisch sehr wirkungsvoll. Der gewählte Augenblick ist an Dramatik kaum zu überbieten. In Mimik und Körpersprache aller Beteiligten spiegeln sich Anspannung und Entspannung wieder. Viele Betrachter kennen es von sich selbst und werden von Anfang an fasziniert zusehen.

Ins Zentrum stellt »The Arrivals« damit die Community aller Reisenden, repräsentiert von Freunden und Familie am Gate. Die Reisenden selbst kommen vor allem im Audio der Erzählerin vor, die ihre Schicksale erzählt. Wir erleben sie als Menschen, die reisen, um persönlich zu wachsen. Die auf ihrer Reise lebensverändernde neue Erfahrungen machen. Die Fluglinie wird hier zu einem Guide, zu einer fürsorglichen Marke, die sich um Bildung, Lernen und Wohlergehen jedes einzelnen Passagiers und seiner Community kümmert.

Anatomisch greifen die Macher des Films also diesen speziellen Moment heraus, auf den das Video dann fokussiert. Ihre Mikro-Story eignet sich extrem gut dafür, in Social Media über alle Plattformen mit unterschiedlichen Blickwinkeln weiter erzählt zu werden. Aber wir können in »The Arrivals« sehen, wie eine Marke dieses wertvolle Potenzial verschenkt. Außer dem wirkungsvollen Story-Punkt der Ankunft ist der Film insgesamt konventionell gemacht, mit drei Minuten fünfzehn Sekunden wirkt er lang, das Tempo der Schnitte ist langsam und die Story redundant. Die für Social Media relevante und bei dem Thema nahe liegende konversationelle Erzählweise wird nicht eingesetzt. Gesichter und Menschen sind nur abgefilmt, außer der Erzählerin kommt niemand zu Wort. Soweit wir sehen, wurde der Film als alleinstehendes Content-Produkt für YouTube und Website konzipiert. Wir finden keine Challenges oder Hashtag-Kampagnen. Der Film taucht deshalb auch nicht im Suchbereich von Social-Media-Plattformen auf oder in Variationen und anderen Story-Formaten auf weiteren Plattformen. Das crossmediale Potenzial von »The Arrivals« wurde wohl nicht oder kaum genutzt.

Abbildung 2.9 Nutzer reisen im Laufe eines Tages und einer Woche über zahlreiche Plattformen und nutzen unterschiedliche Geräte, zuerst ihre Smartphones. Stellen Sie sicher, dass Sie und Ihre Marke auf allen für Sie relevanten Plattformen gefunden werden, mit Content in der richtigen Tonalität und Möglichkeiten zur Interaktion.

Das sollten Sie auf jeden Fall anders handhaben. Wir helfen Ihnen dabei, eine effektive Story und Content-Strategie zu beherrschen, bei der Sie alle Storys und allen Content von vornherein für alle relevanten Formate und Plattformen planen und produzieren. Wir nennen das mit einem Begriff von Sascha Gottschalk die »All-in-One«-Strategie. Die »All-in-One«-Strategie spielt für professionelle Social Storyteller und Content Creator eine zentrale Rolle. In unserem Buch gehen wir immer wieder darauf ein, insbesondere im Zusammenhang mit Crossmedia-Methoden in Abschnitt 2.6 sowie im Zusammenhang mit Kampagnen und ihrer Erfolgsmessung in Kapitel 6.

Mit der »All-in-One«-Strategie planen Sie eine Kampagne und allen Content von Anfang an und produzieren sehr viel Content auf einmal. Sortieren und legen Sie allen Content in einer Art Pool ab. Dann planen Sie die Distribution über eine lange Zeit hinweg und spielen den Content über lange Zeit auf unterschiedlichen Plattformen aus. Dabei können Sie Content und Mikro-Storys auch modifizieren und mehrmals verwerten. Am Ende integrieren und betten Sie viele Mikro-Storys in eine Long-form-Story ein, die Sie dann teilen – etwa in eine interaktive Multimedia-Reportage, eine Landing-Page oder einen Kinofilm.

Als Story-Anatomen arbeiten wir mit dramatischen Momenten, beispielsweise einer erwarteten Ankunft. Und mit liquiden Nanoteilchen, beispielsweise der Mimik von Menschen oder der sozialen Strahlkraft von Hashtags. Diese Momente lösen wir aus einem monumentalen langen Handlungsaufbau heraus, um sie zu Mikro-Storys zu komprimieren und in die Konversation im Social Web einzuspeisen. Dort werden sie mit Feedback und neuen Ideen aus Foren und Konversationen zu uns zurückgespielt. Dann überformen wir sie, schreiben sie anders weiter und teilen sie wieder.

Jede Mikro-Story aus wenigen, sekundenlangen Clips können Sie in anderen Formaten recyceln oder weitererzählen, beispielsweise in einem minutenlangen Video oder multimedialen Blog zu einer langen Story anreichern. Nutzen Sie das crossmediale Potenzial jedes Moments, jedes Nanoteilchens und jeder Story.

2.2 Story-Beats finden

Es ist klar, dass Sie eine relevante Geschichte in 10-Sekunden- oder 15-Sekunden-Clips nur in extrem komprimierter Form erzählen können. Komplexe Inhalte kurz zu erzählen, ist eine neue Schlüsselkompetenz im Social Web. Die wichtigsten Methoden dazu stellen wir Ihnen jetzt in den nächsten Abschnitten vor.

Geschichten im Social Web setzen sich nicht mehr aus linear aneinandergereihten Frames zusammen, vielmehr aus Multimedia-basierten Cards, Slides und Clips.

IGTV ist Instagrams Plattform für Videos, die länger als 1 Minute sind. Die bekannte amerikanische Website Thrillist ist auf Themen spezialisiert, die auf Instagram gut ankommen: Essen, Reisen, Unterhaltung.

In jeder Card, jedem einzelnen Slide und Clip können Sie jeweils ein anderes Layout und verschiedene multimediale Schichten und Effekte einbetten und aktivieren. So fällt es Ihnen leicht, eine spritzige Story zu bauen. Zum einen nutzen Sie multimediale Methoden, um viel Inhalt und Kontext simultan in einer Card, einem Slide oder einem Clip zu erzählen. Zum anderen bauen Sie die Story mit viel Abwechslung und rhythmischen Wechseln zusammen.

Beides hilft Ihnen, mit einer Story die zwei wichtigsten Ziele zu erreichen: erstens, die Aufmerksamkeit von Nutzern unmittelbar so zu fesseln, dass sie bis zum Ende in Ihrer Story bleiben. Dafür sind die ersten zwei, drei bis sieben Sekunden entscheidend. Zweitens, loyale Follower zu gewinnen. Beides hängt zusammen. Nutzer, die bis zum Ende Ihrer Story bleiben und regelmäßig wiederkommen, finden Mehrwert in Ihrem Content und teilen vermutlich ähnliche Werte und Interessen. Dann besteht eine große Chance, dass der Beziehungsaufbau gelingt und aus Nutzern loyale Follower werden.

Darüber hinaus wollen Sie Ihre Nutzer motivieren, Ihnen auch auf andere Plattformen zu folgen, auf denen sie aktiv sind, und in Zukunft zu Ihren Storys zurückzukehren. Dieser Beziehungsaufbau bietet für beide Seiten den größten Mehrwert, wenn Sie Nutzer stimulieren können, eine loyale und feste Bindung mit Ihnen und

Ihrem Content einzugehen und der Konversation mit Ihnen regelmäßig und dauerhaft beizutreten.

Abbildung 2.10 In einer Mikro-Story mit zwei Cards fasst Thrillist 2018 die wichtigsten Faktoren für erfolgreichen IGTV-Content für Marken zusammen – auch für Sie eine gute Orientierung.

Alle Storytelling-Werkzeuge auf sozialen Plattformen oder in externen Apps geben Ihnen strukturierte Story-Vorlagen an die Hand. Das sind leere Cards oder Clips mit einer Vielzahl von Layouts und Formaten, aus denen Sie auswählen, um Ihr Material in die Card oder den Clip hochzuladen. Wenn Sie eine Story mit mehreren Cards oder Clips erzählen wollen, können Sie zunächst alle separaten Cards oder Clips vorbereiten und in der Camera Roll speichern.

Erst nachdem Sie alle fertig vorbereitet haben, posten Sie sie dann in der geplanten Reihenfolge, in der Nutzer sie sehen können sollen. So kontrollieren Sie die Reihenfolge, in der die Clips ausgespielt werden. Und Sie stellen sicher, dass alle Cards, Slides und Clips einer zusammenhängenden Story über etwa denselben Zeitraum zu sehen sind. Das ist besonders sinnvoll für Storys, die nach 24 Stunden gelöscht werden.

Viele Storytelling-Apps und Social-Media-Plattformen stitchen die hochgeladenen Cards oder Clips automatisch aneinander oder trennen lange Videos, die Sie posten, in einzelne kurze Clips auf. Einfacher als heute mit einem Smartphone und ein paar Fingertipps war hochwertiges Storytelling nie. Mit künstlicher Intelligenz wird es in Zukunft noch einfacher werden. Sehen Sie es positiv. Dadurch können Sie viel kreativer arbeiten, experimentieren und sich stärker auf das »Wie« und das Storytelling konzentrieren.

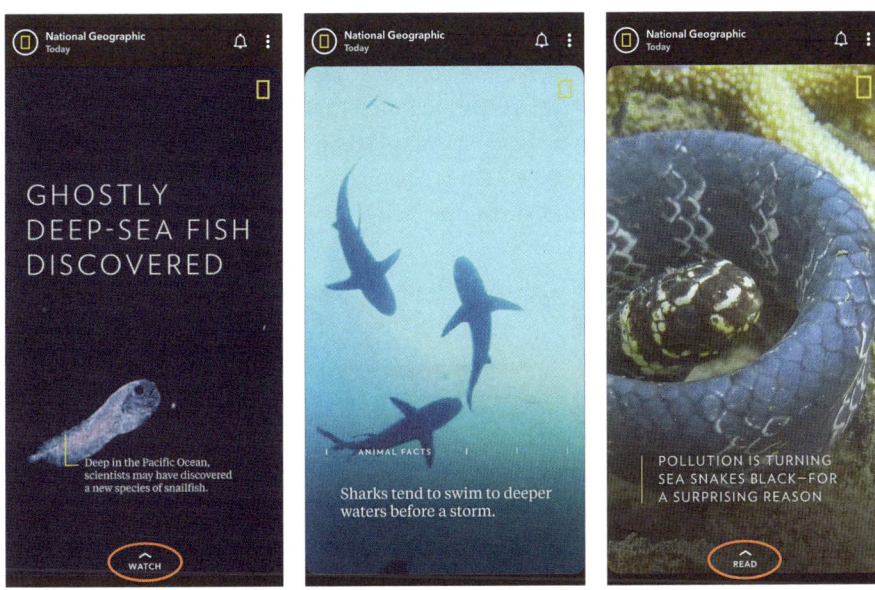

Abbildung 2.11 National Geographic teilt 2019 auf Snapchat Discover eine Mikro-Story in drei Cards über Tiefseefische. Die Cards links und rechts enthalten weiteren multimedialen Content, zu dem Nutzer bei Interesse »swipen«, also hinwischen können.

Machen Sie sich noch einmal Ihre Rolle klar: In Ihren Mikro-Storys sind Sie der Guide für Ihre Nutzer. Das hilft Ihnen bei der Wahl von Tonalität, Perspektiven, Aufbau und Auswahl der Mittel. Besonders wichtig: *Story-Beats*, um Tempo und Spannung hochzuhalten. Story-Beats sind informative und witzige Akzente – sie machen Lust auf mehr. »Lust auf mehr machen« bedeutet, Sie erzählen die Story immer nach vorne, auf die Zukunft hin. Dafür bauen Sie Punkte ein, an denen sich Perspektive, Richtung oder Ton der Story markant verändern und Handlung und Zeit übersprungen werden. Diese Punkte nennen wir Story-Beats. Sie haben denselben Effekt wie beim Vor- oder Rückspulen, nur dass man das Spulen hier nicht mitbekommt.

Mit Story-Beats gestalten Sie den Rhythmus abwechslungsreich. Mit harten Schnitten oder effektvollen Übergängen, auf Englisch »transitions«, führen Sie die Aufmerksamkeit Ihrer Nutzer nach vorne, in Richtung Zukunft, in Richtung dessen, was als Nächstes passiert oder was sie von Ihnen als Nächstes erwarten können.

Das können auf der einen Seite Elemente sein, die Sie subtil und kreativ in eine Geschichte einbauen – beispielsweise ein plötzlicher Soundeffekt, ein musikalischer Akkord oder Musikeinsatz, der etwas Neues ankündigt. Ein flotter, überraschender Übergang. Der abrupte Einstellungswechsel zu einem Gegenstand oder einer Person, der die Geschichte weitertreibt. Ein interaktives Element wie eine Smiley-Skala, das Aufmerksamkeit einfordert, lenkt und aktiviert.

Auf der anderen Seite können das explizite Story-Beats sein – beispielsweise ein Countdown. Oder eine wiederkehrende Formulierung wie die Phrase »Eine Minute Jura«, mit dem @*HerrAnwalt* auf TikTok seine rechtlichen Tipps einleitet. Sie fungiert zugleich als Countdown für seine 1-Minute-Clips. Oder ein »Cliffhanger«, der die Fortsetzung der Story ankündigt. Oder ein »Call-to-Action« (CTA), der ein Event oder eine Aktion ankündigt und Nutzer motiviert, aktiv zu werden.

Abbildung 2.12 FAQ YOU fragt und spricht direkt mit seiner Community. Die Aufforderung, das Buch zu erwerben oder sich zu melden, ist hier in allen drei Cards auf Instagram inhaltlich in die Story integriert, links mit Zugang zum Webshop verlinkt.

2.3   Gesichter und Stimmen zeigen

Menschen lieben nicht nur Geschichten über andere Menschen. Menschen lieben es auch, in Gesichtern von Menschen zu lesen und sich von menschlichen Stimmen anregen zu lassen. Mimik, Stimme und Tonfall sind die wichtigsten Zeichengeber, um in Social Storys empathisch und glaubwürdig zu sein. Zeigen Sie als Guide in Ihren Storys auch so oft wie möglich Ihr Gesicht, und sprechen Sie Ihre Nutzer direkt an. Arbeiten Sie in Ihren Storys mit Gesichtern und Stimmen Ihrer Gesprächspartner und anderer Akteure. Gesichter und Stimmen sind von Close-ups, nahen Großaufnahmen, nicht zu trennen. Close-ups ergänzen die Methode der Story-Beats ideal.

Kurz zusammengefasst: Produzieren Sie Social Storys mit dem Smartphone. Erzählen Sie dramatische Momente mit konversationellen Methoden. Themen und Tonalität sind intim, unterhaltsam, und Sie arbeiten mit harten, schnellen Schnitten und Einstellungswechseln. Komprimieren Sie komplexe Inhalte, indem Sie mit multimedialen Schichten arbeiten und Story-Beats einbauen.

In den Einstellungen planen Sie zahlreiche Close-ups ein. Dabei sind Sie mit Ihrer Kameralinse und dem Mikrofon ganz nah am Geschehen, und Nutzer fühlen sich, als wären sie in der Story. Close-ups sind für Ihre visuelle Grammatik in Social Storys unverzichtbar, weil sie Empathie hervorrufen und immersiv wirken. Close-ups transportieren Nutzer räumlich und emotional mitten in die Story und ganz nah an die erzählten und aktiven Personen und Dinge heran. Close-ups von Gesichtern, Mimik und Stimmen vervielfältigen die immersive Wirkung.

Abbildung 2.13 Sie können sich darauf verlassen, dass Creator und Nutzer in Social Media es gewohnt sind, mit Smartphones zu erzählen und sich vor und mit der Smartphone-Kamera zu bewegen. Den meisten fällt es leicht, in die Kamera zu sprechen und sich auf dem Bildschirm zu sehen, geschult durch das weitverbreitete Selfie-Storytelling.

Beachten Sie aber, dass Sie den Kontext von Close-ups meist einführen müssen. Alleinstehende Close-ups ohne Kontext können unklar oder wie eine künstlerische Arbeit wirken. Etwa wenn ich das Detail einer Brücke zeige, ohne zu erzählen, welche Brücke, an welchem Ort, warum ich sie zeige. Oder wenn ich die Nahaufnahme eines Ohrs mit Ring zeige, ohne zu erzählen, welche Person, was besonders an dem Ring ist, wer ihn gestaltet hat, warum ich ihn zeige. Wenn Sie Close-ups erzählen, die relevante Bedeutung zur gesamten Story beitragen, müssen Sie vorher oder hinterher ergänzenden Kontext einbetten. Sonst stellen Sie einen Effekt her, der verpufft.

Nahaufnahmen von Gesichtern, Mimik und Stimmen haben grundsätzlich einen immersiven Effekt, sie funktionieren wie emotionale Großaufnahmen, machen neugierig und wecken Empathie. Sie sind eine im kollektiven Gedächtnis von Menschen verankerte Methode des Storytellings, aus der Geschichte der Malerei und bildenden Kunst seit Jahrtausenden nicht wegzudenken.

Maler und bildende Künstler experimentierten zu allen Zeiten mit allen möglichen Perspektiven, um wirklichkeitsgetreue Darstellungen und eine möglichst echte emotionale und räumliche Nähe zwischen Kunstwerk und Betrachter herzustellen. Mithilfe von fotografischen und filmischen Verfahren wurden Close-ups dann im späten 19. Jahrhundert zu einem weitverbreiteten Stilmittel. Künstler antizipierten damit im Analogen die immersiven Effekte der heutigen digitalen 3D- und Virtual-Reality-Technologien.

Abbildung 2.14 Filmemacher Romek Watzlawik sucht in der Ostsee vor Usedom die beste Perspektive. Da weiß er noch nicht, dass er den von den Filmemachern Deutschland organisierten Sunspot Award 2020 gewinnen wird (Quelle: Marc Bächtold, FMD Content Manager).

Wer an immersives Storytelling denkt, kommt auch an Stimmen und überhaupt an Audio nicht vorbei. Seit den Anfängen direktionaler Mikrofontechnik, Studioakustik und Audiotechnologie katapultieren sich Radioprogramme und Podcasts mit intensiven Nahaufnahmen von Stimmen, Sounds, Musik und gesprochenen Geschichten direkt in die Köpfe der Hörer und bringen diese ganz nah in die Geschichte hinein.

Ein herausragendes Beispiel für immersives Audio-Storytelling gelingt der BBC 2020 mit dem Feature »In 13 Minutes to the Moon«. Das BBC-Team wählt »Pars pro Toto« den Flug der »Apollo 13«, um damit eines der größten menschlichen Abenteuer zu erzählen: die Geschichte der Raumfahrt. Mithilfe der Originalmusik des berühmten Filmkomponisten Hans Zimmer, präsent aufgenommenen Stimmen beteiligter Astronauten, Angehöriger und Projektbeteiligter gelangt es direkt in die Köpfe der Hörer und nimmt sie mit auf eine Reise ins Weltall – mit in unbekanntes Territorium, das die Hörer sonst nicht erreichen können.

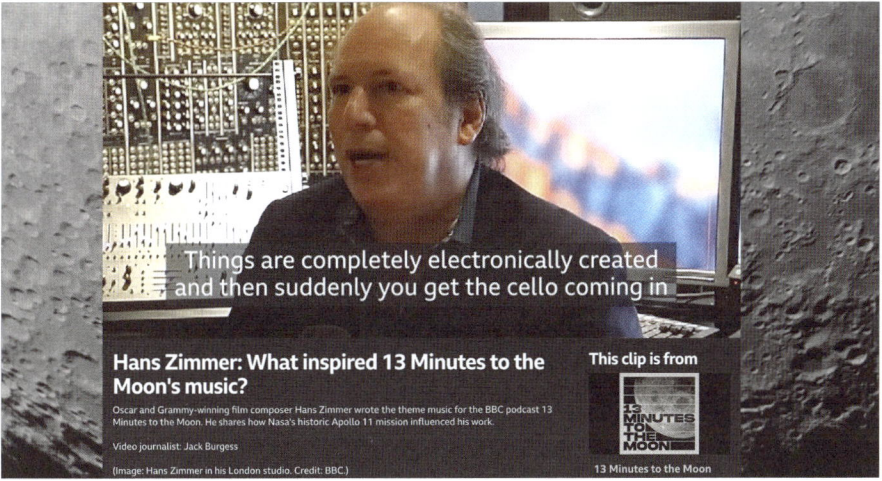

Abbildung 2.15 Mixed Reality verwendet 3D-Technologie wie Augmented Reality, um 3D-Objekte und 3D-Informationen in unserer physischen Realität zu platzieren. Etwa vergleichbar experimentiert Komponist Hans Zimmer mit der Vermischung von elektronisch und physikalisch erzeugten Klängen, um bei Nutzern einen intensiven immersiven Eindruck zu erzeugen (*www.bbc.co.uk/programmes/p07yjp8z*).

Immersiv wirken auch nah aufgenommene Gesichter, der Ausdruck von Augen, Mimik und anderer Körpersprache. Zum Beispiel erzählt die französische Fernsehserie »Dix Pour Cent« (Call My Agent) in einer Sequenz, wie die Agentin Andréa Martel mitten im Büro ihre Tochter zur Welt bringt. Die Geburt selbst wird nicht gezeigt, sondern allein mithilfe der Mimik und Körpersprache der Menschen, die in einem ungeordneten Kreis um sie herumstehen.

Denken Sie auch an Steven Spielberg, den Meister des Spannungsaufbaus. Er nutzt die immersive Wirkung von Gesichtern systematisch in allen seinen Filmen. Das typische »Spielberg-Gesicht« erzählt aufgerissene Augen und einen nach oben und gleichzeitig in eine unbestimmte Ferne gerichteten Blick in eine Zukunft, aus der sich etwas Unheimliches ankündigt.

Nutzen auch Sie die immersive Wirkung von Close-ups und von Gesichtern und Stimmen für Ihre Storys, und planen Sie sie sorgfältig ein, damit Nutzer in Ihre Storys eintauchen können.

2.4   Mikro-Storys entwickeln

Was im physischen Universum Sternenstaub und Nanopartikel, sind im digitalen Universum Wischbewegung und Mikro-Storys. Mikro-Storys sind die narrative Matrix, um komplexe Inhalte kompakt und in der kürzest möglichen Zeit zu erzählen. Das gelingt Ihnen, wenn Sie mithilfe der anatomischen Story-Methode zuerst einen Twist, einen dramatischen Moment in der Story definieren und diesen dann mithilfe mehrerer simultaner Erzählstränge in kürzester Zeit erzählen. Auf die multimedialen Effekte und Methoden kommen wir in Abschnitt 2.5, »Arbeiten Sie mit Multimedia-Schichten«, und Kapitel 3, »Professionelles Storytelling mit dem Smartphone in einer Mobile-first-Welt«, zu sprechen.

Kurze Mikro-Storys, wie wir sie heute auf allen Plattformen nutzen, sind zuerst vom Newsroom *Buzzfeed* und von der Plattform *Snapchat* entwickelt worden, insbesondere auf *Snapchat Discover*, wo große Medienhäuser und Newsrooms exklusiv auf Einladung Snapchats publizieren, unter anderem Buzzfeed, Die Bunte, Der Spiegel, National Geographics, The Telegraph, NBA, NSA. Im Unterschied zu anderen Plattformen funktionieren kurze Storys auf Snapchat Discover auch mit viel Text und sind hochkomplex.

Holen Sie sich auf Snapchat Discover professionelle kreative und innovative Anregungen für die Bauweise und das »Wie« von relevanten, profunden Mikro-Storys. Dazu gehen Sie in Snapchat und klicken in der unteren Navigationsleiste auf das Icon mit den zwei Köpfen. Danach werden Sie direkt in Snapchat Discover geleitet. Die App zeigt Ihnen im oberen Teil die Storys Ihrer Freunde. Darunter zeigt Ihnen die App in der mittleren Sektion, horizontal aufgereiht, alle Accounts, die Sie bereits abonniert haben. Und darunter in der untersten Sektion befinden sich sämtliche Accounts, die auf Snapchat Discover veröffentlichen. Durch das Angebot scrollen Sie sich vertikal nach unten durch.

Beachten Sie bei Mikro-Storys, dass die Länge kein entscheidendes Kriterium darstellt. Mikro-Storys sind alle Storys, die auf Social-Plattformen erzählt werden können, egal wie lang oder kurz sie sind. Von Hashtag, Tweet, TikTok-Video bis zu Insta-Story, Facebook-Post und YouTube-Video-Tutorials. Von kürzesten Storys, etwa einer Fotogalerie mit Textblöcken über drei Fotos oder einem 15 Sekunden langen Videoclip mit einem Spezialeffekt wie »Boomerang« bis zu kurzen Storys, etwa einer Insta-Story mit mehreren 15-Sekunden-Videoclips, oder zu einem 20-Minuten-Reise-Vlog auf YouTube oder einer langen Multimedia-Reportage im Web.

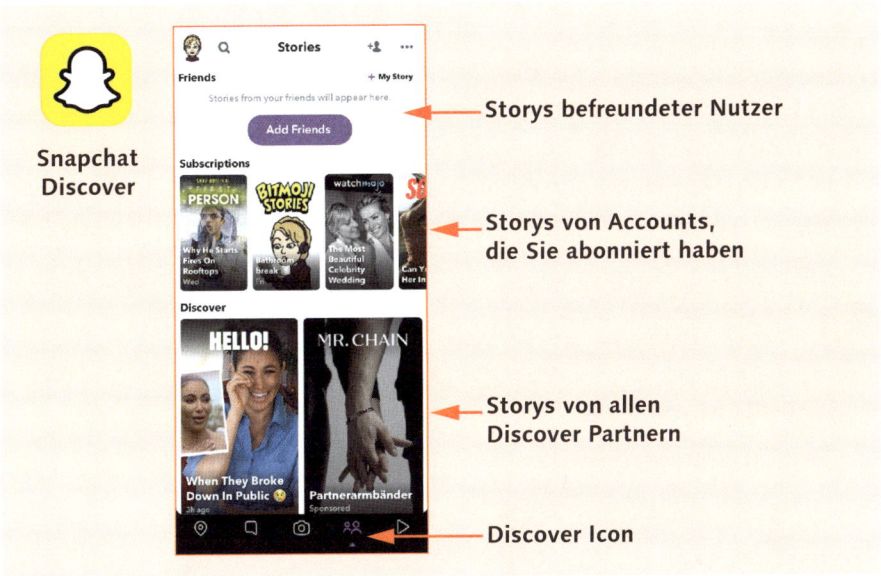

Abbildung 2.16 Storys auf Snapchat Discover decken eine große Bandbreite an Themen, Marken und Medienhäusern in Deutschland und international ab. Ideal, um sich an Storys heranzutasten und multimediale Möglichkeiten und Tonalität zu verstehen.

Was zeichnet Mikro-Storys im Social Web aus? Mikro-Storys basieren auf der Story-Anatomie. Es sind Geschichten, die die Methode »Pars pro Toto« anwenden. Sie können Mikro-Storys zu einem Thema über längere Zeit crossmedial auf vielen Plattformen und im Web ausspielen. Damit das funktioniert, planen Sie von Anfang an in Ihrer Content-Strategie die kurzen und langen Formate für unterschiedliche Plattformen als eine gesamte Kampagne ein. Am Ende der Kampagne kombinieren Sie die Mikro-Storys zu demselben Thema in einem Long-form-Format und veröffentlichen das als vertieften Multimedia Content auf Ihrem Hub, etwa einer Landing-Page.

Beispielsweise können Nutzer auf der #1619Project-Website des New York Times Magazins zahlreiche Mikro-Storys finden, die als Erstes auf anderen Plattformen veröffentlicht worden waren und nun in einer langen Multimedia-Reportage eingebettet sind. Darunter Podcasts, Foto-Essays und Video-Storys sowie originale thematische Essays, die exklusiv auf der Website stehen.

Ein anderes Beispiel bietet das »Twitter-Tagebuch« des Comedian und Late-Night-Talkers Jan Böhmermann. Darin finden sich viele seiner Tweets aus elf Jahren von 2009 bis 2020, traditionell als »Aphorismen« veröffentlicht. Dafür löschte Böhmermann die Original-Tweets aus seiner Timeline, vermutlich um mehr Nutzer zu bewegen, das Buch zu kaufen.

Aus crossmedialer Sicht ist das aus zwei Gründen eine fragwürdige Strategie. Zum einen spricht nichts dafür, dass die Schnittmenge an Böhmermann-Buchkäufern und Böhmermann-Tweet-Nutzern deckungsgleich sein könnte. Es ist unklar, ob die Löschung von Tweets tatsächlich Nutzer motiviert, ein Buch zu kaufen. Zum anderen funktioniert Social Storytelling auf Twitter wie ein akkurates digitales Archiv. Die Plattform ist aus gutem Grund bis heute die einzige, die keine Korrektur eines einmal in der Timeline veröffentlichten Textes und Posts erlaubt. Damit schützt Twitter die Funktion des Retweets, die maßgeblich die Konversation und gegenseitiges Engagement auf der Plattform antreibt.

Abbildung 2.17 Sind Tweets digitale Aphorismen? Auf jeden Fall entstanden mit Twitter viele neue Storytelling-Genres, angefangen vom Hashtag über Threads bis hin zum Twitter-Roman.

Das bedeutet: Wer einen Tweet retweetet, kann sicher sein, dass der Original-Tweet nicht plötzlich anders lautet. Nutzer können einen Tweet und alle bereits erfolgten Reaktionen und Interaktionen nur löschen oder einen Tweet ergänzen, aber den veröffentlichten Tweet und seinen Zeitstempel nicht bearbeiten. Nach dem Löschen steht es jedem frei, gegebenenfalls eine neue Version des Tweets mit einem neuen Zeitstempel zu tweeten. Wer Tweets löscht, nimmt also in Kauf, dass Timeline und Archiv seiner Tweets unvollständig sind.

Ein weiteres Beispiel sind die von Buzzfeed perfektionierten *Listicles*. Listicles erzählen jegliches Thema in Art einer Liste mit einer vorgegebenen Anzahl von nummerierten Punkten. Ein Listicle ist somit eine kurze Mikro-Story. Jeder nummerierte Listenpunkt ist entweder ein Schritt in einer »How-to«-Liste, etwa »Mit 6 Handgriffen zum grünen Smoothie« oder eine Sub-Story, etwa »15 Gründe, warum Mädchen kein Date wollen«. Listicles sind immer multimedial aufbereitet, mit Texten, GIFs, Fotos, Videoclips. Die Nennung der Zahl im Titel lenkt die Erwartung und Zeitplanung der Nutzer. Buzzfeed nutzt Listicles in Blogs, durch die Nutzer sich meist vertikal nach unten durchscrollen.

Das Genre Listicle ist auch für Sie praktisch. Damit können Sie experimentieren und die Gestaltung von Mikro-Storys üben. Sie können sich auf Story und multimediale Elemente konzentrieren, weil die Organisation der Story strukturiert vorgegeben ist. Zudem haben Listicles keinen zwangsläufig vorgegebenen Anfangs- oder Endpunkt. Adaptieren Sie das Format flexibel, und setzen Sie es für jedes denkbare Thema ein.

Besonders gut eignen sich Listicles dafür, etwas zu erklären oder Daten und Fakten akkurat, systematisch und zugleich kurzweilig zu erzählen. Buzzfeed erklärt mit Listicles sowohl harte politische Themen wie den syrischen Bürgerkrieg als auch Lifestyle-Themen wie Rezepte und ökonomische Themen wie Börsenkurse oder den Börsengang von Twitter.

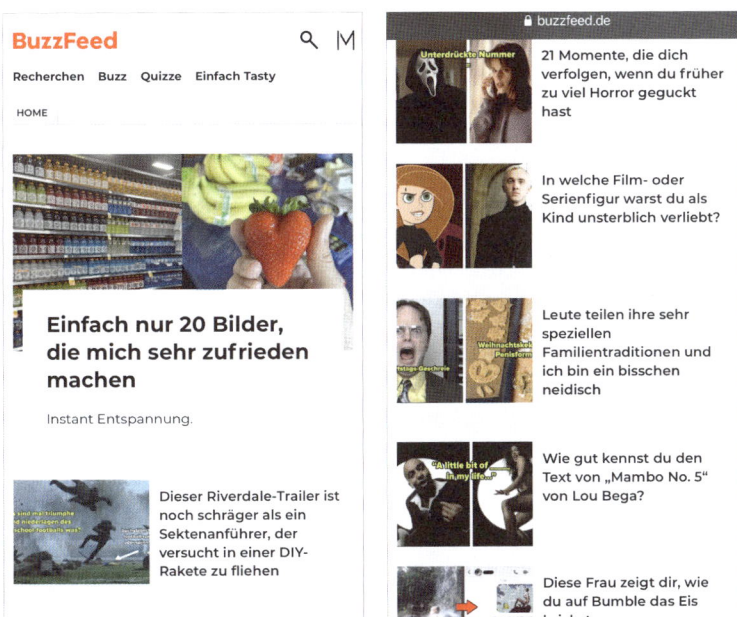

Abbildung 2.18 Mobile Ansicht von Listicles auf der Website von Buzzfeed Deutschland. Neben kurzen und unterhaltsamen Formaten arbeitet der deutsche Newsroom auch an investigativen Recherchen gemeinsam mit einem internationalen Netzwerk.

Auch die Story-Timeline von Snapchat und auf Snapchat Discover organisiert Inhalte in listenförmigen Storys. Nutzer springen durch Tappen oder Wischen in der Story von Card zu Card oder Clip zu Clip. Wenn ein Nutzer die Story mittendrin verlässt und vor Ablauf der 24-Stunden-Löschfrist wiederkommt, wird er direkt wieder zu der Stelle geführt, wo er die Story verließ.

Die Anzahl der Cards, Slides oder Clips einer zusammenhängenden Mikro-Story wird auf vielen Plattformen bislang durch Striche am oberen oder unteren Bildrand angezeigt – früher auch bei Snapchat, inzwischen nicht mehr in allen Stories. Auf Snapchat werden Story-Aufbau, Organisation der Elemente in der Card, hybride Multistrand-Storys sowie integrierter Marketing Content 2021 immer agiler.

Wie man als Storyteller zum Guide wird und kürzeste relevante Mikro-Storys perfekt aufbaut und erzählt, sehen wir auf TikTok am Beispiel unseres Experten Tim Hendrik Walter, bekannt als @*HerrAnwalt*. Der Rechtsanwalt für Familienrecht hat das Format einer Serie von Mikro-Storys mit juristischem Rat für junge Menschen entwickelt. Damit erreichte er nach nur wenigen Monaten bereits mehr als zwei Millionen Follower. Er bespielt mit unterschiedlichen Storys TikTok und YouTube und ist auch auf Instagram und auf LinkedIn aktiv.

Herr Anwalt experimentiert viel und verändert seine Formate laufend. Seitdem er einer großen Öffentlichkeit bekannt geworden ist, bindet er häufig auch andere Influencer in seine Storys ein und produziert kollaborativen Content. Zu seinen erfolgreichsten Stilmitteln gehören folgende: In vielen Storys spricht er stehend, im Selfie-Modus in eine fest installierte Kamera auf Höhe seines Gesichts. Er bewegt sich bewusst und diszipliniert im Kameraframe und nutzt einige wenige Körperwendungen und Kopfbewegungen, um seine Story in Sequenzen zu unterteilen.

Mit seiner engagierten Mimik und Gestik unterstützt er die immersive Wirkung, erzeugt Spannung, und alle seine Bewegungen wirken stimmig und authentisch. Häufig tänzelt er leicht wie ein Kickboxer oder Tänzer. Auch die Kameraeinstellung wechselt er mit seinen Füßen, indem er einen Schritt vor oder zurück tanzt. Wir sehen in der Regel entweder sein Gesicht aus der Nähe oder seinen Oberkörper mit Händen, Armen und seiner Armbanduhr, die er teils als Timer einbindet. Wir hören seine Stimme und seinen Original-Sound, teils mit Hintergrundmusik aus dem Raum, in dem er spricht.

Herr Anwalt versteht die Tonalität der Plattformen und interessiert sich für die Bedürfnisse seiner Follower und Nutzer. Er hat sich seinen Rang als Star des Edutainments in seiner Freizeit hart erarbeitet und viel Zeit investiert, um sich in die Tonalität der Plattformen hineinzufuchsen. Er produziert und postet täglich relevante und nützliche Inhalte, witzig und in konversationellem Ton. Auf der einen Seite lernt seine Community von ihm nützliches Wissen auf eine kurzweilige Art. Auf der anderen Seite dokumentiert er seine fachliche und digitale Kompetenz, baut seine

Marke als Influencer auf und unterstützt soziale Kampagnen. Angelehnt an sein initiales Serienformat entwickelt Herr Anwalt auch regelmäßig neue serielle Formate wie »POV« (Point of View) oder »1 Minute Nachrichten«. Warum ein Influencer-Image für Storyteller wichtig sein kann, erklärt er uns jetzt selbst.

Pro-Tipp: Mit Social Storys positiv beeinflussen (von Tim Hendrik Walter)

Ich würde mich nicht als klassischen Influencer bezeichnen, da ich in Vollzeit anwaltlich tätig bin, damit meine Brötchen verdiene und meine Social Media-Karriere nach wie vor als Hobby sehe. Ich muss keine Aufträge annehmen, um meinen Lebensunterhalt zu verdienen, deswegen gehe ich da wahrscheinlich mit anderen Vorstellungen ran als jemand, dessen Hauptberuf Influencer ist. Trotzdem ist es natürlich Ehre und Verantwortung zugleich, einen (hoffentlich positiven!) Einfluss auf so viele junge Menschen zu haben.

Deshalb setze ich mich gern für gute Ziele ein, indem ich über wichtige gesellschaftliche Themen und Fragen aufkläre, wie zum Beispiel #DKMS, #BlackLivesMatter oder #Pride, im Zuge derer Adil Sbai und ich zusammenarbeiten.

Was meine eigene Content-Strategie abseits von karitativen Projekten angeht: Ich versuche, Kindern und Jugendlichen ihre Rechte auf verständliche Weise näherzubringen, sie aber auch an ihre Pflichten zu erinnern. Hier merke ich, dass vielen jungen Menschen elementares Wissen in Bereichen fehlt, die in ihrem Leben eine wichtige Rolle spielen.

Abbildung 2.19 Auf TikTok sind spaßigem Edutainment keine Grenzen gesetzt. Rollenspiele und Slang entwickeln sich innovativ und dynamisch sehr schnell immer weiter. Herr Anwalt bleibt immer am Ball und prägt vieles mit.

Tim Hendrik Walter wirkt jung, engagiert, ernsthaft und kompetent, zugleich lässig, verspielt, kreativ, pfiffig und vor allem ansprechbar und sympathisch. Diese Mischung macht seine Kunstfigur »Herr Anwalt« glaubwürdig für seine junge Haupt-zielgruppe und attraktiv auch für traditionelle Unternehmen und Organisationen im Non-Profit Bereich. Oft trägt er Anzug, scheut sich aber auch nicht, zwischen-durch in spontanen Mikro-Storys mehr von seiner Person zu zeigen. Beispielsweise trägt er in Mini-Home-Storys ein sportlicheres Outfit, zeigt seine Katze oder erzählt aus seinem Alltag als Anwalt. Das vertieft den emotionalen Beziehungsaufbau mit seinen Followern. Sein kompetenter und lässiger Stil, gepaart mit seinem relevan-ten Thema und Expertenwissen, machen ihn zu einer Vertrauensperson. Er ist der ideale Guide für Jugendliche. Er duzt sie freundlich und spricht sie direkt an. Nimmt sie in ihren Fragen und Nöten mit Lehrern, Eltern und Erwachsenen ernst und berät sie kostenlos auf den Social-Media-Plattformen.

In seiner maßgeblichen Mikro-Story-Serie »Eine Minute Jura«, mit der er bekannt wurde, greift er jedes Mal eine rechtliche Frage aus seiner Community auf. Bei-spielsweise »Darf man mir Gelnägel verbieten?« Er stellt die Frage in einem oft lau-nigen Rollenspiel, bei dem er einen Lehrer, eine Lehrerin, einen Schüler oder eine Schülerin imitiert, ganz kurz vor. Seine Antwort beginnt er mit seiner Intro-Formel: »Eine Minute Jura, und die Frage des Tages kommt von So-und-so«, wobei er den TikTok-Handle des Fragestellers nennt. Jetzt läuft der Countdown für seine exakt eine Minute lange Antwort auf die Frage, und er erklärt den juristischen Sachver-halt in einfachem, konversationellem Stil. Dann endet er mit seiner Outro-Formel: »Das war eine Minute Jura«.

Herr Anwalt war einer der Ersten, die das »1-Minute«-Story-Lernformat auf TikTok populär gemacht haben. Es wird inzwischen von vielen unterschiedlichen Storytel-lern und Creatorn für Lerninhalte genutzt.

Für Storyteller und Nutzer bietet ein serielles Format viele Vorteile. Sobald ein Se-rienformat entwickelt ist und gut funktioniert, sparen Storyteller viel Zeit und kön-nen sich stärker auf die Story konzentrieren. Sie können das erfolgreich getestete Format effizient nutzen, nur kleine Anpassungen vornehmen oder mit Abweichun-gen spielen, die dann als Story-Beats funktionieren. Darüber hinaus werden sie im Suchbereich und im Feed leicht gefunden, und Nutzer erwarten die Fortsetzung, neue Folgen müssen nicht mehr aufwendig angekündigt werden.

Auch Nutzer wissen bei einem Serienformat, was sie zu erwarten haben. Sie kom-men regelmäßig von selbst, nehmen die Serie in ihre Social-Media-Gewohnheiten auf, sind neugierig auf die nächsten kleinen Abweichungen und überraschenden Wendungen, die sich der Guide einfallen lässt.

Von Herrn Anwalt können Sie lernen, wie man gekonnt Story-Beats und kleine Ab-weichungen einsetzt, die neugierig auf die nächste Folge machen. Beispielsweise bettet er gut funktionierende Story-Beats als neue Formeln in seine Storys ein. So kombiniert er seine Standard-Intro-Formel manchmal mit »und die Antwort lautet, ihr wisst es, es kommt drauf an«, dazu boxt er spielerisch in die Luft in Richtung Bildschirm und Nutzer. Gleichzeitig ändert er immer mal wieder sein Profil und bezeichnete sich lange Zeit spaßeshalber als CEO des gleichnamigen Hashtags #eskommtdraufan. Damit beweist er Witz und Selbstironie und zeigt, dass er die Sprache seiner Zielgruppe versteht oder sogar prägt.

2.5   Arbeiten Sie mit Multimedia-Schichten

Gute Storys entstehen, wenn Sie die Welt mit offenen Augen betrachten, wenn Sie Zusammenhänge und Möglichkeiten erzählen, die andere nicht sehen. Inhalte in Storys zu übersetzen, nennt man im Englischen »Connect the Dots«, auf Deutsch so viel wie »Mach dir ein Bild« oder »Stell Verbindungen her«. Das ist die Basis für audiovisuelle Kommunikation und Storytelling. Sie machen sich ein Bild, indem Sie Aspekte, Fakten, Ereignisse und Menschen miteinander verbinden und Zusammenhänge herstellen, Kontext ergänzen und erklären, warum Sie das und nicht etwas anderes erzählen. Sobald Sie in Storys denken, sehen Sie keine isolierten Ereignisse oder unverbundenen Gegenstände mehr, sondern nehmen Ereignisse und Gegenstände in ihrer Bedeutung, die sie für andere und für Sie selbst haben, wahr.

Storytelling gelingt, wenn Sie neue Muster und Sinn stiften, indem Sie Menschen, Ereignisse und Dinge verknüpfen, die vorher scheinbar unverbunden sind. Dabei nutzen Sie multimediale Effekte und Methoden, um mehrere, sich ergänzende Inhalte und Erzählungen simultan zu erzählen. Dadurch können Sie auch komplexe Inhalte kompakt, schnell und kurzweilig erzählen und erfolgreich in Social Media teilen.

Der indische Newsroom »Factor Daily« in Bangalore erzählt innovative Daten-Storys über Technologie und wie Technologie unsere Leben prägt. Anfang 2021 erschien diese interaktive Multimedia-Story in der Art eines Cartoons für Mobile-first über den durch persönliche Geräte wie TV-Geräte und Smartphones verursachten Elektromüll in Indien und Kinderarbeiter, die den Müll sortieren und verwerten.

Multimediale Effekte und Methoden können Sie zum einen in Live-Storys nutzen, zum anderen in Storys, die Sie zuerst in einer Produktionsphase bearbeiten und erst dann teilen. Beherzigen Sie zwei Prinzipien für Storyteller im Social Web: Sie erzählen grundsätzlich alle Inhalte in Form von Storys, und Sie erzählen jede Story mit multimedialen Effekten und Methoden.

Um Inhalte in Form von Storys zu erzählen, müssen Sie auf jeden Fall mehrere Elemente kombinieren. Mit dem Aufbau der Elemente generieren Sie ein sinnvolles

Story-Muster. Denken Sie daran: Nutzer kommen zu Ihnen, wenn Sie Sinn und Nutzen in Ihren Storys finden. Sie müssen also »Purpose« stiften.

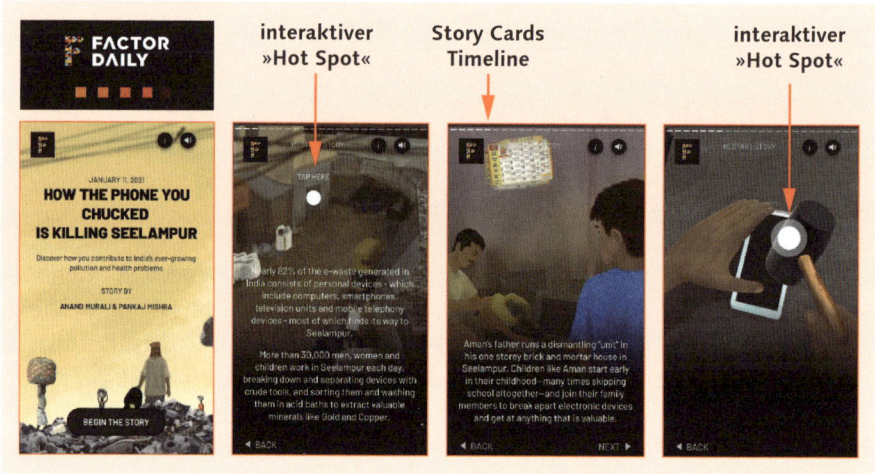

Abbildung 2.20 Was passiert mit persönlichem Elektroschrott, wie einem Smartphone, das jemand wegwirft? »Factor Daily« visualisiert 2021 den gesamten Weg in einer journalistischen Cartoon Story (*https://factordaily.com/ewaste/the-dark-side-of-indias-digital-underbelly/*).

Gehen Sie beim Aufbau einer Story so vor, dass Sie offene W-Fragen von Nutzern antizipieren und diese in Ihrer Story adressieren und beantworten. Beispielsweise:

▶ Wer ist das?

▶ Wie funktioniert das?

▶ Wo ist das?

▶ Wann passiert das?

Die wichtigste offene W-Frage ist die Frage nach dem »Warum«.

Etwa: Warum passiert das? Oder: warum erzähle ich Ihnen das? Mit dem »Warum« erzählen wir die Motive, die Menschen antreiben. Motive sind unsichtbar, wir können darüber spekulieren, aber nur Menschen können ihre Motive selbst enthüllen. Das »Warum« eignet sich daher besonders gut für Konversationen und um Spannung aufzubauen. In Abschnitt 4.3 gehen wir konkret auf den Storyaufbau auf bekannten Social-Media-Plattformen ein.

Wenn Sie mithilfe von offenen W-Fragen mehrere Elemente für eine kurze Mikro-Story identifiziert und vorbereitet haben, bringen Sie sie in die narrative Reihenfolge, in der Nutzer sie sehen sollen: beispielsweise eine Fotogalerie-Story für den Instagram-Feed mit fünf horizontal aufeinanderfolgenden Fotos. Oder eine Video-Story mit fünf aufeinanderfolgenden 15-Sekunden Clips für Instagram-Storys. Oder ein Listicle mit zwölf Punkten für Twitter und die Website. Die narrative Ordnung gibt vor, welche Elemente linear aufeinanderfolgen, wenn Nutzer durch die Story wischen oder tappen.

Content Creator müssen sich nicht zwischen Wort und Bild oder anderen Medien entscheiden. In der klugen Kombination der Medien liegt der Reiz. Diese Lehre können wir aus dem 20. Jahrhundert von Cartoonisten und Zeitschriften-Designern übernehmen. Multimediale Effekte und Methoden erstellen Sie heute für Social Storys mit dem Smartphone. Dafür benutzen Sie zwei maßgebliche Werkzeuge: zum einen den in jeder Social-Media-Plattform einfach zugänglichen integrierten Editor, zum anderen externe Storytelling-Apps und Video-Editoren.

Sie erzählen Inhalte simultan und kreieren mehrere Erzählstränge in einer kurzen oder kürzesten Mikro-Story, indem Sie mehrere Medien in einem Clip oder einer Card kombinieren – beispielsweise ein Foto kombiniert mit Text-Zitaten und kommentierendem GIF. Oder ein Videoclip mit gesplittetem Bildschirm und zwei simultanen Videos, jeweils kombiniert mit Untertiteln und Text-Schnipseln, auf Schlau *Captions*. Sobald Sie Content mit Musik unterlegen, wird das Story-Element auch multimedial. In einem Live-Bericht im Selfie-Mode können Sie mit Augmented-Reality-Gesichtsfiltern, Musik und Captions arbeiten. Mit multimedialen Effekten wie »Boomerang« in Instagram – bei dem ein Videoclip im Zeitraffer vor- und zurückspringt – oder multimedialen Methoden wie einem animierten, über ein Foto gelegten GIF-Element transformieren Sie Fotodateien in Videos. Jedes Foto, das Sie in eine Videodatei verwandeln, ist ein sicheres Anzeichen für ein multimediales Story-Produkt.

Achten Sie beim multimedialen Aufbau von Storys darauf, dass jedes Element eine neue Erzählschicht, Informationen und Kontext ergänzt. Vermeiden Sie Verdopplungen und Redundanzen, die langweilig und unaufmerksam wirken und Nutzer aus der Story werfen. Sie streben den richtigen Effekt zum richtigen Zeitpunkt an, um Mehrwert zu generieren.

Die Kunst liegt darin, die unterschiedliche konversationelle Tonalität jeder Plattform und ihrer Nutzer zu treffen. Natürlich texten Sie Ihre Posts auch sorgfältig. Dazu gehören auch die geeigneten Hashtags und Schlüsselworte, mit denen Sie Ihre Community optimal erreichen und Ihre Storys in Algorithmen und SEO bestmöglich positionieren. Dafür erweist es sich als praktisch, alle Post-Texte in einem Texteditor vorzuschreiben. So vermeiden Sie Rechtschreibfehler und integrieren die Texte dann mit Copy-and-paste in den Post.

Nur mit multimedialen Inhalten arbeiten Sie Social-Media-affin, bauen Beziehungen auf, erreichen höhere Reichweiten, dokumentieren wirkungsvoll Ihre digitale Kompetenz als Guide. Dann bauen Sie Ihre eigene Marke wirkungsvoll, glaubwürdig und nachhaltig auf.

Pro-Tipp: Achten Sie bei der Verwendung von multimedialem Material auf diese Urheber- und medienrechtlichen Fallstricke (von Deana Mrkaja)

Jeder, der fotografiert und auch gerne Videos produziert, kann sich in sozialen Medien austoben und eigene Inhalte publizieren. Ist ein Foto selbst geschossen, eine Grafik selbst erstellt oder eine Kachel beispielsweise auf Instagram selbst gestaltet, wird es keine rechtlichen Schwierigkeiten geben – so lange keine Inhalte gepostet werden, die Hassreden enthalten, bedrohlich oder pornografisch sind, zu Gewalt verleiten, Nacktdarstellungen zeigen oder sonstige Gewalt enthalten. Doch Sie müssen sich darüber im Klaren sein, dass Sie in den meisten Fällen Ihre Lizenz – das Recht am eigenen Bild – an die Plattform abtreten, sobald Sie etwas hochgeladen haben. Facebook und Co. behalten sich somit das Recht vor, Ihre Inhalte ebenfalls für eigene Zwecke zu nutzen.

Doch wie sieht es medienrechtlich aus, wenn ich multimediales Material anderer Urheber auf Social Media nutzen möchte? Um auf der sicheren Seite zu sein und keine Straftat zu riskieren, müssen Sie einige Punkte beachten. Die einfachste Variante, sich fremder Inhalte in sozialen Netzwerken zu bedienen, ist das Teilen von Content anderer. Wer über die Teilen-Funktion der jeweiligen Plattformen geht, kann zunächst nichts falsch machen. Selbst Instagram lässt es mittlerweile zu, Inhalte anderer Kanäle zu verbreiten – wenngleich lediglich über die Story-Funktion. In anderen Netzwerken gehört das zum Standard. Den »Share«-Button zu betätigen, bedeutet jedoch auch, dass der Inhalt nicht verändert werden kann (und darf) und sofort ersichtlich ist, dass er nicht von Ihnen stammt.

Grundsätzlich ist es so, dass Sie den Content anderer nicht einfach herunterladen, einen Screenshot davon machen oder ihn für sich nutzen dürfen – völlig unabhängig davon, ob es sich dabei um ein Foto, Video oder einen Text handelt. Sobald jemand einen Inhalt erstellt, greift das Urheberrechtsgesetz, das besagt, dass dem Ersteller alle Rechte am Produkt gehören. Ganz praktisch betrachtet bedeutet das, dass jeder (im Netz frei verfügbare) Content urheberrechtlich geschützt ist. Wenn Sie nun ein fremdes Werk für Ihre eigene Social-Media-Präsenz nutzen möchten, müssen Sie den Rechteinhaber um seine Zustimmung bitten. Dies wird im Web am gängigsten durch Lizenzen geregelt.

Creative Commons (CC) ist eine Non-Profit-Organisation, die sechs verschiedene Standard-Lizenzverträge anbietet, um Urhebern rechtliche Hilfestellung bei der Veröffentlichung ihrer Inhalte zu geben. Durch diese Lizenzen bekommen an den Inhalten Interessierte bestimmte Freiheiten von den Urhebern zugestanden, die es erlauben, die Werke unter definierten Bedingungen weiterzuverbreiten. Die einzelnen Lizenzen legen fest, was beim Nutzen des Inhalts zu beachten ist (siehe Tabelle 2.1).

Wenn Sie also Content anderer Urheber für Ihre Social-Media-Feeds nutzen möchten, checken Sie erst, welche Lizenz dem zugrunde liegt. Gleiches gilt auch für Bilddatenbanken und Stockfotos. Auf Seiten wie Shutterstock, Pexels oder Picjumbo bieten Menschen aus aller Welt Fotos zur Nutzung an. Die meisten der Inhalte unterliegen den bekannten Lizenzen, die vor einer Veröffentlichung überprüft werden sollten. Doch es gibt auch Seiten wie beispielsweise Pixabay, die eigene Lizenzen entwickelt haben und bei denen es wichtig ist, sich vorher mit der rechtlichen Lage und möglichen Kosten auseinanderzusetzen.

Lizenz	Beschreibung
CC0	Kein Copyright nötig; es gibt keinen Urheberrechtsschutz, und das Werk kann verbreitet, gemixt, verändert werden.
CC BY	Name des Urhebers muss genannt werden; Werk darf verbreitet, gemixt und verändert werden; Werk darf kommerziell genutzt werden.
CC BY-SA	Name des Urhebers muss genannt werden; die Weitergabe erfolgt unter gleichen Bedingungen. Werk darf verbreitet, gemixt, verändert und kommerziell genutzt werden, solange das neue Werk denselben Lizenzbedingungen unterstellt ist.
CC BY-ND	Name des Urhebers muss genannt werden; Werk darf (auch kommerziell) verbreitet, jedoch in keiner Weise verändert werden.
CC BY-NC	Name des Urhebers muss genannt werden; Werk darf verbreitet, gemixt und verändert, jedoch nicht für kommerzielle Zwecke genutzt werden.
CC BY-NC-ND	Das ist die restriktivste der sechs Lizenzen. Sie erlaubt lediglich den Download und die Weiterverteilung des Werks unter Nennung des Namens des Urhebers, erlaubt jedoch keinerlei Bearbeitung oder kommerzielle Nutzung.

Tabelle 2.1 Die CC-Lizenzen (eigene Erstellung nach Creative Commons, *https://creativecommons.org*)

Grundsätzlich gilt: Kann keine Lizenz gefunden und auch kein Urheber ausfindig gemacht werden, sollte von einer Veröffentlichung abgesehen werden. Denn am Ende könnte es sein, dass doch noch jemand das »Recht am eigenen Bild« geltend macht und man somit eine Straftat riskiert.

Falls Ihnen ein interessanter Inhalt im Netz begegnet, dessen Urheber bekannt ist, bei dem jedoch keine Lizenz vergeben wurde, versuchen Sie stets, den Urheber zu kontaktieren und sich eine Genehmigung einzuholen. Um wirklich auf der sicheren Seite zu sein, sollte eine solche Genehmigung in schriftlicher Form vorliegen. Publizieren Sie daher niemals Inhalte nur unter Nennung der Credits, ohne den Urheber vorher um Erlaubnis gefragt zu haben.

Plattformen wie Instagram, TikTok, aber auch Facebook, bieten zudem Musik in ihren eingebauten Editoren an, die Sie für eigenen Content verwenden dürfen. Dafür haben die jeweiligen Plattformen mit den Künstlern oder Drittanbietern bereits Lizenzverträge geschlossen, die somit eine Nutzung durch das Netzwerk rechtlich möglich machen. Hier sind Sie also auf der sicheren Seite. Wenn Sie jedoch beispielsweise außerhalb der Plattformen ein selbst gedrehtes Video mit Musik abmischen wollen, müssen Sie darauf achten, dass es sich entweder um GEMA-freie Musik handelt, oder Sie die fälligen GEMA-Gebühren zahlen.

Auch das allgemeine Persönlichkeitsrecht, insbesondere in seiner Ausprägung als Recht am eigenen Bild, spielt in sozialen Netzwerken eine große Rolle. Dieses Recht besagt, dass jede Person selbst bestimmen darf, ob Aufnahmen von ihr veröffentlicht werden dürfen oder nicht. Das bedeutet in der Praxis, dass Sie Menschen immer um ihre Erlaubnis fragen müssen, wenn Sie sie fotografieren (filmen) und die Inhalte verbreiten wollen – selbstverständlich und gerade auch, wenn es sich dabei um Jugendliche handelt.

Paradebeispiele für schwierige Fälle sind Fotos oder Videos, die Sie auf einer Veranstaltung oder von einem Gebäude machen, wenn auch andere Personen mit auf dem Foto und deutlich zu erkennen sind. Solche Fälle bilden immer eine Art Grauzone, die gerade in sozialen Netzwerken häufig auftritt. Das Kunsturhebergesetz (KUG) regelt deshalb gewisse Ausnahmen. Demnach dürfen zugunsten der Informations-, Abbildungs-, Meinungs- und Kunstfreiheit Personenaufnahmen ohne Einwilligung des Abgebildeten veröffentlicht werden, wenn

- es sich um Personen der Zeitgeschichte handelt,
- die Personen nur als »Beiwerk« neben einer Landschaft oder sonstiger Örtlichkeit erscheinen,
- die Personen an öffentlichen Versammlungen teilgenommen haben und die Bilder dabei entstanden sind oder
- die Bilder nicht auf Bestellung angefertigt wurden und ihre Veröffentlichung dem höheren Interesse der Kunst dient.

Wie sieht es nun mit Kinderfotos aus? Natürlich kann niemand wirklich sagen, ob beispielsweise ein drei Jahre altes Kind mit der Veröffentlichung des eigenen Fotos einverstanden ist oder nicht. Hierbei liegt es an den Eltern, eine solche Entscheidung zu treffen. Jedoch ist es so, dass viele Eltern ihre eigenen Kinder gerne im Netz zeigen oder auch Stockfotos von ihnen bereitstellen. So lange auch hier die Lizenzen bei der Verbreitung eingehalten werden, sind Sie auf der sicheren Seite. Trotzdem hat jedes Kind das Recht auf Privatsphäre. Am Ende geht es bei der Veröffentlichung von Kinderbildern immer um den Schutz und die Sicherheit von Minderjährigen, die Sie stets abwägen sollten.

Viele Nutzer in sozialen Netzwerken gehen davon aus, dass sie Inhalte nur mit Freunden und Bekannten teilen – also eher privaten Gebrauch davon machen. Über Urheberrechtsverletzungen wird daher selten nachgedacht. Es ist tatsächlich so, dass die Privatkopie-Regelung es erlaubt, urheberrechtlich geschützte Werke im privaten Rahmen und in einem gewissen Umfang zu verwenden. Jedoch gibt es keine klare Grenze, wie viele Personen nun genau zum privaten Rahmen zählen. Wenn Sie also einen Inhalt mit nur sehr wenigen Freunden auf Facebook teilen, könnte es sich tatsächlich um einen privaten Rahmen handeln. Da die meisten Menschen aber mehr als hundert Freunde auf Facebook haben, kann eine solche Regelung nicht greifen. Seien Sie daher immer vorsichtig, welche Inhalte Sie mit wem auf Social Media teilen.

Abbildung 2.21 Deana Mrkaja im Gespräch (Quelle: Julia Zoooi, 2020)

2.6   Nutzen Sie Crossplattform-Methoden effektiv

Story-Anatomie, Story-Beats, Gesichter und Stimmen, Mikro-Storys und Multimedia-Schichten – die wichtigsten Methoden im Baukasten fürs Social Storytelling haben wir Ihnen vorgestellt. Jetzt kommt es darauf an, dass Sie alle diese Methoden in der »All-in-One«-Strategie kombinieren. Das nennen wir auch die »integrierte Kommunikationsstrategie«.

Damit planen Sie Ihre Storys von Anfang an effizient als Teile einer crossmedialen Kampagne. Sie wollen viel Content für alle Plattformen auf einer langen Zeitachse produzieren – und dabei sogar noch Kosten sparen.

Ihre Storys und Ihr Content sind die Lebenslinie Ihrer Positionierung im digitalen Universum. Sie wollen damit auf allen für Sie relevanten Plattformen gefunden werden. Denken Sie daran, Ihre Follower und andere Nutzer sind auf mehr als einer und häufig sogar auf vielen Plattformen unterwegs. Lassen Sie Ihre Storys synchron zur Customer-Journey über alle relevanten Plattformen reisen.

Nur wenn Sie mit originalen Storys präsent sind, auf vielen Plattformen gefunden werden können und aktiv an sozialen Konversationen teilnehmen, bauen Sie eine anhaltende Beziehung zu Ihren Followern auf. So erreichen Sie auch neue Nutzer und positionieren Ihre Marke nachhaltig sichtbar.

Auch Top-Influencer wie Herr Anwalt oder die amerikanische Technologie-Expertin *iJustine* wollen auf vielen Plattformen mit unterschiedlicher Tonalität gefunden werden. Sie investieren viel Zeit und Kreativität in Storytelling und ihre crossmediale Positionierung. Dabei teilen sie auf jeder Plattform *native*, also originale Mikro-Storys oder Variationen einer Mikro-Story, und ihre Communitys sind auf jeder Plattform unterschiedlich groß, mit Gruppen unterschiedlicher Demografien.

Pro-Tipp: Übers Zuhören die unterschiedliche Tonalität jeder Plattform verstehen (von Tim Hendrik Walter)

Auf TikTok werden die spezifische Tonalität und ihre Verbindung zur Lebensrealität der Hauptzielgruppe besonders klar deutlich. Die Community spricht und pflegt ihre eigene Sprache. Es gibt viele Insider-Jokes und eine eigene Terminologie, welche die GenZ kennzeichnen. Zum Beispiel wird auf TikTok nicht »veräppelt«, sondern »Hops genommen«. Ein Handtuch auf dem Kopf bedeutet, man spielt eine Frau. »Lost«, das deutsche Jugendwort des Jahres 2020, hat seinen Erfolg nicht zuletzt TikTok zu verdanken.

Wer die Tonalität versteht und einen intuitiven Zugang dazu entwickelt, versteht seine Community und auch die Audience der ganzen Plattform viel besser. Deshalb setze ich mich nicht nur intensiv mit meiner eigenen Community auseinander, sondern folge beispielsweise anderen Creatorn aktiv und lese viele Kommentare unter deren Videos. Der aktive Austausch mit anderen Creatorn ist mir ebenfalls wichtig. Am Ende muss man aber in jedem Fall einiges an Zeit investieren, um sich ein gutes Bild von der Tonalität machen zu können.

Ich bin zwar auf mehreren Plattformen aktiv und kenne viele der Tricks anderer Creator à la »Folgt mir auf Instagram für Part 2 der Story!«. Aber ich nehme von solchen eher manipulativen Tricks Abstand. Ich freue mich über jeden Follower auf jeder Plattform und über plattformübergreifende Verbindungen, die sich ergeben, nutze aber keine Tricks. Ich will mit meinem Content überzeugen – und mit meinen Werten.

Für die Influencer Tim Hendrik Walter und Younes Zarou gehört Netzwerken mit der Community und Zusammenarbeit mit anderen Influencern zu ihrem Selbstverständnis. Sie nutzen Social Storytelling, um ihre Community zu beraten und zu unterhalten, gemeinsam zu lernen und sich weiterzuentwickeln.

Am Beispiel von »The Arrivals« haben wir erwähnt, dass der Crossplattform-Mehrwert dieser Social-Media-affinen Mikro-Story nicht ausgeschöpft wurde. Jeder gute Content, der nicht für mehrere Plattformen und ganzheitliche Social-Media-Kampagnen genutzt wird, verbraucht Ressourcen, ohne zählbaren, nachhaltigen Mehrwert für Nutzerbindung, Reichweite und Markenaufbau zu schaffen. Das sollte Ihnen nicht passieren. Deshalb planen Sie Ihre Storys von Anfang an ganzheitlich und gehen gemäß der »All-in-One«-Strategie vor.

Machen Sie sich bei der Planung jeder Story am Anfang klar: Jede gute Geschichte beruht auf einem agnostischen Stoff. Agnostisch heißt, der Stoff funktioniert unabhängig von Plattformen und Formaten, in denen er erzählt werden soll – beispielsweise, die Schicksale von Menschen vor und hinter dem Gate in der Ankunftshalle eines Flughafens. Aus dem agnostischen Stoff lassen sich viele Storys formen.

Abbildung 2.22 Inzwischen stehen Younes Zarou und Tim Hendrik Walter für Werbepartner auch gemeinsam vor der Kamera, wie hier für Kaufland (Quelle: Screenshot LinkedIn-Post von Thilo Wessel, Head Social Media @ Kaufland, vom 7.2.2021).

Erst nachdem Sie einen agnostischen Stoff identifiziert haben, übersetzen Sie diesen in ein konkretes Thema. Das Thema zerlegen Sie in konkrete Mikro-Storys. Die Mikro-Storys produzieren Sie dann spezifisch in der Tonalität und Machart der für Sie relevanten Plattformen.

Bei einer integrierten »All-in-One«-Strategie generieren Sie sehr viel Content in einer Produktionsphase. Sie entwickeln serielle Mikro-Formate und schöpfen das gesamte crossmediale Potenzial einer Story aus. Die verschiedenen Story-Formate und Mikro-Storys spielen Sie über einen längeren Zeitraum aus. So können Sie gleichzeitig Ihre Ressourcen kosten-effizient einplanen. Dafür gehen Sie Schritt für Schritt so vor:

▶ agnostischen Stoff finden

▶ anatomischen Story-Moment definieren

▶ plattformspezifische Mikro-Storys und Serien-Formate crossmedial entwickeln

▶ redaktionelle crossmediale Planung über eine lange Zeitachse erstellen

▶ wenn sinnvoll, Option für Zusammenarbeit mit Influencern planen

▶ simultan während der Planungs- und Produktionsphasen: kurze Live-Storys und kürzeste Mikro-Storys produzieren und teilen

▶ Aufnahmeplan für alle plattformspezifischen Mikro-Storys erarbeiten

▶ Produktionsplan für alle plattformspezifischen Mikro-Storys erstellen

▶ Distributionsplan für alle plattformspezifischen Mikro-Storys über eine lange Zeitachse festhalten

▶ plattformspezifische Erfolgsfaktoren messen

▶ erfolgreiche Story-Elemente wiederverwerten

▶ neue Stoffe in Anlehnung an besonders erfolgreiche Story-Formate und Mikro-Storys planen

Damit Sie die »All-in-One«-Strategie besser umsetzen können, haben wir Nutzer-Reise und Story-Reise unter Berücksichtigung der Faktoren Zeit, Immersion und Story-Tiefe visualisiert. Der Faktor Zeit berücksichtigt die Länge von Storys auf einer Plattform und die Zeit, die Nutzer mit einer Story verbringen. Der Faktor Immersion berücksichtigt, wie stark Nutzer mit Storys auf einer Plattform interagieren und im Story-Verlauf partizipieren können. Der Faktor Tiefe berücksichtigt den Umfang an Recherche und Kontext, den Storys auf einer Plattform haben können.

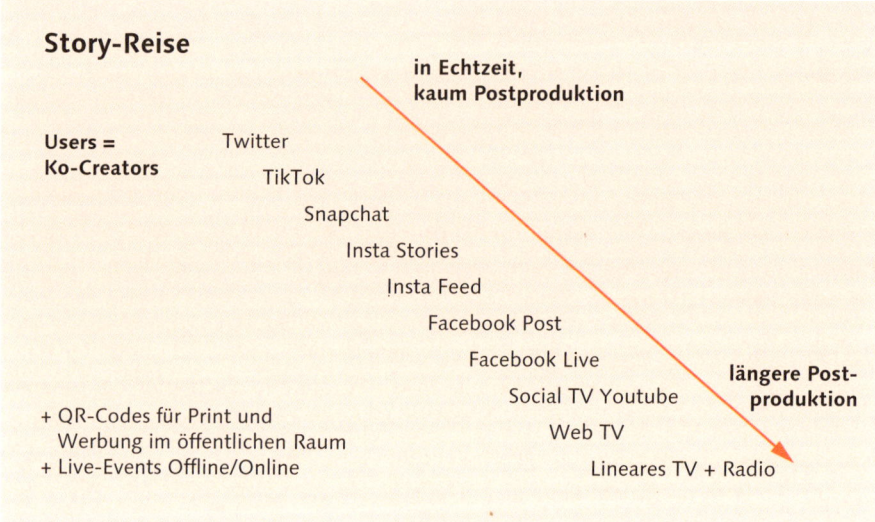

Abbildung 2.23 Entwickeln Sie für alle Ihre Storys eine Crossplattform-Strategie. Nur dann nutzen Sie Ihren Content optimal und spielen dieselbe Story in vielen Mikro-Storys in unterschiedlicher Tonalität, Tiefe und Länge auf mehreren Plattformen zeitversetzt aus.

Planen Sie von jetzt an jede Story von Anfang an crossmedial. Produzieren Sie sie in unterschiedlichen Formaten und Mikro-Storys, die sie auf einer langen Zeitachse auf unterschiedlichen Plattformen teilen. Wir zeigen das kurz an unserem vorher in Abschnitt 2.1.3 erwähnten Vlog-Case »Wengen«:

▶ Live-Storys auf Snapchat und Instagram-Storys aus der Zahnradbahn

▶ Video-Storys auf Snapchat über die Schweizer Alpen während Covid-19

▶ Video auf TikTok mit einem Reise-Influencer über Proviant während einer Bahnreise

▶ Fotostory: vorher in der Stadt – nachher in den Bergen auf Instagram-Feed; Vlog auf YouTube mit einem Reise-Influencer über bestimmte Tagesreisen zu historischen Orten

▶ Podcast auf Spotify im Gespräch mit Umweltschützern über nachhaltigen Tourismus

▶ Multimedia-Reportage auf der Website über die gesamte Reise mit Unterrubriken und Integration des gesamten bereits geteilten Contents, inklusive der Live-Storys, sowie Ergänzung von neuem exklusivem Content

▶ Wichtig ist das Verspinnen der einzelnen Mikro-Storys der verschiedenen Kanäle, um Nutzern das ganze Bild und alle Touch-Points zu ermöglichen. Hierbei sind auch Weiterleiten und Verweise auf die anderen Kanäle wichtig.

Wenn Sie jetzt denken, das hört sich aber sehr aufwendig an, das schaffe ich nie ohne großes Team und großes Equipment – denken Sie neu. Halten Sie sich an die Methoden und den Baukasten in unserem Buch. Dann können Sie viel Content in kurzer Zeit und ohne Kosten produzieren und teilen. Denken Sie daran, dass Sie mit kurzen Formaten und schlanken Produktionen mit dem Smartphone arbeiten. Fangen Sie mit zwanzig oder dreißig Minuten am Tag an, plus ein oder zwei Stunden am Wochenende, wenn Sie mehr Muße dafür haben sollten. Mit zunehmender Übung gehen Ihnen Story-Entwicklung und Content-Produktion immer schneller von der Hand.

Mit der Zeit verstehen Sie, wie Sie durch strategische Content-Planung und schlanke Smartphone-Produktion an anderen Stellen in Ihrer Kommunikation viel Zeit einsparen können. Zum Beispiel können kurze Audio-Nachrichten und Video-Clips viele E-Mails ersetzen. Das spart Zeit und macht die Kommunikation schneller und engagierender. Dabei können Sie Chats auch nutzen, um mit kurzem Content zu experimentieren.

Auch erfolgreiche Influencer wie Tim Hendrik Walter, iJustine oder Mai Thi Nguyen-Kim haben ganz allein und klein angefangen und sich auf TikTok, YouTube und LinkedIn oder Twitter fokussiert, dort dann aber konsistent und regelmäßig relevanten Content geteilt. Machen Sie es genauso, wenn Sie allein oder in einem kleinen Unternehmen mit einem Mitarbeiter für Social Media starten.

2.7   Die Zusammenarbeit mit Influencern lohnt sich

Es gibt Influencer, die »offline« Berühmtheiten sind. Sie bringen ihre Follower aus der Unterhaltungsindustrie, dem Profisport oder der Musikindustrie auf Social-Media-Plattformen mit. Wer nicht dazu zählt, aber als Influencer mit fachlicher Kompetenz wahrgenommen werden will, sollte sich die Zeit dafür nehmen, sich als Guide zu positionieren und seine Community organisch aufzubauen.

Influencer Guides gehören zu den interessantesten Influencern im Social Web. Mit ihnen lohnt sich eine Zusammenarbeit auch für Sie, weil Guides eine aktive und loyale Community pflegen.

Gute Beispiele dafür sind der Business-Influencer und TikTok-Experte Adil Sbai, der vor allem auf TikTok und LinkedIn aktiv ist und in unserem Buch einige Tipps mit Ihnen teilt, und die Science-Influencerin und Wissenschaftsjournalistin Mai Thi Nguyen-Kim, die vor allem auf YouTube, Instagram, Twitter und im öffentlich-rechtlichen linearen TV aktiv ist.

Abbildung 2.24 In Japan arbeiten die Filmemacher Deutschland 2019 mit Model und Influencerin Hannah Hofinger zusammen. Hier zu sehen bei einem Mobile Shooting in einem traditionellen japanischen Hotel (Quelle: Marc Bächtold, FMD Content Manager).

Für Marken und Storyteller, die sich eine loyale Community aufbauen und neue Nutzergruppen erreichen wollen, generiert die Zusammenarbeit mit Influencern zählbaren Mehrwert – solange diese zur eigenen Marke passen.

Pro-Tipp: Wie FAQ YOU zu einer der größten aktiven Communitys wurde – im Social Web und offline (von Maximilian Wolf)

Unbehagliche Stille. Das beschreibt die Erinnerungen oft am besten, wenn es um die eigene sexuelle Aufklärung in der Schule geht. Diese Stille nahm eine Handvoll engagierter Schülerinnen und Schüler zum Anlass, den Sexualkundeunterricht ihrer Mitschülerinnen und Mitschüler nachhaltig zu verändern.

Seit zehn Jahren organisieren wir als »Jugend gegen AIDS« schon Aufklärungsunterricht an Schulen. Das Besondere ist unser Peer-to-Peer-Ansatz, der sich vom herkömmlichen Sexualkundeunterricht unterscheidet. Schülerinnen und Schüler werden von uns in einer Academy ausgebildet und halten später an ihren eigenen Schulen Workshops für jüngere Klassen. So entsteht ein »Safe Space« für junge Menschen, in dem sie alle Fragen stellen können, die sie wirklich interessieren. Ihre Fragen sind oft sehr konkret, individuell und reichen weit über die Themen hinaus, die im Lehrplan vorgeschrieben sind.

Dementsprechend optimistisch war unser Ansatz. Wir wollten alleine mit gutem Content und sinnhaltigen Storys eine proaktive Community aufbauen. Um die am häufigsten gestellten Fragen auch außerhalb der Schule zu beantworten, entstand die Idee eines Buches. Dieses wurde schnell realisiert. Unter dem Titel »FAQ YOU – frequently asked questions about sex and love« beantworteten mehr als dreißig verschiedene Autorinnen und Autoren die Fragen, die sich junge Menschen heute wirklich stellen.

Bei der Auswahl der Autoren war es uns wichtig, möglichst viele verschiedene Stimmen zu Wort kommen zu lassen und uns eher als Plattform und Netzwerk statt als Lehrende zu verstehen. Heraus kam ein einzigartiger Mix aus (medizinischen) Experten und in Social Media bekannten Menschen wie Heiko und Roman Lochmann, Farina Opoku, Felix Jaehn und Riccardo Simonetti.

Was mit einem Buchtitel begann, verselbstständigte sich zu einer eigenen Marke mit eigenen Social-Media-Kanälen und einer neuen Community. Innerhalb weniger Wochen folgten allein mehr als hunderttausend Menschen unserem TikTok-Kanal, auf dem die Videos mehr als eine Million Mal geliked wurden. Entgegen vieler Empfehlungen von außen erreichten wir unsere Zielgruppe ohne eine einzige Dance-Challenge und ohne Lipsynch-Videos. Ebenso wenig setzten wir Werbe-Budgets oder Influencer-Kooperationen ein.

Unser einziger Antrieb waren die Inhalte, die wir, so gut es ging, an die Plattform anpassten: Ein Thema pro Beitrag, schnelle Schnitte, Spannungsbogen aufbauen und gezielter Einsatz von Text. Außerdem hatten wir das Glück, als einer der ersten Kanäle Teil der Initiative »Lernen mit TikTok« zu werden. Mit dem Programm unterstützt TikTok ganz unterschiedliche Initiativen und Creator, die wertvolle Informationen und Wissen zielgruppengerecht vermitteln. Mittlerweile finden sich unter dem Hashtag #lernenmittiktok Tausende Beiträge zu den unterschiedlichsten Themen.

Ebenso wie auf der For-You-Page wird die Konkurrenz zwischen den verschiedenen Kanälen immer größer, und dementsprechend wird es umso schwieriger, hohe organische Reichweiten aufzubauen. Das heißt natürlich nicht, dass das nicht mehr möglich ist. Denn ebenso wie auf allen anderen Plattformen auch muss sich der Content mit dem Nutzungsverhalten und den Wünschen der Nutzer weiterentwickeln.

Unser erstes Ziel war es, im ersten Schritt die Community für unsere Botschaften und Inhalte zu sensibilisieren, da es zum Zeitpunkt unseres ersten Videos noch wenige, wenn nicht sogar keine vergleichbaren Inhalte gab. »Meine Eltern saßen danebem!!«, war einer der häufigsten Kommentare unter unseren ersten Videos. Spürbar empört reagierten Mitglieder der TikTok-Lernen-Community auf die expliziten Inhalte und unsere direkte Sprache. Innerhalb weniger Wochen waren jedoch nur noch wenige dieser Kommentare zu sehen.

Neben uns nutzten auch andere Creator und Initiativen TikTok, um ihre Informationen zu vermitteln, sodass die Community schnell an Inhalte dieser Art gewöhnt wurde. Auch durch die Kraft der Kampagne »Lernen mit TikTok« bekamen informationsreiche Videos schnell einen Platz neben den vielfältigen anderen Beiträgen auf TikTok, die häufig rein unterhaltenden und Spaß-Charakter haben.

Dabei passen auch wir ständig unseren Content stilistisch an, nicht jedoch unsere Inhalte. FAQ YOU ist laut, offen und direkt, aber niemals aufdringlich, indiskret oder unseriös. Wir haben ein Narrativ geschaffen, in dem wir Fragen zu Sex und Liebe auf Augenhöhe beantworten können. Dieses Narrativ ist nicht nur auf einen Kanal beschränkt, lediglich die Form des Contents muss angepasst werden. In unserem Fall lassen sich ähnliche Formate auch auf Instagram Reels umsetzen, während wir auf derselben Plattform den Inhalt teilweise unterschiedlich aufarbeiten. Wichtig ist hier, auf das Konsumverhalten und die Wünsche der Nutzer zu hören.

Zudem probieren wir auf Instagram alle neuen Features so schnell wie möglich aus. Während in unserem Feed vornehmlich Grafiken und Memes, also »Snackable Content« auftauchen, nutzen wir IGTV verstärkt, um kompliziertere Themen aufzugreifen oder gemeinsam mit unseren Brand-Botschaftern die Community zu aktivieren. Dazu kommen Livestreams, ein eigener FAQ-YOU-3D-Filter sowie das neue Tool »Guides«, das wir als eine der ersten Organisationen weltweit launchen durften.

Mit dem Launch von »Guides« testet Instagram eine neue Möglichkeit, Texte und komplexe Inhalte auf der Plattform zu kuratieren und zu positionieren, ideal für Wissen und journalistischen Content oder Organisationen, die ihre Zielgruppe über verschiedene fachliche Themen oder Produkte informieren möchten. In unserem ersten »Guide« widmen wir uns dem Thema Body Positivity mit einer Mischung aus kurzen Texten und Grafiken. Das Besondere: Die Inhalte werden nicht neu gepostet, sondern bestehen aus bereits hochgeladenen Posts aus dem eigenen Feed und potenziell auch von anderen Kanälen.

Auf unserem Instagram-Kanal von @*jugendgegenaids* haben wir spätestens mit Beginn der Corona-Pandemie unseren IGTVs mehr Aufmerksamkeit gewidmet. Da wir nicht länger dazu in der Lage waren, Workshops an Schulen zu halten, haben wir kurzfristig die »Projekt Aufklärung: Home Edition« ins Leben gerufen. In den meist knapp zehnminütigen Videos widmen wir uns Themen, die selten auf Instagram zu finden sind, wie Pilzinfektionen, Sexting oder Sperma. Dieses Format entwickelten wir im Laufe des Sommers 2020 weiter zu »69 Sekunden Sex-Ed«. Wie es der Name schon sagt, werden hier in etwas mehr als einer Minute eher alltägliche Themen wie Intimpflege, Orgasmusmythen und Sexstellungen erklärt.

Die Message bleibt unabhängig von den Tools und der Form des Contents gleich: FAQ YOU ist der »Safe Space«, in dem alle Fragen beantwortet werden. Neben Instagram und TikTok probieren wir auch weitere Kommunikationskanäle aus. Dazu gehören inhaltsbasierte soziale Netzwerke wie Podcast-Plattformen und YouTube. Generell schließen wir keinen Kommunikationskanal aus, sondern evaluieren in regelmäßigen Abständen, welche neue Plattform für uns Sinn macht. Im Zentrum stehen dabei immer unsere Nutzer. Und wenn die irgendwann ein bestimmtes Netzwerk nicht mehr nutzen, warum sollten wir es dann tun?

Da verschiedene soziale Netzwerke auch unterschiedliche Nutzergruppen und Gewohnheiten haben, haben wir unter dem Namen FAQ YOU eine eigene Website als Plattform gebaut, die all unsere Inhalte bündelt. Nach dem ersten Modellversuch in den USA ist die Seite seit Dezember 2020 auch für deutschsprachige Nutzer zugänglich. Sie verbindet verschiedene Content-Formen mit unterschiedlichen Tools, die junge Menschen informieren und ihnen bei Bedarf konkrete Hilfestellungen geben. Moderiert wird diese Plattform von einem Chatbot, der durch Machine Learning und künstliche Intelligenz immer mehr Fragen selbst beantworten oder auf die verschiedenen Features der Seite weiterleiten kann.

Was mit peinlicher Stille begann, ist also zu einem anhaltend positiven Feuerwerk an Fragen und Antworten geworden. Dabei spielt das Medium nur eine untergeordnete Rolle. Unsere Nutzer sind auf vielen Plattformen unterwegs und deshalb wollen wir da auch gefunden werden. Die Plattformen helfen uns, wichtige und gewünschte Informationen zu verbreiten und optisch ansprechend aufzubereiten. Ob unser Content konsumiert und angenommen wird, entscheiden am Ende immer die Nutzer.

Abbildung 2.25 Talkrunde zu »FAQ YOU – Frequently asked questions about sex and love« auf der Glowcon in Wien im Januar 2020. Maximilian Wolf (2. v. l.) sprach gemeinsam mit den Influencern Annika Teller, Michael Buchinger, Gerid Rux, Chany Dakota und Lukas White über das Buch (Quelle: Kim-Frederik Kornder).

Gemeinsam mit Influencern entstehen kreative Synergien, die auch Sie für mehr Live-Storys und attraktiven Content nutzen können. Damit leben Sie Ihren Followern und Ihrer Community »Empowerment« vor – also, wie man gemeinsam lernt, sich gegenseitig unterstützt und für ein gemeinsames Ziel starkmacht. So entsteht »Purpose«, der maßgebliche Nährstoff für eine loyale Community im Social Web.

Wie Sie Influencer finden, die zu Ihnen passen, und wie Sie den Erfolg der Zusammenarbeit messen können, erläutert Ihnen Sascha Gottschalk ausführlich in Kapitel 6, »Kampagnen messen – es geht nicht ohne Monitoring«, mit praxistauglichen Beispielen aus einer Reihe innovativer Social-Media-Kampagnen, die er mit seinem Team der *Filmemacher Deutschland* (FMD) in den letzten Jahren durchführte, unter anderem für nationale Tourismus Boards in Uganda und Japan.

Auch für die crossmediale Strategie ist die Zusammenarbeit mit Influencern pro-
duktiv. Zum Beispiel nimmt das Kernteam der Filmemacher Deutschland auf seinen
Reisen sämtlichen Content für die langfristige Kampagne auf. Der überwiegende
Teil dieses Contents wird erst später in aufwendiger Postproduktion bearbeitet und
fertig abgemischt – ein langer und langsamer Prozess. Schneller und noch während
der Reise berichten Influencer in Live-Storys und Mikro-Storys auf verschiedenen
Social-Media-Plattformen wie Instagram, Facebook und YouTube.

Für die Filmemacher Deutschland hat sich diese Doppelstrategie als sehr erfolg-
reich erwiesen, was das Team anfangs selbst überraschte. Schon während einer
Reise erreichen sie mit ihren Storys Millionen Aufrufe auf Instagram, Facebook und
YouTube – also noch bevor das Endprodukt produziert ist, etwa ein Imagefilm,
Long-form-Videos und Multimedia-Reportagen.

Abbildung 2.26 Ein Fischer überquert den See Mutanda im Südwesten Ugandas, eingebettet
in einer Vulkanseen-Landschaft nahe der Grenze zum Kongo (Quelle: Marc Bächtold, FMD
Content Manager).

Auf der Filmemacher-Deutschland-Reise 2018 nach Uganda war der britische Filmemacher Thomas Alex Norman dabei. Er unterhält auf YouTube ein Reise-Vlog mit über 260.000 Followern im Jahr 2020. Sehen Sie sich dort seine Uganda-Vlogs-Serie mit vier (wunderschönen und kurzweiligen) Videos an (*www.youtube.com/ playlist?list=PLJmuoo7LW7FvHUjMgVxE3VV0KCPjQzqyu*). Darin finden Sie die Elemente unseres Strategie-Baukastens wieder: Norman ist das idealtypische Modell eines konversationellen Guides, der im Selfie-Mode und als Ich-Erzähler seine Nutzer mitnimmt. Seine Storys beruhen auf der anatomischen Auswahl eines dramatischen Moments, etwa der Begegnung mit Rhinos oder mit Berggorillas. In vielen Nahaufnahmen erzählt er Gesichter, Stimmen, Umgebungsaudio, eingebettet in ausgewählte Musikpassagen.

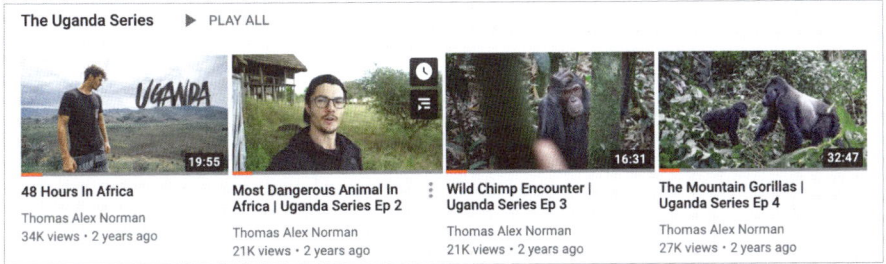

Abbildung 2.27 Der britische Reise-Vlogger und Influencer Thomas Alex Norman begleitete die FMD-Kampagne in Uganda mit vielen Live-Reportagen auf sozialen Plattformen. Später produzierte und veröffentlichte er seine Uganda-Serie mit vier langen Videoreportagen für YouTube und fürs Kino (*www.youtube.com/channel/UCeu0J9A1p87aVUqZkMYF-_g*).

Allerdings schöpft auch er das enorme crossmediale Potenzial seiner Storys noch nicht aus. Außer auf YouTube postet Norman bisher nur unregelmäßig in seinem Feed auf Facebook – also der Plattform, auf der auch die Filmemacher Deutschland aktiv sind, die weltweit eine der größten aktiven Filmemacher Communitys darstellt und bei der er Mitglied ist.

Machen Sie es besser. Nutzen Sie das crossmediale Potenzial Ihrer Storys für Ihre Marke und den Beziehungsaufbau zu neuen Nutzern und Communitys. Das nötige narrative Know-how haben wir Ihnen bis bierhin gezeigt. Jetzt geht's weiter mit den praktischen Werkzeugen und konkreten Workflows, mit denen Sie viel Content kosteneffizient und ganz einfach mit Ihrem Smartphone produzieren können.

3 Professionelles Storytelling mit dem Smartphone in einer Mobile-first-Welt

Guter Content ist wie Treibstoff für die Reise in die Content-Galaxie. Ohne Treibstoff bleiben Sie entweder schon in der Frühphase Ihres Markenauf-baus liegen, oder Sie werden nur schwerlich vorankommen. Sorgen Sie von vornherein für ausreichend »Stoff«, und räumen Sie kreativem Content einen hohen Stellenwert ein. Die dafür wichtigsten Medienformate und praktischsten Apps und Workflows können Sie sich im Nu aneignen und erfolgreich anwenden. Starten Sie hier damit!

Die drei Fertigkeiten, relevanten Content zu planen, packende Storys zu erzählen und gelingend zu kommunizieren, gehören zu den *Softskills*, den »weichen Kompetenzen«. Jedoch wird deren Bedeutung für den beruflichen und geschäftlichen Erfolg häufig unterschätzt. Durch die Allgegenwart von Social Media in Alltag und Beruf ändert sich das langsam. Immer mehr Menschen verstehen, dass »weiche Kompetenzen« und kulturelle Faktoren sogar überproportional zum Erfolg eines professionellen Profils, einer Marke und eines Unternehmens beitragen.

Abbildung 3.1 »Es ist hart, irgendwas ohne Wasser aufzuziehen ... Content ist dein Wasser.« (Quelle: Screenshot LinkedIn-Post des amerikanischen Unternehmers und Business Influencers Gary Vaynerchuk, Chairman von VaynerX, CEO von Vayner Media vom 2.5.2020)

Content-fokussierte Kommunikation

Storytelling ist viel mehr, als ab und an einen Witz zu erzählen, Tagebuch zu schreiben oder Kindern etwas vorzulesen. Mit Storytelling können Sie heute Ihre gesamte Kommunikation strukturieren und steuern – sowohl nach innen mit Mitarbeitern und Teams im Unternehmen, als auch nach außen mit Kunden, Communitys, Stakeholdern, Investoren, Sponsoren und anderen Unternehmen. In der internen Kommunikation helfen Storys Ihnen bei Themen wie:

▸ Wie kümmere ich mich um Life-Work-Balance und Wellbeing, auf Deutsch Wohlergehen, meiner Mitarbeiter?

▸ Wie organisiere ich Zeitfenster und Treffen für informellen Austausch?

▸ Wie sorge ich für diverse Perspektiven?

▸ Wie ermögliche ich einen übergreifenden Austausch zwischen Fachbereichen?

▸ Gibt es explizit formulierte Werte, die alle teilen oder teilen sollten?

Intern nutzen Sie Storys, um zu erklären, zu informieren, Unterhaltungen anzustoßen, Mission und Vision zu kommunizieren und darüber ein gemeinsames »Wir« und »Warum tun wir das« zu bilden.

In der externen Kommunikation ermöglichen Storys Ihnen einen nachhaltigen transaktionalen Beziehungsaufbau – online und offline. Beispielsweise bei Themen wie:

▸ den Ton meiner Community treffen

▸ relevante Inhalte für meine Follower, Kunden und Partner transportieren

▸ den Nutzen meiner Marke oder meines Produkts sympathisch und engagierend erklären

▸ mit meinen loyalen Followern eine aktive Community formen

▸ online Kunden überzeugen und für Kaufhandlungen gewinnen

Hier nutzen Sie Storys, um zu erklären, zu informieren, transaktionale Beziehungen zu knüpfen, Nutzen und wertebasierten Purpose zu kommunizieren und eine Community zu bilden.

Für all das und vieles mehr können Sie Storytelling nutzen. Dabei kommt es für Sie auf zwei Dinge an: alle in Ihrem Unternehmen oder Ihrer Organisation mitzunehmen und alle Prozesse schlank zu halten – also professionellen Content zu produzieren, ohne »die Bank zu sprengen«. Darum geht es in diesem Kapitel. Wir zeigen Ihnen, wie Sie allein mit dem Smartphone Ihre Content-Strategie und professionelles Storytelling erfolgreich realisieren.

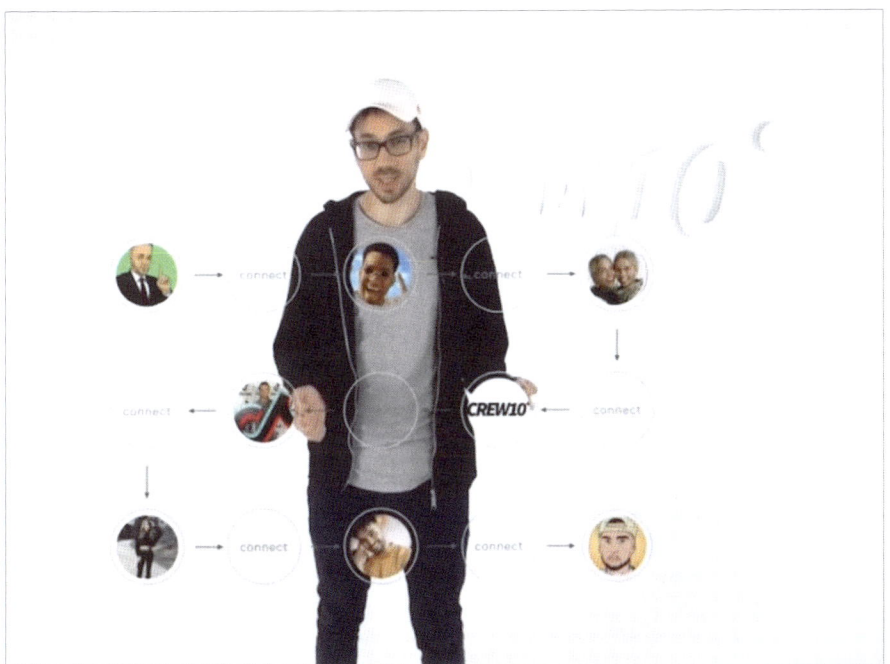

Abbildung 3.2 »Baue dir ein starkes Netzwerk!« rät auch Adil Sbai. Der Herausgeber-Autor der TikTok-Bibel und Berater von Top-Influencern in der DACH-Region nimmt sich die Zeit, Content für seine eigenen Kanäle zu produzieren und mit seiner Community so oft wie möglich zu interagieren (*www.linkedin.com/posts/adil-sbai-500b75117_influencermarketing-tiktokmarketing-video-activity-6733780936288206848-iOdA*).

Ganzheitliche Content-Strategie

Von Solounternehmer, Start-up und kleinem Familienbetrieb bis zu mittleren und großen Unternehmen: Für jeden ist es sinnvoll, den gesamten Content strategisch einzuplanen und in der ganzen Organisation ein gemeinsames Verständnis für die Content-Strategie herzustellen. Dazu zählt etwa auch, dass alle zumindest ein Grundverständnis der Nutzungsgewohnheiten der Community haben. Außerdem sollten alle die kommunikativen Prozesse und kreativen Workflows kennen, mit denen Kollegen oder Mitarbeiter in anderen Organisationseinheiten beschäftigt sind.

Pro-Tipp: Ihre Community ist das A & O (von Maximilian Wolf)

Ohne eine Community wird jeder Kanal wertlos, denn dann entfällt der soziale Aspekt automatisch und hinterlässt eine lose Reihe von Inhalten. Menschen machen Plattformen erst sozial, und eine aktive Community sorgt für ständiges Feedback, für Austausch und im Idealfall für Begeisterung. Doch wie komme ich zu einer Community? Wie mache ich sie glücklich? Wie kann ich ihr nutzen und sie mir? Und bestimme ich, was meiner Community gefällt, oder richte ich mich nach ihren Vorlieben, um möglichst viele Menschen zu erreichen?

Mittlerweile ist Community-Management aus den sozialen Medien nicht mehr wegzudenken. Gerade Organisationen erkennen, dass eine Community nicht aus dem Nichts kommt und aufgebaut und gepflegt werden muss. Jahrelang begriffen Organisationen Social Media nur als verlängerten Kommunikationskanal, manchmal vielleicht sogar nur als lästiges Mittel zum Zweck. Ganz nach dem Motto: Wenn alle irgendetwas auf Facebook machen, dann posten wir eben auch unsere Stockfotos mit passenden Zitaten aus dem Kundenmagazin.

Wirklich verübeln kann ich niemandem dieses Mindset vergangener Jahre. Viele Organisationen kommunizierten schon lange, bevor es soziale Medien oder auch das World Wide Web gab. Ihnen fallen radikale und dynamische Veränderungen schwer. Vor gar nicht so vielen Jahren arbeitete ich auch noch in einer Zeitungsredaktion, in der wenig Wert auf Online- und Social Media gelegt wurde. Aber ich habe mir damals schon gesagt: Ich will dort kommunizieren, wo meine Nutzer sind, und nicht umgekehrt.

So gingen Social-Media-Creator, beispielsweise auf YouTube, von Anfang an an die Kommunikation im Netz heran. Sie waren sich bewusst, dass sie dort kommunizieren müssen, wo die Menschen sind, und dass ihre Inhalte nur durch das aktive Netzwerk einer Community auch verbreitet werden. Dabei lässt sich auch hier die Metapher von Henne und Ei anwenden. Waren zuerst Creator und Inhalte da? Oder erst die Menschen, die Inhalte auf ihrem Smartphone und Social-Media-Plattformen erwartet und dort konsumiert haben? Die Antwort ist: Beides entwickelte sich Hand in Hand. Die Technologie prägte neue Medien und Nutzungsgewohnheiten, die Nutzer entwickelten die neuen Medien und Inhalte weiter.

Übertragen Sie dieses Gleichnis auf die Organisationskommunikation, dann kommen Sie schnell auf ein faires Unentschieden. Zwar existierten viele Organisationen schon vor den sozialen Medien, keine von ihnen gehörte allerdings zu den ersten Nutzern dieser oft erst einmal persönlich genutzten Plattformen. Es sind einerseits Technologiekonzerne, die neue Regeln vorgeben, und andererseits Nutzer, die neue Gewohnheiten entwickeln, die heute alle Organisationen zwingen, sich in ihrer professionellen Kommunikation in den sozialen Medien zu präsentieren.

Nach knapp fünf Jahren im Universum der »ohhh! foundation« und von »Jugend gegen AIDS« gebe ich zu: Der Aufbau einer Community ist so einfach wie schwierig zugleich. Gerade im Non-Profit-Bereich muss eine Balance zwischen Unterhaltung und Informationen gefunden werden. Diese Mischung ist maßgeblich für den nachhaltigen Aufbau einer Community – also für den erfolgreichen Beziehungsaufbau zu Nutzern, die Follower werden und immer wiederkommen und neue Nutzer mitbringen, die ebenfalls Follower werden. Diese sind die Treiber in der Betreuung von Social-Media-Kanälen und bilden gleichzeitig den Grundstein für die Teilhabe von Nutzern, die sich von den Inhalten angesprochen fühlen. Teilhabe oder auch Partizipation bedeutet Interaktion in den sozialen Medien. Wenn Teilhabe gelingt, Nutzer sich gefördert und der Community zugehörig fühlen und ernst genommen werden, dann gelingt der Aufbau einer Community perfekt.

So weit, so gut. Schwieriger ist es, die Einstellungen, Werte und Bedürfnisse der Zielgruppe und die Kreativität bei der Erstellung des Contents aufeinander abzustimmen.

Grundsätzlich gilt vor allem für die großen sozialen Netzwerke wie Twitter, Instagram oder Facebook, dass die meisten Nutzer »satt« und mit Inhalten überfüttert sind.

Ich strenge mich deshalb an, Nutzer zu überraschen, zu informieren und gleichzeitig die größten Feinde im Blick zu behalten: Langeweile und Gleichgültigkeit. Dabei funktionieren für uns vor allem die Themen gut, die unsere Community persönlich beschäftigen oder betreffen. Dafür nutzen wir beispielsweise das Umfrage-Tool in den Instagram-Storys, um mehr über unsere Zielgruppe zu erfahren und neue Inhalte gezielt für sie zu erstellen. Diese können wir dann crossmedial nutzen. So entstammen viele Themen unseres TikTok-Kanals aus den Kommentarspalten anderer Beiträge oder direkten Nachrichten an uns.

Arbeiten Sie also mit dieser Faustregel: Je mehr Interaktionen Sie auf Ihren Kanälen schaffen, desto enger binden Sie auch Ihre Community an sich, und Ihre Follower werden so zu Ihren Botschaftern in den sozialen Netzwerken.

Abbildung 3.3 Bei der Glowcon 2020 in Wien informierten sich Hunderte junger Menschen über »FAQ YOU«. Höhepunkte waren Autogrammstunden mit beliebten Influencern wie Nika Sofie und Marie-Sophie Glm (Foto: Kim-Frederik Kornder).

In Social Media müssen beispielsweise Sales, Content-Marketing und Influencer-Marketing zahlreiche Touch Points der Customer-Journey gemeinsam bespielen. Das bringt der hybride Begriff *Smarketing* – Sales und Marketing – auf den Punkt. Außerdem werden zukünftig immer mehr Teilschritte in der Content-Produktion mithilfe von Machine Learning und künstlicher Intelligenz automatisiert werden.

Diese digitalen Transformationen laufen besser und dann erfolgreich, wenn alle die Relevanz und Abläufe der Content Strategie verstehen und ihre Ressourcen und Ziele darauf abstimmen. Wie wollen Sie Nutzer, Mitarbeiter, Kunden, Klienten erfolgreich in einer sich dynamischen Umgebung begleiten, wenn Sie selbst nicht bereit sind, sich zu verändern? Es kommt darauf an, eine Informationskultur zu etablieren, in der alle Mitarbeiter und Abteilungen an der Entwicklung der Ziele und Vision des Unternehmens oder der Organisation mitarbeiten und gemeinsam ein Verständnis entwickeln. Auch für diese interne Kommunikation sind Storytelling und Visualisierung hilfreich.

Beim Storytelling wird es immer Bereiche geben, in denen menschliche Interventionen unverzichtbar bleiben. Bis jetzt sind keine künstliche Intelligenz und kein künstliches neuronales Interface in Sicht, die genauso gut wie Menschen komplexe Storys erzählen. Menschliche Storyteller sind einzigartig darin, komplexe Inhalte non-linear anzuordnen, multimedialen Mehrwert herzustellen und verbale Äußerungen von vielen verschiedenen Interview-Quellen in ein Content-Format wie einen Blogtext oder ein Video einzubinden.

Storytelling-Apps und Vorlagen für alle

Viel Content produzieren und distribuieren und dabei Kosten sparen? Klingt wie die »Quadratur des Kreises«? Die Lösung liegt in professioneller Smartphone-Produktion. Mit Smartphones können Sie viel Content herstellen und gleichzeitig Zeit und Kosten sparen. Wie das geht, sehen wir uns jetzt im Detail an.

Machen Sie sich zunächst noch einmal klar: Mit dem Smartphone produzieren Sie Content für geübte Nutzer am Smartphone. Es gibt eine gemeinsame visuelle Sprache, *Netiquette* und kollektive Nutzungsgewohnheiten, an die Sie andocken können. Heute sind viele Menschen jederzeit bereit, Storys anderer Profile auf ihrem Smartphone anzusehen und damit zu interagieren. Menschen jeden Alters und jeden Milieus sind es gewohnt, individuelle Storys selbst zu kreieren und auf ihren Accounts zu posten.

Möglich machen das intuitiv nur mit den Fingern zu bedienende, haptische Bildschirme, die *Touchscreens,* und hochwertige kreative Werkzeuge und Templates, die in Smartphone-Kameras, im Smartphone-Fotoarchiv, der *Camera Roll*, und in gängigen sozialen Plattformen wie Twitter, TikTok, Instagram oder Snapchat integriert sind. Mit diesen Werkzeugen fällt es jedem leicht, eigenen Content und genuine Storys jederzeit und überall zu kreieren, kompakt in einem einzigen, handlichen und mobilen Gerät.

Die kostenfreien Funktionen von Apps reichen aus, um hochwertigen professionellen Content mit dem Smartphone herzustellen, insbesondere wenn Sie sich in die Content-Produktion einarbeiten. Der britische Guardian, ein digitaler Pionier im Journalismus, gehört zu den ersten Medienhäusern weltweit, die mehr Umsatz mit ihren digitalen Produkten machen als mit konventionellen wie Print. Der Guardian stellte schon 2018 fest, dass polierte Videos auf Instagram weniger gut funktionierten, und verabschiedete sich davon.

Grundsätzlich kommen heute exklusive, polierte Produktionen immer weniger gut bei den meisten Nutzern an. Erfolgreicher ist authentischer und nützlicher Content, der professionell, aber nutzernah und unpoliert produziert ist. Wie bereits erwähnt, bietet unpolierter Content den Vorteil, dass Sie mehr Content schneller herstellen und näher an Trends bleiben können, wenn Sie auf weniger polierte Inhalte setzen.

Wir sprechen auch von »No-Edit Edit« – das ist professionell editierter Content, mit dem Sie eine unpolierte Ästhetik realisieren. Multimediale Storys, die nah am Stil von Momentaufnahmen und informellen, schnellen Storys in Echtzeit von Nutzern sind.

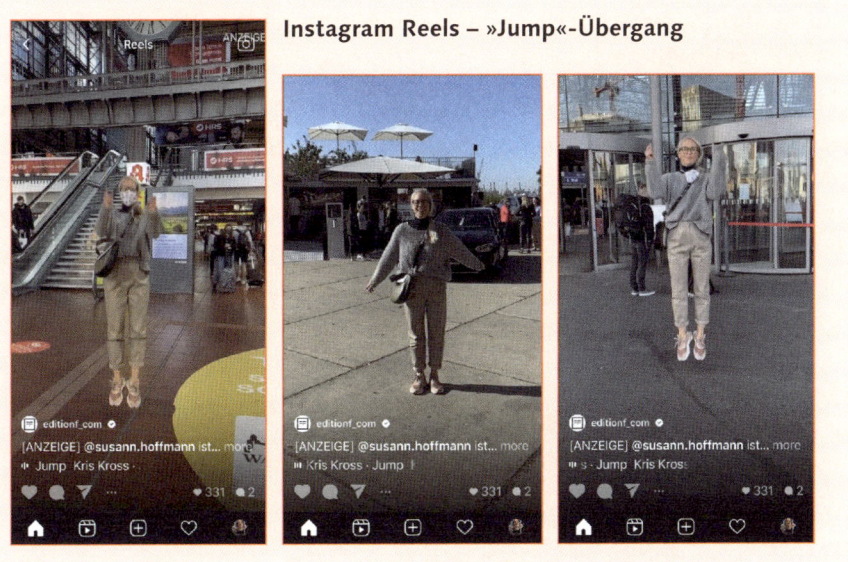

Abbildung 3.4 TikTok, Instagram, Snapchat integrieren einfach zu handhabende Video-Editoren. Dahinter stecken KI-getriebene Programme und Sensoren, die die Multimedia- und Video-Produktion automatisieren.

Nichole Ciotti, Ko-Gründerin der Storytelling-App Storyluxe, glaubt beispielsweise, dass wir in 2021 immer mehr »No-Edit Edit Influencer« sehen werden. Gleichzeitig werde sich zeigen, dass Unternehmen auf einen Mix aus poliertem und unpoliertem Content setzen (*https://blog.later.com/blog/influencer-marketing-trends/*).

Auch hierbei kommt es vor allem auf die Werte, Gefühle und Storys an, die Sie erzählen wollen, und auf die Plattformen, auf denen der Content ausgespielt wird. In Online-Shops, auf Websites und YouTube werden Sie mit hochwertigem Content auch weiterhin punkten können, aber die Toleranz für »No-Edit Edit« wird auch dort zunehmen.

Wem Anwendungen und Werkzeuge in den In-App-Plattformen und der Smart-phone-Camera-Roll nicht reichen, der kann zahlreiche weitere Storytelling- und Bearbeitungs-Apps auf sein Smartphone herunterladen und nutzen, sogenannte »Third-Party-Apps«. Auch davon sind viele kostenfrei zugänglich. Das heißt in aller Regel: Sie bezahlen mit Ihren Daten für die kostenlose Nutzung. In anderen Fällen nutzen Sie die kostenfreien Basisfunktionen einer App und nehmen dafür in Kauf, dass Ihr Material im Gegenzug mit einer *Watermark* markiert ist, also dem Logo der App.

Neben kostenfreien Basisfunktionen bieten viele Apps einen kostenpflichtigen Pre-miumbereich an. Wer den Premiumzugang abonniert, kann sämtliche Funktionen und meist auch sämtliche Updates nutzen und Material ohne Watermark produzie-ren und veröffentlichen.

Solange das Ausgangsmaterial gut ist, also nicht defekt oder von schlechter Aufnah-mequalität, garantieren die gängigen Apps professionelle technische Qualität. Wir verwenden dafür den Ausdruck »Puzzle auf der Timeline«. Denn die Plattformen und Storytelling-Apps organisieren das Material, das Sie hochladen, etwa Audio, Bilder und Videos, auf der horizontalen Story-Timeline und mischen es mit den von Ihnen ausgewählten animierten Effekten sowie Übergängen zwischen Sequenzen und Clips automatisch einwandfrei ab.

Abbildung 3.5 Postproduktion mit Montage und Mischung funktioniert wie ein Puzzle auf einer Timeline. Das ist auch mit Smartphone-Studios so – hier »Luma Fusion«, der professio-nelle komplette Audio/Video-Editor für iOS.

Anwender, die gerade den Kopf nicht frei haben oder es schwierig finden, selbst Content oder Storys zu entwickeln, können sich konkrete Anregungen für aktuelle Themen und trendige Fragepunkte für ihren Content auf spezialisierten Suchmaschinen im Web holen, beispielsweise bei »Content Idea Generator« oder »Also Asked« und »Answer The Public«.

Über technische Hilfestellungen hinaus geben die meisten Storytelling- und Bearbeitungs-Apps den Aufbau einer Story vor. Sie schlagen sogar schon eine sinnvolle Reihenfolge von Content-Elementen vor, etwa Storytelling-Apps wie »Spark Video« oder »Quik«. Dabei führt jede App den Creator durch den Aufbau einer Story: Intro – Durchführung – Outro ist das Muster, das sich bewährt hat und seit Jahrtausenden im kollektiven Gedächtnis verankert ist.

Denken Sie aber daran, dass »Intro« in Social Media keine langatmige Einführung meint. Wir haben gleich am Anfang unseres Buches in Abschnitt 1.2.1, »Hören Sie Ihren Followern zu«, und in Abschnitt 2.2, »Story-Beats finden«, über die Aufmerksamkeitsverteilung gesprochen. Die ersten Sekunden sind entscheidend, um Nutzer in die Story zu holen und dort zu halten. Das gelingt mit drei Methoden am besten: erstens mit einem spektakulären Einstieg, der die Aufmerksamkeit in Bann zieht. Zweitens mit einem starken, spannenden O-Ton von einem Interviewten. Drittens mit Ihrem souveränen Auftritt als Ich-Erzähler und Guide, bei dem Sie die wichtigsten W-Fragen zu Story oder Event – »was passiert«, »warum passiert es«, »wer ist dabei« – kurz und knapp beantworten.

Wer den Story-Aufbau nicht von der App vorgegeben bekommen will, kann mit leeren Vorlagen arbeiten und in Einstellungen die manuelle Kontrolle wählen.

In diesem Social-Media-Solarsystem wird Storytelling für alle intuitiv und schnell, egal, welche Vorkenntnisse ein Nutzer mitbringt. Auch Sie können diese Werkzeuge und Apps professionell nutzen und dadurch viel Zeit und Kosten sparen. Zugleich designen Sie Ihren Content nah an den visuellen Gewohnheiten Ihrer Nutzer.

Professionelle Qualität sichern

Zwar sind Social Storys informell, und das Smartphone ist einfach zugänglich. Das ist jedoch kein Freibrief dafür, die Content-Qualität zu vernachlässigen. Trotzdem fragen Sie sich vielleicht: Wenn in Smartphones viele Arbeitsschritte automatisiert und für alle zu handhaben sind, wie gewährleisten Sie dann Originalität und professionelle Qualität Ihres Contents? Wenn die automatisierten Story-Vorlagen und Content-Elemente für alle gleich sind, woran machen Sie dann überhaupt noch Unterschiede zwischen Amateuren und Profis fest? Wie können Sie mit Ihrem Content und Ihren Storys dann erfolgreich herausstechen?

Die Antwort auf diese wichtigen Fragen ist einfach: Sie müssen den Content beherrschen und nicht umgekehrt, und das muss sichtbar sein.

Sie punkten mit professionellem Content, wenn Sie diese drei Fertigkeiten beherrschen:

▶ originelle und nützliche Inhalte entwickeln, die zu Ihnen passen

▶ Content geplant, strukturiert und präzise umsetzen

▶ multimediale Expertise aufbauen und in der Art und Weise zeigen, wie Sie Ihren Content gestalten

Abbildung 3.6 Interaktiver multimedialer Content punktet – in Zukunft immer öfter mit 3D-Animationen und Augmented-Reality-Inhalten in unserer Umgebung für das Smartphone, in dieser Collage mit dem Snapchat »Landmark« AR-Filter.

Und auch bei der Qualitätssicherung unterstützt Sie die ins Smartphone eingebaute KI-basierte Technologie. Heutige Smartphones stabilisieren automatisch alle Aufnahmen. Bei Audioaufnahmen werden massive Geräusche unterdrückt oder störende Frequenzen herausgefiltert. Bei Video- und Foto-Aufnahmen werden Bewegungen mit dem Smartphone ausgeglichen, damit auch aus der Hand geschossene Visuals nicht total verwackeln.

Bei verwackelten Visuals sind Nutzer in der Regel toleranter als bei stark rauschendem oder anders fehlerhaftem Audio. Leicht verwackelte Aufnahmen passen in bestimmten Fällen zur Story und werden dann von den Nutzern akzeptiert, etwa wenn jemand mit dem Smartphone in der Hand Skateboard fährt oder wenn verwackelte Aufnahmen zum Stil eines Creators gehören. Anders verhält es sich mit schlechter Audioqualität. Rauschendes oder ploppendes Audio oder zu laute Hintergrundgeräusche bei zu leisen Stimmen im Vordergrund führen meist dazu, dass Nutzer den Content sofort verlassen und nicht zu Ende anhören. Das wollen Sie vermeiden.

Präzise Vorbereitung und Projektmanagement zahlen sich aus

Gute Vorbereitung, Planung und aufmerksame Kontrolle während der Aufnahmen ermöglichen Ihnen, die professionelle Qualität Ihres Contents zu sichern. Das sollten Sie als Projektmanagement einplanen und muss auch nicht zeitintensiv sein. Sie ersparen sich dadurch Enttäuschungen und Fehlerreparaturen. Berücksichtigen Sie insbesondere diese Methoden:

▶ Planen Sie vor einer Aufnahme Bewegungsabläufe und Wege, die Sie oder ein Protagonist zurücklegen, dann können Sie das Smartphone bewusst führen und reagieren nicht spontan oder ruckhaft.

▶ Testen Sie vor einer Produktion alle technischen Abläufe, machen Sie Probeaufnahmen, hören und sehen sie sich vorher an, passen Sie rechtzeitig an, was nicht passt.

▶ Arbeiten Sie bei audio-visuellen Aufnahmen immer mit Kopfhörern, und hören Sie bei Audioaufnahmen immer mit.

▶ Machen Sie bei allem immer mindestens zwei Aufnahmen, und speichern Sie sie ab, sodass Sie bei der Postproduktion eine Auswahl und Sicherungskopie haben.

▶ Notieren Sie sich während der Aufnahmen anhand des Timecodes oder anderer Merkmale, an denen Sie sich orientieren, die Sequenzen, die Sie gut finden, und auch die Reihenfolge, wo Sie sie in der finalen Story verwenden wollen.

Professionelle Storyteller, Creator und Filmemacher behalten die Kontrolle über alle Einzelschritte. Bewusst reflektierte Erfahrungen und strukturiertes Wissen über Apps und ihre Anwendung bringen sie im Nu auf das nächste Level. Sie verstehen es, die Vorteile der automatisierten Storytelling-Apps zu nutzen, beherrschen aber vieles oder alles auch manuell. So können sie bei der Wahl von Thema und Storypunkt, bei Aufnahmen, Texten, Bildaufbau, Montage und Abmischung glänzen und ihren eigenen Stil entwickeln. Das kommt bei vielen Nutzern gut an.

Wer sich ins Smartphone-Storytelling mit seinen zahllosen Apps hineinfuchst, versteht schnell, dass und warum alles klug limitiert ist. Die meisten Apps, Content-Vorlagen, also *Templates*, und automatisierten Editierfunktionen erfüllen immer nur genau eine Aufgabe oder einige wenige Aufgaben. Zum Beispiel können Sie in einer App nur Fotos, aber keine Videos bearbeiten – in einer anderen nur Videos, aber keine Fotos. In einer App legen Sie Audio über ein Foto, in einer nächsten fügen Sie Untertitel zu Video hinzu. In einer können Sie Content synchron auf mehreren Spuren mixen, in einer anderen Content auf nur einer Spur bearbeiten. Diese Aufzählung ließe sich so lange fortsetzen, wie die Liste gängiger Storytelling-Apps lang ist.

Was wir sagen wollen: Sobald Sie eine nachhaltige Content-Strategie verfolgen und viel *Native Content* für mehrere Plattformen produzieren wollen, benötigen Sie einen guten Überblick und spezielles Wissen. Deshalb zeigen wir Ihnen in den folgenden Abschnitten zu Smartphone-Produktion und angewandtem Storytelling auch konkrete Apps und Methoden. Damit erhalten Sie einen guten Überblick, mit dem Sie einfach loslegen können. Natürlich erheben wir keinen Anspruch auf Vollständigkeit, und es kann auch immer sein, dass Apps vom Markt verschwinden und andere mit ähnlichen Funktionen auftauchen.

Die notwendige Erfahrung müssen Sie sich schon selbst gönnen. Wir empfehlen: Arbeiten Sie ab jetzt regelmäßig, wenn möglich täglich, mit den Methoden und Apps, die wir Ihnen zeigen. Und sei es eine Viertelstunde am frühen Morgen oder in der Mittagspause, oder seien es zwanzig Minuten nach dem Abendessen. Produzieren Sie selbst täglich Content, und seien es nur ein Foto mit Text oder zwei, drei Clips. Nur so finden Sie heraus, was Ihren Content originell macht, verstehen Sie Apps und Workflows, die zu Ihnen und Ihrem Content und der Tonalität der für Sie relevanten Plattformen passen.

> **Pro-Tipp: Mit »Learning by doing« erfolgreich in Social Media (von Adil Sbai)**
>
> Jede Plattform etabliert eine andere Tonalität. Das ist die jeweilige Art der Kommunikation, die für eine Plattform prägend ist. Dabei spielen die technischen Möglichkeiten auf jeder Plattform eine entscheidende Rolle, und darin unterscheiden sich die Plattformen sehr. Davon abgesehen entsteht die Tonalität auch durch die Art der Beziehungen, die die Plattformen befördert.
>
> Wer die Tonalität einer Plattform besser verstehen will, muss »Learning by Doing« beherzigen. Man kommt nicht darum herum, in die jeweilige Plattform einzutauchen und sich mit ihr auseinanderzusetzen. Das gute alte Hörensagen bringt einen hier nicht allzu weit.

Abbildung 3.7 Nur wer selbst Storys entwickelt und Content produziert, kann innovativ sein, vorhandene Funktionen »hacken« und seine eigene Handschrift und Stimme finden und andere mitnehmen.

Die Limitierung jeder App auf spezifische Aufgaben birgt für Creator einen Vorteil und eine Herausforderung. Vorteilhaft ist, dass Sie die meisten Apps intuitiv und ungeheuer schnell nutzen können. Sie bleiben im Smartphone und müssen keine Zeit für Dateiexporte einplanen. Eine Herausforderung ist dabei, dass Sie am Anfang kontinuierlich Zeit investieren müssen, um möglichst viele Apps zu erproben und kennenzulernen. Diese anfängliche Investition macht sich sofort bezahlt, weil Sie flexibler, schneller und professioneller Content produzieren können.

Gehen Sie also in jedem Fall so professionell wie möglich vor. Der zählbare Erfolg in Form von mehr relevanten Interaktionen, einer loyalen Community und vermehrten Leads und Konversionen wird Sie belohnen. Am Ende dieses Buchs können Sie selbst besser einschätzen, was Sie in Ihrer Social-Storys-Strategie selbst professionell produzieren und wo Sie sich Unterstützung holen. Vieles teilen wir in diesem Buch mit Ihnen, und vieles können Sie sich in kurzer Zeit aneignen. Aber bei großen Kampagnen lohnt sich auch die Zusammenarbeit mit Experten.

3.1   Visual, Mobile, Social

Das Smartphone ist der technologische Innovationstreiber, der für die Allgegenwart von Social Media und den Boom visueller Kommunikation verantwortlich ist. Das Social Web und sein multimedialer Content sind nur in der technologischen Realisierung als individualisierte Massenkommunikation mit Smartphones verständlich. Dabei gibt der Dreiklang der Medien »Visual, Mobile, Social« den Takt im Social Web vor. Alles beginnt mit dem Smartphone in Ihrer Hand.

Smartphones, die Alleskönner

Mit jedem Smartphone – es muss nicht das teuerste oder neueste Modell sein – hat jeder Nutzer einen extrem leistungsfähigen und Cloud-vernetzten Computer griffbereit in der Jackentasche bei sich, ausgestattet mit einer oder mehreren integrierten hochwertigen Kameras und KI-basierten Sensoren, die beispielsweise räumliche 3D-Daten und farbliche Parameter scannen, berechnen und für Livestreams, Aufnahmen und Postproduktion zur Verfügung stellen. Besonders augenscheinlich in den weitverbreiteten *Augmented Reality Lenses*, den 3D-Umgebungsfiltern und 3D-Gesichtsfiltern, die auf Snapchat direkt in der Snapchat-Kamera und auf TikTok, Instagram und anderen Apps direkt in der Smartphone-Kamera aktivierbar sind.

Wir machen uns nicht ständig klar, dass unser Smartphone ein komplettes digitales Medienhaus in unserer Handfläche ist. Tatsächlich ist es das. Allein mit einem Smartphone lässt sich ein ganzes Unternehmen mitsamt allen geschäftlichen und kommunikativen Prozessen managen – solange man schnelles Internet hat und

Apps und Workflows beherrscht. Machen Sie sich das bewusst, damit Sie das professionelle Potenzial von Smartphones für Ihr Storytelling mehr wertschätzen und optimal für sich nutzen können.

Abbildung 3.8 Eine der ersten Apps, mit der Sie im Nu Objekte in Ihrer Umgebung scannen, kopieren und teilen können. Noch nicht perfekt in allen Details, aber das wird sich ganz sicher bald ändern.

Smartphone-Storytelling bietet für Content Creator und Marken drei maßgebliche Vorteile:

1. Sie haben mit dem Smartphone unmittelbaren Anschluss an Nutzer und ihre Gewohnheiten. Sie können glaubwürdig aktuellen Konversationen im Social Web beitreten und trendige Themen und Design in Ihrem Content authentisch widerspiegeln.

2. Sie sparen Zeit und Kosten, denn mit ein bisschen Übung und ein paar Fingertaps produzieren und teilen Sie im Nu multimediale Storys und engagierenden Content.

3. Sie und Ihr Unternehmen werden viel flexibler und innovationsfähiger. Sie müssen sich nicht auf ein einziges teures Content-Produkt festlegen, etwa einen aufwendigen Imagefilm, der allein das Jahresbudget auffrisst. Damit waren viele Marken früher für lange Zeit, vielleicht sogar für Jahre festgelegt. Sie gaben ihr Budget für ein Content-Produkt oder einige wenige wertvolle Content-Produkte aus.

Mit dem Smartphone produzieren Sie viel mehr und regelmäßig hochwertigen Content mit weniger Kosten. Gleichzeitig können Sie schneller auf aktuelle Entwicklungen im Storytelling genauso wie in Ihrer Markenausrichtung und Ihren vertikalen Produktlinien für spezifische Interessengruppen reagieren.

Zudem sind die meisten Anwendungen und Formate heute kompatibel. Wenn es für bestimmte Effekte etwa im 3D-Bereich sinnvoll oder notwendig ist, lassen sich

Smartphone-Materialien in Desktop-Apps exportieren, dort weiterbearbeiten und dann wieder mobiloptimiert ausspielen.

Wir zeigen Ihnen in Abschnitt 4.3, »Integrierte Storytelling-Werkzeuge und Besonderheiten gängiger Plattformen«, auch einige wenige Desktop-Tools wie *Facebook Instant Experience* oder *Twitter Moments*, mit denen Sie auf dem Desktop Social Storys produzieren, die für mobile Screens optimiert sind.

Digitale Alphabetisierung

Visual – Mobile – Social. Bei der Produktion von Social Storys arbeiten Sie mit digitalen Medienformen, die gleichzeitig digitale Technologien sind. Bei allen Schritten im Social Web gehören diese drei untrennbar zusammen. Auf die Bedeutung von »Social« sind wir in den vorhergehenden Kapiteln eingegangen. Jetzt erklären wir kurz, was wir unter »Visual« und »Mobile« verstehen.

Den Begriff »Visual« verwenden wir für alle bildlichen Materialien – für sämtliche Bildmedien, seien es Videos mit oder ohne Audio, Fotos, Zeichnungen, Comics, Infografiken, Datencharts, multimediale Story-Produkte mit Visuals und vieles mehr.

Social Storys sollten immer mindestens ein Visual integrieren, auch Podcasts und anderen Audio-Content. Sie produzieren Social Storys für Nutzer an mobilen Geräten und mit Kopfhörern. Auch deshalb sollten Sie Social Storys selbst mit dem Smartphone und mobilem Equipment produzieren. Smartphones und Tablets sind das Gegenteil von stationär. Sie sind handlich, informell, agil. Mobile Nutzer und Creator sind beweglich, nutzen und teilen Content häufig von unterwegs, räumlich und zeitlich nach ihren eigenen Wünschen.

Denken Sie immer daran: Alle Storys, die Sie produzieren, müssen gemäß der »All-in-One«-Strategie zuallererst in Social Media funktionieren. Sie reisen dann über mehrere Plattformen weiter bis ins Web und lineare Medien. Die Aufmerksamkeit von Nutzern an mobilen Bildschirmen gewinnen Sie mithilfe von Livestreams und Visuals besonders gut. »Live« ist eine Goldwährung für Engagement, weil »Live«-Formate auf vielen Plattformen zahlreiche Interaktionen triggern, auch von Nutzern, die Ihnen noch nicht folgen. Instagram ist eine Ausnahme. Hier werden nur Nutzer, die Ihrem Account bereits folgen, über das Live-Event informiert.

Nutzen Sie diese Interaktionen nachhaltig, indem Sie sie moderieren und darauf reagieren. Auch in Zukunft bleiben Videos und audiovisueller Content besonders wirkungsvoll für gelingende Unterhaltungen in Social Media. Seit vielen Jahren erzielen Videos, gefolgt von allen anderen bewegten Visuals, sehr viel höhere Reichweiten als sämtliche anderen Medienformate. Das gilt für alle Plattformen gleichermaßen. Sogar das nachrichtliche, auf Texte ausgerichtete Twitter führte Foto- und Video-Galerien ein, seit Herbst 2020 auch einen Story-Bereich, genannt *Fleets*.

Bewegte Visuals sind entweder Videoclips oder *Foto-Stills* und andere unbewegte grafische Bilder, die Sie in Bewegung versetzen, indem Sie animierte oder interaktive Elemente wie GIFs, Polls oder Emoji-Reaktionen einbetten. Sie werden feststellen, dass ein Foto-Still in Kombination mit einem animierten oder interaktiven Element zu einem Videoclip wird. Videodateien in Ihrer Camera Roll sind ein gutes Zeichen fürs Social Storytelling. Denn immer, wenn Sie ein Foto animieren und als Videoclip abspeichern, informiert das Dateiformat Sie, dass Sie ein bewegtes Bild produziert haben. Damit erhöhen Sie die Erfolgschancen für Ihren Content, in Social Media bemerkt und angesehen zu werden.

Ein Bild erzählt nicht nur so viel wie tausend Wörter. Ein Bild erzählt auch im Nullkommanichts. Jedes Visual erzählt vieles ganz schnell. Natürlich ersetzen Videos und bewegte Visuals nicht Texte und Bücher. Wir sind uns ganz sicher, dass Menschen auch zukünftig komplexe Sachverhalte mithilfe von Texten darstellen werden, beispielsweise komplexe Artikel mit vielen paraphrasierten Zitaten aus vielen verschiedenen Interviews. Oder komplexe Geschichten, die nicht linear verlaufen. Aber wir sind erfolgreicher, wenn wir eine Visual-Strategie definieren und gezielt mit Videos und Visuals arbeiten.

Multimediale und immersive Bilder steigern diesen Effekt sogar noch, weil sie im menschlichen Gehirn die gleiche Wirkung wie Steroide haben. Sie lösen tatsächlich die Ausschüttung von Dopamin im Gehirn ihrer Betrachter aus. Damit transportieren sie die Betrachtenden mitten in die Geschichte. Das ist der räumliche Effekt, den wir immersiv nennen. Betrachter fühlen sich als Teil der Geschichte, sie fühlen sich räumlich mitten in der Geschichte. Sie bauen eine emotionale Bindung zur Geschichte und ihren Protagonisten auf. So, als würden sie das Geschehen tatsächlich selbst erleben.

Aufgrund der Dopamine prägen sich die Inhalte multimedialer, immersiver Bilder intensiver ein als bei anderen Medien wie Texten und Foto-Stills. Nutzen Sie diese eindringliche emotionale Verbindung für Ihr Storytelling. Erzählen Sie mit multimedialen, immersiven Bildern in sehr kurzer Zeit so viel wie sonst nur mit mehreren Tausend Wörtern.

Multimediale Visuals sind genau das richtige erste Mittel, um der Reizüberflutung in sozialen Medien zu begegnen und mit Ihren Inhalten und Ihrer Marke in die Wahrnehmung interessierter Nutzer vorzustoßen. Sie gestalten Ihre multimedialen, immersiven Visuals optimal, wenn Sie Minitexte, Wörter und animierte Elemente in die Bilder integrieren. Das können beispielsweise GIFs, Hashtags, Zitate oder kurze Captions sein. Denken Sie in Schichten. Damit erreichen Sie gleich mehrere Ziele. Sie transportieren viele Informationen in nur einem Visual, und Sie vernetzen

Ihren Content mit den Storys und Konversationen anderer auf dieser Plattform oder über mehrere Plattformen.

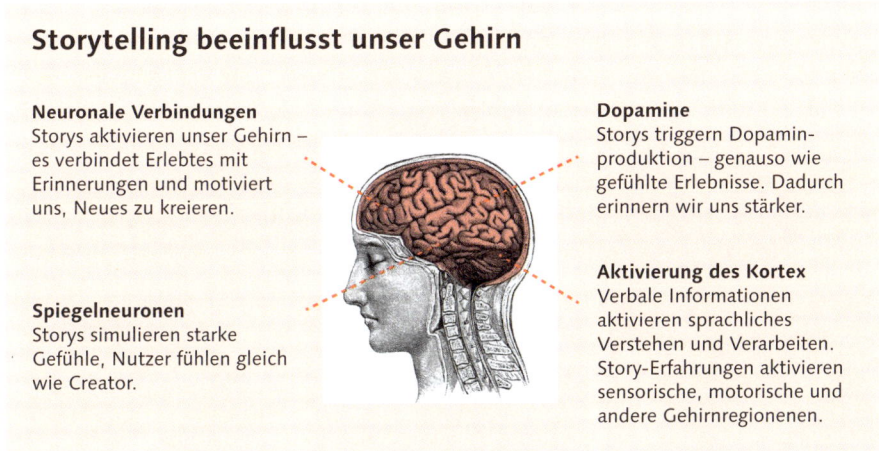

Storytelling beeinflusst unser Gehirn

Neuronale Verbindungen
Storys aktivieren unser Gehirn – es verbindet Erlebtes mit Erinnerungen und motiviert uns, Neues zu kreieren.

Dopamine
Storys triggern Dopamin-produktion – genauso wie gefühlte Erlebnisse. Dadurch erinnern wir uns stärker.

Spiegelneuronen
Storys simulieren starke Gefühle, Nutzer fühlen gleich wie Creator.

Aktivierung des Kortex
Verbale Informationen aktivieren sprachliches Verstehen und Verarbeiten. Story-Erfahrungen aktivieren sensorische, motorische und andere Gehirnregionenen.

Abbildung 3.9 Gute Storys regen dieselben neuronalen Prozesse wie Erfahrungen im menschlichen Gehirn an und bleiben in der Erinnerung lebendig (inspiriert von Storymachine, 2019).

Machen Sie sich klar: Am Anfang jeder Story-Reise besitzt das Visuelle ganz klar Priorität. Die Story-Reise haben wir bereits in Abschnitt 1.2.3 und Abschnitt 2.6 thematisiert. Damit spiegeln Sie die Nutzer/Customer-Journey wider. Wenn Sie das Interesse von Nutzern durch Ihre kurzen Mikro-Storys in Social Media gewonnen haben, folgen sie Ihnen zu anderen Plattformen und Storys und beschäftigen sich auch mit Ihren langen Videos, Blogtexten und Produkten. Der Beziehungsaufbau gelingt. Im weiteren Verlauf der Story-Reise erstellen Sie deshalb zunehmend umfangreichere und damit auch komplexere Inhalte, längere Texte und lange Podcasts oder Vlogs zu demselben Thema und produzieren und veröffentlichen diese auf Plattformen wie YouTube und Ihrer Landing-Page. Diesen Content planen Sie in Ihrer Content-Strategie und auf der Zeitachse der Story-Reise später ein.

3.2   Gestalten Sie Ihre narrative Strategie

Zuhören, der Konversation beitreten, informell kommunizieren und erzählen, Mikro-Storys entwickeln und für verschiedene Plattformen unterschiedlich aufbereiten, Ihre Storys parallel zur Nutzerreise reisen lassen. Das sind die wichtigsten Eckpfeiler, die wir bisher behandelt haben. Jetzt zeigen wir Ihnen konkrete Strategien, wie Sie Ihre Inhalte kreativ und engagierend so umsetzen, dass Nutzer sich gern immer wieder von Ihnen überraschen lassen.

3.2.1 Engagieren Sie Nutzer

Gut gemachte Storys können von allem handeln und überall erzählt werden. Sie müssen nicht zu exotischen Plätzen reisen, um sensationelle Reisegeschichten zu erzählen. Das gilt für alle anderen Themen auch. Fangen Sie mit Geschichten über sich und Ihren Alltag an. Menschen mögen Alltagsgeschichten, die Nahperspektive auf andere Menschen, mit denen sie sich vergleichen, identifizieren, mitfühlen können. Und Sie stellen sich damit auf eine originelle Weise vor und bauen eine Beziehung zu Ihren Followern und anderen Nutzern auf, die persönliche und professionelle Aspekte elegant verbindet. Das wirkt nachhaltig, interessierte Nutzer kommen deshalb immer wieder zu Ihnen.

Abbildung 3.10 Während Corona spielte der in Berlin lebende Pianist Igor Levit auf Twitter Hauskonzerte für seine »Familie« genannte Community auf der ganzen Welt: Livestream mit dem iPhone, Noten auf dem iPad.

In Alltagsgeschichten bearbeiten Sie Fragen und Themen, die zu Ihrer Marke passen und die auch viele andere Menschen umtreiben und berühren. Storys über den Arbeitsalltag funktionieren immer gut, weil sich viele Menschen davon angesprochen fühlen, sich vergleichen und inspirieren lassen können – Themen wie »was brauche ich morgens, um in die Gänge zu kommen« oder »wie sieht meine Live-Work-Balance aus« oder »welche Remote-Tools habe ich während Corona entdeckt«.

Wenn Ihnen der pragmatische Einstieg mit Alltags-Storys gelungen ist, arbeiten Sie sich zu anderen Themen vor. Erzählen auch abstraktere Inhalte, und veranschaulichen sie. Zeigen Sie beispielsweise, wie Ihr Produkt den Alltag erleichtert oder welche Fertigkeiten Sie auf ein neues Level in Ihrem Beruf gebracht haben oder welche Apps Sie für Ihren Content nutzen. Sobald Sie eine Beziehung zu Ihren Followern aufgebaut haben, interessieren diese sich für Ihre Inhalte, einfach weil sie sich für Sie interessieren. Es geht nicht darum, dass viele Themen, die Sie erzählen, nicht auch von anderen Profilen kommuniziert werden. Aber Ihre Erfahrungen und Ihre Community sind einzigartig. Nehmen Sie das ernst, und seien Sie für Ihre Community ansprechbar und präsent.

Social-Media-Nutzer verbringen an ihren mobilen Geräten täglich Zeit, von einigen Minuten bis zu vielen Stunden, in Chats, Feeds, Storys, Foren und anderen Community-Bereichen. Viele Nutzer reisen täglich über mehrere Plattformen, auf denen sie jeweils unterschiedlich viel Zeit verbringen. Ihre Nutzungsgewohnheiten folgen gezielten Bedürfnissen und Zwecken, die mit Wochentagen und Tagesabläufen verknüpft sind.

Beispielsweise wollen sich einige Nutzer morgens vor Arbeitsbeginn kurz mit den neuesten Nachrichten updaten, während andere sich frühmorgens ein Zeitfenster für lange Formate freihalten, um sich mit komplexen Themen weiterzubilden. Wieder andere möchten morgens auf die Schnelle etwas Neues lernen. In der Mittagspause zerstreuen sich viele mit unterhaltsamen Videoclips, andere checken Social-Media-Trends, und wieder andere lassen sich von kurzen How-to-Videos inspirieren. Am Wochenende legt die eine das Smartphone ganz zur Seite, der andere will dann die aktuellen Trends in den sozialen Medien mitbekommen, die dritte nimmt sich Zeit, um sich mit langen Videos und Artikeln zu beschäftigen, die sie während der Woche vorgemerkt hat.

Abbildung 3.11 Die sechs grundlegenden Bedürfnisse der Nutzer von Social Media stellte Dmitry Shishkin bei der Google News Initiative am 11.12.2018 vor (*https://youtu.be/ 9NjLFG1LOhw*).

Aus einer Untersuchung der britischen BBC aus dem Jahr 2018 wissen wir, dass Nutzer weltweit sechs Bedürfnisse mit Social Storys erfüllen, wie oben abgebildet:

1. Bilde mich mit neuen Fertigkeiten oder vertieftem Wissen (Educate me).
2. Unterhalte mich mit Alltagsgeschichten oder originell produziertem Content (Entertain me).
3. Inspiriere mich mit Geschichten von besonderen Menschen (Inspire me).
4. Zerstreue mich mit witzigen Storys oder Memes (Distract me).
5. Informiere mich über die neuesten Social-Media-Trends (Keep me informed).
6. Bringe mich auf den neuesten Stand der Nachrichten (Update me).

Daran können auch Sie sich orientieren, insbesondere für die Planung von *seriellen Formaten*. Ein serielles Format ist regelmäßiger Content mit festem Design und Aufbau zu einem Fokusthema, beispielsweise immer donnerstags eine Story zu »New Work« auf Instagram. Andere Beispiele für gängige Fokusthemen für Serien sind »Behind the Scenes« oder »1 Minute Lernen«. Serielle Formate erleichtern Ihnen die Social-Media-Arbeit. Sobald Sie ein serielles Format für »Storys« oder »Feed« entwickelt und erfolgreich platziert haben, minimiert sich Ihr Aufwand. Damit haben Sie sich selbst eine Content-Vorlage geschaffen, die zu Ihrer Marke und Ihren Followern passt, und können sie immer wieder mit neuen Inhalten bespielen. In kurzer Zeit kennen Nutzer Ihre Serie und wissen, was Sie von Design, Inhalt und Tonalität erwarten können. Und gefällt es ihnen, folgen sie Ihnen deswegen und kommen proaktiv zu Ihrem Account. Achten Sie darauf, mit jedem seriellen Format ein spezifisches Nutzerbedürfnis zu adressieren, und ordnen Sie jedes Format einer bestimmten Social-Media-Plattform zu. Hier ein beispielhaftes Konzept:

▶ Bilde mich: »1 Minute Lernen« für TikTok.

▶ Inspiriere mich: Foto-Galerien mit inspirierenden Zitaten für den Instagram-Feed

▶ Unterhalte mich: »Behind the Scenes«-Videos für Instagram-Feed und Instagram-Reels

▶ Informiere mich: Expertengespräche über neues Wissen für Instagram-Storys Live und IGTV

Lange wurde in sozialen Medien von vielen überschätzt, dass Nutzer in erster Linie wegen des Neuigkeitswerts zu Inhalten und Storys auf Social Media kommen. Redaktionen und Medienhäuser fokussierten ihre Inhalte auf das einzige Nutzerbedürfnis, sich auf den neuesten Stand zu bringen und zu informieren. Inzwischen verstehen wir das Zusammenspiel von Plattformen, Nutzergewohnheiten, Bedürfnissen und Aufmerksamkeitsspanne viel besser. Fakt ist, dass Nutzer zu unterschiedlichen Tageszeiten mit unterschiedlichen Gewohnheiten, Zeitressourcen und Bedürfnissen auf Plattformen surfen. Je besser Sie die Gewohnheiten und Bedürfnisse Ihrer Community verstehen, desto erfolgreicher gelingen Ihnen Beziehungsaufbau und Social Storytelling.

Auch in einer digitalen Community verhalten sich viele interessierte Nutzer passiv, im Marketing gilt sogar die sogenannte 90-9-1-Regel. Demnach sind nur 1 % der loyalen Nutzer aktiv, 9 % interagieren gelegentlich, und die große Mehrheit mit über 90 % verhält sich still und passiv. Lassen Sie sich davon nicht irritieren. Alle loyalen Mitglieder einer digitalen Community tragen zur Community bei und wie bei Schläfern kann jeder jederzeit auch zu einem aktiven Multiplikator werden. Sie können auch davon ausgehen, dass Nutzer, die online passiv sind, in anderen Bereichen aktive Multiplikatoren sein können, beispielsweise in der Offline-Kommunikation, bei Sponsoring oder auf anderen Plattformen.

3.2.2   Visualisieren Sie Sprache

Denken und gestalten Sie allen Content visuell, dann werden Sie zu einem guten Storyteller. Die berühmte Regel »Show, don't tell« gilt ausnahmslos in Social Media. Es geht darum, etwas zu zeigen und zu erfahren. Behaupten Sie nicht nur, was Sie erzählen wollen. Zeigen Sie und beschreiben Sie mit visuellen Mitteln, um welche Erfahrung es Ihnen geht. Benutzen Sie aktive, direkte, konkrete Wörter.

Wenn Sie »Elster« meinen, sagen und zeigen Sie eine Elster, und sagen Sie nicht »Vogel«. Wenn Sie das Rezept für einen »veganen Käsekuchen mit Himbeersauce« teilen, sagen Sie nicht »Kuchen«, »Gebäck« oder »Früchte«. Wenn Sie Zahlen und Daten erzählen, zum Beispiel eine Geschichte, in der die Strecke von »2 Kilometern« eine Rolle spielt, zeigen Sie eine visuelle Skala, und benutzen Sie einen Vergleich, um die Entfernung anschaulich zu machen.

Visualisieren sie allen Content, auch Texte und Audio. Wenn Sie eine Audio-Datei posten, legen Sie ein einfaches Wave-Video oder ein Video mit einer Fotogalerie darüber, und posten Sie das Audio als Videodatei. Wenn Sie einen Text posten, gestalten Sie ihn vor einem Hintergrund, arbeiten beispielsweise mit einem Fotobanner, Farben, zeichnerischen Elementen oder Emojis.

Bei der Visualisierung von Inhalten und Storys helfen Ihnen wieder das kollektive Gedächtnis und kollektive Gewohnheiten, mit denen wir alle verbunden sind. Bevor Menschen lesen und schreiben lernen, können sie sich visuell und mündlich, auf Schlau *oral*, ausdrücken. Im Social-Media-System sind diese visuellen und mündlichen Fertigkeiten wieder aktiviert. Auch Menschen, die nicht lesen und schreiben können, können sich mithilfe von Bildern und oralen Erzählungen ausdrücken und Icons, Bilder, Videos, Audios auf ihren Smartphones zur Kommunikation nutzen.

Das machen wir uns beim Storytelling in Social Media zunutze. Denn als Kinder haben wir alle visuell gedacht, und weltweit lernen Kinder viel Wissen einfach mithilfe von Bildergeschichten, Puzzles und oralen Erzählungen. Diese kollektive Disposition macht Lern-Tutorials und Do-it-yourself-Videos (*DIY*) auf Plattformen wie TikTok und YouTube so erfolgreich. Nehmen auch Sie diese Gewohnheit wieder auf, falls Sie sie seit ihrer Kindheit nicht mehr aktiviert haben. Betrachten Sie von nun an allen Content und die Storys, die Sie erzählen wollen, wie ein Puzzle, das Sie als Kind gelöst haben – nur dass Sie jetzt das ganze Puzzle planen, produzieren und erzählen.

Visualisieren Sie auf allen Kanälen sämtliche Inhalte, die Sie kommunizieren wollen. Audio haben wir schon besprochen, es gilt auch für Texte. Zum Beispiel funktionieren Posts mit inspirierenden Zitaten auf Twitter und auf Instagram sehr gut. Zitate sind Texte, die für sich allein eine starke Anziehungskraft ausüben und nicht unbedingt zusätzliche Visuals benötigen. Wie visualisieren Sie sie dann? Zum Beispiel, indem Sie sie in eine farbliche Umgebung und einen Bilderrahmen oder einen anderen Hintergrund einbetten.

Visualisieren Sie Ihre Texte, indem Sie sie als Poster designen, egal wie kurz oder lang ein Text ist. Mit Designen meinen wir nicht nur, dass Sie die Größe der Zeichen und das Layout formatieren. Vielmehr designen Sie sämtliche Texte mit Farben und Hintergrund, kombinieren Texte mit visuellen Elementen wie Fotos, Cartoons, GIFs, Emojis.

Abbildung 3.12 GIFs – hier über Bernie Sanders – sind in Social Media für animierte, schnelle Reaktionen, Kommentare, Call-to-Action und als UGC sehr beliebt und haben Meme-Potenzial.

Meme GIFs eignen sich für Merchandising, wie die legendären Handschuhe und Kleidungsstücke, die der demokratische Senator Bernie Sanders bei der Vereidigung der Biden/Harris-Regierung am 20. Januar 2021 trug. Als sein Foto zum Meme wurde, reagierte Sanders schnell und vermarktete das Meme auf Produkten in seinem Campaign-Store für Essen bei der »Tafel« in Wheels Vermont, seinem Heimatort (*www.goodmorningamerica.com/style/story/bernie-sanders-turns-mitten-meme-official-merchandise-charity-75468692*).

Ihre Geschichten visualisieren Sie, wenn Sie sie konkret machen und mit Visuals erzählen, etwa mit Gesichtern, Menschen, Tieren, Orten, Plätzen, Gebäuden und allen möglichen Dingen und Ereignissen. Wenn Sie mit Fotos und Videos eine Geschichte erzählen wollen, planen Sie die visuellen Elemente, die Sie kombinieren wollen, um die Geschichte sinnvoll und effektiv aufzubauen. Auch bei Foto- und Video-Geschichten designen Sie den Hintergrund und definieren die Übergänge zwischen den einzelnen Clips und Fotos.

Die Vormachtstellung des Visuellen in digitaler Kommunikation wird besonders deutlich in den Suchfunktionen, Chat-Bereichen und Scan-Optionen in Smartphones und sozialen Plattformen – auf Plattformen wie Snapchat können Sie genauso wie in Suchfunktionen von Browsern wie der Google-Suche inzwischen mit Eingabe von Visuals suchen. Als Suchergebnisse erhalten Sie Texte und 2D-Bilder und heute teils auch schon 3D-Visuals. Technisch weniger ausgereift ist die Suche mit Audio, diese wird aber in Zukunft auch möglich sein.

Zum Beispiel können Sie mit Ihrem Smartphone und der in die Snapchat-Kamera eingebauten Scan-Funktion heute schon beliebige Gegenstände in Ihrer Umgebung einscannen. In der Kamera poppt dann der Eigenname des gescannten Gegenstands als Wortlabel auf, kann fotografiert oder als Screenshot aufgenommen und in eine Story oder anderen Content integriert werden. Ein weiterer Vorteil der Visualisierung menschlicher Kommunikation ist, dass Menschen, die nicht schreiben und lesen gelernt haben, mit visuellen Informationen gut zurechtkommen und mithilfe ihrer Smartphones visuell und haptisch kommunizieren, sich austauschen und informieren können.

3.2.3   Experimentieren Sie mit nutzerorientierter Technologie

Vergegenwärtigen Sie sich noch einmal fünf der wichtigsten Eigenschaften des Social-Media-Solarsystems, die wir besprochen haben:

▶ Social Storytelling lebt von authentischen Menschen, wahren Geschichten und kreativ visualisierten Mikro-Storys.

▶ Zielgruppen fragmentieren in Nischen.

▶ Content fragmentiert in plattformspezifische Produkte.

▶ Die Customer-Journey – gespiegelt in der Story-Reise – engagiert Nutzer und Kunden an zahlreichen Touch Points und verschiedenen Plattformen mit spezifischen Content-Elementen.

▶ Mithilfe von Smartphones, Apps und Plattformen kann jeder jederzeit und von überall kommunizieren, Inhalte veröffentlichen und ansehen, eine Community aufbauen und Unternehmen leiten.

Die neuen Medien verändern auch Rollen und Aufgaben von Creatorn und Nutzern.

▶ Creator werden zu Guides, die aus der Ich-Perspektive nützliche, relevante Inhalte erzählen.

▶ Nutzer werden zu Ko-Creatorn, die zunehmend mehr Kontrolle über Inhalte und Storys haben, sie ansehen und interaktiv mitgestalten.

▶ Creator und Nutzer werden zu Experten in ihren Communitys, die sich an Unterhaltungen beteiligen, gegenseitig beraten, ihr Wissen teilen, voneinander lernen und sich für gemeinsame Ziele starkmachen.

▶ Erfolgreicher Content punktet mit Relevanz, Expertise und Beziehungsaufbau. Diese drei Faktoren werden von Nutzern bei der Produktsuche im Web als wichtiger bewertet als Preisvergleiche und sind wichtige Indikatoren für Algorithmen und Erfolgsmessung.

Als Guide in Ihren Storys garantieren Sie die Glaubwürdigkeit und stechen mit der spezifischen Handschrift ihrer Storys heraus. Als aktiver Social-Media-Guide produzieren Sie regelmäßig Content für mehrere Plattformen. Damit Sie mit Ihrem Content und Ihren Storys jederzeit auf Höhe des dynamischen Geschehens bleiben und angemessen kommunizieren, raten wir Ihnen, polierte, kostenintensive Imagefilme und Content-Produkte nur selten oder gar nicht einzusetzen (siehe dazu auch Abschnitt 3.1, »Visual, Mobile, Social«). Sie haben nichts davon, wenn Sie Ihren Marketing-Etat in ein einziges, poliertes Story-Produkt investieren und diese Story möglicherweise sogar nur auf einer Plattform teilen.

Machen Sie das von vornherein anders. Gestalten Sie Ihr Social Storytelling nah an Followern und potenziellen Nutzern. Heben Sie sich mit originellem »No-Edit Edit«-Content ab, der professionell, aber nicht poliert produziert ist. Produzieren Sie professionell mit Technologien und Methoden, die auch Ihre Follower und Nutzer verwenden. Fangen Sie mit Smartphone-Equipment, Apps und Software an, die alle nutzen, zuallererst den in Plattformen wie Twitter, TikTok und Instagram eingebauten Storytelling-Tools und -Editoren.

Marketing-Influencer wie Gary Vaynerchuk, TikTok-Stars wie Younes Zarou oder Vlogging-Influencer wie »NAS Daily« produzieren täglich stundenlang Material und spielen jeden Tag Hunderte von Content-Clips aus – mithilfe von riesigen Teams.

Aber zum einen haben sie alle auch klein angefangen. Und zum anderen muss das auch gar nicht sein. Es kommt auf Ihre Ziele an. Wollen Sie ein globales Imperium aufbauen? Oder wollen Sie eine feine, kleine und loyale Community aufbauen, aktiv pflegen und Ihre Produkte effektiv und kosteneffizient über verschiedene Plattformen cross-promoten?

Mit den Methoden aus unserem Buch produzieren Sie engagierenden multimedialen Content alleine oder in einem kleinen Team zu zweit oder dritt professionell, schnell und ohne große Kosten. Und Sie veröffentlichen in Echtzeit. Das bietet Ihnen sehr viele Vorteile. Die wichtigsten sind diese drei:

1. Sie sind dadurch in jeder Phase Ihres Markenaufbaus und Ihres geschäftlichen Lebens autark. Sie können ohne große Absprachen nur mit Ihrem Smartphone von überall her und jederzeit professionellen Content produzieren und live oder in Echtzeit teilen.

2. Sie verwenden mit Ihrem Smartphone und überwiegend kostenfreien Apps und Software genau dieselben Methoden und Werkzeuge, die auch Ihre Follower und Nutzer gebrauchen. Damit holen Sie Ihre Follower und Nutzer da ab, wo sie sind.

3. Sie verstehen nicht nur die sich ständig ändernden Social-Media-Gewohnheiten und Konversationen besser. Sie zeigen glaubwürdig auch Ihre eigene digitale Kompetenz und werden als kompetent und einflussreich wahrgenommen. Sich über technologische und kreative Trends in Social Media zu unterhalten, gehört zu maßgeblichen Nutzerbedürfnissen, die wir bereits in Abschnitt 3.2.1 identifiziert haben.

3.3   Was ist guter Content?

Ist Content, den viele Menschen sehen wollen, automatisch guter Content? Auch das kommt auf Ihre Ziele an. Wollen Sie kurzfristig einen viralen Hit landen? Oder wollen Sie organisch auf einer langen Zeitachse viele loyale Follower erreichen und eine Community aufbauen? Wollen Sie viele Nutzer bewegen, ein Produkt zu kaufen und Nutzer in Kunden verwandeln? Oder wollen Sie einen Preis bei einem Filmfestival gewinnen?

Je nach Ziel fällt die Definition, was guter Content ist, unterschiedlich aus. Trotzdem gibt es fünf Faktoren, die guten Content auf Social Media im Allgemeinen auszeichnen und die Sie bei Ihrer Content-Produktion beachten sollten. Wir gehen sie jetzt kurz durch.

3.3.1   Kurz, relevant, profund, nützlich, schnell

Social Media werden von *Native Mobile Content* befeuert. Die Algorithmen bewerten und ranken original von Ihnen produzierten, mobiloptimierten Content auf allen Plattformen am höchsten. »Native« bedeutet, der Content ist Ihre eigene Kreation, kein Repost und auch kein kuratierter Inhalt wie ein Link zum Content anderer oder der Artikel eines anderen Urhebers. »Native Mobile Content« ist Content für den Smartphone-Bildschirm produziert und optimiert, auf Schlau *mobile responsive*. Das heißt, der Content lässt sich auf Smartphones schnell öffnen und gut navigieren. Sie können davon ausgehen, dass Content in Apps automatisch mobile responsive ausgespielt wird. Wenn Sie Desktop-Apps für Mobile Content verwenden, müssen Sie darauf in den Einstellungen achten.

Die meisten Social-Media-Nutzer interagieren und erfahren Content in der Regel zuallererst und häufig ausschließlich auf ihrem Smartphone oder Tablet mit Kopfhörern. Mehrheitlich halten Nutzer ihr Smartphone hochkant, also *vertikal* oder in *Porträt*-Ausrichtung. Das Bildformat legt fest, wie visuelles Material formatiert ist, die gängigsten Formate sind Square, vertikal oder Landscape, auf Schlau *Aspect Ratio*. Die Aspect Ratio spielt bei audiovisuellem Material eine wichtige Rolle für die technische Umsetzung auf Plattformen und dafür, wie Sie Elemente in einem Bild organisieren. Heute können Sie bereits bei Aufnahmen mit der Smartphone-Kamera und bei der Bearbeitung in Storytelling-Apps das Bildformat bestimmen. In der Camera Roll wird das Material inzwischen anhand des Bildformats automatisch vorsortiert, was die Story-Produktion erleichtert. Material in demselben Bildformat lässt sich so leicht finden und kombinieren.

Berücksichtigen Sie die Aspect Ratio für Ihren Content. Designen und produzieren Sie Social Storys für Smartphone-Screens, und passen Sie das Bildformat Ihres Contents auf die jeweils von der Plattform oder dem in eine Plattform integrierten Kanal vorgegebene Aspect Ratio an – beispielsweise im Abbildungsverhältnis vertikal (9:16) für Snapchat-Storys und für Instagram-Storys und in 4:5 oder 1:1 (Square) für den Instagram-Feed. Plattformen wie Facebook und YouTube spielen aber inzwischen Material in allen möglichen Aspect Ratios aus. Längere und lange Videoproduktionen für YouTube und Websites werden meist in Landscape (4:3 oder 16:9) produziert, geeignet für Nutzer an Smartphones, Desktop oder Fernsehbildschirmen.

Auch aus inhaltlichen, nutzerorientierten Gründen ist es vorteilhaft, wenn Sie Ihren Content für Social-Media-Plattformen mit dem Smartphone produzieren. Sie sind schneller, Close-up-Details und neue Kamerawinkel sind mit dem Smartphone reizvoll und natürlich und machen Ihren Content immersiv, Gesprächspartner sind entspannter, und es entstehen viel persönlichere und intimere Interview-O-Töne. Mit dem Smartphone sind Sie nah dran an Ihren Followern und Nutzern. Diese erken-

nen sich in Ihren Tools wieder und werden durch Ihre professionelle Produktions-
weise zusätzlich motiviert. Ihre Workflows sind ein Thema für Unterhaltungen, und
Sie können sie regelmäßig in Storys mit Ihrer Community teilen und diskutieren.

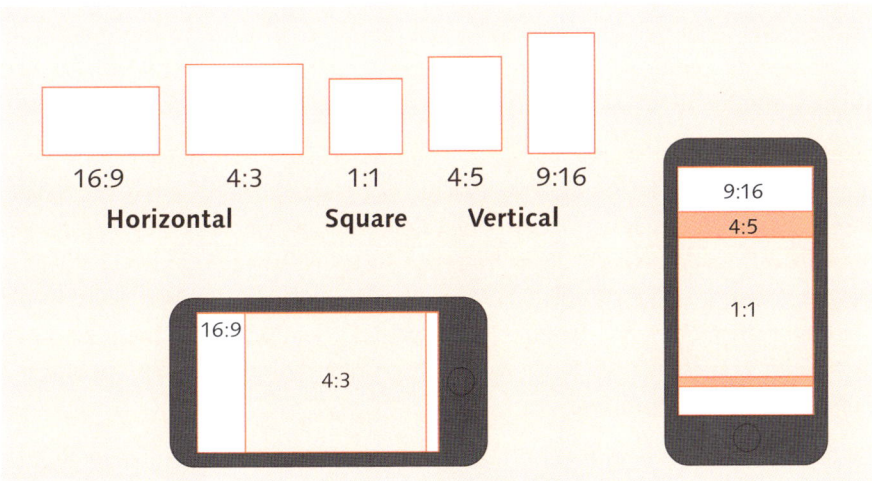

Abbildung 3.13 Übersicht über gängige Foto- und Video-Formate

Der Dokumentarfilmerin und Journalistin Eleanor Mannion gelangen 2016 nur mit
ihrer mobilen iPhone-Ausrüstung – zu sehen in Abbildung 3.14 – ungewöhnliche
Einstellungen und unverkünstelte, intime Porträts von vier Sammlern.

Abbildung 3.14 Mannions Equipment dokumentierte der damalige
Leiter Innovation bei RTÉ Glen B. Mulcahy in dieser interaktiven Grafik
(*www.thinglink.com/scene/811561467353497602*).

Native Mobile Content gestalten Sie kurz, relevant, profund und nützlich, mit Inhalten und Storys, in denen Sie sofort zur Sache kommen. Die maximale Länge von Content und Storys wird von allen Plattformen für die in ihnen integrierten Kanälen vorgegeben, etwa auf Instagram für Feed, Storys, Reels und IGTV. Auf den meisten Kanälen sind auch der Umfang von Texten, Captions, Videoclips und die Anzahl von Fotos und anderen Elementen auf kürzeste oder kurze Content-Formate und Mikro-Storys limitiert.

Knackige Inhalte und kurze Storys kommen der kurzen Aufmerksamkeitsspanne von Nutzern entgegen. Sie korrespondieren mit Nutzergewohnheiten, am Smartphone informativen oder unterhaltsamen Content in einem kurzen Zeitfenster anzusehen, oft von unterwegs. Deshalb streben Sie an, Nutzer auf Anhieb und bei bewegten Visuals in den ersten zwei bis vier Sekunden in Bann zu ziehen. Sonst ist die Wahrscheinlichkeit hoch, dass die Leute weiterklicken und nicht mehr zu Ihnen zurückkommen. Lassen Sie kurze Mikro-Storys ohne formelle Einleitung und mit einem »Wow«-Effekt starten.

Für nützliche Inhalte orientieren Sie sich an den sechs konkreten Nutzerbedürfnissen, die wir in Abschnitt 3.2.1 beschrieben haben.

Mit konkreten Inhalten machen Sie Ihre Storys relevant. Erzählen Sie direkt und mit aktiven Formulierungen und Verben. Beschreiben und zeigen Sie konkrete Ereignisse, Menschen, Produkte, Anwendungen. Geben Sie Tipps, und teilen Sie Ihr Wissen und neue Fertigkeiten. Wenn Sie Daten und Zahlen verwenden, animieren und visualisieren Sie diese, damit Nutzer sie auf den ersten Blick verstehen, im Gedächtnis behalten und auch praktischerweise einen Screenshot erstellen und wiederverwenden können.

Mit verständlichen Informationen und Kontext machen Sie Ihre Storys profund. Kombinieren Sie verschiedene sich ergänzende Informationen in Text, Bild, Audio, Musik und integrieren Sie sie in einem Foto oder einem Clip. Dadurch können Sie in kürzesten Formaten und kürzesten Mikro-Storys viele Informationen mit Kontext kommunizieren. Das verwandelt auch Ihre kurzen Mikro-Storys in profunde Inhalte.

3.3.2   Multimediale Inhalte

Sobald Sie Inhalte, Texte, Wissen visualisieren, befinden Sie sich im multimedialen Erzählmodus. Multimedial nennen wir den Einsatz von mehreren Medien in einer einzigen Story-Sequenz, zum Beispiel ein Foto mit Text und Audio oder ein Video mit Untertiteln, Musik und Audio oder ein Foto mit einer Umfrage.

Im digitalen Universum und dem Social-Media-Solarsystem ist die multimediale Sprache die Verkehrssprache, auf Schlau *Lingua Franca*, die die meisten Nutzer weltweit verstehen. Multimediale Storys und 3D-Visuals sind Erzählungen auf Steroiden. Sie erreichen tausendfach schneller die Gehirne der Nutzer und werden von ihnen intensiver erlebt als Texte und andere monomediale Content-Produkte.

Erzählen Sie in Social Media alle Storys mit multimedialen Methoden. Die in Smartphones, Mobile Apps und sozialen Plattformen frei zugängliche Technologie und Story-Vorlagen machen es Ihnen einfach, multimedial zu arbeiten. Kombinieren Sie immer mehrere Medien. So generieren Sie mehrere sich ergänzende Sinnschichten in einem einzigen Content-Element wie einem Visual. Jedes Element ergänzt Bedeutung, neuen Kontext und Relevanz in seiner Story-Sequenz und zur gesamten Story. Das ist das Geheimnis, wie Sie relevante Informationen, Kontext und Geschichten in kürzesten Mikro-Storys transportieren.

Abbildung 3.15 Nutzen Sie interaktive Elemente wie Umfragen und betten Sie animierte Elemente und anderen multimedialen Content in Cards oder Clips ein.

Die Story ist und bleibt das Wichtigste, der Kern dessen, was Sie erzählen wollen. Zuallererst müssen Sie natürlich die Geschichte entwickeln und das Material produzieren, bevor Sie alles in die gewählte Vorlage in der App oder auf der Plattform hochladen, multimedial kombinieren und Effekte ergänzen.

Für die Story überlegen Sie sich zuerst das Thema, dann den Kontext, die Relevanz, den Nutzen und die Tonalität. Dann entscheiden Sie, welche visuellen und multimedialen Elemente Sie verwenden, wie Sie sie mit dem größten Mehrwert kombinieren und die Sequenzen so aufeinanderfolgen lassen, dass sie eine spannende und sinnvolle Story ergeben.

Beim multimedialen Storytelling greifen Sie auf zahlreiche Vorlagen zu, die in Ihr Smartphone und soziale Plattformen eingebaut sind. Sie finden komplette Lösungen für Layout, Filter, Formate, Übergänge, Länge und anderes mehr. Sie überlegen sich, in welcher Reihenfolge Sie alle Elemente anordnen und die Story erzählen wollen.

Schon bei einem einfach gebauten Foto-Post auf Instagram, bei dem Sie nur ein Foto-Still und einen kurzen Text inklusive Hashtags im Caption-Bereich verwenden, arbeiten Sie multimedial. Hier kombinieren Sie Foto mit Text inklusive Hashtags und Tags.

Wenn Sie Text, animierte GIF-Dateien und Musik über einen einzelnen Videoclip oder ein Foto legen, arbeiten Sie mit multimedialen Schichten in einer einfachen Story-Sequenz, etwa für Instagram-Storys.

In jeder Story kombinieren Sie zahlreiche Elemente und ordnen diese auf einer Zeitachse an. Zum Beispiel legen Sie bei einer Fotoserie mit vier Fotos mit Texten die Reihenfolge, Effekte wie Farbfilter und das Layout fest. Oder bei einem kurzen Video mit fünf Clips bestimmen Sie die Reihenfolge der Clips, zusätzliche multimediale Effekte, die Übergänge zwischen den Clips und die Musik, wenn Sie welche verwenden wollen.

Produzieren Sie alle Content-Elemente, die zu einer Story gehören, und speichern Sie sie bis zum Abschluss der Produktion in der Camera Roll. Von dort laden Sie die Elemente in der richtigen Reihenfolge auf die soziale Plattform hoch, die die visuelle Gestaltung automatisch perfekt umsetzt.

Mit den automatisierten Vorlagen minimieren Sie Ihren Zeitaufwand. Das macht es Ihnen einfach, Ihren Content multimedial zu planen und zu produzieren und sich dabei auf die Story zu konzentrieren.

Denken wir an kurze Storys, beispielsweise eine Foto-Galerie mit fünf Visuals oder eine Video-Story mit drei kurzen 10-Sekunden-Clips, dann ist unmittelbar klar, worauf es beim Story-Aufbau ankommt: auf die Balance der Elemente und den sparsamen, sinnvollen Einsatz animierter Effekte. Sie wollen Ihre Follower und Nutzer mit Ihren Storys engagieren und nicht überwältigen.

Bei Ihrer kreativen Arbeit hilft Ihnen diese Faustregel: Arbeiten Sie immer nur mit so vielen Content-Sequenzen und multimedialen Elementen wie notwendig und mit so wenigen wie möglich. Weniger ist mehr. Diese Regel gilt für alle Medien, für gute Texte genauso wie für multimediale Visualisierungen oder spektakuläre Videos. Alles, was überflüssig ist, lenkt Nutzer von der Story ab, verwässert Inhalte, zerstört die Aufmerksamkeit und erschwert den Beziehungsaufbau.

Bauen Sie nur die Effekte und Farben ein, die Ihre Story und Marke unterstützen, aber nicht die Aufmerksamkeit zerstreuen oder Effekthascherei betreiben könnten. Achten Sie auch darauf, dass bei Texten die Farben Weiß und Schwarz ganz oben im Ranking barrierefreier Farben stehen und am besten von allen erfasst werden können, auch von Menschen mit Beeinträchtigungen. Denken Sie daran: Sie beherrschen den Content, nicht umgekehrt.

3.3.3   Interaktiver Content

Social Storytelling und multimediale Storys leben von der Interaktion. Engagieren Sie Ihre Nutzer aktiv, dann befördern Sie die Konversation und vertiefen die Beziehung. Dazu können Sie zum einen interaktive Methoden auf den Plattformen nutzen und zum anderen Interaktionen in die Storyline einbauen.

Ein Beispiel ist der »Risikonehmer Überlebens-Guide«, ein 12-minütiges, multimediales Video mit dokumentarischen Inhalten wie Interviews, Reportagen, datenbasierten Informationen und zahlreichen interaktiven Schnittstellen. Nutzer beteiligen sich, lernen und erleben die Informationen aktiv.

Höherschwellig und kostspielig sind interaktive Methoden, die Nutzer in Virtual-Reality-Umgebungen eintauchen lassen, auf Schlau »Extended Reality« oder XR, auf Deutsch »erweiterte Wirklichkeit«. XR fasst alle Technologien zusammen, die Erfahrungen vermitteln, die virtuelle und Echtwelt-Umgebungen und Realitäten kombinieren (Glossar auf der Unity-Website, einer der führenden Game-Engine-Plattformen: *https://unity3d.com/de/what-is-xr-glossary*).

Dafür sind bislang in der Regel auf der Entwicklerseite komplexe Programmierungen mithilfe von Game Engines wie *Unity* und *Unreal* notwendig, auf der Nutzerseite aufwendiges Virtual-Reality-Equipment. Damit werden die Bewegungen der Nutzer in Echtzeit getrackt. Sie bewegen sich in der virtuellen 3D-Umgebung, wählen zwischen Handlungsoptionen und bestimmen, wie es weitergeht. Ein System von Belohnungen macht das Erreichen unterschiedlicher Schwierigkeitsgrade attraktiv.

Abbildung 3.16 Der interaktive »Risikonehmer Überlebens-Guide« (*http://risktakersguide.com/*)

Starten Sie ins XR-Level einfach und direkt mit niederschwelligen Mobile-Anwendungen, die interaktive Schnittstellen und 3D-Elemente aktivieren. Alle Plattformen und Storytelling-Apps bieten zahlreiche interaktive Schnittstellen an, mit denen Sie ganz einfach direkte Reaktionen aufrufen und Ihre Nutzer engagieren können, Zum Beispiel mit Quiz, Umfragen, emotionalen Reaktionsskalen und Panels mit geschlossenen Fragen, auf die Nutzer mit einem Fingertap »Ja« oder »Nein« eingeben können.

Die Wirksamkeit aller eingesetzten Mittel können Sie messen und dementsprechend anpassen. Sämtliche Plattformen stellen Ihnen heute schon im Dashboard integrierte Analysen für jedes Content-Element und teils auch gezielt für interaktive Elemente zur Verfügung. Dazu gehören quantitative Ergebnisse wie Reichweite, auf Englisch »Reach«, und qualitative Ergebnisse (etwa »wie viele Profile, die Ihnen nicht folgen, interagierten«). Aus den Ergebnissen lernen Sie, welche Interaktionen und Themen funktionieren. Ausführlicher gehen wir darauf in Kapitel 6, »Kampagnen messen – es geht nicht ohne Monitoring«, ein.

Für die Evaluation ist es sinnvoll, längere Zeitspannen zu definieren und nicht aus nur einem Ergebnis Rückschlüsse zu ziehen. Darüber hinaus verwerten Sie die Ergebnisse, indem Sie Ihre Nutzer darüber informieren und damit neue Storys entwickeln. Bei zahlreichen Interaktionen sehen Sie in der Statistik auch, wer wie reagiert und geantwortet hat, und können dem Nutzer persönlich im Chat oder Kommentar oder mit einer DM antworten.

Mithilfe von interaktiven Schnittstellen geben Sie Nutzern mehr Kontrolle über ihre Story-Erfahrung und die Möglichkeit, sich aktiv an der Story zu beteiligen. Niederschwellige Interaktionen sind deshalb ein erster wichtiger Schritt, Ihren Nutzern ohne großen Aufwand immersive Erfahrungen zu ermöglichen.

Denken Sie daran, dass Nutzer sich im Internet daran gewöhnt haben, jederzeit mit nur einem Klick Inhalte aufzurufen, zwischen Inhalten und Medien hin und her zu springen, wegzuklicken und wiederzukommen. Diese technologisch getriebene Gewohnheit übersetzen Sie in Ihren Storys in Interaktionen, indem Sie Nutzer zu Ko-Creatorn und/oder Ko-Akteuren machen und sie partizipieren lassen.

Ermöglichen Sie anderen möglichst viel Kontrolle über Storys und Inhalte, die Sie teilen. Beispielsweise bauen Sie einen *Call-to-Action* (CTA) am Ende einer Story oder im Rahmen eines Posts ein. Damit ermutigen Sie Nutzer zu einer Interaktion in der Storyline. Fordern Sie Nutzer auf, etwas zu tun, über das Sie dann in der Fortsetzung erzählen werden. Lassen Sie Nutzer über den Fortgang und die nächsten Themen abstimmen. Oder bitten Sie Nutzer, Ihnen Fragen zu übermitteln, die Sie dann unter Nennung des Account-Handles des Fragenden in der nächsten Story beantworten.

Wichtig ist, dass Sie alle Interaktionen überwachen, darauf reagieren und in Ihren nächsten Mikro-Storys weitererzählen. Nur dann vertiefen Sie die Beziehung zu Ihren aktiven Nutzern und schöpfen Mehrwert aus den Interaktionen ab.

3.3.4   Immersive Elemente

Unter *immersiven Elementen* und *immersiven Storys* verstehen wir die Rekonstruktion natürlicher menschlicher 3D-Erfahrungen in Storys. »Lesen ist eine Fertigkeit, die gelernt werden muss. Aber die Fähigkeit, eine Erfahrung zu machen, ist in unsere Gehirne eingebaut«, meint Dan Pacheco, Professor für Innovation im Journalismus an der Newhouse School in Syracuse, USA, 2019 in einem Interview (*medium.com/global-editors-network/will-smart-glasses-replace-screens-1ba93a99256a*). Und ergänzt: »Wie cool ist es, dass wir als journalistische Storyteller unsere Nutzer endlich in der natürlichen Sprache menschlicher Erfahrung informieren können?« Die »natürliche

Sprache menschlicher Erfahrung« sind räumliche, haptische und audiovisuelle Erfahrungen.

Wir haben gesehen: Interaktionen sind der erste Schritt zu einer stärkeren immersiven Erfahrung, weil sie Nutzer mitentscheiden und partizipieren lassen. Auch wenn 2D-Medien wie Audio in Stereoqualität intensive, quasi-immersive Erfahrungen ermöglichen, beginnt immersives Storytelling technologisch gesehen mit 360-Grad-Räumen, mit 3D-Fotos und 3D-Videos. Diese gehören zum XR-Universum – alles Medien, in denen Nutzer die »Pluralität mehrerer simultaner Gegenwarten« räumlich erleben und emotional erfahren. Dabei legen wir multimediale 3D-Schichten über die reale physische Umgebung, und Nutzer können damit nach ihrem Belieben interagieren.

Niederschwellige immersive Erfahrungen können Creator mit ihrem Smartphone produzieren. Beispiele sind 360-Grad-Fotos und -Videoclips, 3D-basierte Gesichtsfilter oder QR-Code-basierte 3D-Inhalte zum Scannen. Viele komplexe immersive Erfahrungen, etwa volumetrisches Video und Video-Games in 3D, müssen hingegen mit spezieller Desktop-Software und Expertenwissen erstellt werden und können nur mit speziellem Equipment wie VR-Goggles erfahren werden.

Viele immersive Content-Produkte werden aber optimiert für mobile Geräte ausgespielt. Deshalb können Nutzer und Creator bereits heute sehr viel immersiven Content niederschwellig mit ihrem Smartphone oder Tablet erfahren und für ihre Storys nutzen. Denken Sie an Gesichtsfilter auf Snapchat, TikTok und Instagram oder an die zahlreichen Try-On-Apps für Lippenstifte, Möbel, Autos usw.

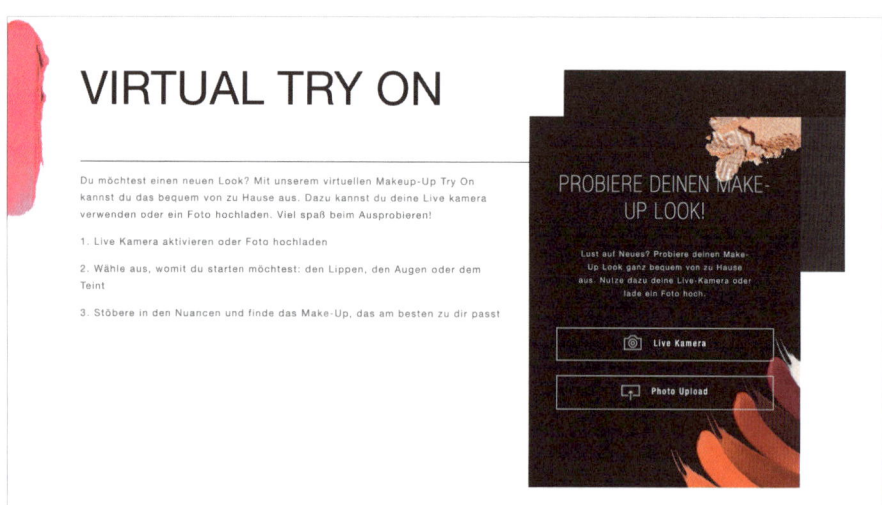

Abbildung 3.17 Virtuelle Produkttests beruhen auf Spitzentechnologie, heute einfach und nur mit dem Smartphone zugänglich. Hier der virtuelle Makeup-Tester von Maybelline New York.

Mit immersiver Technologie transportieren wir Nutzer in unsere Geschichten, verwandeln Inhalte in räumlich-zeitliche und emotionale Erfahrungen. Dadurch werden Nutzer zu Ko-Kreatoren, die sich in alle Richtungen und ihrem eigenen Tempo in einer Geschichte bewegen können. Denken Sie auch daran, Gesten interaktiv zu nutzen. Aufforderungen zu Gesten wie »Scroll«, »Swipe«, »Play«, »Speak to Siri« werden zu interaktiven Schnittstellen und ermöglichen Nutzern eine stärkere immersive Erfahrung.

3.3.5   Live ist Life

»Live« ist wie »Gold« im Social Storytelling. Gehen Sie regelmäßig live, zeigen Sie sich live in Aktion, und diskutieren Sie live relevante Themen und Kompetenzen mit anderen Experten. Live-Formate ziehen auf allen Plattformen Nutzer in Bann, darunter viele neue Nutzer, die noch keine Follower sind. Auch wenn das auf Instagram schwieriger ist, weil Live nur Followern angezeigt wird, bringen Sie auch auf Instagram Nutzer durch Cross-Werbung von anderen Plattformen in Ihre Live-Events. Hilfreich sind auf Instagram auch serielle Live-Events zu einem festen Wochentag und Zeitpunkt, auf den sich Nutzer einstellen und den Sie auf anderen Instagram-Kanälen und anderen Plattformen bewerben können.

Sie brauchen dafür starkes Wifi mit hoher Bandbreite und gute Vorbereitung mit einer klaren Struktur. Seien Sie ein Guide, der souverän auch durch Live-Formate führt, das hilft Ihnen und Ihren Nutzern. Mit zunehmender Erfahrung fühlen Sie sich bei Live-Storys gelassener und können stärker improvisieren, wenn Ihnen das liegt. Wie immer zahlen sich gute Vorbereitung und ein strukturiertes Format für Sie aus. Dadurch sparen Sie auf längere Sicht viel Zeit und Kosten.

Die Live-Talkshow »Stilles Örtchen« auf Instagram von Elena Uhlig gibt uns ein erfolgreiches Beispiel an die Hand. In Abbildung 3.18 sehen Sie einen Screenshot von IGTV, wo Uhlig alle aufgezeichneten Liveshows teilt, die später von Zehntausenden Nutzern angesehen werden. Die Schauspielerin und Autorin wollte während der Corona-Krise den Kontakt zu Kollegen und Fans nicht missen und entwickelte mehrere Social-Storytelling-Formate auf Instagram. Im Nu erreichte sie 2021 schon eine mehr als hunderttausend Follower große digitale Community.

Entscheidend für ihren Erfolg sind ihre authentische Art, digitale Kompetenz und ihre Empathie für ihre Follower, in deren Lebenssituation sie sich hineinversetzt und mit denen sie direkt kommuniziert. Dafür nutzt sie beispielsweise Gewinnspiele sowie vor, nach und während der Livestreams die konversationellen Schnittstellen von Chat und Kommentaren.

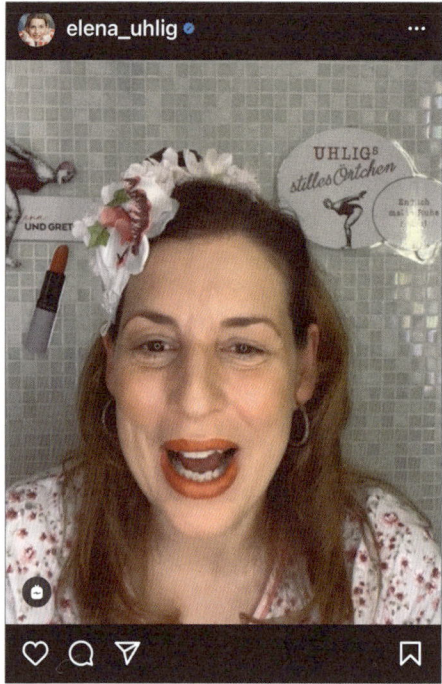

Abbildung 3.18 Die Live-Talkshow »Stilles Örtchen« von Elena Uhlig kann auf IGTV nachgeschaut werden.

Sie produziert konsistent und regelmäßig »live« und arbeitet professionell mit Smartphone-Equipment. Dabei herrscht in ihren Livestreams ein reges Treiben mit vielen Gästen und Freunden. Sie führt jeden Livestream strukturiert mit klarem Aufbau durch, agiert aber zugleich spontan und authentisch. Sie experimentiert mit neuen digitalen Effekten, geht offen mit Fehlern oder technischen Störungen um und postet täglich relevante Inhalte für ihre Follower und Community.

3.4 Das kleine Multimedia-ABC für Social Storyteller am Smartphone

Auf dem ersten Level geht es bei Social Storytelling darum, mit der Methode der Story-Anatomie eine gute Story zu finden. Dann recherchieren Sie, verifizieren, kontaktieren Interviewpartner, definieren Locations und entwickeln die Story.

Auf dem zweiten Level geht es darum, die hochwertigen Storytelling-Werkzeuge, die in Smartphones und Plattformen eingebaut sind, professionell zu nutzen. Es lohnt sich für Ihren Erfolg, regelmäßig Zeit zu investieren, um die neuesten Entwicklungen zu verstehen und in Ihre Strategie einzubinden oder mit Experten zu-sammenzuarbeiten, die Sie dabei unterstützen.

Wer auch noch auf das dritte Level kommen mag, etwa wer komplexe oder lange Story-Produkte produzieren will, kann sich in Postproduktion, aufwendiges Design und Spezialeffekte mithilfe von Third-party-Apps – also Apps von Drittanbietern – einarbeiten. Diese sind in den Stores frei verfügbar oder können gegen einen Kauf-preis heruntergeladen werden. In diesem Abschnitt zeigen wir Ihnen die wichtigs-ten Apps, mit denen Sie loslegen können.

Nehmen Sie sich Zeit, sich in Social Storytelling einzuarbeiten und Ihren persönli-chen Stil zu finden. Konzentrieren Sie sich anfangs auf Ihr Smartphone mit Headset ohne zusätzliches Equipment. Lernen Sie die für Sie relevanten Plattformen detail-liert kennen. Sobald Sie optimale Workflows für sich und Ihren Content herausge-funden haben und zwei oder alle drei Level souverän beherrschen, sind Sie autark und flexibel. Dann können Sie sich entspannt auf die Produktion Ihres originellen, professionellen Contents konzentrieren.

In den nächsten Abschnitten dieses Kapitels führen wir Sie mit kurzen Hands-on-Beschreibungen in die wichtigsten Storytelling-Methoden mit Ihrem Smartphone und in Kapitel 4 in einfach zu verwendende Storytelling-Werkzeuge auf gängigen Social-Media-Plattformen ein.

Wir erheben keinen Anspruch auf Vollständigkeit – vielmehr geben wir Ihnen ein solides Grundlagenwissen und einen Baukasten an die Hand, die Ihnen alle weite-ren Entdeckungsreisen im Social-Media-Solarsystem leicht machen und jederzeit erweiterbar sind.

3.4.1   Externes Smartphone-Equipment

Beim Smartphone-Storytelling gehen Sie vor wie beim Erlernen anderer Fertigkei-ten, zum Beispiel beim Tauchen. Da übt man zuerst Schwimmen, dann Tauchen ohne Equipment, dann Schnorcheln, bevor man mit Anzug, Sauerstoff-Flaschen, Kompensator und anderer Ausrüstung loslegt. Auch für Smartphones gibt es jede Menge professionelles Equipment, beispielsweise externe Objektive, Farbfilter, ex-ternes Licht, Mikrofone, Gimbals, Stative, Gehäuse für Unterwasseraufnahmen und verschiedenste Adapter und Kabel. Allerdings sind viele externe Zusatzgeräte kost-spielig, und die Arbeit mit dem Equipment verkompliziert und verlangsamt Ihren Workflow auch.

Kurz gesagt: Wir raten dazu, zuallererst das Potenzial Ihres Smartphones und kos-tenloser Apps und Equipments auszutesten und zu beherrschen. Sobald Sie Level drei erreicht haben, wie oben beschrieben, können Sie viel besser einschätzen, wel-ches externe Equipment Ihren Content auf ein neues Qualitätsniveau heben würde.

Dann können Sie gezielt nur in die Ausrüstung investieren, die zu Ihrer speziellen Art des Storytellings passt.

In den meisten Fällen und wenn Sie Content vor allem für soziale Medien produzieren, reichen einige wenige externe Geräte, darunter erfahrungsgemäß folgende:

► mobiler Tripod (Dreibeinstativ) – für stabile Smartphone-Bewegungen oder freie Hände

► externe Mikrofone mit Windschutz: Richtmikrofon für Stimmen sowie Kugelmikrofon für Umgebungsaufnahmen (*ambience sound*)

► externes Aperture-Licht

► externe Festplatte

► Powerbank/externe Akkus

► Vlogging-Kit für YouTube und Instagram

Wenn Sie mehr Zeit und finanzielle Ressourcen investieren wollen, interessieren Sie sich sicherlich auch für dieses Equipment:

► Gimbal – für stabile Kamerabewegungen und Kamerafahrten, Zoom- und Motion-Effekte

► mobile 360-Grad-Kamera mit Livestream-Funktion – für immersive Videos mit Hotspot zum Einbetten von multimedialem Material

► Mini-Drohne – für Totalen, Übersichtaufnahmen bei Events, spektakuläre Flugaufnahmen, Aufnahmen an schwer zugänglichen Orten

► Snapchat Spectacles: Sonnenbrille mit zwei Kameras mit jeweils 115-Grad Weitwinkel-Linsen, Sensoren und 3D-Effekten

Damit warten Sie am besten, bis Sie ihr Smartphone gut kennen und sich sicher sind, welche Storys Sie mit welchem Equipment erzählen wollen. In Abbildung 3.19 zeigt der italienische Mobile Storyteller und Designer Angelo Chiacchio, welches mobile Equipment für fortgeschrittene Filmemacher in welcher Content-Phase nützlich ist.

Disclaimer zu den genannten Apps

Die meisten Apps und Tools, die wir Ihnen jetzt kurz vorstellen oder an anderen Stellen im Buch nennen, können Sie im *App Store* und im *Google Play Store* herunterladen und auf iOS- wie auch auf Android-basierten Smartphones und Tablets nutzen.

Wir stellen Ihnen überwiegend kostenlose Apps vor, bei einigen sind ausgewählte Features in der App kostenpflichtig.

Nur einige wenige Apps sind ausschließlich als Premium-Version erhältlich. Dazu gehören »Luma Fusion« und »Filmic Pro« (beide derzeit nur für iOS). Sie bieten für professionelle Content Creator einen deutlichen Mehrwert und werden von Medienhäusern und Profis in der ganzen Welt eingesetzt.

Wenn eine App nur auf iOS oder Android erhältlich ist, erwähnen wir das kurz; wir garantieren aber nicht, dass sich das nicht zeitnah ändert. Genauso wenig garantieren wir, dass die genannten Apps in allen Weltregionen jederzeit erhältlich sind.

Wir haben keinerlei geschäftliche Beziehungen zu den in diesem Buch genannten Herstellern, Anbietern und Entwicklern.

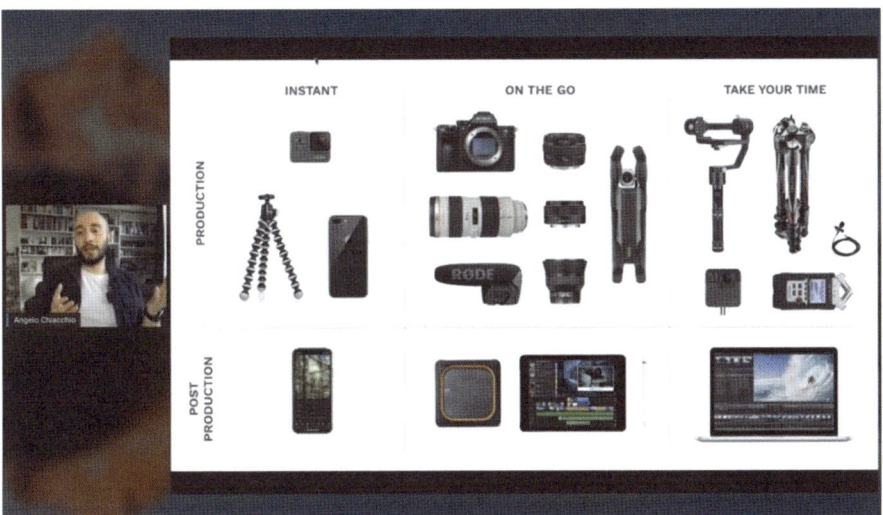

Abbildung 3.19 Auf dem ersten Mobile Creator Summit 2020, veranstaltet von Luma Fusion und Filmic Pro, erklärte Angelo Chiacchio die Auswahl von leichtem Equipment (*https://youtu.be/6sucat8V9Lk*).

Abläufe und Möglichkeiten ändern sich auf Plattformen und in Apps fortlaufend. Deshalb geben wir Ihnen jetzt das grundlegende, anwendungsorientierte Wissen an die Hand, mit dem Sie selber Storys entwickeln und produzieren können. Selbst machen und erfahren ist die Erfolgsformel für Social Storytelling mit Ihrem Smartphone.

Sie müssen und werden beim Selbermachen den besten Workflow auf jeder Plattform, mit der Sie arbeiten, für sich selbst herausfinden. Dann können Sie sich auch besser in Ihre Follower und Nutzer hineinversetzen. Sie verstehen das Content-Potenzial und die Workflows anderer in Ihrem Team oder von externen Experten, mit denen Sie für Kampagnen zusammenarbeiten. Und Sie können sich schnell neue Aspekte aneignen.

3.4.2 Aufnahmen

Natürlich gibt es heute viele kostenlose und kostenpflichtige *Stockfotos*, also Aufnahmen Dritter, die Sie unter Angabe des Urhebers verwenden können. Authentischer, origineller und persönlicher wird Ihr Content mit eigenen Aufnahmen, die

Sie mit Ihrem Smartphone und ein paar grundlegenden Regeln schnell und professionell herstellen können.

Dabei können Sie heute in der Postproduktion noch sehr vieles verändern und bearbeiten, von Bildausschnitt und Bildformat bis hin zu Farbwerten oder komplett verändertem Hintergrund. Auch multimediale Effekte und weitere Content-Schichten ergänzen Sie in der Regel erst in der Postproduktion.

3.4.3   Fotos

Ein Foto ist wie eine Zeitkapsel. Diese zeitkonservierende Eigenschaft von Fotos stellt die Verbindung zu individuellen und kollektiven Assoziationen und Erinnerungen her und bewahrt sie auf.

Deshalb entsteht mit einem Blick auf ein Foto unmittelbar eine assoziative Verbindung zwischen Betrachtendem und Foto.

Mit Fotos starten Social Storyteller ihr immersives multimediales Storytelling. Kombinieren Sie Fotos mit Text, sei es in einem Post oder sei es ins Foto integrierter Text. Erzählen Sie mit mehreren Fotos in einer Galerie oder einem mehrteiligen Layout mehrteilige Geschichten, und ordnen Sie die Fotos in einer sich ergänzenden Reihe an, beispielsweise zum horizontalen *Swipen* von rechts nach links im Instagram-Feed.

Oder nutzen Sie ein kästchenförmiges Layout für eine Bildergeschichte, wie in einem Cartoon. Oftmals bietet es sich auch an, Fotos mit Cartoon-Elementen wie Sprechblasen oder Cartoon-ähnlichen Filtern zu kombinieren. Nutzer verstehen diese simple Story-Struktur in Bildergeschichten intuitiv. Um es Nutzern noch leichter zu machen, die Reihenfolge zu erkennen, können Sie auch mit Nummerierungen oder Pfeilen arbeiten.

Heute können Posts und Texte auf allen sozialen Plattformen mit Fotos kombiniert werden. Beim Hochladen auf eine Plattform wird das Fotoformat oft automatisch zugeschnitten. Wenn das nicht der Fall ist oder wenn beim automatischen Croppen ein Ausschnitt entsteht, den Sie nicht wünschen, dann *pinchen* Sie selbst das Foto mit zwei Fingern, und fixieren Sie das Format und den relevanten Ausschnitt, bevor Sie es teilen.

Editieren und designen Sie das Material zuerst in der Camera Roll und/oder in einer Bearbeitungs-App. Erst danach laden Sie es auf die soziale Plattform hoch, um es dort mit interaktiven Elementen wie Hashtags oder Umfragen zu ergänzen und anschließend zu teilen und zu veröffentlichen.

Achten Sie darauf, dass Sie Ihr Material sicher in der Camera Roll, in einer Cloud und/oder auf einer externen Festplatte speichern. Beim Wiederfinden Ihres Materials hilft die AI-basierte visuelle und textliche Suche. Falls Sie Zeit finden, beschriften Sie Ihr Material mit kurzen Labels, oder sortieren Sie Ihre Content-Elemente in Alben. Das hilft auch beim Finden.

Checken Sie auf jeder Plattform und in jeder App im Setting die Einstellung, ob Ihr Material automatisch, manuell oder gar nicht in die Camera Roll exportiert und abgespeichert wird. Auf vielen sozialen Plattformen wird Material während der Bearbeitungsphase gar nicht abgespeichert. Teilweise können Sie aber zumindest festlegen, dass Plattformen das fertige und bereits gepostete Endprodukt automatisch in der Camera Roll abspeichern. Teilweise müssen aber Sie daran denken, es abzuspeichern und in die Camera Roll herunterzuladen.

Wenn Sie während der Bearbeitungsphase vor dem Posten den Editor-Bereich verlassen, beispielsweise auf Twitter und Facebook, speichert die Plattform das Material als Entwurf (auf Englisch »Draft«). Hingegen wird es beispielsweise auf Instagram oder Snapchat gelöscht und alle Arbeitsschritte gehen verloren. Wenn Sie zurückkommen, um weiter daran zu arbeiten, müssen Sie wieder von vorne anfangen, falls Sie den Zwischenstand nicht in die Camera Roll heruntergeladen hatten.

Interaktive Elemente wie Hashtags, Quiz oder Account-Handles können erst unmittelbar vor dem Posten in der Plattform hinzugefügt werden. Falls Sie sie hinzufügen, aber das Material erst noch einmal abspeichern und dann von der Camera Roll hochladen und teilen, sind die interaktiven Elemente deaktiviert und nur als Text oder Bild sichtbar.

3.4.4   Videos

Mit Videos erzählen Sie Storys in Form von aneinandergereihten und übereinandergelegten Sequenzen. Die Sequenzen organisieren Sie auf einer Zeitachse, der Timeline (wie ein Puzzle auf einer Zeitachse).

Multimediale Videos bestehen aus vielen unterschiedlichen Content-Elementen, darunter Videoclips, Audioclips, Musikclips und Soundeffekte, Fotos, Texte und Spezialeffekte wie Farbfilter.

Alle Texte in Social-Media-Posts und Weblogs werden mithilfe von SEO, also Search Engine Optimization, besser auffindbar und optimal in Suchmaschinen positioniert. Bei Texten und Videos sind Schlüsselwörter und Tags für SEO relevant. Achten Sie darauf, dass Sie Ihre Videos immer damit versehen.

Auf manchen Plattformen, etwa auf Instagram, schreiben Sie die für Sie und Ihren Content relevanten Schlüsselwörter, Tags und Hashtags direkt in den Post oder in die Beschreibung des »Thumbnails«. Ein Thumbnail ist ein Foto, das Nutzer als Statthalter für ein Video oder anderes Material in einem Blog-Post oder einer Playliste sehen. Thumbnails sind für Videos das, was Indexeinträge für Texte sind. Thumbnails organisieren und machen Material auffindbar.

Auf anderen Plattformen, etwa auf YouTube, schreiben Sie Schlüsselwörter und Tags in dafür vorgesehene Sektionen im Content-Management-System, das Ihnen vor Veröffentlichung angezeigt wird. In der Regel empfiehlt sich eine Mischung aus einigen wenigen populären Tags mit hoher Reichweite und einigen wenigen, nicht so populären Tags, die auf Ihren Content und Ihre Marke zugespitzt sind. Die Reichweite von Tags und Hashtags wird Ihnen einerseits von den Plattformen in der Suche automatisch angezeigt, andererseits können Sie spezialisierte Social-Media-Suchmaschinen nutzen, die Hashtags analysieren und Ihnen für Ihr Thema geeignete Tags vorschlagen. Beispiele sind Tagsfinder und Hashtagify.

Heute gibt es für alle sozialen Plattformen spezialisierte Suchmaschinen, etwa für Influencer, Hashtags, Trends. Weil diese Informationen sich dynamisch ändern, speziell und häufig nur kostenpflichtig zu benutzen sind, nehmen wir sie nicht in unser Buch auf. Anbieter finden Sie leicht im Internet.

3.4.5 Shooting

In allen Smartphones und Tablets sind heute eine oder mehrere hochwertige Kameras integriert. Gleichzeitig ist es kein Geheimnis, dass Smartphone-Kameras bis heute Objektive mit nur einer festen Brennweite haben und sie wenig nuanciert nur digital zoomen. Das heißt, Ihre Smartphone-Kamera erreicht bei Aufnahmen nicht die Qualität von professionellen analogen Spiegelreflex-Kamera oder digitalen DSLR-Kameras.

Doch vergessen Sie nicht: Wir haben es bereits mit KI-basierten Werkzeugen und Methoden zu tun. Dadurch werden komplizierte professionelle Produktionsstudios für jeden im Smartphone einfach zugänglich. Die Kameras in Ihrem Smartphone machen viele der optischen Unterschiede zu Spiegelreflexkameras mit ihren KI-basierten Sensoren und Filtern schon während der Aufnahme wett. Die Postproduktion ist heute das neue Aufnehmen: Wichtiger als die Aufnahme ist die KI-basierte Postproduktion geworden. Auch dafür bieten Smartphones mit mehreren Kameras sowie hochwertige Kamera-Apps von Drittanbietern bereits heute spektakuläre Qualität, inklusive differenzierter Zooms, rekonstruierter Tiefenschärfe und Ausgleich von dunklen Lichtverhältnissen.

Native Kamera-Apps

 Achten Sie bei den Aufnahmen, also beim »Shooting«, auf einige grundlegende Regeln:

▶ Unmittelbar vor einer Aufnahme reinigen Sie das Objektiv oder die Objektive mit einem weichen, nicht fusseligen Tuch (ohne das Glas zu zerkratzen).

▶ Schalten Sie in den Kamera-Einstellungen das *Grid* ein. So können Sie während der Aufnahme bereits die Bildaufteilung und Komposition der Elemente in einem Bild definieren.

▶ Entsperren Sie in den Kamera-Einstellungen die automatische Orientierung Ihrer Kamera, sodass der Modus beispielsweise bei Live-Aufnahmen automatisch eingestellt wird.

▶ Definieren und fixieren Sie bei allen Aufnahmen manuell zumindest Fokus und Weißabgleich-Faktor in der Native Camera Ihres Smartphones. Damit definieren Sie Raumtiefe, Schärfe und Farbtemperatur gleichbleibend unter verschiedenen Lichtbedingungen für alle folgenden Aufnahmen, bis Sie die Fixierung wieder lösen oder ändern. Wenn Sie die Kamera öffnen und mit einem Finger mehrere Sekunden auf das Kamerafeld drücken, aktivieren und fixieren Sie Fokus und Weißabgleich. Sie können die Einstellung mit einem Fingertap lösen und fixieren.

▶ Zoomen Sie mit Ihren Füßen, also durch Bewegung, oder mithilfe eines Gimbals. Alternativ verwenden Sie Smartphones mit hochperformativer, zoomfähiger Technologie wie das iPhone 11 und 12.

▶ Heute haben Sie direkt in der integrierten Kamera Ihres Smartphones schon bei der Aufnahme die Wahl zwischen mehreren visuellen Modi: Foto, Video, 3D-fähiges Porträt, Slow Motion, Time-Lapse, 180-Grad-Panorama usw. Mit Ausnahme von »Filmic Pro« sind Kamera-Apps von Drittanbietern bislang hoch spezialisiert auf bestimmte Funktionen oder bieten generische, aber dafür rudimentäre Kamerafunktionen an. Wenn Sie statt der Native Camera die App eines Drittanbieters verwenden, nehmen Sie in Kauf, für jeden Modus eine andere App bedienen zu müssen. Alternativ nehmen Sie das Material so roh beziehungsweise so rein wie möglich auf und bearbeiten es dann in der Postproduktion in einem professionellen kompletten Video-Editor wie »Luma Fusion« oder »Kinemaster«.

▶ Etablieren Sie ein strukturiertes Projekt-Management, wie Sie Dateien verwalten. Dazu gehören etwa das Notieren der brauchbaren Aufnahmen mithilfe des Timecodes während der Aufnahmen, die sinnvolle Benennung von Dateien und die Sicherung und Archivierung des gesamten Materials von der Aufnahme bis zur Postproduktion.

Externe Kamera-Apps

Experimentieren und vergleichen Sie Ihre Smartphone-Kamera mit Kamera-Apps von Drittanbietern, und probieren Sie unterschiedliche Aufnahme- und Lichtsituationen aus. Dann wissen Sie, womit Sie bei bestimmten Aufnahmesituationen ihr Smartphone ergänzen, etwa bei Kunstaufnahmen, Landschaftstotalen oder Aufnahmen in speziellen Lichtverhältnissen.

Viele externe Kamera-Apps sind für spezielle Anwendungsfälle programmiert und limitiert, etwa auf kinematographische Aufnahmen, Aufnahmen bei Nacht oder Time-Lapse-Aufnahmen. Im Folgenden nennen wir Ihnen nur kompakte Kamera-Apps, die Ihnen ein fast komplettes Spektrum an Anwendungsfällen bieten:

▶ *Filmic Firstlight (nur für iOS)*
Schöne Ergänzung zur integrierten Kamera-App, professionelle Foto-App. Sie definieren manuell alle wichtigen Features und Einstellungen und haben dieselbe dynamische Farbanpassung und die Fokus-Optionen der »Filmic Pro«-App zur Verfügung.

▶ *Snapchat*
Lohnendes Unikum. Anders als alle anderen Social-Media-Plattformen bietet Snapchat Ihnen eine eigene Native Camera und Cloud an. Snapchats Kamera bietet innovatives Hightech auf Fingerdruck. Das Unternehmen Snap Inc. nennt sich Camera Company, nicht Plattform. Snapchat verfolgt die Vision, die Kamera des 21. Jahrhunderts zu erfinden und Menschen neue Möglichkeiten der Kommunikation zu eröffnen, einschließlich verbesserter öffentlicher Repräsentanz.

Sobald Sie Snapchat öffnen, arbeiten Sie also nicht mehr mit der Kamera Ihres Smartphones, sondern mit der KI-getriebenen Snapchat-Kamera. Und Sie haben Zugang zur Snapchat-Cloud, wo Sie Ihr Material autonom von allen anderen Schnittstellen speichern können. Damit bietet Snapchat seinen Nutzern einen hochwertigen Schutz ihrer Privatheit als Voreinstellung an. Für Ihren Workflow heißt das: Alles, was Sie auf Snapchat produzieren, müssen Sie exportieren, wenn Sie es in anderen Apps nutzen wollen.

Denken Sie daran, falls Sie keine Strategie für Snapchat haben oder entwickeln wollen: Sie können Snapchat einfach nur für Content Creation nutzen. Wie andere Plattformen, etwa TikTok und Instagram, eignet sich Snapchat dafür, mit den in die Plattform integrierten Werkzeugen Content zu produzieren und dann in die Camera Roll zu exportieren. Dann können Sie den vorproduzierten Content in andere Produktionen integrieren und außerhalb von Snapchat teilen. Anders als etwa TikTok hinterlässt Snapchat keine Watermark auf dem Material.

Für Content Creator ist Snapchats innovative Kamera hochinteressant. Sie bietet zahllose Möglichkeiten, professionelle multimediale Elemente und Augmented-Reality-Content für Social Storytelling zu nutzen. Auf diese einfach zugängliche Art lernen Sie die mit am innovativste Mobile Technologie kennen, die es derzeit gibt. Wir sehen uns Snapchats Storytelling-Features in Abschnitt 4.3.5 noch genauer an.

▶ *Filmic Doubletake (nur für iOS)*
Gut zu kennen. Eine professionelle Videokamera App. Damit können Sie Aufnahmen simultan aus zwei verschiedenen Perspektiven oder simultan mit Rear Camera und Front Camera aufnehmen. Sie haben manuelle Kontrolle über alle wichtigen Features und Einstellungen.

▶ *Filmic Pro (nur für iOS, Beta-Version für Android)*
Kostenpflichtige Premium-Version, bisher sind alle Updates der App inklusive. Fast unangefochten *die* professionelle Videokamera-App für Smartphones. Wird weltweit von Profis und Sendern benutzt, die mit iOS produzieren.

Sie haben manuelle Kontrolle über alle wichtigen professionellen Features und Einstellungen, zum Beispiel dynamische Farbanpassung, ISO, Weißabgleich, Shutter und Fokus. Sie können unter verschiedenen Objektiven auswählen, den Mikrofon-Eingang wählen und vieles mehr. Sie können die Aufnahmen wahlweise in Filmic Pro oder in der Camera Roll abspeichern und dann zur Bearbeitung in andere Apps hochladen.

3.4.6   Postproduktion

Die Postproduktion beginnt bereits in der Camera Roll mit rudimentären Bearbeitungsoptionen, die die weitere Bearbeitung erleichtern und das Teilen von Content auf Echtzeit beschleunigen.

Native Foto und Video Editor in Camera Roll und Gallery

Die Camera Roll, wahlweise auch Gallery oder Foto-Archiv genannt, ist ein in Smartphone und Tablet integrierter Aufbewahrungsort und Basis-Editor mit grundlegenden, rudimentären Bearbeitungsfunktionen. Damit können Sie einfaches Material schnell final bearbeiten und sofort teilen. Oder Sie sichten komplexeres Material, bearbeiten es vor, *croppen* und *trimmen* es beispielsweise und exportieren es dann zur weiteren Postproduktion in einen anderen Editor.

In der Camera Roll können Sie folgende Bearbeitungen an Fotos und Videos durchführen:

▶ Format croppen

▶ Bildausschnitt zoomen und die Platzierung der abgebildeten Objekte im Bildaufbau nach Ihren Vorstellungen anpassen

149

▶ Anfang und Ende von Videoclips trimmen

▶ Farbfilter aktivieren

▶ Bilder sortieren, duplizieren, löschen, Alben zuordnen und Projekte managen

▶ vorbearbeitetes Material in andere Apps und Geräte exportieren

Für nuancierte, komplexere Bearbeitungsschritte exportieren Sie das Material in andere Foto- und Video-Editor-Apps. Dort bearbeiten sie es weiter. Sie schneiden Fotos und Clips zu, montieren Sequenzen, ergänzen Multimedia und Musik, mischen und rendern das Endprodukt. Das bearbeitete Material exportieren Sie dann wieder in die Camera Roll. Von dort teilen Sie es.

Auch Ihr Projektmanagement und die Cloud-Synchronisierung finden in der Regel über die Camera Roll statt.

Externe Foto-Editor- und Design-Apps

Snapseed
Das Urgestein, der Beginn professionellen Foto-Editierens im Smartphone. Seit vielen Jahren zuverlässiger, einfach zu bedienender Foto-Editor für schnelle Postproduktion von Fotos. Wenden Sie Farbfilter und HD-Filter an, reparieren Sie störende Spots, definieren Sie alle professionellen Features wie Helligkeit, Sättigung und Kontrast. Wählen Sie Rahmen, ergänzen Sie kurze Text-Captions und Cartoon-Sprechblasen.

VSCO
Eine gute Ergänzung. Hochwertiger Foto-Editor mit vielen Design-Features. Die meisten Features und Einstellungen, etwa auch das in 2020 eingeführte »Montage Storytelling«, sind nur in der Premium-Variante zu haben.

Canva
Ein Traum. Das zuverlässigste und umfassendste intuitive Design-Programm für Fotos, Poster, Logos, Grafiken und pre-animierte Posts. Mit sehr vielen, ständig neuen Vorlagen und der Möglichkeit, seine eigenen Standarddesigns anzulegen und immer wieder zu verwenden.

Schon als Mobile App sehr nützlich. Auch als Desktop-basierte Software zu haben, und dann mit viel mehr Optionen – allerdings auch zeitintensiver und mit langsamerem Workflow.

PhotoRoom (nur iOS – teils Premium)
Kreativer Spaß. KI-basierte App, für innovative Fotos, Porträts und Ids. Die App schlägt optimale Templates für Ihr Material vor, tauscht Hintergrund und Rahmen aus und verwandelt Ihre Fotos im Nu in spektakuläre Visuals, mit denen Ihr Content heraussticht.

Foto- und Video-Editor-Apps

Nicht vergessen: Für Storytelling und Postproduktion nutzen Sie ganz einfach auch die in Plattformen wie TikTok, Snapchat und Instagram integrierten Editoren. Die wichtigsten stellen wir in Abschnitt 4.3 kurz vor. Die in die Plattformen integrierten Werkzeuge nutzen Sie zum einen für Content, den Sie direkt auf der jeweiligen Plattform teilen, zum anderen für Content, den Sie dort produzieren, dann in die Camera Roll exportieren und woanders teilen oder weiterbearbeiten. Die exklusiven Besonderheiten der Snapchat-Kamera haben wir in Abschnitt 4.3.5 beschrieben.

Story-Editor-Apps

Es gibt zahlreiche nützliche Content-Creation-Apps von Drittanbietern für vertikale Storys, also die kurzen Storys im Hochformat – mehr dazu in Abschnitt 3.5.2. Bedingung für die Verwendung einer Story-App ist, dass Sie Ihren Content und die Anordnung aller Elemente vorher planen.

Beachten Sie beim Workflow, dass Sie die fertigen Videoclips in Ihre Camera Roll herunterladen und dort jeden Clip trimmen, bevor sie den Content teilen. Definieren Sie also Anfang und Ende exakt. Diesen Schritt sollten Sie bei allen externen Apps vorsichtshalber einplanen, um sicherzustellen, dass Ihr Material ein attraktives Thumbnail und keine einfarbige Card zeigt, und dass Anfang und Ende so definiert sind, wie Sie das möchten.

Hier sind drei Apps, mit denen Sie gut arbeiten können:

 Unfold
Solide, feine Lösungen. Eine für Storys auf Instagram optimierte Storytelling-App für Fotos, Videos, Text, Musik. Sie können sie natürlich auch für die Content Creation für alle anderen Plattformen nutzen. Die App bietet zahlreiche, ständig erweiterte Templates, wahlweise für einzelne oder für eine Serie von Cards. Damit designen Sie Ihre Storys geschliffen, abwechslungsreich und hochwertig.

In Unfold wie in vielen anderen Apps wird automatisch eine Einblendung und Ausblendung eingearbeitet. Das führt dazu, dass im Story-Fenster oder Feed als erster Eindruck für Nutzer eine leere, einfarbige Card zu sehen ist. Viel attraktiver ist es natürlich, wenn ein visueller Eindruck, also ein Thumbnail, zu sehen ist. Deshalb trimmen Sie Clips, die Sie in externen Apps produzieren und in Ihre Camera Roll laden, bevor Sie sie teilen. Nur dann stellen Sie eine ideale, professionelle Erfahrung für Ihre Nutzer sicher.

Mojo (für iOS komplett – in Beta für Android)
Flotte Lösungen. Für Storys optimierte Storytelling-App für Fotos, Videos, Text und Musik. Sie bietet Ihnen laufend neue, innovative Templates. Einige wenige sind jede Woche kostenfrei, die meisten Templates sind Premium. Es lohnt sich aber, die kostenfreien Apps immer mal zu testen und einzusetzen. Damit erhalten Sie schnell fetzige, originelle Designs für Ihre Storys. Auch hier achten Sie darauf, die fertigen Clips in Ihrer Camera Roll noch einmal zu trimmen und das Thumbnail zu definieren, bevor Sie sie teilen.

StoryChick
Elegante Lösungen. Eine für Storys auf Instagram optimierte Storytelling-App für Fotos, Videos, Text und Musik. Sie können sie natürlich auch für die Content Creation für alle anderen Plattformen nutzen. Die App bietet zahlreiche, ständig erweiterte Templates, wahlweise für einzelne oder eine Serie von Cards. Damit designen Sie Ihre Storys elegant, abwechslungsreich und hochwertig. Denken Sie auch hier an das Trimmen der fertigen Clips und das Festlegen der Thumbnails.

Externe komplette Video-Editor-Apps

Kinemaster (für Android mit kostenloser Basis-Version, komplette App nur als Premium – reduzierte, kostenlose Basis-Version für iOS)
Optimales Studio in der Jackentasche. Ein umfassender, professioneller Video-Editor für Android-Geräte. Definitiv ein exzellenter, vielseitiger Editor, mit peppigen kreativen Lösungen. Features und Workflows sind eingängig und leicht verständlich. Die App eignet sich sehr gut für Creator, die in komplexere Content-Creation- und Mobile-Studio-Technologie einsteigen. Auch die abgespeckte iOS-Version funktioniert sehr gut für grundlegende multimediale Mischungen.

Damit arbeiten Sie praktisch und zuverlässig mit einem kompletten Produktionsstudio mit mehreren Spuren, können Video und Audio separieren, Farbanpassungen vornehmen, viele Templates, Texteffekte, Green-Screen-Effekte und vieles mehr anwenden.

iMovie (nur für iOS und MacOS)
Bewährtes Mini-Studio. In allen iPhones und Macs integrierter kompakter Video-Editor. Ideal für alle Einsteiger und für schnelle, einfache Produktionen. iMovie ist seit vielen Jahren ein extrem intuitiver Video-Editor, in dem alles mit ein paar Fingertaps zu erreichen ist.

Faszinierend für Audio-Fans ist die kleine, feine Sound Library mit kurzen Soundeffekten wie *Applaus*, *Klingeln*, *Türe fällt zu*, *Cartoon-Geräuschen*.

Pro-Tipp für iPhone-Nutzer zum iMovie-Geräuscharchiv

Nutzen Sie iMovie-Sounds in anderen, vielleicht komplexeren Produktionen, die Sie in Kinemaster oder Luma Fusion produzieren. Dafür spielen Sie die Sounds in iMovie auf beliebiges Material auf. Dann exportieren Sie diesen Clip mit dem Soundeffekt oder mehreren Soundeffekten in Ihre Camera Roll – von dort in den Editor und zu dem Material, in dem Sie den Effekt einsetzen wollen. Dort trennen Sie die Audiospur von der Videospur ab, löschen das Video und können nun die Sounds in der aktuellen Produktion nutzen.

Es gibt auch andere kostenfrei zugängliche Soundarchive, etwa von der BBC.

Achten Sie auch bei iMovie darauf, die fertigen Clips in Ihrer Camera Roll noch einmal zu trimmen und das Thumbnail zu definieren, bevor Sie sie teilen.

Adobe Premiere Rush
Kompakter, sehr guter Video-Editor, ideal für Einsteiger und für schnelle, einfache Content-Produktion.

Luma Fusion (nur iOS – nur Premium – einmalige Kaufkosten, anschließend sind bis jetzt alle Updates inklusive)

»All-in-One«-Editor. Optimaler, kompletter Video-Editor für iPhones und iPads. Wer einmal mit Luma Fusion gearbeitet hat, kann sich keinen anderen Editor mehr vorstellen. Luma Fusion ist einfach eine eigene Dimension der mobilen Postproduktion und weltweit die Postproduktions-Software für Profis und Sender, die mit iOS-basierten Geräten arbeiten. (Beispielhafte Besprechung auf Englisch vom Fotografie-Experten Joseph Cristina, der Luma Fusion für den besten Mobile-Video-Editor in 2020 hält: *www.slrlounge.com/is-this-the-best-mobile-video-editor-app-of-2020/*)

Nur in Verbindung mit iOS-Geräten, die inzwischen eine Synchronisierung der Projekte in Echtzeit sowie Exporte und Importe sämtlicher relevanter Dateitypen von allen relevanten Medien ermöglichen. Hier können Sie inzwischen über sechs Video- und sechs Audiospuren verfügen, professionelle Farbkorrekturen vornehmen, alle Effekte als Ihre eigenen Templates anlegen und wiederverwenden, Effekte mithilfe von *Keyframes* aktivieren – während die App alle Schritte sichert und erinnert.

Luma Fusion enthält das Segment »Storyblocks« mit kompakten Vorlagen und multimedialen Elementen wie Hintergrund, Loops, Musik, Audio, Sound FX, die teils kostenlos, teils zusätzlich kostenpflichtig sind.Spannend ist es auch, Luma Fusion als kompletten Audio-Editor für Audio- und Podcast-Produktionen zu nutzen.

Abbildung 3.20 Luma Fusion – Timeline und Vorschau

Abbildung 3.21 Luma Fusion – Video-Editor mit Keyframes zum Sequenzieren und Timen von Effekten

3.4.7   Audio und Musik

Audio ist der vielleicht ursprünglichste menschliche Sinn und entfaltet eine natürliche immersive Wirkung auf die Hörer. Hände frei, Augen schließen – und zuhören. Hände frei, Augen offen, fahren, kochen oder duschen – und zuhören. Das geht nur mit Audio, nicht mit Bildern. Wenn wir dabei die Augen schließen, gehen unsere Gedanken auf Reise, und unsere Fantasie wird rege. Audio ist die Basis, um eine immersive Erfahrung zu machen.

Immersive Erfahrungen sind räumliche Erfahrungen. Immersive Storys sind Geschichten, die wir erfahren, in die wir eintauchen, die wir räumlich und emotional

154

erleben wie reales Leben. Audio wird durch Schall erzeugt und besitzt durch den Schall grundsätzlich eine immersive Qualität. Auch wenn wir uns das selten klarmachen, während wir zuhören, hören wir immer einen Raum mit und fühlen wir uns in eine andere Welt versetzt.

»Wissenschaftler nehmen den Traum von jemand und verwandeln ihn in Realität. Aber dazu braucht es jemand, der träumt, es braucht einen Storyteller, um Dinge hervorzubringen und in Bewegung zu versetzen«, sagt Hans Zimmer. Der weltberühmte deutsche Komponist und mehrfache Oscar-Preisträger spricht über die Radio-Serie »13 Minutes to the Moon« (*www.bbc.co.uk/programmes/p083t547*). Die 2020 von der BBC aufwendig produzierte Serie erzählt die Geschichte der Mondlandung am 20. Juli 1969 und den Flug der Apollo 11, der fast scheiterte.

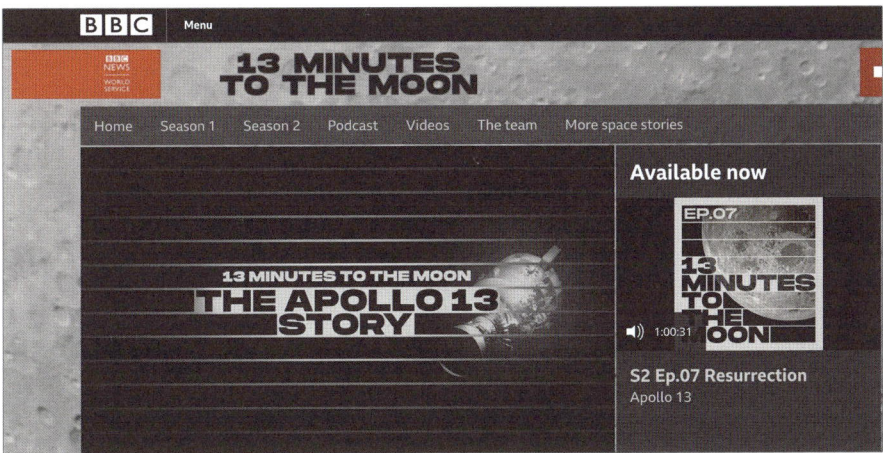

Abbildung 3.22 BBC-Journalisten rekonstruieren und erzählen 2020 die Geschichte von Apollo 11 und der Mondlandung nur mit Audio, Stimmen, Musik und Soundeffekten. Heraus kommt eine immersive Podcast-Serie.

Aber wie kann man Mond, All und Zeit erzählen? Dinge, die erhaben sind und unsichtbar für Augen und Ohren der meisten Menschen und Zuhörer? Das BBC-Team erzählt die Mondlandung anhand der Geschichten der Menschen, die Apollo 11 ermöglichten. Sie erzählen mit Stimmen von Zeitzeugen, mit Originalgeräuschen, mit vielen Sound-Elementen und Hans Zimmers Musik. Er komponierte faszinierende Musik für die Serie. So entsteht ein akustisches Gesamterlebnis, das seine Zuhörer ins Universum und mitten in die Mission der Astronauten eintauchen lässt.

Nutzen auch Sie die immersive Qualität von Audio und Musik, um Ihren Nutzern mit Ihrem Content eine immersive Erfahrung zu eröffnen. Das gelingt auch mit dem Smartphone, wenn Sie die Musik gut auswählen und Stimmen, Geräusche, Klänge sauber und nah aufnehmen und gezielt in Ihrem Content platzieren.

Was Gesichter und Close-ups im Visuellen, sind Stimmen und Sounds im Audio. Je besser und intimer Stimmen und Geräusche zu hören sind, desto intensiver entfalten sie ihre immersive Wirkung.

Heute haben die meisten Smartphones ein oder mehrere hochwertige Mikrofone mit teils automatischer Geräuschunterdrückung eingebaut. Bevor Sie teures externes Equipment anschaffen, lernen Sie Audio zuerst allein mit Ihrem Smartphone und Headset. Sie können damit ausreichend guten Sound aufnehmen, solange Sie das Smartphone-Mikrofon nah an sich selbst platzieren und bei einem Interview nah zwischen sich und die Sprechenden halten.

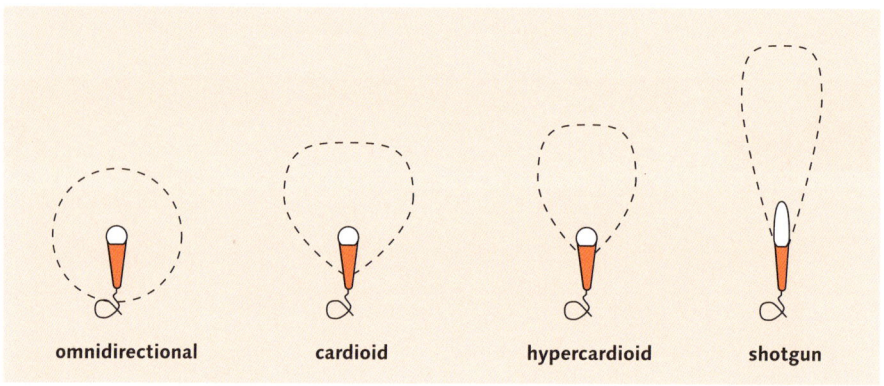

Abbildung 3.23 Der norwegische Journalist John Inge Johansen arbeitet mit einem Mix aus Smartphones und DSLR-Kameras. Beim Mobile Creator Summit 2020 erklärt er die vier grundlegenden Charakteristika von Mikrofonen (*https://youtu.be/Usf33CKfk5Y*).

In Abbildung 3.23 sehen Sie die vier wichtigsten Aufnahme-Charakteristika von Mikrofonen: Von links nach rechts wird die Richtung der Aufnahme immer enger. Ganz links steht das Kugelmikrofon, besonders gut geeignet für atmosphärische Aufnahmen. Ganz rechts sehen Sie das Richtungsmikrofon, ideal einsetzbar für Stimme, einzelne Geräusche oder eng ausgerichtete Atmosphäre.

Kabellose Kopfhörer oder verkabelte Headsets mit eingebautem Mikrofon können Sie für Wortaufnahmen und Interviews verwenden. Bei Aufnahmen mit Gesprächspartnern können Sie das kleine Mikrofon am Kabel Ihres Headsets vorsichtig und stabil in die Nähe Ihres Gesprächspartners halten und es dabei mit Ihrer hohlen Hand wie ein rohes Ei schützen.

Musik, die Sie einfach und direkt verwenden können, bieten Ihnen heute fast alle Plattformen und viele Editoren an. Diese Musik ist von den Plattformen oder Apps lizenziert, und Sie dürfen sie in der Regel auch beim Export Ihres Materials in die Camera Roll und beim Teilen auf anderen Plattformen verwenden. Teils sind die Musik-Lizenzen aber auch allein für die Verwendung auf einer Plattform bestimmt.

Dann wird die verwendete Musik beim Export des Materials deaktiviert, und Sie können sie gar nicht verwenden, beispielsweise auf Instagram und Facebook.

In der Regel suchen und wählen Sie auf einer Plattform oder in einer App eine Musik aus. Dann bestimmen Sie den exakten Musikausschnitt, den Sie unter Ihr Video legen wollen. KI-basierte Werkzeuge in Plattformen und Apps trimmen die Musik dann automatisch, teils legen sie sie sogar passend zum Originalsound an, etwa in iOS Clips.

In professionellen externen Audio- und Video-Editoren behalten Sie hingegen die ganze Kontrolle über sämtliche Audio- und Musik-Elemente. Allerdings müssen Sie dann auch alle Audio-Einstellungen bei allen Elementen selbst vornehmen, beispielsweise trimmen, sequenzieren, anlegen und die Lautstärke angleichen.

Externe Audio-Recording- und Editor-Apps

Luma Fusion (nur iOS – nur Premium – einmalige Kaufkosten, anschließend sind bis jetzt alle Updates inklusive)

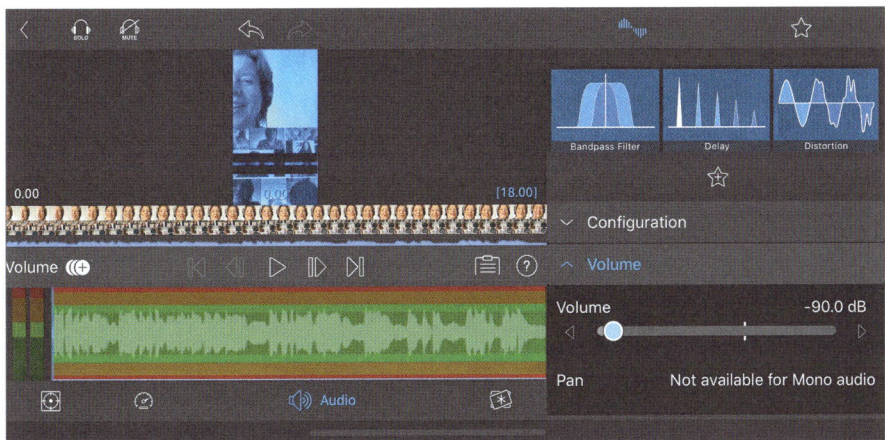

Abbildung 3.24 Der »All-in-One«-Editor Luma Fusion lässt sich auch bestens für reine Audio-Produktionen nutzen.

Nur in Verbindung mit iOS-Geräten, die inzwischen eine Synchronisierung der Projekte in Echtzeit sowie Exporte und Importe sämtlicher relevanter Dateitypen von allen relevanten Medien ermöglichen.

Hier können Sie inzwischen über sechs Audio-Spuren verfügen, viele Sound-Features und Effekte nutzen, Ihre eigenen Templates anlegen und wiederverwenden, Sound-Effekte mithilfe von Keyframes aktivieren, während die App alle Schritte sichert und erinnert.

Voice-Memos (nur iOS)

Pure Stimme. Für einfache und schnelle Audio-Aufnahmen ideal. Sie nehmen einen oder mehrere Clips auf, benennen, trimmen und exportieren sie dann in Files und laden sie von dort in andere Audio- oder Video-Editoren oder teilen sie woanders.

Anchor

Klein und fein. Das intuitivste, hochwertige Audio-Produktionsstudio für Podcasts und Livestreams. Sounds und Musik-Elemente sind integriert. Inzwischen gibt es auch die Option, vier Sprecher gleichzeitig in einen Stream nur per Link einzuladen. Rudimentäre Bearbeitungsoptionen, die für Social Media völlig ausreichen. Mit innovativen Features wie Transkription und der Umwandlung von Audio in Video.

Voice Record Pro (kostenlose Vollversion und Premium Pro Version)

Praktisch, einfach, gut. Mit allen grundlegenden Möglichkeiten für Aufnahmen direkt in MP4, MP3 und WAV, auch in Stereo. Inklusive Basisschnitt und KI-basierte Transkription.

Ferrite (nur iOS – kompletter Editor – Premium, einmalige Kosten, danach bis jetzt alle Updates inklusive)

Solide Lösung. Komplettes Audio-Studio, mit Aufnahme und Editor für iPhones und iPads. Hochwertige App für professionelle Audioqualität. Sehr zuverlässig und kompakt, wenngleich weniger intuitiv als Anchor und mit weniger Features als Luma Fusion mit seinen sechs Audio-Spuren, Keyframes und vielen Effekten.

3.4.8 Texte

Wenn bewegte Bilder wie auf Steroiden wirken, dann wirken Wörter wie verlässliche Anker. Mit Wörtern lenken Sie die Aufmerksamkeit der Nutzer und strukturieren Bildgeschichten. Mit Texten ergänzen Sie Kontext und vertieften Hintergrund, erklären komplexes Wissen, vernetzen Informationen, Daten und Aussagen, erzählen lange Geschichten.

Mithilfe von Texten verankern sich Menschen in der kollektiven Geschichte. Texte regen zum Nachdenken an. Texte sind für gut informierte Entscheidungen unverzichtbar. Das gilt auch fürs Storytelling in Social Web und Social Media. Dabei dominieren fünf Text-Formate:

▶ *Captions* – der englische Begriff wird heute für alle Arten von Untertiteln verwendet. Schreiben Sie Captions als Untertitel für Bilder und Grafiken und als informative Texte, integriert in Bilder und Videos. Captions können der Name einer Person, der Name eines Orts oder die stichwortartige Zusammenfassung des im Video Gesagten sein. Mit Captions ergänzen Sie Kontext und ermöglichen Nutzern, den Inhalt von Videos zu verstehen, ohne den Sound anzuhören.

▶ *Voiceover* – der englische Begriff wird heute benutzt, wenn die verbalen Äußerungen von Sprechenden wörtlich und simultan transkribiert werden. Auf vielen Videoplattformen, etwa YouTube und IGTV, werden Äußerungen in vielen Sprachen KI-basiert automatisch ins Englische und teils auch andere Sprachen transkribiert. Mit Voiceover-Texten erhöhen Sie die Verständlichkeit von Videos und ermöglichen es Nutzern, den Inhalt zu verstehen, ohne den Sound anzuhören.

▶ *Zitate* – wörtliche Zitate werden mit Anführungszeichen notiert. Sie wirken wie verbale Close-ups von Menschen und Themen. Damit fassen Sie einen bestimmten Zusammenhang in einem Bild oder einer starken Äußerung zusammen. Diese wird einem bekannten oder mit der Story verbundenen Menschen zugeordnet. Durch die direkte Verbindung zu einer menschlichen Stimme entfalten Zitate eine hohe emotionale Wirkung. Sie begründen als Motivatoren oder Mini-Storys auf den meisten Social-Media-Plattformen ein eigenes Genre, meist in aufwendigem Design gestaltet. Nutzen Sie direkte Zitate in Visuals oder Posts. In längeren Texten können Sie auch indirekt zitieren, um Ihre Darstellung zu untermauern oder zu ergänzen. Dann paraphrasieren Sie Äußerungen anderer in Ihren eigenen Worten und geben an, von wem Sie das haben.

▶ *Titel* – sind leuchtende Schlagwörter, innovative bildliche Ausdrücke, kurze Sätze, wörtliche Zitate oder rhetorische Fragen. Sie haben die Wahl. Auf jeden Fall formulieren Sie Titel so, dass sie die Aufmerksamkeit von Nutzern sicher haben und Ihre Story erfolgreich verkaufen.

▶ *Posts* – sind kürzere und längere Artikel zu einem Thema und in vollständigen Sätzen. Posts sind in der Regel Content-Elemente eines multimedialen Story-Produkts.

3.4.9   3D-Objekte

3D-Objekte, die Nutzer räumlich erfahren und drehen und wenden können, sind neben Audio der niederschwellige Türöffner in immersive Content-Erfahrungen mit dem Smartphone – der Beginn von *Story Living*. In der Regel und am einfachsten erfahren wir heute 3D-Objekte als Augmented-Reality- Filter. Komplexere 3D-Erfahrungen beruhen auf innovativen *Volumetrie-* und *Lightfield*-Technologien und können nur mit speziellen Smartphones, Headsets und VR-fähigen Goggles erfahren werden. Das iPhone 12 war das erste Smartphone mit LiDAR-Technologie, auf Englisch »Light Detection and Ranging«. Mit multiplen Kameras, »Time of Flight«-Sensoren und Lichtpunkt-Trackern scannt es Raumtiefe und Gegenstände, berechnet Entfernungen und Maße und rekonstruiert Objekte in 3D-Visuals.

Mit der integrierten Kamera der meisten Smartphones können Sie bereits heute 3D-Porträts aufnehmen. Diese sind allerdings bis 2020 nur auf wenigen Plattformen auch auf dem Smartphone in 3D anzusehen. Eine Ausnahme ist Snapchat. In der Snapchat-eigenen Kamera erzeugte 3D-Effekte sind auch nach Herunterladen in die Camera Roll als 3D-Effekt zu erleben. Im Facebook-Feed werden 3D-Effekte immerhin gerendert und können dann in Semi-3D auf dem Smartphone angesehen werden.

Betrachten Sie das Smartphone als das, was es ist: unser zweites Paar Augen, unser digitales Gehirn, unser Tor zur Augmented-Reality-Cloud, auf Schlau dem *Metaverse* und dem Internet der Dinge (IoT). Hier sind Gegenstände und Orte unserer physischen Realität mit 3D-Informationen vernetzt und kommunizieren sowohl untereinander als auch mit Menschen mithilfe von KI-basierten Geräten und Sensoren. Die chinesische Firma Teminus baut gemeinsam mit dem dänischen Architektur-Unternehmen BIG eine Stadt, die komplett mithilfe von KI und IoT gemanagt werden wird. Das ist nur eine von 500 Smart Citys, die in China bereits entstehen.

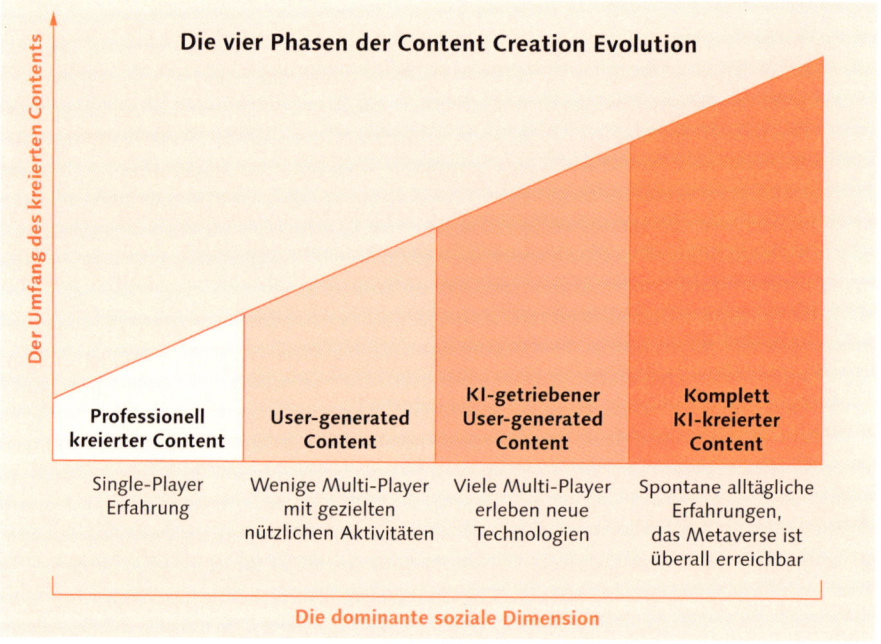

Abbildung 3.25 Der amerikanische Journalist Jonathan Lai definiert 2020 vier Phasen der KI-Evolution von Content-Kreation. Die ersten drei durchlaufen wir bereits (*https://a16z.com/ 2020/12/07/social-strikes-back-metaverse/*).

Das Metaverse ist der digitale Zwilling unserer realen Welt, nachgebaut in 3D. Mit unserer Smartphone-Kamera betreten wir das »Metaverse«, zum Beispiel wenn wir auf unserem Smartphone unseren animierten Avatar in 3D aktivieren, Möbel für unsere Wohnung in 3D inspizieren oder einen Lippenstift in 3D testen. Bis 2023 werden über 2,4 Milliarden Nutzer weltweit regelmäßig Mobile AR verwenden.

In Webshops und Plattformen werden AR-Filter häufig via QR-Code oder direkt als Filter in der Smartphone-Kamera aktiviert. Wie am Beispiel von Snapchat in Abschnitt 3.5.4 beschrieben, legen Sie in der »Front Camera« die Filter über Gesichter, teils auch über Stimmen. In der »Rear Camera« triggern Sie 3D-Gegenstände und Avatare in Ihrer realen Umgebung. Mithilfe von Sensoren im Smartphone, die Trigger wie QR-Codes in der physischen Realität »lesen« und aktivieren, funktionieren viele AR-Anwendungen standortgebunden. Das erste weltweit bekannte Augmented-Reality-Spiel mit dieser Technologie ist »Pokémon Go« der Firma Niantec mit über einer Milliarde Downloads bis Ende 2018.

AR-Filter können live gestreamt oder in Echtzeit aktiviert, abgefilmt, bearbeitet und dann geteilt werden. Die meisten AR-Filter werden von Nutzern kreiert. Plattformen wie Snapchat und Instagram stellen dafür spezielle Desktop-basierte Entwicklertools zur Verfügung.

AR-Filter sind ein Beispiel für ein innovatives Storytelling-Produkt in Verbindung mit einem Geschäftsmodell, das maßgeblich im Smartphone-Ökosystem entstanden ist. Heute gibt es ganze *Social+-Lens-Creator-Communitys*, die mit Abonnenten oder integrierter Werbung Geld verdienen können.

Abbildung 3.26 Die Video-Editor-App »Breakout Clips« verwandelt Gegenstände in räumliche 3D-Visuals, die aus der Bildkadrierung heraustreten.

Wir werden auch mehr KI-basierte Video-Storytelling-Apps wie »Breakout Clips« sehen, meist Premium-Software. Damit produzieren Sie spektakuläre AR-Effekte, bei denen etwa animierte 3D-Objekte aus der Bildkadrierung heraus- und dem Nutzer entgegenfliegen. Damit erregen Werbevideos die Aufmerksamkeit von Nutzern insbesondere beim Scrollen im Feed. Solche Effekte können sich aber auch schnell abnutzen – umso besser, wenn sie ohne großen Aufwand KI-basiert produziert werden können.

3.4.10   360-Grad-Räume

360-Grad-Fotos und -Videos sind das nächste Level immersiver Content-Erfahrungen. Auch audiovisuelle 360-Grad-Erfahrungen können Sie niederschwellig in der Smartphone-Kamera produzieren. Die meisten Smartphones haben in der Kamera-App einen *Pano*-Modus, bei dem das Smartphone geführt in einem ruhigen Schwenk einen etwa 180-Grad-Ausschnitt wie ein Panorama aufzeichnet und einen räumlichen 3D-Effekt darüberlegt. Auch einige Smartphone-Apps, etwa Google Street View, bieten die Aufnahme von 360-Grad-Fotos an.

Für die Produktion aller anderen 360-Grad-Erfahrungen benötigen Sie zusätzlich externes Equipment, angefangen bei externen mobilen 360-Grad-Kameras mit zwei 180-Grad-Linsen bis hin zu großen Kamera-Rigs, auf die wahlweise 6, 12, 16 und mehr 360-Grad-Kameras für simultane Aufnahmen aufmontiert sind.

360-Grad-Storys denken und planen Sie in Räumen. Sie schneiden von Raum auf Raum, nicht von Szene auf Szene. Anderen multimedialen Content integrieren Sie mithilfe sogenannter *Hotspots* in 360-Grad-Räume. Hotspots sind wie Hyperlinks in Form klickbarer Thumbnails. Klickt man darauf, öffnet sich ein weiteres 360-Grad Video oder anderer multimedialer Content.

Grundsätzlich können 360-Grad-Fotos und -Videos auf dem mobilen Gerät oder mit VR-fähigen Headsets erfahren werden. Auf dem Smartphone wischen und scrollen Nutzer durch den Raum und klicken auf Hotspots mit ergänzendem Content. Dadurch erhalten sie eine größere Kontrolle über ihre Story-Erfahrung und tauchen immersiv in die Geschichte ein.

360-Grad-Fotos und -Videos sind besonders dafür geeignet, Menschen und ihre Umgebung zu erzählen. Damit erzählen Sie die Geschichte Ihres Teams, Ihrer Community genauso wie Ihrer Produkte und Serviceleistungen in Verbindung mit Menschen und ihrer Umgebung.

3.5   In fünf Schritten zur Mobile Story

Nach den grundlegenden Content-Elementen für Multimedia-Storys und Smartphone-Produktion sehen wir uns jetzt das kreative Projektmanagement an. Eine Multimedia-Produktion braucht kreative Lösungsfinder. Nie klappt alles so, wie Sie denken. Je besser Sie diese fünf Schritte vorbereiten, desto mehr Kontrolle behalten Sie über den Content, desto souveräner und schneller gelingt eine Produktion. Desto flexibler können Sie in der Produktion neue kreative Möglichkeiten probieren und einbauen, die sich spontan ergeben, oder auf unvorhersehbare Probleme reagieren. Desto professioneller und geführter wird das Ergebnis. Wie beim Wettrennen von Hase und Igel sind Sie dann immer schon da, den Ereignissen immer einen Schritt voraus.

3.5.1 Storyboard skizzieren

Alles, was wir visualisieren können, können wir auch realisieren. Planen und skizzieren Sie jede Story auf einem visuellen Storyboard. Stellen Sie sich die ganze Story vor Ihrem inneren Auge vor, und notieren Sie Skizzen von jeder Sequenz oder Card, von Anfang bis Ende. Dadurch entwickeln Sie leicht den notwendigen roten Faden (für Ihre Nutzer) und stoßen frühzeitig auf besondere Herausforderungen oder Probleme, die Sie bei der Produktion lösen müssen.

Ein Storyboard begleitet Sie von der Planung der Story bis zur Postproduktion, und Sie können es auch als Notizbuch und Dokumentation verwenden. Mit der Zeit werden Sie kürzeste Mikro-Storys natürlich auch im Kopf visualisieren können, vor allem, wenn Sie alleine produzieren. Am Anfang helfen Ihnen Storyboards, aus allem Content das Beste herauszuholen und Ihr Wissen über Storytelling zu vertiefen. Auch ist die kreative Fertigkeit, Storyboards zu notieren, ein Türöffner, um in kreative Prozesse einzutauchen.

Bei der Wahl des Materials für Storyboards geht jeder anders vor. Von Serviette bis Smartboard ist uns schon alles begegnet. Zwar gibt es Drehbuchsoftware mit Templates für Storyboards, aber die sind oft kostspielig und eignen sich besser für die Kommunikation über komplexe, lange Filmformate und die Arbeit in großen Teams.

Bauen Sie sich ihre Storyboards ganz praktisch und einfach mit dem Material, das sie entweder gerade zufällig zur Hand haben – etwa eine Wand oder lose Zettel –, oder mit digitalen Slides, beispielsweise Präsentationssoftware, digitalen Whiteboards und Zeichenprogrammen. Denken Sie bei der Wahl auch an die Vorteile von digitalen Skizzen. Damit sind Sie schneller, können sie abspeichern, später daran weiterarbeiten und sie leicht mit anderen teilen, falls sie im Team arbeiten oder andere um Feedback bitten wollen. Und Sie können sie duplizieren und für unterschiedliche Plattformen modifizieren.

Auf dem Storyboard halten Sie die geplante Reihenfolge aller Story-Sequenzen oder -Cards fest. Zudem ordnen Sie alle Elemente in jeder Story an. Sie notieren sich am besten auch Kamerawinkel, Gesprächspartner, animierte und interaktive

Elemente, multimediale Medien, Musik und die Übergänge, auf Englisch *Transitions*, zwischen Slides oder Sequenzen, wenn Sie in einem Video-Editor arbeiten. In sozialen Plattformen werden die Übergänge zwischen Slides automatisch organisiert.

Abbildung 3.27 So einfach und kreativ funktioniert ein Storyboard (inspiriert von Maur'icio Vianna, Design Thinking: Innovation im Unternehmen, 2014).

Denken Sie schon beim Storyboard daran, alle Elemente – auch Übergänge – so zu gestalten, dass jedes Element genuinen Sinn zur Story beiträgt und nicht redundant wirkt.

In vielen Fällen werden Sie Ihren Content und Ihre Story auf mehreren Plattformen teilen wollen. Dann benötigen Sie ab dem ersten Schritt eine crossmediale Strategie. Zeichnen Sie auch ins Storyboard ein, wie Sie die Story für unterschiedliche Plattformen anpassen. Beispielsweise produzieren Sie eine Story hochkant im Verhältnis 9:16 für Instagram-Storys und eine im Verhältnis 4:5 oder 1:1 (Square) für Facebook.

Dann können Sie frühzeitig vor der Aufnahme planen, welchen Content Sie mehrfach verwerten und welche Sequenzen Sie dafür extra produzieren: beispielsweise dasselbe Motiv in zwei unterschiedlichen Aspect Ratios, einmal in 9:16 und einmal in 1:1 oder 4:5. Sie nehmen dann in derselben Aufnahmesituation den Content zweimal in unterschiedlichen Aspect Ratios auf. Damit sparen Sie viel Zeit in der Postproduktion und stellen bestmögliche Content-Qualität sicher.

Ein präzises Storyboard professionalisiert also Ihre Vorbereitung, die Durchführung der Produktion und das Ergebnis.

3.5.2 Bild aufbauen

Jede Story lebt genauso von Spannung und Abwechslung als auch von dem, was nicht erzählt wird. Deshalb spielen Übergänge zwischen Sequenzen und Clips, die Wahl der Aufnahmewinkel und des Ausschnitts, die Anordnung der Elemente im Bild und die Wahl der Musik eine maßgebliche Rolle. Alles zusammen ergibt eine Gesamtkomposition. Jede Story lebt dabei davon, wie sich alle Elemente zueinander verhalten. Das ist der Rhythmus. Im besten Fall löst der Rhythmus einer Story einen emotionalen Sog bei den Nutzern aus, sie möchten die Story bis zu Ende ansehen.

Im Storyboard notieren Sie sich zu den einzelnen Story-Sequenzen auch die Aufnahmewinkel. Unterscheiden Sie dafür zwischen drei Entfernungen und Winkeln, auch mit *WMC* abgekürzt:

1. **Weit**: für die Totale, die Gesamtansicht und den Überblick
2. **Medium**: für den Blick auf Vordergrund oder Hintergrund; je nachdem, wo Sie den Fokus fixieren, ergibt sich die Schärfentiefe
3. **Close-up**: für Details, die intime Nahsicht auf Dinge und Menschen, mit immersiver Wirkung

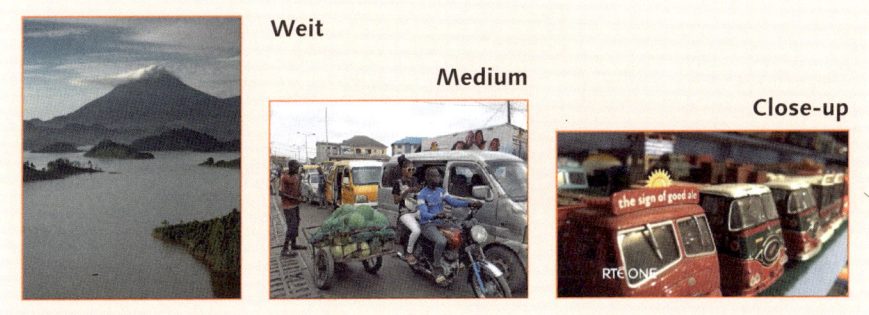

Abbildung 3.28 Links: FMD, Panorama im Südwesten Ugandas, 2018. Mitte: Samuel Okacha, Lagos Street Diary, Pandemic Edition, Instagram Post, 2020. Rechts: Eleanor Mannion, The Collectors (die Sammler), 2016.

Nehmen Sie ein Motiv in allen drei WMC-Perspektiven auf, dann gewinnen Sie alle Optionen für die Postproduktion. Entscheiden Sie sich, in hoher Auflösung, beispielsweise in 4k, aufzunehmen, dann erhalten Sie in der Postproduktion viele Optionen, um in eine Aufnahme hineinzuzoomen und Winkel und Bildausschnitt im Nachhinein bei gleichbleibend hoher Qualität anzupassen.

Vor Social Media und Smartphones gab es nur einige wenige massentaugliche Aspect Ratios: Vor allem das Seitenverhältnis 4:3 – abgeleitet von der ursprünglichen Norm für Fernseher – und das Seitenverhältnis 16:9 moderner TV-Breitbildschirme und der Kino-Leinwand. Mit Smartphones und der einfach gemachten, teils automatisierten Kreation von Bewegtbildern entwickelten sich immer weitere Formate.

Das natürliche, alleinige Smartphone-Format ist vertikal, auch Portrait- oder Hochkant-Format genannt, im 9:16 Seitenverhältnis. So können Nutzer das Smartphone vertikal in Händen halten und müssen den Bildschirm nicht ständig drehen. Hochkant-Videos sind optimal für alle Social-Media-Plattformen, insbesondere für die mit jungen Nutzergruppen, wie Snapchat und TikTok.

Die meisten Social-Media-Plattformen unterstützen viele unterschiedliche Formate, aber nur YouTube und Facebook unterstützen sämtliche, beispielsweise auch 360-Grad-Videos und Videos mit animierten 3D-Effekten und Augmented-Reality Elementen.

Aktivieren Sie das »Grid«, wie in Abschnitt 3.4.5 empfohlen. Dann fällt es Ihnen schon bei der Aufnahme leichter, die Objekte im Bild, auf Schlau *Bildkadrierung*, wirkungsvoll anzuordnen. Der Bildaufbau beeinflusst die Wirkung der Story auf die Nutzer, und wir kennen seit der Antike ästhetische und psychologische Faktoren, die Sie mit dem Grid besser im Auge behalten.

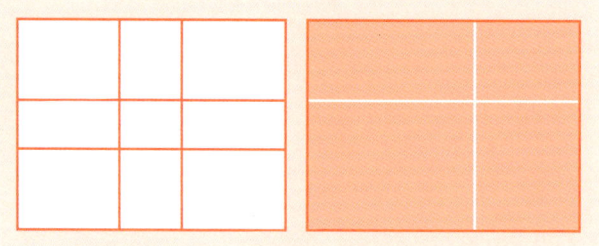

Abbildung 3.29 Grid in Landscape-Ausrichtung, 4:3. Schnittpunkte und Aufteilung visualisieren psychologisch attraktive Anziehungspunkte.

Das Grid splittet Kamerafeld und Blickfeld in neun (gleich große) Kästchen mit jeweils zwei horizontalen und zwei vertikalen Linien. Das Grid kann in der Kamera während der Aufnahme und in der Camera Roll während der Postproduktion aktiviert werden. Schalten Sie es in den Kamera-Einstellungen ein, dann bleibt es aktiviert, bis Sie es deaktivieren. Mit dem Grid visualisieren Sie die sogenannte *Rule of Thirds*, die Drittel-Regel.

Die Drittel-Regel ist dem *Goldenen Schnitt* nachempfunden, der seit der Antike ein ausgewogenes Verhältnis zwischen zwei Größen bestimmt. Diese Harmonie im Bildaufbau stimuliert auch das Gemüt von Betrachtenden positiv. Platzieren Sie Objekte und visuelle Elemente in den vier Schnittstellen der Linien des Grids sowie in seinen äußeren Dritteln. Beides ist attraktiv für Betrachtende, denn Menschen meiden mit ihrem Blick das Zentrum, insbesondere ein alleinstehendes Zentrum, dessen Peripherie leer ist. Denken Sie an ein dreigeteiltes Format wie ein Triptychon. Hier ist das Zentrum von beiden Seiten symmetrisch flankiert und ergibt ein insgesamt harmonisches Gebilde, bei dem der Blick ruhig geführt wird und sich auf allen Elementen ausruhen kann. Möglicherweise hat die Problematik der zentralen Perspektive auch damit zu tun, dass zentral im menschlichen Blickfeld die Linie zwischen beiden Augen verläuft. Das menschliche Gehirn *stitcht* diesen Riss automatisch und fügt beide Bildhälften bruchlos zusammen. Deshalb sehen Menschen auf ein mithilfe ihres Gehirns künstlich homogenisiertes Blickfeld.

Abbildung 3.30 Grid in Portrait-Ausrichtung, 9:16. Schnittpunkte und Aufteilung visualisieren psychologisch attraktive Anziehungspunkte.

Übrigens: Dasselbe Phänomen erleben wir mit 360-Grad-Kameras. Sie basieren auf zwei 180-Grad-Linsen, durch deren Blickfeld in der Mitte ein Riss geht. Der wird entweder in KI-basierten Geräten – beispielsweise den Mobile-360-Kameras von Samsung oder Insta – automatisch gestitcht oder in der Postproduktion Bild für Bild.

Das Grid hilft Ihnen auch, horizontale, vertikale und diagonale Linien im Motivfeld zu erkennen und zu nutzen. Gewichten Sie die Linien in ihrer Bildaufteilung, legen Sie sie simultan zu Reihen und Linien in der Umgebung, zum Beispiel zu einer Steinformation, Fensterreihe oder einem Zugdach. Damit triggern Sie ästhetische Nuancen, die im kollektiven Gedächtnis von Menschen abgespeichert sind und den Bildaufbau souverän organisieren.

Nutzen Sie Schnittstellen, die »Drittel-Regel« und Strukturen bei Aufnahmen und in der Postproduktion von Fotos und Videos bewusst für den attraktiven Bildaufbau. Diese Regeln funktionieren gleichermaßen für Storys in verschiedenen Aspect Ratios wie Landscape (4:3), Square (1:1) und Hochkant-Modus (9:16). Gleichzeitig kommen bei jedem Format unterschiedliche Möglichkeiten und Begrenzungen ins Spiel, die Sie ausprobieren müssen. Zum Beispiel entstanden erst mit dem 9:16-Format Gesprächssituationen, in denen Interviewer und Interviewte nebeneinander oder leicht versetzt hintereinander in die »Front Camera« sehen und sich unterhalten. Die Smartphone-Kamera ist das Aufnahmegerät und das Smartphone-Kamerafeld der *Viewer*, der Spiegel, über den Sie den Bildaufbau in Echtzeit kontrollieren.

3.5.3   Ton und Bild aufnehmen

Denken Sie von Anfang an immer Audio mit. So wie Sie mit der Kamera visuelle Objekte nah, medium oder weit aufnehmen, arbeiten Sie auch mit Audio. Auch mit dem Mikrofon nehmen Sie Stimmen, Töne, Geräusche und atmosphärischen Sound, im englischen *Ambience Sound*, nah, medium und weit auf. Dann visualisieren Ihre Storys nicht nur, sie sind auch hörbar. Nur mit gutem Audio gelingen Ihnen immersive Geschichten.

Audio und Video

▶ Hören Sie bei der Wahl des Ortes, an dem Sie aufnehmen, auf die Akustik des Raums und der Umgebung. Beides macht bei Ihrem Audio-Material einen wichtigen Anteil der Hörerfahrung aus. Aufgenommene Akustik kann nach der Aufnahme nur schwer oder gar nicht verändert werden. Kleine Räume und ruhige Orte eignen sich besonders gut für Gespräche, Solo-Vlogging und Talkshows. Auch nahezu schalltote Räume – in der Regel nur in professionellen Studios verfügbar – sowie kleine und ruhige Räume eröffnen mehr Optionen bei der Postproduktion. Je weniger Raum Sie auf den Originalaufnahmen haben, desto besser mischen sich verschiedene Aufnahmen mit unterschiedlicher Akustik.

▶ Bedenken Sie unbedingt: Bei Storys spielen Geräusche und atmosphärischer Sound eine wichtige Rolle und sollen hörbar sein. Der professionelle Umgang mit Ton und Musik hebt Ihren Content auf ein neues Level und lässt Sie herausstechen. Nehmen Sie auch den Ton in unterschiedlichen Aufnahmewinkeln auf, so wie WMC bei der Bildaufnahme. Insbesondere die Nahaufnahme von Geräuschen und Soundeffekte ergänzen eine inspirierende multimediale Bedeutungsebene.

▶ Testen Sie immer vorher die Akustik, und entscheiden Sie dann, wo Sie sich positionieren. Beispielsweise knallen Geräusche in einer vollen Kneipe, in einem Hallenbad oder einem Konzertsaal vor Beginn der Veranstaltung viel zu sehr und sind zu unruhig für Hintergrund-Atmosphäre bei einem Gespräch.

▶ Um ungestört aufzunehmen, aktivieren Sie für die Dauer des Shootings die »Nicht Stören«-Einstellung Ihres Smartphones. Oder schalten Sie in den »Flugmodus«, solange Sie kein Wifi benötigen.

▶ Testen Sie in allen Fällen kurz Audio und Video, bevor Sie aufnehmen oder live gehen.

▶ Wann immer möglich, nutzen Sie Ihre Kopfhörer bei Aufnahmen und bei der Postproduktion, um jederzeit den Sound zu kontrollieren und gegebenenfalls Aufnahmen in derselben akustischen Situation wiederholen zu können.

▶ Menschliche Ohren hören Schall mit leichter Verzögerung. Deshalb funktioniert Audioschnitt präziser mit den Ohren als mit den Augen, auch wenn die grafische Wellendarstellung bei der Orientierung im Material hilft.

▶ Der Atem von Sprechenden gibt den Rhythmus der Sprache vor. Achten Sie beim Schneiden darauf, dass Sie Atem und Sprachrhythmus nicht zerstören. Auch kurze Momente der Stille und des Schweigens können in gut gebauten Storys einen Platz haben.

▶ Für Außenaufnahmen nutzen Sie einen Windschutz für externe Mikrofone; die gibt es für sämtliche Mikrofongrößen. Das Mikrofon im Headset schützen Sie vorsichtig mit Ihrer Hand wie ein rohes Ei. Wenn Sie mit dem Smartphone direkt aufnehmen, halten Sie es geschützt und nicht in den Wind, sodass die Aufnahmen so wenig wie möglich ploppen. Die unter Nutzern vorhandene und Ihre eigene Toleranz für Windgeräusche sollten Sie nicht überstrapazieren.

Pro-Tipp für iPhone-Nutzer zum Ansteuern nur eines Mikrofons

Filmen Sie mit der App *Filmic Pro*, wenn Sie nur einen Mikrofon-Eingang oder nur ausgewählte Mikrofon-Eingänge Ihres iPhones ansteuern wollen, beispielsweise bei Außenaufnahmen. Dann wählen Sie das untere Mikrofon, auf Englisch »bottom«, weil es geräuschärmer als das vordere und das hintere aufnimmt. Diese Auswahl haben Sie bis jetzt nur in den Audio-Einstellungen in Filmic Pro, aber nicht im iPhone selbst.

▶ Auch für Fotos und Videos gilt: immer sofort im Anschluss an die Aufnahme kontrollieren, ob alles so ist, wie Sie es haben wollen. Wenn Sie das tun, während Sie noch in derselben Situation sind, können Sie Aufnahmen ohne großen Aufwand direkt wiederholen, wenn nötig. Auch die meisten Gesprächspartner machen da gerne mit, wenn sie sowieso noch vor Ort sind und Sie ihnen erklären, dass es ein technisches Problem gab.

▶ Speichern und sichern Sie Ihr Material regelmäßig auf einer oder mehreren externen Festplatten (und/oder in einer Cloud).

▶ Bei umfangreichen Aufnahmen und für längeren Content machen Sie sich während der Aufnahmen Notizen zu dem Material, das Sie verwenden wollen, und notieren sich die Time-Codes.

▶ Nehmen Sie grundsätzlich etwas mehr Material und Umgebungsmaterial auf, sogenanntes »Footage«- oder »B-Roll«-Material. Zum einen benötigen Sie Footage für Übergänge, für Kontext und Hintergrund. Zum anderen können Sie damit in der Postproduktion spielen, experimentieren, kleine Mängel ausgleichen, und Sie sind bei der Produktion auf jeden Fall flexibler.

▶ Filmen Sie in der Regel in der höchstmöglichen Auflösung (heute meist 4K). Dann sind Sie in der Postproduktion ebenfalls flexibler und können im Schnittprogramm problemlos herunterskalieren, etwa auf Full HD. Und Sie können ihr Material zuschneiden, beispielsweise Bildausschnitt und Aspect Ratio ändern.

▶ Um keine Zeit zu verlieren, können Sie vor der Postproduktion auch Fotos, Clips oder das gesamte Material in der Camera Roll oder Gallery oder auch in professionellen Editoren wie Luma Fusion duplizieren. Dann können Sie bei Bedarf ohne die Rückgängig-Funktion ganz einfach immer zum Originalmaterial zurückgehen.

▶ In vielen Audio- und Video-Editoren wie iMovie oder Adobe Rush und in kompletter Studio-Produktionssoftware wie Kinemaster oder Luma Fusion können Sie die Audiospur von der Videospur ablösen und separat auf eine Solospur legen und bearbeiten.

Pro-Tipp zur Hand als Filmklappe

Um die Synchronisierung von Audio und Video in der Postproduktion sicher zu stellen, klatschen Sie am Anfang einer Audio-Aufnahme einmal in die Hände. Dann finden Sie in der Postproduktion immer einen synchronen Anfangspunkt.

Licht

Bei der Vorbereitung am Aufnahmeort achten Sie auch auf die Lichtverhältnisse. In Innenräumen interessiert Sie, wie das Tageslicht durch die Fenster fällt und welche Schatten im Raum entstehen. In Außenräumen denken Sie daran, dass die Wetterbedingungen sich blitzschnell ändern können und natürliches Licht unberechenbar ist. Was für den Ton gilt, gilt wauch fürs Licht: Der beste Aufnahmeort ist der, an dem Sie so viel Kontrolle wie möglich haben.

Was Farbe und Licht betrifft, können Sie in der Postproduktion jede Menge Faktoren ausgleichen, definieren und neue Effekte generieren, beispielsweise Farben, Kontraste, Saturierung, Helligkeit. Wir haben bereits gesehen, dass es im Social Storytelling nicht um perfekt polierte Aufnahmen geht. Aufnahmen mit natürlichem Licht haben sogar viele Vorteile. Sie sind authentisch, es kommt spontan zu besonderen Lichteffekten, beispielsweise in der Dämmerung, und Sie sparen Zeit.

Trotzdem gibt es ein paar Dinge beim Aufnehmen zu beachten, die Ihnen in der Postproduktion vieles erleichtert und die professionelle Qualität Ihrer Aufnahmen sichert:

▶ Bei Aufnahmen in einem Raum oder mit Gesprächspartnern stehen Sie so, dass das Licht von hinten oder von der Seite kommt und auf ihr Motiv fällt.

▶   Drei Lichtquellen sind optimal.

▶   Im Selfie-Aufnahmemodus und beim Vlogging darf Licht auch gleichmäßig verteilt von vorne kommen, dafür haben sich sogenannte *Ringlichter* bewährt.

Abbildung 3.31 Die richtige Position zur Lichtquelle und gute Lichtverhältnisse verbessern die Qualität Ihrer Aufnahmen.

Drei Lichtquellen wie in Abbildung 3.31 sind zur Ausleuchtung optimal. Eine Faustregel ist: Stellen Sie sich mit dem Rücken zur Sonne, wenn Sie Personen und Dinge filmen.

Auch beim Umgang mit Licht und Farben hilft es Ihnen, dass wir mit Smartphones und digitalen Editoren im Zeitalter der synthetischen Medien angekommen sind. Sie können sich auch in diesem Bereich erst einmal auf Ihre Storys konzentrieren und nur mit Ihrem Smartphone, natürlichem Licht und professionellen Apps arbeiten. Dann entscheiden Sie später, welche externen Lichtquellen und Farblinsen für Ihren Content sinnvoll sein könnten.

3.5.4   Texte schreiben

Auch für Wörter und Texte gilt: Setzen Sie sie sparsam und in klarem Design ein. Sie sollten gut lesbar und verständlich sein. Wie der ungarisch-amerikanische Journalist Joseph Pulitzer, einer der Begründer des modernen Journalismus, sagte: »Schreibe kurz – und sie werden es lesen. Schreibe klar – und sie werden es verstehen. Schreibe bildhaft – und sie werden es im Gedächtnis behalten.«

Hier sind handfeste Regeln, inspiriert von Tipps des Journalisten Wolf Schneider (Deutsch für junge Profis, 2020):

▶ Ziehen Sie Nutzer auch bei Texten sofort in Bann, beginnen Sie ohne lange Vorrede, direkt oder mit einem »Wow«-Effekt.

▶ Formulieren Sie konkret und bestimmt. Sagen Sie »Katze« statt »Haustier« oder »Regen« statt »Niederschlag«.

▶ Erzählen Sie einen Teil anstelle des Ganzen, Blinker für Auto, Maiglöckchen für Frühling.

▶ Wiederholen Sie wichtige datenbasierte Informationen und Zahlen in Ihren eigenen Worten und in Bildern. Eine Fläche so groß wie Bayern, so groß wie zwei Rugby-Felder, so klein wie ein Schneckenhaus.

▶ Verwenden Sie aktive Verben wie »gehen« und »tun« und Wörter mit wenigen Silben.

▶ Verwenden Sie Adjektive sparsam oder gar nicht. Überlassen Sie die Ausmalung Ihren Nutzern.

▶ Formulieren Sie einen Gedanken in einem Satz. Schreiben Sie in Hauptsätzen (Subjekt – Verb – Objekt), und vermeiden lange, verschachtelte Sätze. Wenn Sie zwei Dinge erzählen wollen, erzählen Sie zuerst das erste. Dann das zweite.

▶ Verwenden Sie keine Fachterminologie, oder falls Sie sie verwenden, erklären Sie sie so, dass es jeder versteht.

▶ Fassen Sie sich kurz, und gehen Sie präzise nur auf zwei, drei wesentliche Aspekte des Themas oder des Produkts ein. Wer mehr wissen will, findet in Ihrem Webauftritt oder auf YouTube tiefergehende Inhalte.

▶ In Live-Gesprächen wiederholen Sie kurz die wichtigsten Fakten und fassen Gesagtes noch einmal kurz zusammen. Dadurch strukturieren Sie das Gespräch für sich und andere und helfen Nutzern, das Gesagte besser zu erinnern.

Achten Sie auch darauf, alle digitalen Texte für SEO zu optimieren. Verwenden Sie grundsätzlich ein zentrales Schlüsselwort und einige wenige andere Schlüsselwörter, auf Englisch *Keywords*, und pointierte Titel, die Ihre Texte in Suchmaschinen im Social Web und im Web 2.0 besser platzieren und auffindbar machen. Verwenden Sie das zentrale Keyword im Titel und ersten Absatz. Beantworten Sie in Ihren Texten auch Fragen, verknüpft mit gewählten Keywords (*https://de.slideshare.net/qundg/web-20-social-web-social-media-wording-der-onlinekommunikation-10469096*).

3.5.5   Audio und Video sequenzieren und editieren

Postproduktion ist das neue Aufnehmen, im Englischen »Shooting«. Mindestens genauso wichtig wie die Aufnahme von Ton und Bild ist die sogenannte »Post«, die

Postproduktion. Hier montieren Sie alle Elemente der gesamten Story auf einer Zeitachse, der »Timeline«, und mischen sie dann ab, auf Schlau »rendern«. Und fertig ist Ihr Story-Produkt.

Die Postproduktion nehmen Sie in Ihre eigenen Hände bei Storys und Produktionen, die Sie ohne automatisierte Story-Templates mit einem kompletten Audio- und Video-Editor wie »Kinemaster« oder »Luma Fusion« in Ihrem Smartphone produzieren.

Bei Content und Storys, die Sie in einer sozialen Plattform wie Snapchat oder Instagram produzieren, nehmen Ihnen die KI-basierten Werkzeuge und Vorlagen die Postproduktion fast vollständig ab. Fast alle Schritte sind automatisiert, ohne dass wir darüber nachdenken. Auf die in die gängigen Plattformen integrierten Storytelling-Werkzeuge gehen wir im nächsten Kapitel ein.

In der Postproduktion hilft Ihnen der rote Faden Ihrer Story, den Sie im Storyboard skizziert haben. Jetzt montieren Sie alle einzelnen multimedialen Elemente wie ein Puzzle über einer Timeline. Dafür haben Sie mehrere Video- und Audiospuren zur Verfügung. Den roten Faden, die Hauptelemente Ihrer Story legen Sie auf die zentrale Timeline-Spur, alle anderen Elemente auf ergänzende Spuren. Auf jeder Spur können Sie die Elemente separat bearbeiten und haben die Wahl, sie über die Hauptspur zu legen oder in die Hauptspur zu integrieren.

In der Postproduktion mit einem kompletten Audio- und Video-Editor haben Sie die höchste Kontrolle über das Ergebnis. Zwingend notwendig ist das im Social Web dann, sobald Sie Storys für Ausspielkanäle produzieren, die keine KI-basierten Vorlagen zur Verfügung stellen und auch lange Formate zulassen.

Lange Multimedia-Formate können Sie im Social Web auf Gaming-Plattformen, Livestreaming-Plattformen und einigen wenigen gängigen sozialen Plattformen ausspielen. Dazu gehören 2021 YouTube mit 12 Stunden oder 128 GB Umfang sowie IGTV mit Videos zwischen 10 und 60 Minuten und Facebook mit Videos bis zu 45 Minuten oder 1 GB.

Für lange Produktionen müssen Sie alle einzelnen Schritte selbst definieren, bearbeiten und viele Einstellungen manuell vornehmen. Wir brechen diesen Prozess hier für Sie auf neun übersichtliche Schritte herunter:

1. alles Material zum Einladen in den Editor vorbereiten, eventuell Material bereits trimmen und croppen

2. im Editor ein Projekt anlegen und alle technischen Formatanforderungen, wie Aspect Ratio, Hertz Frequenz, Framerate, definieren

3. Audio, Fotos, Videos, Texte, Titel – alles in das Projekt einladen, auf Spuren legen und montieren; dabei Audio und Video in Sequenzen, also einzelne Clips, zerlegen, und wenn nötig noch einmal schneiden, trimmen, croppen

4. den Bildaufbau gegebenenfalls anpassen und die Effekte für jede Sequenz definieren und bearbeiten

5. darauf achten, frühzeitig Farbe, Schriften und Lautstärke auf ein Level zu bringen – zu einem frühen Zeitpunkt, wenn noch nicht alle Einzelteile sequenziert sind, weil es dann schneller und zuverlässiger geht

6. Musik, Spezialeffekte und Übergänge einladen oder definieren und bearbeiten und aktivieren

7. Abmischen, rendern und in die Camera Roll oder andere Zieldatenträger ausladen

8. zwischendurch Duplikate als Sicherheitskopien anlegen, zu denen Sie zurückkehren können, und am Ende eine Sicherungskopie anlegen und auf externem Datenträger und/oder einer Cloud sichern

9. Denken Sie beim Hochladen von Videos auf Plattformen wie IGTV, YouTube, Vimeo oder auf Websites an kurze, SEO-relevante Beschreibungen. Füllen Sie dabei auch alle Meta-Rubriken aus, also Informationen im Content-Management-System, die für Nutzer unsichtbar, aber für Suchmaschinen und SEO relevant sind. Dazu gehören zum Beispiel Meta-Texte und Meta-Beschreibungen, damit Ihr Video besser gefunden wird.

Je präziser Sie vorbereitet sind und je professioneller Sie selbst mit Editor-Apps umgehen können, desto flexibler sind Sie auch während der Postproduktion. Das hilft Ihnen, kreativ zu sein, neue Ideen auszuprobieren, Ihre eigene Handschrift zu entwickeln und Ihren Content optimal umzusetzen.

4   Die Umsetzung mobiler Story-Genres

*Smartphones transformieren die digitale Kommunikation in ein neues inno-
vatives »Mobile-zuerst«-Verkehrssystem. Mobile Storys, Hashtags, Tags,
Emojis und Direktnachrichten gehören zu den neuen Wegweisern, die im
digitalen Universum den Verkehr regeln. Nur noch ein paar Trainingsstun-
den, und Sie bewegen sich darin so munter wie ein Vogel in den Lüften.
Auf geht's!*

Mit dem Smartphone haben Sie ein digitales Produktionsstudio und komplettes
Medienhaus in Ihrer Jackentasche immer bei sich. Damit greifen Sie auch ohne Co-
ding-Kenntnisse schnell und kosteneffizient auf die neuesten technologischen Me-
dien zu, testen und erstellen spektakuläre Inhalte und hochwertige Story-Produkte.
Wir sind uns sicher: Wer hier den Anschluss verliert, wird auch die nächsten
Schritte der Medienevolution verpassen.

4.1   Alles neu macht das Smartphone

Große Sender und Studios, beispielsweise RTÉ in Irland, »Léman Bleu« in Genf, ver-
einzelte deutsche ARD-Redaktionen sowie amerikanische Filmstudios, arbeiten
seit Jahren mit Smartphone-Produktionsteams oder haben sogar ihren kompletten
Newsroom auf mobile Geräte und Workflows umgestellt. Neue globale Medienun-
ternehmen wie »NAS Daily« oder »Hashtag Our Stories« arbeiten ausschließlich mit
Smartphones und für Nutzer an Smartphones.

Mobile-first-Studios und -Newsrooms arbeiten international. Sie sind schneller, innovativer, näher an Ihren Nutzern, verfolgen eine Crossplattform-Strategie und arbeiten kosteneffizient.

Wer sich einmal in die professionelle Content-Produktion für Smartphones einar-
beitet und die breite Palette an Werkzeugen und Apps beherrscht, schätzt meist
die kleinen und feinen Lösungen mehr als jemals zuvor und will nicht mehr zurück
zu großem Equipment, großen Teams mit langwierigen, langsamen und kostspieli-
gen Workflows.

Abbildung 4.1 Beispiele für Mobile-first-Newsrooms sind NAS Daily, Bloomberg, Hashtag Our Stories und RTÉ.

»Nutzen Sie das Smartphone für all das, was es leisten kann«, empfiehlt auch der norwegische Multimedia-Journalist John Inge Johansen im April 2020 (*https:// youtu.be/Usf33CKfk5Y?t=17951*). Er arbeitet für TV- und Radio-Anstalten in Norwegen und ist häufig auf Booten und bei kaltem Wetter unterwegs. »Ich bin eine ›Ein-Mann-Band‹. Ich mache alles alleine. Seit Jahren arbeite ich immer mehr mit dem Phone, so oft ich kann. Es spart mir viel Stress und Zeit, ich muss nicht zurück ins Büro und alles exportieren«, erzählt Johansen. »Ich kann spontan produzieren. Ich kann überall editieren, für Fernsehen und für Audio, und die fertigen Projekte dann direkt von meinem Phone zum Sender transferieren. Viele Effekte sind viel einfacher und in höchster Qualität mit dem Phone zu erstellen.«

Weil das Smartphone wie ein externes Körperteil praktisch immer bei uns ist, vergessen wir schnell, was für eine Spitzentechnologie wir damit jederzeit und überall zur Verfügung haben. Als handliches Alltags-Requisit gibt es uns jedoch nicht die Lizenz, unseren Content aus der Hüfte zu schießen, Bilder zu verwackeln und Audio zu vernachlässigen. Professionelle Vorbereitung, Planung und Durchführung und der verantwortungsvolle Umgang mit den eigenen Daten und denen anderer machen den wesentlichen Unterschied zwischen Amateuren und Profis aus.

In den letzten Kapiteln haben wir Sie zu der neuen Dramaturgie beim Mikro-Storytelling fürs Social Web und den grundlegenden Elementen für Multimedia-Produktionen mit dem Smartphone mitgenommen. Jetzt betrachten wir die neuen Story-Genres, die auf dem Smartphone und in sozialen Medien entstehen. Wie zeigen Ihnen, wie sie funktionieren und welche KI-basierten Storytelling-Werkzeuge in gängige Plattformen integriert sind. Beherrschen Sie diese, kommen Sie auch leicht mit anderen Storytelling-Apps zurecht. Das Design der Benutzeroberflächen, *UX* genannt, also die *User Experience*, und viele Workflows ähneln sich im gesamten mobilen Eco-System und Social Web.

4.2 Mikro-Storytelling

Die ersten Filmkameras nahmen Ende des 19. Jahrhundert nur wenige Sekunden am Stück auf. Filmemacher mussten sich genau überlegen, was sie aufzeichnen wollten. Ein bisschen ist das heute wieder so, nur anders. Heute schöpfen Kreatoren aus dem Überfluss, müssen sich aber häufig kurzfassen, um die verkürzte Aufmerksamkeitsspanne vieler Nutzer und die limitierten Formate der meisten Plattformen zielgenau zu berücksichtigen.

Auf vielen sozialen Plattformen arbeiten Sie mit kurzen Clips, Cards oder Slides, von denen Sie eine limitierte Anzahl als Multi-Clips oder Multi-Cards aneinanderreihen. Beispielsweise sind auf Snapchat bislang Multi-Clips bis zu einem Umfang von insgesamt 1 Minute oder 2,5 MB möglich.

Stellen Sie sich also auf Story-Produkte ein, die mit nur einem Videoclip in einer Länge zwischen 3 bis 15 Sekunden anfangen und meist aus der Kombination von multiplen Clips bestehen. Daher müssen Sie sich gut überlegen, was Sie in einer Story zeigen und was nicht.

Im dynamischen Social-Media-Solarsystem entwickeln sich laufend neue mobile Story-Formate und Genres, die sich an technischen Vorgaben und Möglichkeiten von Plattformen und Smartphones orientieren. Einige erweisen sich als besonders nachhaltig und haben sich auf vielen oder sogar allen sozialen Plattformen etabliert. Diese Formate und Genres sehen wir uns jetzt genauer an.

4.2.1 Hashtags

Der amerikanische Produkt-Designer Chris Messina, ein Twitter-Nutzer der ersten Stunde, ist der Erfinder des Hashtags. Heute sind Hashtags die wahrscheinlich kleinsten, nützlichsten und vielseitigsten Storytelling-Werkzeuge der Welt. Hashtags wie auch *Memes* begründen ein eigenes Genre. Die kleine Raute, gefolgt von einem Schlagwort oder einem aus mehreren Worten zusammengesetzten Ausdruck, fällt unter User-generierten Content. Dazu passt, dass der Hashtag von Nutzern erfunden und entwickelt wurde.

Abbildung 4.2 Chris Messina erkannte das Potenzial von Hashtags und brachte die kleine Raute 2007 mit Freunden in Umlauf (*https://youtu.be/sL8i-dIFOY0*).

Nutzerbasiert

In 2007 ging es Chris Messina darum, eine agile Methode zu finden, um Gruppen auf der neuen Plattform Twitter zu organisieren. Er wollte es Nutzern erleichtern, Gleichgesinnte zu finden oder Communitys zu einem Thema zu bilden und eine globale Konversation zu beginnen. Er sprach mit Twitter darüber, aber die Plattform-Manager fanden seinen Vorschlag zu »nerdy«. Doch bei Nutzern kam die Raute gut an. Als im Oktober 2007 Waldbrände in San Diego wüteten, ging der Hashtag #SanDiego-Fire viral, den ein Freund von Chris Messina auf seine Bitte gepostet hatte.

Den Durchbruch erlebte die kleine Raute dann 2009, als Twitter dafür eine Suchfunktion einführte. Instagram startete 2010 mit Hashtag-Funktionen von Tag eins an, der heutige Mutterkonzern Facebook zögerte bis zur Einführung in 2013. Heute sind Hashtags in menschlicher Kommunikation online und offline omnipräsent. Weltweit kommunizieren Nutzer mithilfe von Hashtags überall, im Social Web, im Fernsehen, auf Reklametafeln und in Alltagsunterhaltungen.

Zum Beispiel ist das Hashtag #*diy* (do it yourself) unter Nutzern auf TikTok, Instagram und YouTube weit verbreitet. Viele verwenden #*diy*, um sich selbst bei einer handwerklichen Fertigkeit wie Basteln oder einem Sport wie Skaten zu zeigen.

Hashtags werden gezielt für Storytelling von Menschenrechtsaktivisten und politisch aktiven Communitys eingesetzt. Beispielsweise berichten Opfer sexueller Gewalt unter dem Hashtag #*DenimDay*, was sie während einer Vergewaltigung trugen, und machen ihre Stimme hörbar.

Ein anderes Beispiel sind Selbstporträts und Selfie-Storys in Kombination mit dem Hashtag #ShowYourFace. Häufig machen sie auf ein in den linearen Medien unterrepräsentiertes Thema aufmerksam, zum Beispiel auf den Umgang mit Menschen, die an Hepatitis C erkrankt sind.

Mit Hashtags sorgen auch Sie dafür, dass Ihre Inhalte in den Suchfunktionen von Plattformen und in Suchmaschinen gefunden und von Algorithmen gerankt werden. Nutzen Sie Hashtags auch, um sich mit anderen Accounts und Communitys zu verbinden, wie in Abschnitt 1.4.1, »Personal Profile Storys«, beschrieben.

Es gibt zahlreiche Hashtag-Suchmaschinen und Monitoring-Websites, auf denen Sie Reichweite und thematische Vernetzung einzelner Hashtags recherchieren können. Auf sozialen Plattformen werden Ihnen in den Suchfunktionen die Reichweite von Hashtags sowie die trendigen Hashtags angezeigt, und Sie können Hashtags folgen und abonnieren.

Sehen wir uns anhand populärer Hashtags jetzt an, wie Sie die kleine Raute fürs Storytelling einsetzen können.

4.2.2   Memes

Populäre Hashtags werden zu *Memes*. Ein Meme ist eine Idee, ein Design oder ein Thema, das von einer Person veröffentlicht und von vielen anderen kopiert, mit einer persönlichen Nuance versehen, variiert und weiter verbreitet wird. Dabei entstehen auch zahlreiche alberne oder satirische Versionen. Mit einem populären Meme nehmen Sie einen bereits erfolgreichen erzählerischen Trend auf und produzieren und teilen ihre eigene Version davon. Im Social Web sind Memes mit bestimmten Hashtags verbunden. Die Hashtags sind wie der Motor von Memes, bei viralen Memes wie ein Raketenantrieb.

Giphy ist eine Plattform für GIFs mit einer eigenen GIF-Kamera und einem GIF-Archiv in Echtzeit, auf der Nutzer ihre eigenen GIF-Kreationen hochladen und anderen verfügbar machen. Giphy bietet eine eigene Rubrik für Memes, andere Rubriken sind etwa »Trending«, »Künstler«, »Clips«, »Stories«, »Emoji«, »Hunde«, »Katzen«. GIF-Dateien sind mit Hashtags versehen und können über die Suchmaschine leicht gefunden werden. Durch die eigene App, die eigene Webseite mit hoher Reichweite und die Verknüpfung zu allen gängigen Social-Media-Plattformen können immens hohe Zahlen an Views auf einzelnen GIFs entstehen.

Klassische Memes sind #*rageface* und #*grumpycat*. Aber auch ein politisches Hashtag wie #*MannequinChallenge* ging viral und war einer der ersten Hashtags, der zahllose Memes hervorbrachte und bis heute von Nutzern weltweit verwendet wird. Unter diesem Hashtag teilen Nutzer Smartphone-Videos, auf denen eine Gruppe von Menschen ein Ensemble formt und dabei abgefilmt wird. Dabei erstarren die Menschen wie Wachsfiguren mitten in ihrer Bewegung an einem bestimmten Ort, beispielsweise in einem Supermarkt, einem Klassenzimmer, auf der Straße.

Der Hashtag *#MannequinChallenge* wurde 2016 nach der Wahl Trumps zum US-Präsidenten von politischen Aktivisten für die *#BlackLivesMatter*-Bewegung, kurz BLM, adaptiert und verwendet, um Polizeibrutalität nachzustellen (*https://abcnews. go.com/US/powerful-mannequin-challenge-video-focused-police-brutality-viral/story? id=43469138*).

Abbildung 4.3 Hier eine Szene mit BLM-Aktivisten in einem Video zu #MannequinChallenge.

Hashtag Challenges eignen sich für Community und Brand *Hacks*. Wir sprechen von Hacks, wenn ein Inhalt oder eine Methode auf eine Art und Weise adaptiert wird, die ursprünglich von den Erfindern oder ersten Nutzern nicht vorgesehen war. Beispielsweise nutzte der südafrikanische Journalist Yusuf Omar als erster Gesichtsfilter von Snapchat, um die Identität seiner Quellen zu schützen.

In einem dynamischen Feld wie Social Storytelling gibt es laufend neue Hacks, und Ihrer Kreativität ist keine Grenze gesetzt. Auch für Sie und Ihre Markenbildung sind Memes und Hashtag Challenges ideale Genres. Sie finden darin Storytelling-Vorlagen, die sich bereits als Social-Media-tauglich und attraktiv erwiesen haben. Sie können sie einfach ausprobieren und damit spielen. Sie sind hilfreich, wenn Sie anfangen und sich neue professionelle Storytelling-Methoden aneignen.

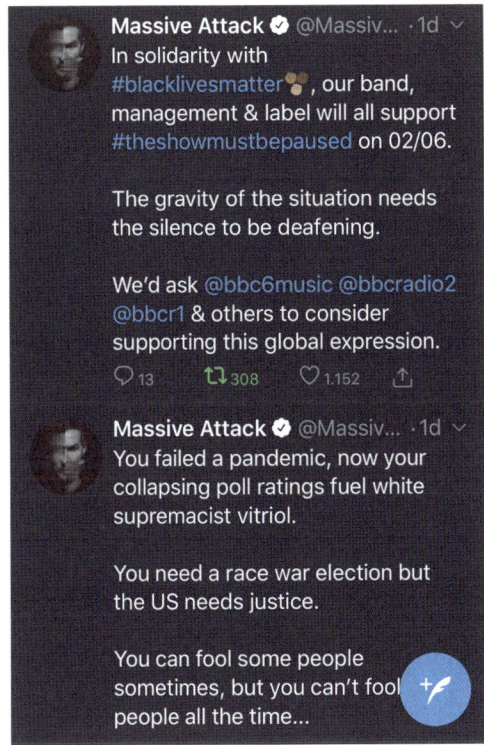

Abbildung 4.4 Die britische Band »Massive Attack« erklärt sich mit #BLM solidarisch.
Fans der Band nehmen das den seit Langem politisch aktiven Musikern ab.

Achten Sie darauf, dass Sie Hashtags und Memes verwenden, die zu Ihren Werten, zu Ihrer Marke und zu Ihren Followern passen. Leicht geht es nach hinten los, sich an einen viralen Hashtag, an Memes oder Prominente nur wegen der Reichweite dranzuhängen. Dies kann beispielsweise in einen Shitstorm münden, bei dem sich viele aktive Nutzer gegen einen Account verbünden, seine Einstellung fordern und ihn mit kritischen Kommentaren überhäufen. Zum Beispiel wehrte sich 2018 die amerikanische Sängerin Rihanna gegen Snapchat, das eine häusliche Gewalt verharmlosende Werbeanzeige mit Rihanna und ihrem gewalttätigen Ex-Freund, Sänger Chris Brown veröffentlicht hatte. »Lieber Rihanna ohrfeigen oder Chris Brown schlagen?«

Rihanna rief ihre Fans dazu auf, ihre Accounts bei Snapchat zu löschen, die Aktie der Plattform sank in der Folge um 4 %, und das Unternehmen entschuldigte sich öffentlich bei Rihanna und seinen Nutzern.

Eine gelungene Aktion des Lebensmittelkonzerns Lidl zeigt, dass sich transparente und humorvolle Kommunikation auszahlt und Memes generieren kann, die Mehr-

wert schaffen. 2016 machte sich ein Nutzer auf Twitter humorvoll über ein Werbe-
plakat von Lidl mit einem grammatischen Fehler lustig. »Die Wahl Du Hast« klang für
viele nach der legendären *Star-Wars*-Serie und darin verwendeten Yoda-Sprache.
Lidl reagierte mit einem Plakat mit der Zeile »Viel Zu Lernen Du Noch Hast« und dem
Hashtag #*LidlSichLohnt*, das das Unternehmen online und offline verbreitete. Damit
gewann der Discounter viele Sympathien und bewies digitale Kompetenz.

Abbildung 4.5 Konzern Lidl punktet 2016 mit seiner Krisenkommunikation in sozialen Medien
und gewinnt Nutzer mit einer humorvollen Reaktion.

Merken Sie sich alle Einsichten, die Sie über einen längeren Zeitraum in Social Storytelling gewinnen, und wenden Sie sie an. Diese Erkenntnisse helfen Ihnen auch,
wenn Sie sich zu längeren Storys und kompletten Content-Kampagnen vorarbeiten.

4.2.3   Feeds

Für Ihre Ziele, den Erfolg und die Sichtbarkeit Ihrer Inhalte spielt es eine große
Rolle, mit welchen Werkzeugen Sie ihre Inhalte erstellen, wie Sie sie formatieren,
welches Genre Sie wählen und wo Sie sie teilen. Das Hashtag ist typisch für die
funktionale Vielseitigkeit digitaler Elemente, die Form und Inhalt nicht mehr unterscheiden. Wir haben im vorhergehenden Abschnitt gesehen, dass ein Hashtag Inhalte organisiert. Gleichzeitig ist ein Hashtag ein Werkzeug, um Mikro-Storys zu erstellen, und dann bilden Hashtags auch noch ein eigenes Story-Genre.

Auf diese funktionale Vielseitigkeit treffen wir bei zahlreichen Content-Elementen
in Social Media, auch bei *Feeds* und *Storys*. Deshalb finden wir es hilfreich, Sie kurz
mit der komplexen Systematik vertraut zu machen, wie soziale Plattformen Ihre
und die Inhalte anderer Nutzer organisieren, formatieren und gewichten.

Content Management

Soziale Plattformen verwenden integrierte *Content-Management-Systeme*, die die von Nutzern geteilten Inhalte auf Timelines organisieren. Die Timelines werden von *Algorithmen* sortiert, also KI-basierter Software, deren Regeln und Kriterien von den Plattformen dynamisch verändert und mehr oder weniger geheim gehalten werden. Nutzer und Social-Media-Experten müssen sich mit wenigen Anhaltspunkten zufriedengeben und experimentieren, um Inhalte bestmöglich zu platzieren.

Die Algorithmen sind wie die programmierte DNA einer Plattform. Sie kontrollieren, welche Inhalte welcher Nutzer wie lange auf seiner Timeline sieht. Sie sortieren Inhalte entweder chronologisch oder nach anderen Kriterien wie Relevanz oder Accounts, denen ein Nutzer folgt. Damit beeinflussen geheime und intransparente Algorithmen sehr stark, welche Tonalität, welche Werte, welche Art von Beziehungen und Gruppen auf einer Plattform dominieren – und natürlich auch, welche Inhalte und Accounts erfolgreich sind.

Das Content-Management-System einer Plattform, zum Beispiel von Instagram, bietet eine oder mehrere integrierte Unterplattformen an, die wir mit einem traditionellen Begriff auch *Ausspielkanäle* nennen. Unter den gängigen sozialen Plattformen fokussieren nur die beiden Videoplattformen TikTok und YouTube bislang auf jeweils nur einen Ausspielkanal. Auf den meisten anderen Plattformen stehen Ihnen mehrere Ausspielkanäle beziehungsweise Subplattformen zur Verfügung. Bei Instagram können Nutzer in 2021 auf sechs zugreifen: Stories, Feed, Reels, Guides, Lenses, IGTV (mehr dazu in Abschnitt 4.3.6).

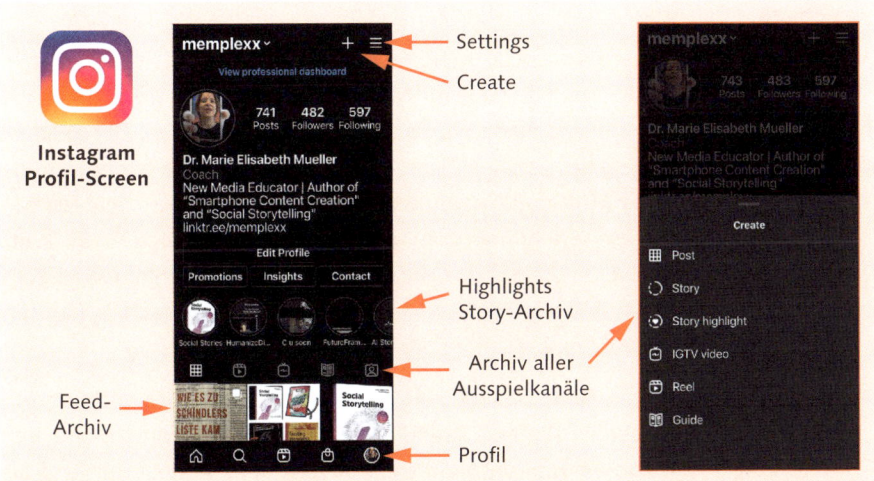

Abbildung 4.6 Instagram-Dashboard. Links: Ansicht im Profil-Screen. Rechts: Leiste mit Formaten, die Sie in der Instagram-App kreieren können.

Auch AR-Effekte und Filter, »Lenses« genannt, die Sie kreieren, werden auf Ihrem Profil in der Archiv-Leiste aktiviert. Jedoch kreieren Sie Instagram-Lenses mit »Spark AR« auf dem Desktop.

In der Regel sind Schnittstellen zu allen Ausspielkanälen in den *Profil-Screen* und/oder in den *Home-Screen* einer Plattform integriert und können von dort geöffnet werden. Neben den Ausspielkanälen gibt es im Content-Management-System jeder Plattform einen oder mehrere KI-basierte Suchbereiche, die sehr nuancierte Suchen, teils bereits einfach mit Visuals, ermöglichen, beispielsweise nach Inhalten, Accounts, 3D-Filtern. Auf Instagram heißt der Suchbereich *Explore*, auf TikTok *Discover*, auf Snapchat und anderen Plattformen *Search*.

Einige Plattformen wie Instagram und Pinterest integrieren auch von Ihnen auf der Plattform gepostete Inhalte auf der Profil-Seite, zum Beispiel Ihre Posts oder Posts, in denen Sie getagged sind.

Allerdings unterscheiden sich Nutzeroberflächen, teils auch funktionale Begriffe und Navigation von Plattform zu Plattform. Sie müssen sich also in jede für Sie relevante Plattform aufs Neue einfinden. Doch die oben genannten Grundfunktionen sind auf allen Plattformen vorhanden. Wenn Sie einmal wissen, nach welcher Funktion Sie suchen, finden Sie sie überall leicht – zumal sich viele visuelle Elemente und Icons im Social Web gleichen und Ihnen bei der Orientierung helfen. Denken Sie nur an das kleine Haus für »Home-Screen«, die Lupe für »Suche« und das »Plus« für das Erstellen von neuen Posts oder neuem Content.

Homepage

Der zentrale Ausspielkanal in Social Media ist der *Feed*. Er öffnet sich auf dem Home-Screen einer Plattform. Nutzer scrollen oder wischen durch die Inhalte, die ihnen der Algorithmus im Feed ausspielt, sobald sie die Seite öffnen. Der Feed ist quasi wie die Homepage einer sozialen Plattform. Beispielsweise heißt der zentrale Ausspielkanal auf TikTok »For you«-Page. »Feed«, »Page«, »Timeline« werden häufig synonym verwendet, so spricht man von Instagram-Feed, Facebook-Feed, Twitter-Timeline, TikTok-Page. In Snapchats Content-Management-System ist der zentrale Ausspielkanal in der Rubrik »Discover« integriert, wo auch Snapchats Partner, also Medienhäuser, Newsrooms, Marken, ihre Storys veröffentlichen.

Zurück zu der vielseitigen Funktionalität, die der Feed für Storyteller und Content Creator bietet. Jeder Feed ist zugleich Ausspielkanal und Editor für multimedialen Content. Zum einen sortiert und verbreitet der Algorithmus-gesteuerte Feed als Ausspielkanal die von Nutzern geteilten Multimedia-Inhalte, Storys und Live-Inhalte. Zum anderen bietet der Feed als in die Plattform integrierter Editor zahlreiche Methoden und Werkzeuge, um vorproduzierten Content von der Camera Roll zu bearbeiten und zu teilen oder auch um Content zu erstellen, zu bearbeiten und zu teilen. Auch Live-Inhalte können direkt im Feed geteilt, aufgezeichnet und dokumentiert werden.

Abbildung 4.7 Drei Plattformen, drei Startpunkte, drei Home-Screens. Links: Twitter-Timeline, Mitte: TikTok-For-You-Page, rechts: Instagram-Feed

Der Umfang des möglichen multimedialen Contents und die technologische Finesse der kreativen Werkzeuge unterscheiden sich von Plattform zu Plattform gravierend. Deshalb prägen die technologischen Funktionen einer Plattform die Content-Formate, die Tonalität und die typischen Story-Genres auf jeder Plattform.

> **Pro-Tipp: Jede Plattform fordert Storyteller anders (von Tim Hendrik Walter)**
>
> Die technischen Voraussetzungen sorgen natürlich für gänzlich andere Rahmenbedingungen. Auf TikTok bin ich auf eine Minute limitiert, zudem ist die Audience sehr jung. Das schränkt meine Möglichkeiten drastisch ein und erfordert Anpassung im Storytelling. Ergo kratze ich inhaltlich eher an der Oberfläche, in die Tiefe gehen ist schwierig bis unmöglich.
>
> Auf YouTube habe ich dafür mehr Zeit, und das nutze ich auch sehr aktiv. Trotz deutlich geringerer Reichweite bei größerem Aufwand nehme ich diese Chance gern wahr, allein der intellektuellen Challenge wegen.

Abbildung 4.8 Auch bei kniffligen Fragen erklärt Tim Hendrik Walter auf TikTok die Fakten in einer Minute. Auf YouTube kann er sich viel mehr Zeit nehmen und teilt dort lange Erklärvideos.

Die meisten Vorlagen und kreativen Werkzeuge einer sozialen Plattform sind in der mobilen App integriert und auf dem Smartphone zugänglich.

Es ist für Sie aus mehreren Gründen wichtig, daran zu denken, dass fast alle sozialen Plattformen auch Desktop-Versionen unterhalten – interessant für Software-Entwickler und Marketing-Experten, die die spezifischen Entwickler-Tools einer Plattform nutzen wollen. Dies ist insbesondere auf Snapchat interessant. Auch einige kreative Werkzeuge für Nutzer sind bei einigen Plattformen ausschließlich in der Desktop-Version der Plattform zugänglich.

Der damit produzierte Content wird mobiloptimiert und im Web und der Mobile App oder sogar nur in der Mobile App ausgespielt. Auch für exklusive Suchfunktionen und einige wichtige Account- und Privacy-Einstellungen müssen Sie sich in die Desktop-Version einloggen. Und auch bei Content, den Sie im Feed teilen, vergleichen Sie immer, wie er auf Desktop, Tablet und Smartphone ausgespielt wird, und passen das Format gegebenenfalls an. Diese Kontrollmaßnahme empfehlen wir für allen Content in Feeds, auf Profil-Seiten, auf Websites und in Webshops.

Mikroblogs

Mit dem Feed fing also alles an. Mit dem Feed kamen Mikroblogs und Mikro-Storys auf sozialen Plattformen an. Die ersten Mikro-Storys waren auf Hashtags und kurze Texte oder Texte mit Hashtags plus einem einzigen Foto-Still begrenzt. Nach und nach erweiterten die Plattformen dann ihr Leistungsspektrum. Mit höherer Bandbreite und flexibleren Multimedia-Werkzeugen kamen weitere Ausspielkanäle hinzu, entstanden neue multimediale Formate wie Foto-Galerie und Live-Stream.

Bis heute ist der Feed auf vielen sozialen Plattformen der Ausspielkanal mit der größten Variabilität an Content-Formaten und Story-Genres. Auf den Feeds der meisten Plattformen können Sie ohne Probleme allen möglichen multimedialen Content in einem Post teilen, seien es Texte, Fotos, Audio, Videos. Bisher unterscheiden sich die Plattformen aber erheblich darin, welchen Umfang von audiovisuellem Content und welche Aspect Ratios für Fotos und Videos sie zulassen. In dieser Hinsicht ermöglicht Facebook die größte Variabilität im Feed und integriert problemlos Videos in allen gängigen Aspect Ratios, etwa hochkant (9:16), Landscape (4:3) und Square (1:1), und aktiviert auch 3D-Objekte und 360-Grad-Fotos und -Videos.

Denken Sie daran, dass Sie multimedialen Content auf den innovativsten Plattformen mit den besten kreativen Werkzeugen vorproduzieren können, ihn dann in der Camera Roll abspeichern und von dort auf anderen Plattformen teilen können. Es gibt Plattformen, die selbst nur limitierte multimediale Werkzeuge anbieten, auf denen Sie hochwertigen multimedialen Content aber teilen können, wenn Sie ihn woanders vorproduzieren. In Abschnitt 4.3, »Integrierte Storytelling-Werkzeuge und Besonderheiten gängiger Plattformen«, zeigen wir Ihnen die wichtigsten kreativen Storytelling-Werkzeuge auf den fünf größten sozialen Plattformen. Wir haben sie ausgewählt, weil Storys und Toks, kurz für TikTok, maßgeblich für Ihren Erfolg sind. Was Storys und Toks sind, besprechen wir im folgenden Abschnitt.

4.2.4 Storys

Die zuerst von Snapchat im Jahr 2013 eingeführten *Storys* sind 2020 auf allen Plattformen zu finden. Der Siegeszug quer über sämtliche Plattformen war so verblüffend, dass manche spaßeshalber Microsoft Excel für die letzte Software halten, die noch kein Story-Feature besitzt.

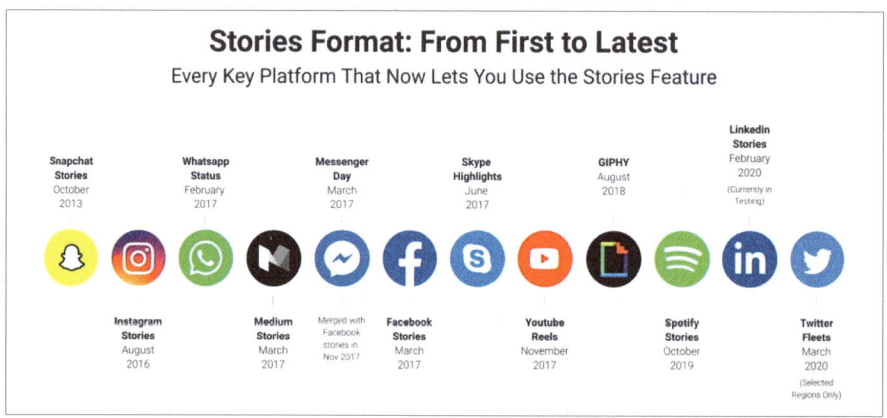

Abbildung 4.9 Seit 2020 gibt es Storys als Ausspielkanal und Format auf nahezu allen Plattformen im Social Web (Quelle: socialbakers).

Tatsächlich begründen *Storys* das erste genuine Smartphone-Genre, auch *Native Mobile Genre* genannt. Es handelt sich um kurze multimediale Videos, die Fotos und kurze Mikro-Clips in einer Länge von 10 bis 15 Sekunden in einem Seitenverhältnis von 9:16 kombinieren. Sie werden in Form von Slides oder Cards produziert und geteilt oder live gestreamt. Einmal gepostete Storys erhalten einen Zeitstempel und werden nach 24 Stunden automatisch gelöscht. Passen Sie auf, denn die Clips sind tatsächlich weg, falls Sie sie nicht speichern.

Während Storys online sind, können Sie einzelne Story-Sequenzen oder die komplette Story archivieren und so Ihren Nutzern andauernd zugänglich machen. Storys, deren Originalmaterial Sie bei der Produktion speichern oder später von der Plattform herunterladen, bleiben Ihnen erhalten. Sie können gespeicherte Storys im Archiv auf Ihrem Profil weiterhin zugänglich halten oder jederzeit auf anderen Plattformen teilen und später in lange Story-Formate einbauen oder modifiziert erneut verwenden.

Storys gibt es nur im vertikalen Seitenverhältnis 9:16. Damit antizipieren sie die Hochkant-Position, in der die meisten Nutzer ihr Smartphone intuitiv in den meisten Nutzungssituationen halten. Das Hochkant-Format befeuert zwar seit Jahren eine Diskussion unter professionellen Journalisten und Filmemachern, die an horizontal aufgebaute Formate und die technologische Infrastruktur dafür gewöhnt sind. Aber das vertikale Format hat sich für etliche Anwendungsfälle auch unter professionellen Filmemachern durchgesetzt. Darunter sind Storys am prominentesten. Smartphone-Storytelling-Experten wie der südafrikanische Journalist und Co-Gründer von »Hashtag Our Stories« Yusuf Omar halten vertikale Storys sogar für *das* innovative Content-Format, das die Transformation zu immersiven Technologien und Erzählungen in 180-Grad- und 360-Grad-Räumen vorantreibt.

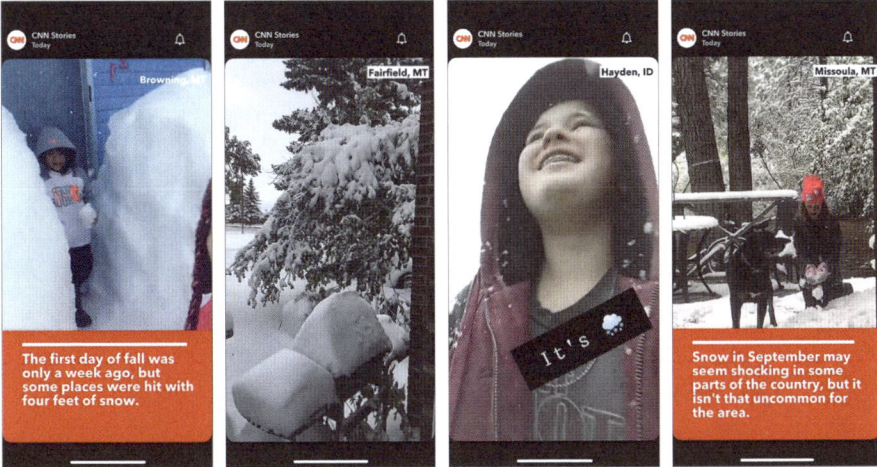

Abbildung 4.10 CNN bringt eine Alltagsgeschichte in Snapchat Stories zum Wintereinbruch 2019. Mit Fotos, kurzen Videoclips, Captions, Reaktions-Sticker, Location-Tag, Marken-Logo und klar wiedererkennbarem Design.

Storys, der Go-to-Kanal

Auch Storys besitzen eine vielseitige Funktionalität. Sie sind ein Ausspielkanal, ein Editor und ein eigenes Story-Genre. Storys sind frisch, sie besitzen aktuellen Informationswert, im Journalismus auch »Nachrichtenwert« genannt, und sind nur 24 Stunden im Story-Kanal zu sehen.

Inzwischen haben Storys als Ausspielkanal auf Instagram und teils auch auf Facebook den Feed abgelöst, speziell unter jungen Nutzern der Generation Y und GenZ. Die meisten Nutzer gehen zuerst zu den Storys, sobald sie Instagram betreten. Sie sehen sich den Feed gar nicht oder zu einem späteren Zeitpunkt an.

Storys sind 2021 entweder live oder in Echtzeit, mit einer ganz kurzen Phase der Postproduktion. Im Gegensatz zum Feed werden sie nicht mehr durch Algorithmen ausgespielt, wenn ihre 24 Stunden abgelaufen sind. Auf jeden Fall sind sie nah dran am Erleben von Nutzern. Sie sind auf Interaktion, Engagement und Unterhaltung ausgerichtet, dem Augenblick verhaftet. Storys vertragen deshalb kreativen und spontanen Content. Sie bieten einen leichten Einstieg und ein kreatives Experimentierfeld für Social Storyteller, weil sie so offen und vielseitig sind.

In den Story-Editoren finden Sie ein umfangreiches Arsenal von kreativen Werkzeugen und Elementen, die Interaktion und innovative Effekte leicht machen. AR-Filter,

Umfragen, Quiz, emotionale Reaktionen, GIFs, aktuelle Musik-Playlists, bei denen die Songtexte als Captions in die Story eingebettet werden, sind einige davon.

Werkzeuge und Effekte werden ständig ergänzt und modifiziert, sowohl von Plattformen als auch von Nutzern, die beispielsweise neue Filter programmieren und teilen. Damit Nutzer hochwertige Effekte als UGC beisteuern, stellen Plattformen wie Snapchat und Instagram interessierten Nutzern hochwertige Programmierwerkzeuge auf ihren Desktop-Versionen zur Verfügung. Hier erhalten Nutzer-Entwickler auch teils die Chance, ihre Produkte, etwa AR-Gesichtsfilter, zu monetarisieren.

Live-Video-Formate führen schnell zu hohem Engagement und Interaktionen. Auf sozialen Plattformen können Sie heute mit Ihrem Smartphone, stabilem Wifi und ein paar Klicks einen Livestream starten und Gäste hineinholen. Darüber hinaus gibt es viele handliche Storytelling-Werkzeuge direkt in der Plattform.

Abbildung 4.11 Hier ein Gespräch im Livestream auf dem Instagram Account von »Jugend gegen Aids«.

Attraktiv für NGOs und Unternehmen sind zahlreiche Möglichkeiten, externe Anwendungen und Websites in ihren Content zu integrieren, beispielsweise Spendenaufrufe, Verlinkung zu lokalen Betrieben oder zum Online-Shop.

Momente

Sie als Content Creator müssen bei Storys nicht *groß* denken, um relevante und authentische Geschichten zu finden und zu erzählen (siehe dazu auch Abschnitt 5.2.1, »Suchen, finden, verifizieren«). Storys feiern kleine Augenblicke, Beobachtungen und Erfahrungen, die alltagstauglich und häufig praktisch sind. Das können geistreiche Zitate, Hinweise auf Filme und Bücher, Backrezepte, Kaufempfehlungen, Einblicke in den eigenen Tagesablauf sein. Mit Storys teilen Sie einen Moment mit anderen, geben Einblick in Ihren Alltag, teilen nützliche Tipps, inspirierende Worte, kündigen etwas an und zeigen auch spontane Inhalte.

So frei wie bei Storys sind Sie in kaum einem anderen Storytelling-Genre. Die Geheimwaffe im Mikro-Storytelling sind serielle Formate, und auch die bieten sich für Storys an. Zum Beispiel teilen Sie in Instagram-Storys an einem bestimmten Wochentag immer ein Story-Video oder einen Livestream zum Thema Teambuilding, gesunde Mittagspause oder Homeschooling. Ein Livestream in den Instagram-Storys kann anschließend auf IGTV geteilt und dort für Nutzer archiviert werden und nachträglich zugänglich bleiben.

Das wichtigste und natürliche Bauprinzip von Storys sind Sequenzen, egal, welches Thema Sie behandeln. Die Sequenzen planen Sie in der Reihenfolge, in der Sie ihre Geschichte erzählen wollen. Wenn Ihre Nutzer sie so sehen, erzielen sie die beste Wirkung. Ein Storyboard hilft Ihnen, das meiste aus einer Story zu machen und bei einer Serie den roten Faden und Überblick zu behalten.

Abbildung 4.12 Planen Sie Ihre Storys in multimedialen Sequenzen, schon in Ihrem Storyboard.

Storys zu planen, zu bauen und zu teilen, wird Ihnen von den sozialen Plattformen und den auf Storys spezialisierten externen Storytelling-Apps, wie etwa Mojo und

Unfold, leicht gemacht (siehe dazu auch Abschnitt 3.4.6). Viele Arbeitsschritte sind dann automatisiert, beispielsweise Layouts fürs Hochkantformat, Sequenzierung in Cards, Clips und Slides, Übergänge zwischen den Sequenzen und das finale Rendern der Videoclips, das beim Teilen geschieht.

Automation

Mit Storys produzieren Sie mithilfe handlicher KI-getriebener Spitzentechnologie kurze multimediale Mikro-Storys in Sequenzen. Mit den in die Plattformen eingebauten Story-Editoren sind Sie enorm schnell, sehr kreativ und live oder in Echtzeit unterwegs. Beim Story-Genre erkennen Sie gut den Unterschied zwischen den in die Plattformen integrierten Editoren, die vieles automatisieren, und den kompletten Video-Editoren wie Luma Fusion oder Kinemaster. Mit einem externen Editor wären Sie viel langsamer, weil Sie damit mehr Kontrolle über das Ergebnis haben und mehr Einstellungen und Effekte manuell definieren. Viele der typischen witzigen und kreativen KI-basierten Effekte in Social Media können Sie aber nur mit viel größerem Aufwand manuell herstellen.

Vergleichen wir die in Plattformen eingebauten Editoren mit Apps mit kompletten Editoren, haben wir es mit zwei unterschiedlichen, sich ergänzenden Universen der Content-Erstellung zu tun. Beide verlangen unterschiedliche Fertigkeiten und zielen auf unterschiedliche Story-Produkte (siehe dazu Abschnitt 3.4.2, »Aufnahmen«, und Abschnitt 3.4.3, »Fotos«). Gleichzeitig können Sie das Wissen aus beiden Welten sehr gut kombinieren, mixen und flexibel zwischen den Werkzeugen und Methoden beider Welten hin und her jetten. Je mehr Sie wissen und sich praktisch aneignen, desto professioneller wird die Qualität ihrer Storys, und Ihre eigene Handschrift wird sichtbar.

Wenn Sie ein Mikro-Video für Storys auf einer Story-Plattform, zum Beispiel Instagram, produzieren, konzentrieren Sie sich also auf Ihre Story und die Effekte, die Sie einbauen wollen, und sind sehr schnell. Mit etwas Übung erstellen und teilen Sie eine Story in wenigen Minuten.

Wenn Sie ein Mikro-Video für Storys außerhalb der Plattform produzieren, planen Sie mehr Zeit dafür ein. Dann teilen Sie das Endprodukt als ein zusammenhängendes Video im Story-Ausspielkanal, etwa in Instagram-Storys, indem Sie es von der Camera Roll auf Instagram Storys hochladen und teilen. Die Plattform sequenziert ihr Video dabei automatisch und spielt es als eine Reihe von 15-Sekunden-Clips aus, die sie automatisch in ihrer Camera Roll abspeichert.

Workflows bei Mikro-Videos

Denken Sie auch daran, dass Sie Story-Editoren, beispielsweise auf Instagram und Snapchat, für die Produktion von Content benutzen können, ohne den vorproduzierten Content dann auf dieser Plattform zu teilen. Der typische Workflow funktioniert so:

▶ Sie produzieren Content in Instagram oder Snapchat und nutzen die Effekte.

▶ Danach laden Sie das fertig vorproduzierte Material in die Camera Roll.

▶ Von dort exportieren sie es in einen Video-Editor in Ihrem Smartphone, beispielsweise Kinemaster oder Luma Fusion, und kombinieren es mit anderem audiovisuellen Material beispielsweise zu einem längeren Video.

▶ Animierte Elemente, die Sie in einem Editor auf einer sozialen Plattform in ihr Foto oder Video integrieren und dann als Video abspeichern, bleiben erhalten, interaktive Elemente wie Polls und Quiz hingegen nicht – ihre interaktive Schnittstelle wird beim Export deaktiviert.

▶ Das fertige Video produzieren und rendern Sie im Video-Editor und exportieren es anschließend in die Camera Roll.

▶ Von dort teilen sie es, wo und wann Sie wollen, oder exportieren es zu einem anderen Adressaten.

Beachten Sie dabei, dass dieser Workflow mit TikTok und vorproduziertem Material auf TikTok nur beschränkt funktioniert. TikTok versieht alle Visuals bislang mit flimmernden Watermarks. Das passt für Ihren Content nicht immer, wenn Sie ihn außerhalb von TikTok und beispielsweise in einem längeren Video verwenden wollen. Darauf gehen wir unten bei multimedialen Elementen auf TikTok noch ausführlicher ein.

Umgekehrt können Sie aber mit allen anderen Plattformen und Storytelling-Apps arbeiten, um Content spezifisch nur für TikTok zu produzieren und nirgendwo sonst zu teilen.

▶ Dann laden Sie das vorproduzierte Material von Ihrer Camera Roll auf TikTok hoch.

▶ Auf TikTok kombinieren Sie es mit Effekten und Musik und rendern und teilen es dann auf TikTok.

▶ Erst nachdem Sie Videos auf TikTok gerendert und geteilt haben, weist Ihr Material das TikTok-Watermark auf, beziehungsweise es wird erst relevant, sobald sie den Videoclip exportieren, beispielsweise in die Camera Roll.

Sie haben nur Vorteile, wenn Sie sich angewöhnen, Ihren Content immer über Ihre Camera Roll zu bearbeiten, dort abzuspeichern und dann auf Plattformen zu exportieren und zu teilen. Dadurch wird Ihr Content als Native Content auf den Plattformen bewertet und besser gerankt; außerdem gewinnen Sie die größtmögliche Flexibilität, sind schnell im Produzieren, sichern den Content und können ihn weiterverwenden.

Vergessen Sie nicht, Ihr originales Material und die Zwischenschritte bei größeren Produktionen regelmäßig in der Cloud und/oder auf einer externen Festplatte zu sichern.

Dabei sind die meisten Apps limitiert und sehr gut für einen bestimmten Effekt, eine Aufgabe, ein Design geeignet. Nur wenige Apps können Sie komplett für die gesamte Postproduktion nutzen. Um Ihre Workflows schlank und schnell zu halten, ist es gut, wenn Sie sehr viele Apps testen und ausprobieren. Mit der Zeit finden Sie dann die wenigen Apps, die zu Ihnen, Ihren Storys, Designs und Workflows passen, genauso wie das Equipment, das Sie unterstützen kann.

Am wichtigsten ist: Nehmen Sie sich die Souveränität, und erzählen Sie die Storys, mit denen Sie und Ihre Marke wahrgenommen werden wollen – nicht die, von denen Sie denken, dass sie anderen gefallen.

4.2.5   Warum Storys und Toks den Newsfeed ablösen

Storys lösen also seit 2020 den Newsfeed ab, sind auf allen Plattformen präsent und werden von Nutzern zuallererst angesehen. Doch während viele Nutzer und Marken in 2021 erst dabei sind, sich in Storys einzufinden, boomt mit Toks auf Tik-Tok schon ein neues Genre. Das liegt daran, dass wir mit *Storys* und *Toks* ein neues innovatives und dynamisches Level im Social Web erreichen.

Hochkant-Storys mit spektakulärem multimedialem Content, die nach 24 Stunden gelöscht werden, wurden 2013 von Snapchat erfunden und eroberten seitdem alle Plattformen. Toks sind unterhaltsame Hochkant-Video-Storys mit viel Musik und spektakulären multimedialen Effekten, die es bislang nur auf TikTok gibt. TikTok entwickelte seinen Feed, die *For-You-Page*, als reinen Video-Feed mit vielen KI-basierten Effekten und einem außergewöhnlichen Algorithmus. Auf allen anderen Plattformen werden Inhalte im Nachhinein etwa aufgrund der gemessenen Interaktionen und vieler anderer Indikatoren gerankt. TikTok hingegen spielt den Content seiner Nutzer zuerst einer großen Menge fremder Accounts aus, bewertet deren Reaktionen und rankt den Content danach. Damit wird die Messlatte hochgelegt, aber auch allen Creatorn eine faire Chance auf eine hohe Reichweite eingeräumt. Auch wird Content auf TikTok für Wochen ausgespielt und kann über längere Zeit neue Nutzer erreichen.

TikTok fusionierte im August 2018 mit der populären Karaoke-App Musical.ly und löste bald darauf Snapchat als coolstes »Kid on the Block« ab. Seitdem gilt TikTok als größter YouTube-Konkurrent und sein Mutterkonzern *ByteDance* als schärfster Konkurrent von Google. Bis 2021 erreichte TikTok monatlich mehr als eine Milliarde aktive Nutzer weltweit, trotz politischer Hürden in den USA und eines Verbots in Indien.

Behalten Sie in Ihrer Content-Strategie aber im Auge, dass YouTube und TikTok völlig unterschiedliche Bedürfnisse und Ziele adressieren.

Snapchat und TikTok

Im Gegensatz zu allen anderen Plattformen teilen TikTok und Snapchat einiges miteinander, was sie für innovatives Social Storytelling und kreatives Marketing sehr attraktiv macht – auch für Sie.

Für den Vergleich zwischen *Toks* und *Storys* nehmen wir TikTok für Toks und Snapchat als Erfinder der Storys in ihrer Urform. Alle anderen Plattformen haben Storys von Snapchat so oder ähnlich übernommen, allerdings ohne die innovative Spitzentechnologie von Snapchat mitsamt KI-basierter Kamera. Auch Toks werden inzwischen von anderen Plattformen eingeführt, auf Instagram seit Juni 2020 als *Reels*, auf Snapchat seit November 2020 als *Spotlight*. Besonders bei Snapchat ist, dass die Plattform die redaktionelle Hoheit behält und die Qualität des Contents nach veröffentlichten Richtlinien kontrolliert, zum Beispiel auf *Discover*, *Maps* und *Spotlight*, einige der Ausspielkanäle auf Snapchat.

Snapchat und TikTok zeigen einen hohen Grad an dynamischer und strategischer Innovationskraft in Algorithmen, KI-basierten Technologien und neuen Modellen für Werbung und Monetarisierung.

Beide Plattformen erreichen weltweit sehr viele junge Nutzer am Smartphone, die teilweise dann auch Nutzer und Familienmitglieder, die zu älteren Demografien gehören, in ihre Toks und Community hineinholen. Sowohl Snapchat als auch TikTok gewichten relevante Interaktionen und Communitys sehr hoch. Und beide entwickeln neue hybride Formate für *Edutainment*, also unterhaltsame Inhalte, die zugleich bilden.

Native-Mobile-Genres

Gemeinsam ist Storys und Toks, dass sie die ersten innovativen Social-Media-Genres sind und die kreativen Möglichkeiten von Smartphone-Content-Kreation und Social Media voll ausschöpfen. Im Vergleich dazu sind alle anderen Genres und Content-Formate in Social Media konventionell. Denn Feeds und Timelines auf den meisten sozialen Plattformen werden bis heute größtenteils von Posts dominiert, die traditionelle Content-Formate ins Social Web übertragen, beispielsweise Artikel, Werbeanzeigen, Schaufenster und Galerien. Wie an den Begriffen von »Pferdestärke« für Autos und »Aktenordner« für Personal Computer gezeigt, können Menschen innovative Technologien besser akzeptieren, wenn sie mit traditionellen Eigenschaften ausgestattet oder zumindest beschrieben werden.

Storys und Toks sind die ersten Native-Story-Genres für Smartphones. Beide realisieren die wichtigsten Eigenschaften sozialer Medien: Sie sind geteilte soziale Erfahrungen, ja, interaktive Konversationen in live oder Echtzeit mit Smartphones. Zum Beispiel funktionieren viele Filter auf Snapchat nur als Multi-Player-Spiele und gemeinsam mit mindestens einer anderen Person. Zu den erfolgreichsten Toks gehören sogenannte *Duette*, bei denen mindestens zwei Nutzer miteinander ein Musikvideo kreieren und teilen.

Doch es gibt auch gravierende Unterschiede zwischen Storys und Toks.

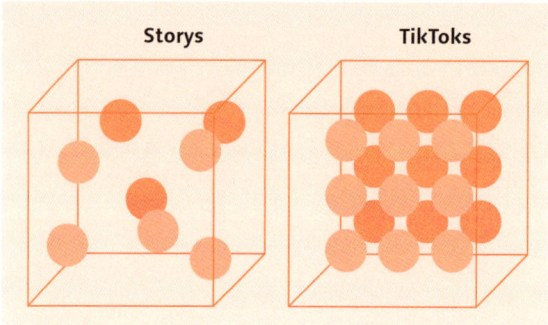

Abbildung 4.13 Stories und TikToks sind die beiden erfolgreichsten native Mobile-Formate.

Der amerikanische Technologie-Journalist und Investor Josh Constine sieht TikToks bei Engagement und Reichweite gegenüber Storys klar im Vorteil. Auf jeden Fall unterscheiden sich ihre Funktionsweisen wesentlich (Quelle: »Fifteen Seconds of Fame«-Newsletter vom 31.8.2020 (*https://constine.substack.com/p/content-density-why-tiktoks-trounce*).

Storys

Storys etablieren eine Art Tagebuch-Storytelling. Sie basieren auf kurzen monomedialen oder multimedialen Cards oder Slides in Echtzeit, die horizontal aneinandergereiht werden und durch die Nutzer schnell vorwärts und zurück wischen können. Plattformen wie Instagram analysieren Indikatoren wie die Anzahl der Nutzer, die die Story mindestens drei Sekunden lang ansehen, die Unique Views. Oder das Verhältnis von Aufrufen und tatsächlichen Impressionen, die »View Through Rates«, die analysieren, wie viele Nutzer die Story zu sehen bekommen und ansehen. Aber wie viel Content der Nutzer einer Story tatsächlich wahrnimmt, wird bei Story-Cards weniger präzise abgebildet als bei Videos wie TikToks.

Storys sind auf soziale Interaktionen mit einer Community ausgerichtet, die dieselben Ziele verfolgt. In Storys kann viel Text integriert werden, und mit multiplen Cards werden auch lange Reportagen erzählt. Zum Beispiel sind viele Storys auf

Snapchat Discover tiefgehende, gut recherchierte Reportagen, die auf Instagram nicht in Storys, sondern – wenn überhaupt – in Posts im Feed stattfinden. Storys sind definitiv gut geeignet für Cross-Promotion und um Follower und Nutzer auf andere Ausspielkanäle oder Plattformen einzuladen und mitzunehmen. Bauen Sie auch in Storys am Ende Calls-to-Action ein, wenn es thematisch passt.

Toks

Dahingegen sind Toks kurze multimediale Videos, die meist komplett angesehen werden. Audio ist bei Toks in der Regel unverzichtbar, mit ihnen wurden kabellose *Ear Pods* erst recht und weltweit zum Massenphänomen. Toks zielen auf Aufmerksamkeit und Anerkennung. Sie sind geleitet vom Interesse, monetarisierbare Aufmerksamkeit zu generieren. *Memes*, *Rollenspiele*, *Makings-of* und *Slangsprache* innerhalb regionaler Communitys treiben die Plattform unter anderem an. 1-Minute-Erklärvideos bieten ein serielles Format, das mit der richtigen Tonalität und Witz gut funktioniert. Toks verwenden häufig Captions und Worte wie 3D-Labels im Raum, mit denen Creator spielerisch interagieren, aber so gut wie keine längeren Texte.

Viele TikToker sind auch auf anderen Plattformen erfolgreich, insbesondere auf Instagram und YouTube, einige auch auf Twitter. Häufig teilen sie dafür keine explizite Cross-Promotion. Vielmehr folgen viele Nutzer, denen Toks gefallen, den Creatorn proaktiv auf andere Plattformen mit längeren Inhalten. Erfolgreiche TikToker und Influencer bespielen fast alle auch YouTube mit professionell produzierten, langen Videos, in denen sie Themen vertiefen und viel mehr Kontext und detailliertere Informationen teilen. Auf TikTok und YouTube pflegen Creator eine intensive Konversation mit ihrer Community, teils auch auf Instagram im Feed mit Live-Inhalten. Hier werden Fragen aus der Community beantwortet und Videos gezielt auf Themenvorschläge von Followern hin produziert und geteilt.

> **Pro-Tipp: Politische Inhalte müssen zu Marke und Plattform passen (von Tim Hendrik Walter)**
>
> Ich lasse die Finger von politischen Inhalten – erstens weil sie zu einer jungen Zielgruppe wie der auf TikTok nicht passen, zweitens weil es immer jemanden geben wird, der nicht meiner Meinung ist, was natürlich völlig okay ist. Aber ob Social Media, insbesondere TikTok, das für sein rigoroses Vorgehen gegen extreme politische Inhalte bekannt ist, dafür der richtige Ort ist, bezweifle ich stark.

Bei Mikro-Storys fürs Social Web denken Sie an den Unterschied zwischen konventionellen Formaten im Feed und innovativen Formaten in Storys und Toks. Für Livestreams und Interaktionen in Echtzeit sind Storys und Toks wie gemacht. Fokussieren Sie sich idealerweise in Ihren Storys und Toks auf Storytelling und Interaktionen, nicht primär auf einen Geschäftsabschluss. Gelingt der Beziehungsaufbau durch Storytelling, werden aus engagierten Nutzern auch loyale Klienten, Kunden oder Partner. Das gilt am Ende des Tages auf allen Plattformen für Creator und Marken, die organisch denken und nachhaltig planen und aufbauen.

4.3 Integrierte Storytelling-Werkzeuge und Besonderheiten gängiger Plattformen

Eine Story muss man finden, strukturieren, bauen. Wer wenig Erfahrung damit hat, ist abgeschreckt und fühlt sich wie vor einer »leeren Leinwand«. Mit den in Plattformen integrierten handlichen Werkzeugen für Storytelling und Editing lösen TikTok, Snapchat & Co. das Problem der »leeren Leinwand«. Auch Nutzer mit wenig Erfahrung in Storytelling oder mit wenig Zeit können mit den automatisierten Werkzeugen schnell hochwertigen Content und Mikro-Storys produzieren und teilen.

Ohne die Plattform je verlassen zu müssen, finden Sie zahllose Anregungen und ständig neue Vorlagen für erfolgreiche, professionell gemachte Content-Elemente und Storys, die Sie unmittelbar nutzen und wiederverwenden können, beispielsweise aktuelle Memes und GIFs, trendende Hashtags, Musik aus den Charts. Um die Trends zu treffen, werten die Plattformen eine riesige Menge an Nutzerdaten aus. Deshalb können Sie davon ausgehen, dass die in die Plattformen integrierten Content-Designs und Themenvorschläge getestet sind und garantiert bei vielen gut ankommen.

Konzentrieren Sie sich darauf, genuine und engagierende Inhalte für Ihre Marke zu erstellen. Wie das ganz praktisch gelingt, zeigen wir Ihnen jetzt in einem Crashkurs in professionellem Storytelling mit dem Smartphone und den in die Plattformen und ihre Ausspielkanäle integrierten kreativen Werkzeuge und Editoren. Vorher erklären wir die neue Kategorie Social+ und was sie mit den Plattformen zu tun hat, die wir als Beispiele für integrierte kreative Werkzeuge ausgewählt haben.

4.3.1 Social+-Unternehmen

Das Social-Media-Solarsystem entwickelt sich dynamisch weiter. Zukünftig wird es für Unternehmen und Marken entscheidend sein, eine aktive Community von vornherein in Produkte und Dienstleistungen zu integrieren. Unternehmen und Marken, die Communitys erfolgreich in ihre DNA einpflanzen, werden zu Social+-Unternehmen, nach dem Begriff von D'Arcy Coolican (*https://a16z.com/2020/12/07/social-strikes-back-social-plus/*). Was macht ein Social+-Unternehmen anders?

Für Social+-Unternehmen ist die Community zwingend in das Produkt integriert. Mit anderen Worten, ihre Community würde ohne das Produkt so nicht zusam-

198

menfinden, Produkt und Community bedingen sich gegenseitig. Beispielsweise ist *Spotify* eine Social-Audio-Plattform, ohne ein Social+-Unternehmen zu sein. Denn Spotify ist ein Musik-Abspieler für einzelne Nutzer. Das soziale Audio-Netzwerk *Clubhouse* ist dagegen ein Social+-Unternehmen, weil Clubhouse-Nutzer sich weltweit spontan mit dem Smartphone in *Chat Rooms* treffen, wo sie in Echtzeit miteinander sprechen oder einander auch nur zuhören. Im Bereich Sport ist *Sleeper* ein neues Social+-Unternehmen, weil Nutzer auf dem Smartphone miteinander Sportwettkämpfe und Spiele austragen und die Ergebnisse über eine längere Zeitstrecke in Fantasie-Ligen auswerten. Im Bereich Shopping gibt es *TalkShop*, einen interaktiven virtuellen Marktplatz in Echtzeit, auf dem Nutzer desktopbasiert von zu Hause aus unter anderem Verkaufsshows live streamen, Experten befragen und sich über Produkte und Preise austauschen. In China boomt in 2021 das sogenannte »Community Group Buying«, bei dem sich individuelle Menschen, die etwas kaufen wollen, beispielsweise Lebensmittel, zu einer Gruppe zusammenschließen und bessere Preise aushandeln.

Abbildung 4.14 LinkedIn-Post von Digital Concept Developer Julian Bossert 2021.

Social+ Communitys leben von der Interaktivität in Echtzeit und Livestreams. Für Storyteller und Showmaster bieten sich neue transmediale Formate an. Mit zunehmender Verbreitung von 5G und dem Internet der Dinge werden wir davon mehr sehen.

Für unseren Crashkurs zu integrierten Storytelling-Werkzeugen wählen wir für Sie beispielhaft fünf der (außerhalb Chinas) gängigsten, technologisch innovativsten Social+-Plattformen, deren Content primär von Storytelling getrieben ist: Twitter, TikTok, Snapchat, Instagram, Facebook.

Auf weitere soziale Plattformen mit einer Community in ihrer DNA gehen wir nicht weiter ein, weil wir dort bislang keine innovativen Storytelling-Methoden sehen, auch wenn die Plattformen große Reichweiten haben und teils zu großen Internet-Giganten gehören – etwa die mit vielen smarten Werkzeugen ausgestattete Platt-form *Pinterest*, die sich für E-Commerce und sogenanntes *Camera Commerce* mit Shopping direkt in Augmented-Reality-Filtern der Kamera-App anbietet (*https://neilpatel.com/de/blog/pinterest-fuer-ecommerce/*), die weltweit erfolgreichste Video-plattform *YouTube*, Chat-Plattformen wie *WhatsApp* und *Telegram* oder das Business-Netzwerk *LinkedIn*. Die wenigen in diese Plattformen integrierten Storytelling-Methoden können Sie sich leicht aneignen, sobald Sie mit den anderen Storytelling-Apps vertraut sind.

4.3.2   Digitale Schaufenster vs. Social Storytelling

Storytelling im Social Web funktioniert immer konversationell. Das heißt aber nicht, dass alle Konversationen im Social Web auch Storytelling sind. In Social+-Plattformen sehen wir beispielsweise viele neue Formate für agilen, transaktionel-len E-Commerce. Sie sind wie digitale Schaufenster und Verkaufsräume, die der Vernetzung und geschäftlichen Transaktionen dienen. Diese Schaufenster sind KI-getriebene, perfektionierte visuelle Suchmaschinen. Dazu zählen Social+-Shop-Konzepte der visuellen transaktionalen Plattform wie Pinterest genauso wie der transaktionalen Voice-Plattform Alexa. Storytelling ist dafür sekundär. Sie stimulie-ren konversationelle Interaktionen, um ein gemeinsames Geschäft oder einen Kauf-abschluss zu befördern, und sind primär transaktionell ausgerichtet.

Demgegenüber wirkt das geschäftliche Netzwerk LinkedIn indifferent. LinkedIn ge-hört seinem Wesen nach zu Social+, scheint uns bislang aber eher ein uneindeuti-ger Hybrid zwischen transaktionellen und konversationellen Interaktionen zu sein, in jedem Fall ohne innovative eigene Storytelling-Methoden.

Nutzeroberfläche und Navigation der in Plattformen integrierten Editoren ähnelt der in externen Storytelling- und Editoren-Apps. Wenn Sie sich in ein oder zwei der Apps eingearbeitet haben, kommen Ihnen viele Elemente und Icons vertraut vor. Bei jedem Schritt werden Ihnen die kreativen Werkzeuge und Effekte angezeigt, die Ihnen jetzt in Ihrem Workflow zur Verfügung stehen. Trauen Sie sich zu, einfach immer alles zu öffnen, anzusehen und auszuprobieren. Sie können nichts kaputt-machen. Der rettende Klick auf »Zurück«, auf Englisch »Undo«, ist immer möglich, und damit stellen Sie den vorhergehenden Zustand sofort wieder her.

Pro-Tipp zur Sicherung von Originalaufnahmen und Material in der Camera Roll

Für die ständige Sicherung Ihres gesamten Materials in der Camera Roll nutzen Sie praktischerweise einen Cloud-Service, der alles Material auf Ihrer Camera Roll in Echtzeit synchronisiert. Dann haben Sie ein automatisches Backup-System, das Ihnen das Projektmanagement erleichtert.

Bedenken Sie gleichzeitig, wie wertvoll Originalmaterial ist, die Zeit und Arbeit, die Sie und andere Beteiligte in Aufnahmen von Visuals und Audio investieren. Aufnahmen lassen sich in der Regel nur mit großem Aufwand wiederholen. Deshalb vergewissern Sie sich vor einer Postproduktion immer, dass es in der Cloud ein Backup Ihres Originalmaterials gibt, oder Sie duplizieren sicherheitshalber das Material selbst und speichern es zusätzlich zur Synchronisierung in der Cloud auf einer externen Festplatte ab.

Die Backup-Version des Originalmaterials berühren Sie gar nicht. Dann haben Sie immer eine vollständige Version ihres Materials, zu der Sie im Fall der Fälle zurückkehren können. Wenn Sie sie verwenden müssen, duplizieren Sie sie zuerst, sodass Sie wieder eine Backup-Version zur Verfügung haben. Nach Veröffentlichung der Content-Produkte können sie alles Material, das Sie nicht mehr benötigen, natürlich wieder löschen.

Arbeiten Sie an einer Longform-Story und einer komplexen Postproduktion, duplizieren Sie auch zwischendurch ihre Projekte. Wenn Sie einen aufwendigen Arbeitsschritt abgeschlossen haben, zum Beispiel alle Sequenzen geschnitten sind oder Sie das Audio angepasst und Musik angelegt haben, duplizieren und benennen Sie diese Version. Dann sind Sie nicht unbedingt auf die »Zurück«-Funktion angewiesen, wenn Sie etwas rückgängig machen möchten, dass länger her ist, sondern gehen zum Backup des Zwischenstands und arbeiten damit weiter.

Auch wenn Sie in Editoren integriert in einer sozialen Plattform arbeiten, etwa in Instagram-Storys, speichern Sie ihr Material bei aufwendigen Zwischenschritten während einer audiovisuellen Produktion zwischendurch regelmäßig in der Camera Roll ab. Dafür nutzen Sie mit einem Fingertap einfach den Download-Pfeil oben im Editor. Denn falls Sie versehentlich während der Bearbeitung aus dem Story-Editor herausgehen, ist ihr Material weg. Deshalb sollten Sie unbedingt zwischenspeichern. Dann haben Sie weiterhin Zugriff auf den Zwischenstand in ihrer Camera Roll.

Das ist auch praktisch, wenn Sie Effekte hinzufügen, die nicht exportiert werden können, etwa interaktive Elemente wie Quiz und Poll. Wenn Sie den bearbeiteten Clip in die Camera Roll herunterladen, bevor Sie ein interaktives Element einfügen, erleichtert Ihnen das die crossmediale Nutzung des Clips später auf anderen Plattformen.

4.3.3   Twitter

Twitter eignet sich für *Mikroblogging* in Echtzeit, also mit einer kurzen Phase der Postproduktion oder live zu aktuellen Diskursen.

Wofür

Meist sind es fachliche und berufliche Themen wie Klimapolitik oder Brexit und zeitgeschichtliche Ereignisse wie der Terroranschlag weißer Supremisten im Capitol oder die Zulassung eines Covid-19-Impfstoffs, zu denen sich Communitys bilden und austauschen. In 2020 während der *#BlackLivesMatter*-Proteste und des Corona-Lockdowns wurden viele Diskurse auf Twitter persönlicher und aufmerksamer für die Schicksale einzelner Community-Mitglieder. Das funktioniert also auf Twitter auch.

Tweets sind wie mündliche Äußerungen und werden häufig von anderen auf Twitter oder auf anderen Plattformen zitiert. Um einen Tweet zu zitieren, *retweeten* Sie ihn mit oder ohne eigenen Kommentar. Oder Sie erstellen einen *Screenshot* und bearbeiten, verwenden, teilen diesen dann auf Twitter oder einer anderen Plattform.

Abbildung 4.15 Der Home-Screen von Twitter

Twitter macht es Nutzern auch sehr einfach, einen Tweet in Echtzeit und nur mit einem Fingertap auf Snapchat und zukünftig auch auf Instagram zu teilen. Diese Option befindet sich direkt in der SHARE-Funktion unterhalb jedes Tweets neben der LIKE-Funktion.

In 2021 plant Twitter, neue Funktionen für Newsletter-Autoren und ihre Abonnenten und interessierte Nutzer anzubieten. Dafür hat Twitter das holländische Startup »Revue« gekauft, das sowohl als eigenständige Webanwendung als auch in Twitter integriert für mehr Interaktionen zwischen Newslettern und Nutzern und für Konversionen und direkte Monetarisierung sorgen wird.

Welche multimedialen Elemente dominieren

Nutzen Sie auch auf Twitter die immersive Wirkung von multimedialen Mikro-Storys, und integrieren Sie so oft wie möglich multimediale Content-Elemente. Das geht schnell, und es können einfache Fotos oder Screenshots, kurze Videoclips, Audio, Umfragen sein – mehr zu den multimedialen Werkzeugen auf Twitter stellen wir Ihnen weiter unten in diesem Abschnitt vor.

Texte

Wie bei keiner anderen Plattform bauen Sie Tweets maßgeblich mit Wörtern, Hashtags und Texten. Typische Story-Formate als Texte sind auf Twitter häufig Kommentare, Argumentationen, Fragen, Zitate, kurze Berichte, beispielsweise von einer wissenschaftlichen Konferenz oder einer politischen Veranstaltung, und Satire. Auch Meldungen zu aktuellen Ereignissen, Hinweise auf interessante oder neue Publikationen und Produkte sowie Ankündigungen von Events gehören zu üblichen Tweet-Formaten.

Ein einzelner Tweet ist bislang auf 280 Zeichen limitiert. Multiple Tweets können zu einem langen Tweet addiert werden, der einen zusammenhängenden Blog ergibt, auf Twitter *Thread* genannt. Jeder einzelne Tweet stellt alle Editor-Funktionen für Blogger und alle Funktionen für Reaktionen für Nutzer zur Verfügung. Jeder Tweet zeigt bei Veröffentlichung Datum und Zeit seiner Veröffentlichung an.

Wenn Sie einen Tweet in Twitter kreieren und aus dem Editor herausgehen, bevor der Tweet gepostet ist, speichert ihn Twitter entweder automatisch unter *Entwürfe* ab, auf Englisch »Draft«, oder bietet ihnen diese Option manuell an. Wenn Sie in den Editor zurückkehren, finden Sie die Funktion ENTWÜRFE, sobald Sie auf CREATE klicken und einen neuen leeren Tweet öffnen.

Tweets werden häufig retweetet, mit oder ohne einen Kommentar, und gelten als dokumentierte Quellen. Deshalb müssen sie zitiert werden können, ohne dass das Originalzitat verändert wird und dadurch womöglich den Sinn des Retweets völlig verändert. Aus diesem Grund sind Tweets nicht mehr editierbar, wenn sie einmal veröffentlicht und mit Datum und Zeitstempel versehen sind.

Pro-Tipp zur Fehlerkorrektur und dem Löschen von Tweets

Schreiben Sie Tweets und alle Texte für Social-Media-Posts in einem einfachen Texteditor in ihrem Smartphone vor. Dann exportieren Sie Text oder Textsegment mit Copy-and-paste auf die Plattform, auf der Sie es weiterbearbeiten und teilen wollen. So formulieren Sie besser und haben Zeit, den Text fehlerfrei vorzuschreiben.

Rechtschreibfehler, grammatische und sachliche Fehler sollten Sie auf jeden Fall vermeiden, sie lassen Sie schnell unprofessionell oder inkompetent aussehen. Flüchtige, einzelne Rechtschreibfehler sind auf Twitter nicht selten und werden toleriert, weil jeder die Problematik der nicht-editierbaren Texte versteht.

Auf den meisten anderen Plattformen können Sie alle Texte im Feed nach Veröffentlichung korrigieren und editieren. Auf einigen Plattformen lassen sich nach Veröffentlichung im Feed auch noch multimediale Content-Elemente austauschen oder ergänzen.

Falls Sie einen Tweet veröffentlicht haben und einen Fehler darin entdecken, den Sie nicht stehen lassen wollen, löschen Sie den Tweet – aber nur, wenn das zeitnah zum Veröffentlichen geschieht und noch niemand den Tweet retweetet hat.

Sonst retweeten Sie den Tweet und ergänzen im Kommentar die Korrektur. Das ist transparent, glaubwürdig und macht Ihre digitale Kompetenz sichtbar. Kombinieren Sie eine Korrektur mit einer humorvollen Bemerkung oder einem witzigen Visual, können Sie damit sogar punkten.

Nutzer können auf alle Tweets reagieren, sie liken, darauf antworten oder den Tweet retweeten und beim Retweet kommentieren. Sie selbst können auf die Reaktionen reagieren, sie liken, darauf antworten oder ihren eigenen Tweet auch retweeten, beispielsweise zu einem späteren Zeitpunkt oder mit einer neuen Information.

Antworten in der Antwortfunktion werden getweetet, aber nicht im Haupt-Feed hochgespielt, und sind unter TWEETS & ANTWORTEN auf Ihrem Twitter-Profil öffentlich einsehbar.

Abbildung 4.16 Der Profil-Screen von Twitter

Pro-Tipp zu Interviews mit der Antwortfunktion auf Twitter

Führen Sie Interviews oder Gespräche auf Twitter. Das geht schnell, das Interview ist auf Twitter mit Datum und Zeitstempel dokumentiert, und Sie können es anschließend mit externer Software wie *Wakelet* oder *Thread Reader App* als einen zusammenhängenden Text montieren und auf einer anderen Plattform oder Website teilen oder archivieren.

Für ein Gespräch auf Twitter tweeten und retweeten Sie und Ihr Gesprächspartner im Wechsel. Oder Sie benutzen die Funktion ANTWORTEN, das Sprechblasen-Icon links in der Reaktionsleiste. Antworten geben mit leichter zeitlicher Verzögerung den Gesprächsfaden in Echtzeit wieder.

In der Antwortfunktion stehen Ihnen alle üblichen Tweet-Editor-Funktionen außer Livestream und Audio-Aufnahme zur Verfügung.

Bei einem veröffentlichten Tweet können Sie weitere Tweets ergänzen, auch mit multimedialem Material, allerdings bislang stärker limitiert als beim ersten Tweet. Sie können nur ein Foto statt der bislang üblichen vier oder ein GIF hochladen.

Livestream

Livestreams auf Twitter dürfen roh und unpoliert sein. Typische Story-Formate in Twitter Live haben Neuigkeitswert. Sie gehen live, um einen Moment spontan zu teilen, ein Interview zu führen, etwas anzukündigen oder ein komplettes Event mit Smartphone oder Tablet zu streamen. Planung erhöht auch hier die Qualität Ihres Contents. Und je öfter Sie das machen, desto geübter werden Sie, und Ihre Souveränität und Professionalität werden sichtbar.

Alle Content-Produktion auf Twitter fängt mit »Create« an – wie bei allen anderen Editoren in Plattformen und Storytelling-Apps auch. Auf Twitter finden Sie Create derzeit als blaues Kreis-Icon mit dem kleinen Plus mit Federkiel. Tappen Sie darauf, öffnen Sie einen neuen, leeren Tweet. Dann sind Sie im Twitter-Editor mit Kamera und Live-Funktionen. Jetzt sehen Sie alle Funktionen, mit denen Sie Tweets erstellen, bearbeiten und teilen können.

Der Cursor blinkt im Texteingabefeld, darüber sehen Sie die Icons mit Entwurf und Tweet. Solange das Tweet-Icon blau leuchtet, können Sie den Tweet jederzeit teilen, indem Sie auf das Icon tappen. Die Anzahl der Zeichen wird Ihnen angezeigt. Sobald der Text 280 Zeichen übersteigt oder irgendetwas nicht funktioniert, leuchtet das blaue Tweet-Icon nicht mehr, und Sie können den Tweet nicht teilen, bevor sie den Umfang reduziert und alle technischen Bedingungen erfüllt haben.

Unterhalb des Texteingabefeldes sehen Sie eine Leiste mit den in Twitter eingebauten Multimedia- und Storytelling-Werkzeugen. Mit nur drei Schritten gehen Sie live. Drücken Sie das Kamera-Icon. Damit öffnen Sie die Kamera ihres Smartphones im Twitter-Editor. Nun sehen Sie drei Optionen für Visuals: Sie können ein Video aufnehmen, ein Foto schießen oder einen Live-Videostream starten.

Abbildung 4.17 Das Twitter-Dashboard mit Kamera und Editor-Funktionen

Tappen Sie darauf, und gehen Sie einen Schritt weiter. Es erscheint ein leeres Tweet-Feld, das Sie stichwortartig ausfüllen, mit Angaben zu Livestream, Location, Thema, andere Account-Handles. Diese Caption wird für alle Nutzer sichtbar, die sich den Livestream live oder als Aufnahme später im Feed ansehen. Schließlich tappen Sie auf »Live gehen«, und schon streamen Sie live.

Denken Sie unbedingt an Ihre Rolle als Guide und daran, dass das Video anschließend als Aufzeichnung in Ihrem Feed zu sehen ist, wenn Sie es nicht löschen. Führen Sie deshalb alle drei Schritte durch: Intro – Event – Outro.

Auf Twitter werden Ihnen wie auf allen Plattformen mit der Option, live zu gehen, während des Livestreams die aktiven Nutzer angezeigt, und Sie können andere aktive Accounts in den Livestream einladen. Das kann verabredet oder ganz spontan sein. Dadurch wird ein Livestream zu einem Gespräch, funktioniert interaktiv, spannend und zieht mehr Nutzer an.

Viele Videostreams auf Twitter sind wenige Minuten kurz. Das einfachste Format wird häufig für Breaking News oder kurze Einblicke in Live-Events genutzt.

Prinzipiell erlaubt Twitter bei Livestreams aber einen Umfang von maximal bis zu sechs Stunden. Das macht die Übertragung von langen und kompletten Events möglich. Der preisgekrönte Pianist Igor Levit zum Beispiel nutzte Twitter Live während des Corona-Lockdowns und streamte frühabendlich Klavierkonzerte am Flügel aus seinem Wohnzimmer in Berlin. Mit einfachem Equipment und seiner persönlichen Art erreichte er Zehntausende seiner Fans auf der ganzen Welt, die seine Twitter-Konzerte live oder als Aufzeichnung anhörten.

Video

Jedem Tweet-Text kann ein Video beigefügt werden. Video und Text beziehen sich aufeinander und ergänzen sich gegenseitig. Übliche Story-Formate auf Twitter sind kurze Sequenzen wie Produkt-Clips oder Erklär-Clips und Beispiel-Clips zu einer technischen Anwendung, zu denen es auf YouTube oder im Web lange Versionen gibt. Weit verbreitet sind auf Twitter auch Nachrichtenvideos, Erklärvideos, Interviews oder einzelne Originaltöne, Videos von Vorträgen, Workshops und anderen Events.

Wörtliche Zitate anderer Quellen im Text, ergänzt mit einem dokumentarischen Video oder Erklärvideo, untermauern Ihre Glaubwürdigkeit und Ihre Geschichte. Videos sind bislang auf 140 Sekunden limitiert. Unterschiedliche Aspect Ratios funktionieren.

Zu einem Video können Sie nur einen Audioclip ergänzen, den Sie im Twitter-Editor aufnehmen. Videos und Fotos können bislang nicht verwendet werden.

Alle Videos können in Twitter nach dem Hochladen getrimmt werden, das heißt, Sie bestimmen Anfang und Ende innerhalb des Limits von maximal 140 Sekunden.

Es gibt zwei maßgebliche Optionen, wie Sie eigene Videos zu einem Tweet hinzufügen. Sie nehmen Videos entweder in der Kamera in Twitter auf und posten direkt, ohne Twitter zu verlassen. Oder Sie behalten mehr Kontrolle über Ihren Content, nehmen das Video in der nativen Kamera-App Ihres Smartphones auf und speichern es in der Camera Roll ab. Dann editieren Sie es in der Camera Roll oder einem externen Video Editor wie Kinemaster oder Luma Fusion. Anschließend laden Sie es auf Twitter in den Tweet hoch und teilen es dort.

Fotos

Jedem Tweet-Text können Sie ein bis vier Fotos in verschiedenen Aspect Ratios beifügen. Übliche Story-Formate mit Fotos sind auf Twitter Schnappschüsse, Erklärbilder, die etwas zeigen, und journalistische Fotos. Häufig sind auch Bilder-Storys, Cartoon-Storys, Meme-Storys, Foto-Storys, bei denen die Fotos nummeriert und in einer bestimmten Reihenfolge angesehen werden sollen.

Fotos und Videos schließen sich in einem Tweet aus, Fotos können Sie nur mit Audioclips ergänzen, die Sie in Twitter direkt aufnehmen.

In ein und derselben Story sollten Sie möglichst Fotos mit demselben Aspect Ratio verwenden oder Fotos mit unterschiedlichen Maßen in ein externes Layout integrieren, das Fotos mit verschiedenen Maßen einbettet.

Bislang bietet der Twitter-Editor kein Layout für Fotos an. Fotos werden zwei nebeneinander und vier in zwei Reihen übereinander sortiert. Nutzer können die Fotos eines Tweets öffnen und dann komplett in einer horizontalen Reihe entlangswipen und ansehen; das befördert in einer Folge erzählte Bildergeschichten.

Allerdings zeigt Twitter im Feed automatisch ein Thumbnail, bei dem Videos und Fotos oft ungünstig unterteilt sind. Wir empfehlen daher: Bearbeiten Sie alle Fotos zuerst in der Camera Roll und/oder in externen Foto-Editoren wie *Snapseed* oder einem externen Layout wie *Series*. In einem externen Layout ordnen Sie die Fotos integriert in einer Vorlage an und speichern das fertige Layout als einzelne Fotodatei in Ihrer Camera Roll ab. Wenn Sie die Fotodatei dann auf Twitter teilen, können Sie den Ausschnitt des Thumbnails interessanter gestalten und kontrollieren.

GIF

Jedem Tweet können Sie ein *GIF* hinzufügen. GIFs sind komprimierte Bilder, die auf dem »Graphic Interchange Format« beruhen. Mehrere übereinandergelegte Einzelbilder werden als animierte Videoclips angesehen und als Video-Datei abgespeichert. Das sind GIFs. In Twitter können Sie GIFs im Editor aus dem Twitter-Fundus auswählen oder als Videoclip aus Ihrer Camera Roll hochladen und dem Tweet hinzufügen. GIFs zeigen häufig kurze emotionale Reaktionen mit Schauspielern oder animierten Figuren und Cartoons. In kompletten Video-Editoren lassen sich auch Audioeffekte hinzufügen. Sie finden Sie auf allen Plattformen als GIFs oder als Sticker.

Alle Plattformen haben eigene GIFs zur Auswahl, teils findet sich darunter von Nutzern hergestellter UGC, teils finden Sie auf allen Plattformen die gleichen GIFs. Viele Plattformen nutzen das Zugangsprotokoll von Giphy, weshalb sich viele GIFs gleichen. Auch sind viele GIFs populäre Videos oder Memes.

Sie können selbst GIFs herstellen, beispielsweise mit externen GIF-Apps wie *Giphy Cam*, oder einen GIF-artigen Effekt mit der Instagram-Boomerang-App. Sie können auch selbst GIFs in einem kompletten Audio/Video-Editor erstellen, indem sie Bilder mit Speed und Filtern animieren. Das ist aufwendig, sichert Ihnen aber ein originelles Ergebnis.

Im Twitter-Fundus sind alle zur Auswahl stehenden GIFs nach verschiedenen emotionalen Reaktionen wie traurig oder glücklich sowie nach Ausdrucksweisen wie Applaus oder Tanz geordnet.

Abbildung 4.18 Die Giphy-Camera-App sortiert GIFs nach Aktualität und thematischen Rubriken vor. Sie können GIFs herunterladen oder selbst kreieren, in der App mit anderen teilen oder herunterladen und woanders verwenden.

GIFs sind praktisch, weil sie schnell zu posten und einfach verständlich sind. Sie besitzen Meme-Potenzial und sind oft Memes. Menschen verstehen GIFs intuitiv. Sie verkörpern emotionale Reaktionen, die im individuellen Alltag und im kollektiven Gedächtnis der Menschen verankert sind.

Typische Story-Formate für GIFs auf Twitter sind starke Reaktionen auf neue Nachrichten, die zum Beispiel Freude, Kummer oder Fassungslosigkeit symbolisieren.

Hyperlink

Auf Twitter sind kuratierte Inhalte, auch wenn Sie Inhalte anderer Websites und Plattformen per *Hyperlink* teilen, weit verbreitet und allgemein akzeptiert. Auf anderen Plattformen wie Facebook und LinkedIn können Hyperlinks zur Abwertung im Ranking Ihrer Posts führen, weil sie nicht als Ihr originaler Content gewertet werden. Sie werden von Plattformen wie Facebook auch abgewertet, weil Hyperlinks Nutzer aus der Plattform herausführen und die Plattform weniger Geld verdienen kann.

Kuratieren Sie auf Twitter Storys mit Hyperlinks in Verbindung zu einem oder mehreren Fachgebieten, in denen Sie Expertise haben, sich beteiligen wollen und als Experte auch wahrgenommen werden wollen. Merken Sie sich die Faustregel, dass Hyperlinks sinnvoll sind, die Ihre Erzählung unterstützen oder ergänzen.

Auf Twitter werden Hyperlinks bei den möglichen 280 Zeichen pro Tweet mitgezählt und automatisch mit einem Vorschau-Thumbnail ausgespielt. Falls das Vorschau-Thumbnail nicht automatisch erstellt wird, können Sie selbst einen Screenshot oder ein GIF als Thumbnail hinzufügen.

Ein Hyperlink wird bei Veröffentlichung mit einem automatisch erstellen Vorschaubild automatisch aus dem Tweet entfernt. Der Hyperlink bleibt als Text stehen, wenn die automatische Vorschau nicht aktiviert wird und Sie ein Visual ergänzen.

Audio

Jedem Tweet können Sie einen einfachen Audioclip oder multiple einfache Audioclips hinzufügen.

Typische Story-Formate für Audio auf Twitter sind Sprachnachrichten, kurze Kommentare sowie Breaking News. Sie können auch kurze Audio-Interviews oder Umgebungssound aufzeichnen und teilen.

Ein Audioclip ist maximal 140 Sekunden lang. Sie müssen Audioclips in Tweets mit Ihrem Smartphone direkt im Twitter-Editor aufzeichnen und teilen. Das geht in wenigen Schritten. Sie öffnen Audio mit einem Tap auf das kleine Wave-Icon, starten die Aufnahme und teilen den Clip dann sofort.

Wie bei Text-Tweets lassen sich auch aus Audioclips lange Threads erstellen. Twitter reiht Audioclips automatisch chronologisch aneinander. Auch wenn Sie einen Clip aufnehmen, der länger ist als 140 Sekunden, sequenziert Twitter die Clips und ordnet sie nacheinander an.

Während der Aufnahme läuft kein Time-Code, die Aufnahme wird durch ein winziges Laufband aus Strichen angezeigt, in dem Twitter nach 140 Sekunden winzige Marker setzt. Im Audioclip werden die Nummerierung, beispielsweise 1/32, und die Länge eines Audioclips angezeigt.

Jeder Audioclip kann mit einem Text ergänzt werden. Und Sie können jeden Audio-Clip im Twitter-Feed mit allen anderen multimedialen Content-Elementen kombinieren, etwa Fotos, Video oder Umfragen.

Creator haben bislang keine Möglichkeit, Audioclips auf Twitter zu editieren und auch nicht zu importieren oder zu exportieren.

Pro-Tipp zu Screen Recording und Screenshots für Content-Produktion

Nutzen Sie Screen Recording für schnelles Aufzeichnen von Audio, Video oder anderem Material, das Sie verwenden möchten, dessen Datei Sie aber nicht herunterladen können. Sie können beispielsweise Twitter-Audioclips mit Screen Recording aufzeichnen, auf dem Smartphone oder in der Cloud abspeichern, dann in einem Audio-Editor bearbeiten und woanders teilen.

Mit Screen Recording zeichnen Sie live auf, was Sie auf dem Bildschirm sehen und hören. Wenn Sie das Mikrofon dabei einschalten, zeichnet Screen Recording zusätzlich Audio von Stimmen oder Sound im Raum auf, in dem Sie sich befinden. Sie können beim Screen Recording also direkt eine Moderation ergänzen. Das macht die Produktion sehr schnell. Mehr Kontrolle haben Sie über das Ergebnis, wenn Sie Audio zum Screen Recording separat produzieren und in einem kompletten Audio/Video-Editor montieren und abmischen.

Was Screen Recording für bewegte Bilder, Audio und multimediale Inhalte ist, sind Screenshots für Stills, beispielsweise Fotos, Cartoons, Poster. Sie nehmen einen Screenshot auf, croppen und editieren ihn in der Camera Roll oder einem externen Foto-Editor wie Snapseed und teilen den neuen Content dann wieder.

So stellen Sie sehr schnell relevanten kuratierten Content her. Beispielsweise veranschaulichen Sie damit eine Story, zitieren einen veröffentlichten Post von einem anderen Account oder modifizieren einen eigenen Post und veröffentlichen ihn erneut.

Wichtig ist, dass Sie bei Screenshot und Screen Recording in den Captions die Quelle und den Urheber nennen, insbesondere wenn dieser nicht aus dem Screenshot oder Screen Recording hervorgeht.

Poll

Jedem Tweet können Sie eine Umfrage, auf Englisch »Poll«, hinzufügen. Sie stellen entweder eine offene Frage mit multiplen Antwortmöglichkeiten oder eine geschlossene Frage, auf die nur eine Antwort mit einer von zwei sich gegenseitig ausschließenden Möglichkeiten wie »Ja« oder »Nein« möglich ist.

Typische Story-Formate für Umfragen auf Twitter sind emotionale Reaktionen, politische Umfragen, Feedback zu Produkteigenschaften und Einschätzungen zu einem Trend.

Integrierte Storytelling-Werkzeuge und Ausspielkanäle

Feed ist der Haupt-Ausspielkanal von Twitter für Echtzeit-Storys. Daneben bietet Ihnen auch Twitter einige wenige Ausspielkanäle und integrierte Werkzeuge an, mit denen Sie kurze multimediale Mikro-Storys erzählen und bereits veröffentlichte Tweets auswählen und kuratieren und als zusammenhängende Story erneut teilen können.

Fleet

Auf Twitter heißen Storys *Fleets*. Typische Formate für Fleets sind Zitate, PR und andere Stellungnahmen, Highlights aus einem Thread oder Tweet, Ankündigungen von Events oder Publikationen, Werbung für andere Social-Media-Plattformen und längere Storys auf anderen Kanälen.

Auf der Twitter-Homepage befinden sich die Fleets in den für alle Plattformen typischen kreisförmigen Thumbnails. Sie starten, indem Sie auf ADD und das kleine Plus im Kreis mit Ihrem Profilbild tappen und damit Fleets und die Kamera ihres Smartphones öffnen.

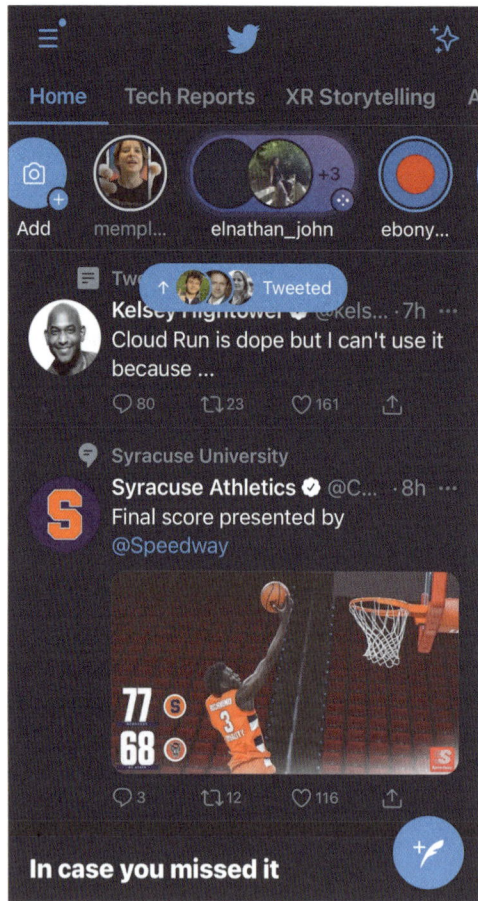

Abbildung 4.19 In diesem Beispiel sehen Sie oben in der horizontalen Fleets-Reihe einen Live-Audio-Raum mithilfe von multiplen Profil-Icons angezeigt.

In Fleets stellt Twitter bislang nur einen rudimentären Editor und grundlegende Medienformate zur Verfügung. Es gibt nur vier einfache Optionen, selbst Content zu produzieren: Monofarbige Text-Cards, Fotos, Videos sowie vorproduzierter Content, hochgeladen aus der Camera Roll.

Im Editor können Sie bei der Text-Card die Hintergrundfarbe ändern und sonst bislang bei Cards und allen Content-Elementen nur Captions/Text ergänzen. Kein Material können Sie croppen, trimmen oder anderweitig bearbeiten, und Sie können auch keine interaktiven Elemente integrieren. Das unterstreicht Twitters Fokus auf Live- und Real-time-Storys. Hochwertigen multimedialen Content können Sie nur vorproduzieren und von der Camera Roll in Fleets hochladen. Video und Audio wird beim Abspielen dann aktiviert. Twitter plant auch Audio-Räume in Fleets, ähnlich wie Clubhouse.

Lists

Listen auf Twitter sind eine brillante Methode, um Twitter-Content thematisch zu filtern und systematisch zu monitoren, also zu beobachten. Eine Liste ist eine Gruppe von Twitter-Accounts zu einem Thema, beispielsweise Social Media, Klimapolitik, E-Commerce.

Wenn Sie eine Liste erstellen, definieren Sie Thema, Titel, Listenprofilbild und fügen dann Accounts hinzu. Sie wählen auch aus, ob eine Liste öffentlich oder privat sein soll. Die Accounts werden zu den Mitgliedern der Liste. Sie pflegen die Liste so lange, wie das Thema für Sie relevant ist.

Die Funktion »Listen« finden Sie auf Ihrem Profil und auf den Profilseiten anderer. Sie bauen Listen selbst oder abonnieren die Listen anderer.

Eine Liste ist eine Filterfunktion und eine wertvolle Ressource, mit der Sie sich und anderen die Arbeit erleichtern. Sie könnten beispielsweise eine Liste mit Accounts von Journalisten, die zu Klimapolitik berichten, oder eine Liste mit allen Content-Marketing-Agenturen in der DACH-Region anlegen. Wer eine öffentliche Liste erstellt, teilt wichtiges Wissen und spart anderen die Zeit, selbst eine solche Liste aufzubauen.

Wenn Sie den Listen-Bereich auf Twitter öffnen, sehen Sie zuerst eine Übersicht aller Listen, die Sie erstellt oder abonniert haben. Davon können Sie fünf Listen oben pinnen. Die Namen der gepinnten Listen tauchen dann auf ihrer Twitter-Homepage über der Fleets-Reihe auf. Sie steuern jede der Listen durch einen Fingertap an. So filtern Sie den Feed thematisch und sehen nur die Posts von Accounts, die in der gewählten Liste sind.

Sind Sie in der Listenfunktion, sehen Sie oben rechts drei Punkte. Wenn Sie darauf tappen, wird Ihnen angezeigt, in welche Listen anderer Nutzer Ihr Account aufgenommen worden ist. Sie können die Aufnahme in eine andere Liste blockieren, indem Sie in diese Liste und zum Account des Listen-Profils gehen und dort in den Settings diese Liste blockieren.

Tweetdeck ist eine Account-Management- und Content-Management-Web-App, die zu Twitter gehört und am besten auf Desktops funktioniert. In Tweetdeck kommen Sie kostenlos mit Ihren Twitter-Zugangsdaten.

Pro-Tipp zu Social-Media-Dashboards

Tweetdeck bietet Ihnen ein sogenanntes »Dashboard« nur für Twitter an. Ein Dashboard ist ein »Armaturenbrett«. Es gibt auch noch andere, teils kostenlose und teils kostenpflichtige Dashboards wie *Hootsuite*, *Buffer*, *Crowdtangle* und *Social Baker*, mit denen Sie mehrere Social-Media-Plattformen übersichtlich managen und monitoren.

Mit Dashboards sparen Sie viel Zeit und gehen strukturiert und systematisch bei Ihren crossmedialen Konzeptionen und Ihrer »All-in-One«-Strategie vor.

Mithilfe eines Social-Media-Dashboards filtern Sie Informationen, suchen gezielt nach Themen, Hashtags und Content, monitoren die für Sie relevanten Accounts und Themen auf einer Plattform, analysieren Ihre Posts anhand der Erfolgsindikatoren, die für Sie relevant sind, und planen und terminieren Posts.

Aber auch wenn Sie praktischerweise mit Web-basierten Dashboards auf Ihrem Desktop arbeiten, nehmen Sie sich die Zeit, regelmäßig in die sich dynamisch verändernden Plattformen auf Ihrem Smartphone hineinzuhören und hineinzusehen. Dann bleibt Ihnen die mobile UX der für Sie relevanten Plattformen vertraut, und Sie bleiben nah dran am Nutzungserlebnis Ihrer Follower und Nutzer.

In Tweetdeck können Sie Listen, die Sie in Twitter angelegt haben, sowie andere Filter, zum Beispiel Suche, Hashtags oder Geolocation, übersichtlich in fortlaufenden separaten Kolumnen anlegen. Jede Liste und jeder andere Filter wird im Dashboard dann in einer eigenen Kolumne ausgespielt. Jede Kolumne ist quasi wie ein eigener Twitter-Feed und bietet alle Funktionen an, die Twitter auch im Feed zur Verfügung stellt, beispielsweise einen Tweet erstellen und teilen, andere Tweets liken, retweeten, beantworten, kommentieren. Sie können Accounts managen und auch andere Accounts blocken.

Tweetdeck bietet auch die Option, Tweets vorzubereiten und mit Datum und Zeit zu terminieren, auf Englisch »schedule«. Dann postet die App den Tweet zum festgelegten Zeitpunkt.

Sie können Teams bilden, bei denen dann alle Mitglieder auf einen Twitter-Account Zugriff erhalten und unter dem Account posten und Tweets terminieren können.

Tweetdeck ist deshalb für kollaborative Projekte und für Real-time-Reportagen von Events ideal.

Moments (Desktop-Werkzeug)

Moments ist ein in Twitter integriertes Storytelling-Werkzeug, mit dem Sie aus dem gesamten Fundus veröffentlichter Tweets die für Ihre Story relevanten Tweets auswählen und in einer Moment-Story kuratieren.

Öffnen Sie »Moments« und starten mit CREATE. Zuerst laden Sie ein Cover-Bild hoch und benennen Ihre Moment-Story. Dann suchen Sie mit Twitters Suchfunktion aus dem Archiv aller veröffentlichten Tweets heraus, die Sie einbinden wollen.

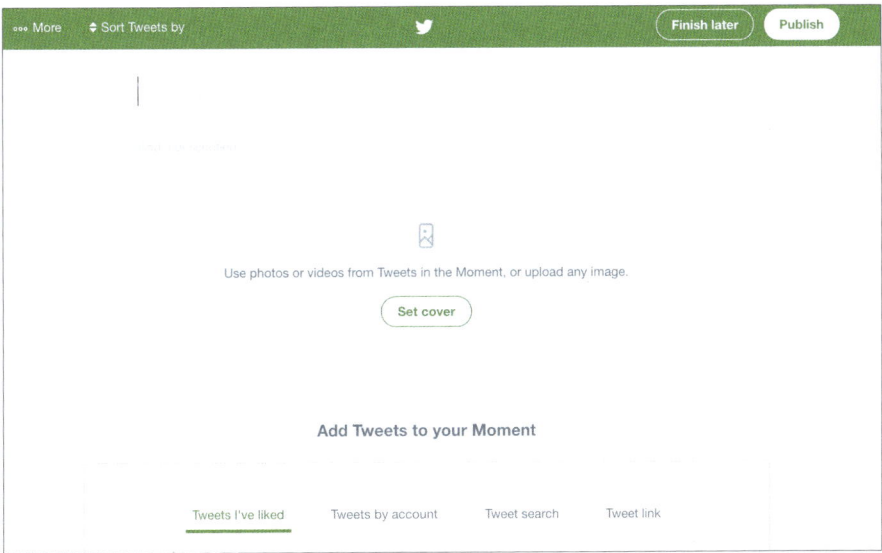

Abbildung 4.20 Das Dashboard von »Moments«.

Typische Story-Formate für Moments sind zusammenfassende Storys von einem Event, etwa einer Konferenz oder eine Reise, oder eine Ratgeber-Story, eine Erklär-Story, eine Dokumentation, eine Serie von inspirierenden Zitaten.

Moments können Sie nur im Twitter-Webbrowser erstellen. Sie betten originale Tweets in Moments ein und ergänzen Titel, Thumbnail, Captions und organisieren die Reihenfolge, in der die kuratierten Tweets gezeigt werden sollen.

Die fertige und veröffentlichte Moment-Story wird auf Twitter im Webbrowser und in der App ausgespielt und ist mobiloptimiert. Genauso wie Twitter-Listen öffnen Sie Moments in Ihrem Twitter-Profil oder den Profilen anderer Accounts.

Pro-Tipp zur Web-Version von Social-Media-Plattformen

Behalten Sie im Kopf und arbeiten Sie damit, dass alle sozialen Medien auch eine Web-Version unterhalten. Sehen Sie sich regelmäßig im Webbrowser von sozialen Plattformen an, welche Werkzeuge und Anwendungen dort angeboten werden und was neu hinzugekommen oder verschwunden ist.

Entwickler-Software für plattformspezifische Filter und Linsen, Management- und Content-Werkzeuge für Werbekampagnen und Promotion finden Sie nur im Web.

Außerdem ist es bislang auch notwendig, beim Design von Profilen, bei Banner-Fotos und teils bei anderem multimedialen Content zu kontrollieren, wie Profil und Content auf Smartphone, Tablet und Desktop ausgespielt werden – und gegebenenfalls Korrekturen vorzunehmen. Teils bieten Websites praktischerweise auch unterschiedliche UX für eine mobile Ansicht an, die Sie aber zuerst definieren und aktivieren müssen.

4.3.4   TikTok

TikTok ist für kurze, unterhaltsame Videos. Typische Tok-Formate sind Edutainment, Lernstorys, Musik, Tanz, Stunts, Tricks und Comedy (siehe auch Abschnitt 4.2.5, »Warum Storys und Toks den Newsfeed ablösen«).

Wofür

Die meisten Toks sind mit Musik produziert, und zahlreiche Story-Formate gehören zu Musikgenres wie Duette, Tanz, Karaoke. Experten erinnern sich daran, dass TikTok mit *Musical.ly*, dem populären Karaoke-Netzwerk, fusionierte und seitdem Musikvideos mit Unterhaltung und Lernen zusammenbringt.

Abbildung 4.21 Die For-You-Page von TikTok

In vielen Videos ist der Creator als Guide und Storyteller präsent. Häufig treten auch dem Creator nahestehende Personen, Freunde und Familie oder andere Creator auf. Creator auf TikTok sind herausgefordert, ein Fokusthema und einen eigenen Stil zu entwickeln, der mit der Zeit im Design der Videos, der Effekte und beim Swipen im TikTok-Feed, der For-You-Page, deutlich erkennbar wird. Viele Creator und Brands entwickeln ein serielles Format, etwa »1 Minute Deutsch« oder »1 Minute Jura«, und darin ihren eigenen Stil.

Globale Marken müssen berücksichtigen, dass TikTok seit 2020 in Indien verboten ist, während China komplett eigene soziale Plattformen hat. *Duoyin* ist das chinesische TikTok von demselben Mutterkonzern *Bytedance*.

Welche multimedialen Elemente dominieren

TikTok fokussiert bisher als Medienformat und Ausspielkanal auf kurze Videos in der Länge von 3 bis maximal 60 Sekunden. Der TikTok-Hauptfeed ist die For-you-Page. Öffnen Sie TikTok, öffnet sich die For-you-Page. Dort spielt Ihnen der Algorithmus die Videos aus, die er entsprechend Ihrem Nutzungsverhalten für Sie für geeignet hält. Die For-you-Page ist gepaart mit der Following-Page. Öffnen Sie diese, spielt Ihnen der Algorithmus die Videos von Accounts, denen Sie folgen, aus.

Jedes auf TikTok geteilte Video erhält beim Export automatisch große, animierte *Watermarks*, die aussehen wie zappelnde TikTok-Logos. Das kann es schwierig oder unmöglich machen, auf TikTok produzierte Videos weiterzuverarbeiten und in andere Multimedia-Produkte zu integrieren. TikTok-Originalmaterial sieht immer wie ein Zitat aus und verweist auf die Plattform.

Watermarks sind für professionelle Qualität und klares Design störend, zumal es häufig vorkommt, dass Content mithilfe mehrerer Apps produziert wird. Außer TikTok arbeitet keine soziale Plattform mit Watermarks. Auch externe Editoren und Storytelling-Apps arbeiten entweder gar nicht damit oder integrieren eine Funktion, um sie wahlweise ausschalten zu können. Teilweise bieten sie ein kostenpflichtiges Premium-Modell ohne Watermark an.

Wo Sie Toks produzieren, hängt also davon ab, was Sie mit dem Content machen möchten und ob Sie ihn außerhalb von TikTok nutzen wollen. Sie haben dafür zwei Optionen: Zum einen können Sie Videos in TikTok produzieren und direkt teilen. Dann haben Sie von dem Video keinen Content ohne Watermark. Zum anderen können Sie Videos in einer externen App produzieren und sie dann auf TikTok hochladen und dort teilen. Dann haben Sie den Content sowohl ohne als auch mit TikTok-Watermark.

Im TikTok-Editor greifen Sie aufs Musikarchiv und den ständig erweiterten Fundus an 3D-Effekten, Filtern und Montage-Effekten zu. Beachten Sie dabei, dass Unternehmen nicht den gleichen vollständigen Zugang zur Musikbibliothek erhalten.

Arbeiten Sie damit, dann sind Sie nah dran an Effekten, die auch viele Ihrer Follower und Nutzer verwenden. Spektakuläre Übergänge und Filtereffekte werden auf TikTok häufig zu Memes, weil viele Nutzer den Effekt oder die Machart übernehmen und in ihrem eigenen Stil variieren. Hören Sie in die Plattform hinein, experimentieren Sie mit den Story-Vorlagen und Effekten, die auf der Plattform weit verbreitet sind, und finden Sie Ihren eigenen Stil.

Abbildung 4.22 Das TikTok-Dashboard mit Kamera und Editor

Der in TikTok integrierte Video-Editor bietet Ihnen nicht nur die Funktionen, Videos zu croppen und zu trimmen, sondern die Arbeit mit Timeline und intuitiven rudimentären *Keyframes*. Keyframes sind eine Funktion in Audio/Video-Editoren, mit der Sie Punkte in einem Audio oder Video auf der Timeline definieren. Zwischen den Punkten transformieren Sie dann Effekte, beispielsweise zoomen Sie in ein Foto, blenden verschiedene Farbfilter übereinander oder faden Audio ein oder aus. Mit anderen Worten: Mit Keyframes sequenzieren Sie ein Video in mehrere kurze Clips und bestimmen Anfang, Ende und Dauer von Musik, Effekten sowie auch von Titeln, Worten und Captions.

In Abschnitt 4.2, »Mikro-Storytelling«, haben wir Storys und Toks verglichen. Der maßgebliche Unterschied bei der Produktion von Storys und Toks liegt in den Funktionen der integrierten Editoren. Nach dem Kauf von Music.ly war TikTok die erste soziale Plattform mit integriertem Video-Editor mit Timeline und Sequenzierung. Ein Video-Editor mit Timeline geht weit über die Anordnung von Story-Cards oder Slides hinaus. In Story-Editoren haben Sie keine Kontrolle über die Dauer von Sequenzen und die Dauer von Videos und Effekten, und Cards und Slides werden von der Plattform automatisch in einer horizontalen Timeline angeordnet.

Instagram mit *Reels* und Snapchat mit *Spotlight* sind inzwischen TikTok gefolgt und bieten neben Storys und anderen Ausspielkanälen auch Tok-ähnliche Kurzvideos und die dafür notwendigen Video-Editoren an. Hingegen bleibt TikToks Strategie bislang konsequent auf Kurzvideos ausgelegt.

Sport und Musik werden auf der ganzen Welt intuitiv verstanden und verbinden Menschen. Auf TikTok spielen Musik und Sound klar eine viel größere Rolle als auf allen anderen Plattformen. Auf TikTok kann ein Creator es mit Musik-Storytelling in Kombination mit Tanzschritten oder Stunts weit bringen. Das kommt gut an und besitzt Meme-Potenzial. Auf TikTok funktionieren besonders gut auch Wissens- und Lerninhalte, die unterhaltsam im typischen Tok-Slang für GenZ und junge Nutzer aufbereitet sind. Unser Experte Maximilian Wolf ist der Marketing-Manager für das Aufklärungsnetzwerk »FAQ YOU« und die »ohhh! foundation«, die von Anfang an bei *#TikTokLernen* mitmachen.

4.3.5 Snapchat

Snapchat ist für multimediale Chats, kurze profunde Storys in Echtzeit und persönliche Interaktionen und Konversationen besonders geeignet.

Wofür

Snapchat hat keine Homepage mit Feed zum Scrollen, und es gibt keine Follower, nur Freunde. Nutzer mit einem Snapchat-Profil verbinden sich mit anderen Freunden und abonnieren Accounts von Medienhäusern und Influencern, vor allem auf dem Veröffentlichungskanal *Discover*.

Nutzer interagieren mit ihren Freunden in Unterhaltungen, gemeinsam vor der Kamera und in gemeinsamen kurzen Videos oder Spielen. Der Content von privaten Nutzern wird nur für Freunde sichtbar und muss von den Freunden proaktiv gefunden und geöffnet werden, er wird nicht wie in einem Feed ausgespielt.

Typische Story-Formate auf Snapchat sind Selfies und Selfie-Storys, interaktive Spiele, Schnappschüsse und Momentaufnahmen, kuratierte Inhalte anderer Accounts und Websites und auch längere Reportagen.

Snapchat fokussiert auf persönlichen Beziehungsaufbau und Wohlbefinden. Das kann mit Familie und Freunden sein oder auch mit Kollegen, beruflichen Gruppen und Communitys, die einen freundschaftlichen Stil pflegen und Snapchats lockere Tonalität und innovative Technologie mögen.

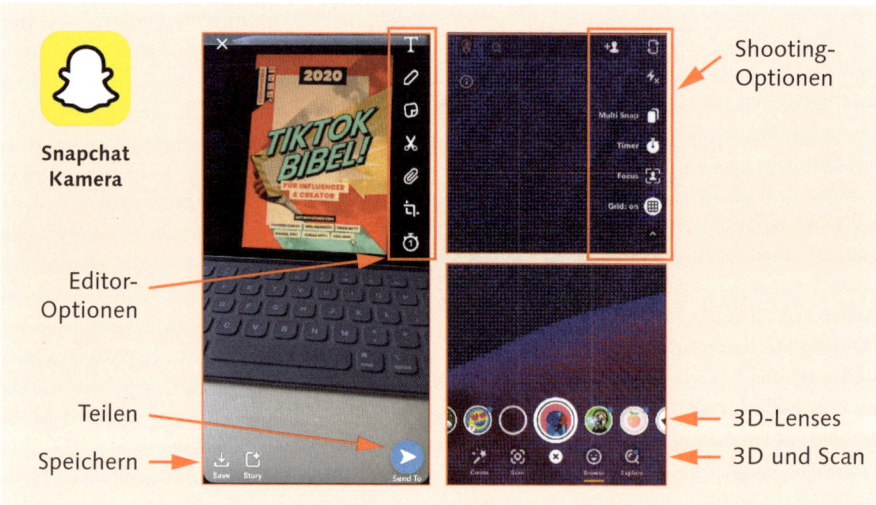

Abbildung 4.23 Der Editor von Snapchat

Im Unterschied zu anderen Plattformen ist Snapchat weniger intuitiv in der Benutzerführung und Navigation. Es legt großen Wert auf Privacy, auf Exklusivität und diversifizierte Monetarisierung für Geschäftskunden, Medienhäuser und Creator. Geschäftskunden, beispielsweise Medienhäuser, werden von Snapchat eingeladen, die Story-Plattform *Discover* zu nutzen. Snapchat unterhält eigene Redaktionen, die Storys und Inhalte auf öffentlichen Ausspielkanälen wie Maps und Spotlight monitoren und vor Veröffentlichung freigeben.

Nutzer müssen sich intensiver mit der Plattform beschäftigen, um sie zu verstehen, sie müssen mehr Eigeninitiative zeigen und haben mehr Kontrolle, beispielsweise über viele Privacy-Einstellungen – etwa in Chats oder bei der Datensicherung in Snapchats eigener Cloud. Nutzer müssen zustimmen, wer ihnen folgt, und Tracking in Echtzeit, wie es zum Beispiel in Snapchat Maps angeboten wird, kann abgeschaltet werden.

Welche multimedialen Elemente dominieren?

Wenn Sie Snapchat öffnen, landen Sie sofort in der Snapchat-eigenen Kamera mit automatischem Schönheitsfilter, auf Englisch *Beauty Filter*, der Selfies und Selfie-Storytelling besonders attraktiv macht.

In der Snapchat-Kamera und im Editor-Bereich können Sie alle multimedialen Content-Funktionen und Effekte nutzen, die aktuell in Smartphones zur Verfügung stehen, von Text, Audio, Video, interaktiven Elementen bis hin zu 3D-animierten Objekten und Filtern, Augmented Reality(AR)-Filtern und QR-Code-Scannern.

Das Kamera-Sichtfeld ist gleichzeitig Snapchats Dashboard, von dem aus Sie die anderen Funktionsbereiche, Ausspielkanäle, Editoren und das Setting ansteuern. Die wichtigsten stellen wir Ihnen jetzt kurz vor.

Integrierte Storytelling-Werkzeuge und Ausspielkanäle

Snapchat bietet Ihnen zahlreiche integrierte Werkzeuge und Ausspielkanäle. Außerdem bietet der Mutterkonzern Snap eigene Hardware wie Spectacles, Snapchats Kamera-Brille, an. Snaps/Snapchats Hightech-Technologie ist teilweise einzigartig und innovativ.

Storys

Snapchat hat die *Native Mobile Stories* erfunden – Hochkant-Videos, die in der ersten Zeit nicht zu speichern waren und nach 24 Stunden gelöscht wurden. Inzwischen kann alles Material auf Snapchat wahlweise auch gespeichert und in die Camera Roll heruntergeladen werden. Storys auf Snapchat sind vertikal, also in 9:16-Aspect-Ratio. Die Storys sind stark dem Moment verhaftet und sehr persönlich.

Stellen Sie sicher, dass Sie als Guide präsent sind und Anfang und Ende in Snapchat-Geschichten rahmen. Zeigen Sie Ihr Gesicht, lassen Sie Ihre Stimme hören. Sie sind der Garant für Ihren Content, Guide in Ihren Snapchat-Storys und engagieren sich mit anderen in interaktiven Konversationen und gemeinsamen Spielen. Viele Funktionen erschließen sich erst, wenn Sie sie gemeinsam mit einem oder mehreren anderen Nutzern anwenden.

Auf Snapchat sind Sie in der ersten Person präsent, wir sprechen hier von *Piece to Camera* (PTC). Bei längeren Storys mit anderen Akteuren sprechen Sie zu Beginn sowie am Ende im Selfie-Modus in die Frontkamera und adressieren Ihre Nutzer direkt.

Alle Content-Produktion auf Snapchat fängt mit AUFNAHME und einem Tap auf den kreisrunden Kamera-Auslöser oder eines der beiden daneben liegenden Icons an.

Das linke Icon neben dem Kameraauslöser öffnet Ihr Content-Archiv, auf Snapchat unterteilt in vier Segmente:

▶ *Camera Roll*: die Fotogalerie Ihres Smartphones

▶ *Snaps*: Aufnahmen, die in der Snapchat-Cloud archiviert sind

▶ *Stories*: vom Nutzer archivierte Storys, die mit dem Smartphone oder der Kamera-Brille *Spectacles* hergestellt sind

▶ *Nur für meine Augen*: ein geheimer Bereich mit Content, den der Nutzer dort nur für ihn einsehbar gesichert hat

Abbildung 4.24 Snapchat Dashboard mit Kamera.

Das rechte Icon neben dem Kameraauslöser öffnet eine Leiste mit aktuellen AR-Filtern und AR-Spielen. Je nach Einstellung, ob Sie in der vorderen Front Camera und im Selfie-Modus oder in der hinteren Rear Camera und im Welt-Modus sind, variieren die meisten AR-Filter.

Nachdem Sie Content-Material aus dem Archiv in Snapchat hochladen und öffnen oder mit der Kamera ein Foto oder ein kurzes Video aufnehmen, landen Sie automatisch im Snapchat-Editor.

Sie können ein Foto oder ein Video aufnehmen und abspeichern und dann ein nächstes Foto oder ein nächstes Video aufnehmen. Bei Videos zeigt Ihnen das Kreis-Icon die Dauer der Aufnahme an. Ein Video ist so lang, wie es dauert, bis das Kreis-Icon einmal farbig durchlaufen ist, das sind bislang 10 Sekunden. Wenn Sie multiple Videoclips direkt hintereinander aufnehmen möchten, bleiben Sie mit dem Finger länger auf dem Icon oder fixieren den Auslöser im Aufnahmemodus mit dem kleinen Schloss-Icon. Alle Videoclips werden Ihnen als Cards angezeigt. Sie können sie von Card zu Card bearbeiten und arbeiten so in einer Quasi-Sequenzierung, aber nicht in einem Editor mit Kontrolle über die Timeline.

Sobald Sie aus einer Snapchat-Funktion herausgehen, wird alles gelöscht, was nicht abgespeichert wurde. Speichern Sie deshalb alle Aufnahmen und editiertes Material, das Sie behalten wollen, immer sofort nach Aufnahme und auch nach wichtigen Zwischenschritten während des Editierens. Sonst laufen Sie Gefahr, Material versehentlich zu verlieren.

Im Snapchat-Editor haben Sie alle Funktionen, um Text, Emojis, Sticker, Filter, Musik, Links zu anderen Websites zu ergänzen und multimedialen Mehrwert zu erzeugen. Anders als auf Instagram, wo in Storys kurze Texte dominieren, können Sie in Snapchat-Storys mit viel Text und langen Textblöcken arbeiten.

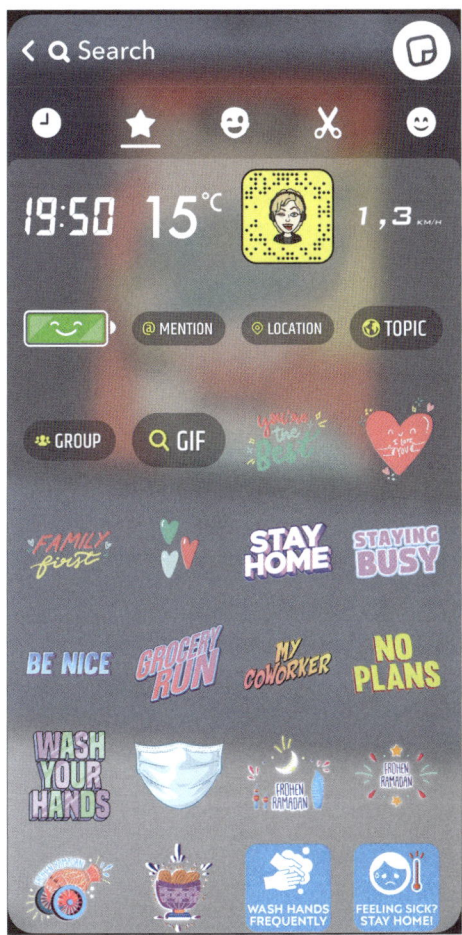

Abbildung 4.25 Snapchat-Editor mit Stickers und GIFs zur Auswahl

Hören Sie in Snapchat hinein, und sehen Sie sich Beispiele für gut gebaute Storys im Discover-Kanal an. Das ist die Publikations-Plattform, auf der auf Einladung hin Medienhäuser und Influencer aus der ganzen Welt Storys publizieren – unter anderem *Der Spiegel*, *Bunte*, *BBC*, *Telegraph*, *New York Times*.

Fertig editierten Content publizieren Sie direkt in Ihren Storys oder als Chat-Nachricht an ausgewählte Follower oder private Gruppen.

Abbildung 4.26 Snapchat-Kamera mit geöffneter AR- und 3D-Leiste

Besonders bestechend sind Snapchats zahlreiche 3D-Funktionen, QR-Code-Scanner, interaktive Games und Augmented-Reality-Filter. Letztere aktivieren Sie entweder für die rückseitige Kamera, auch *Rear Camera* genannt. Dann sprechen wir von *World Lenses*, also 3D-Filter, die in der Kamera in Ihrer physischen Umgebung aktiviert werden. Dazu zählen auch 3D-Spiele wie Quiz oder Brettspiele, die in Ihrer Umgebung aktiviert werden.

Andere Filter aktivieren Sie in der vorderseitigen Kamera, auch *Front Camera* genannt. Dann sprechen wir von »Selfie Lenses«, also 3D-Filtern, die in der Kamera über Ihrem Gesicht oder simultan über mehreren Gesichtern aktiviert werden.

Sie können Ihre Interaktionen mit 3D-Filtern und AR-Effekten mit der Kamera als Fotos oder Video-Storys auf Cards aufnehmen und damit Geschichten erzählen.

AR-Filter besitzen vielfältiges E-Commerce-Potenzial für Werbekunden und Produkte zum Testen.

Bitmoji Avatar

Snapchat kaufte 2016 die App *Bitmoji*. Damit designen und erstellen Nutzer ihren eigenen cartoonischen Avatar, der als 2D-Sticker und als 3D-Avatar sowie in unterschiedlichen emotionalen Reaktionen aktiviert werden kann. Nachdem Sie in der Bitmoji-App das Design Ihres Avatars generiert und abgespeichert haben, gehen Sie in Snapchat. Dort öffnen Sie die Einstellungen und verlinken Ihren Bitmoji-Account mit Ihrem Snapchat-Profil.

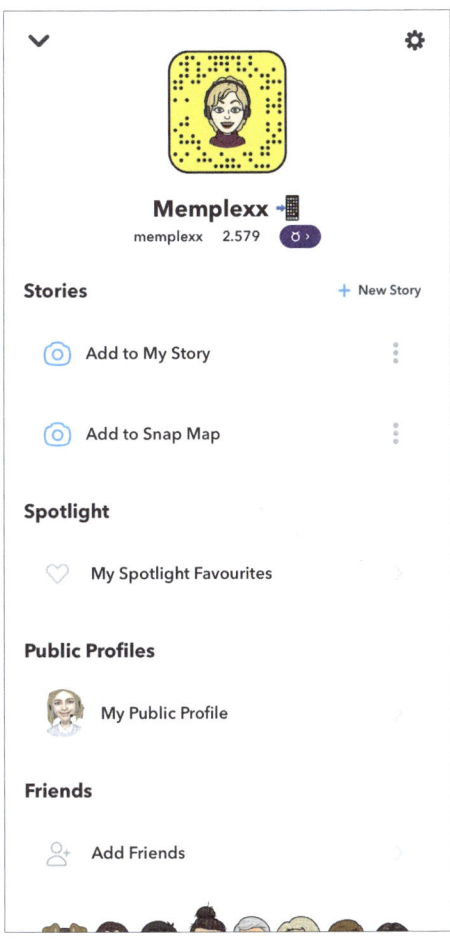

Abbildung 4.27 Snapchat-Profil mit Bitmoji-Snapcode und Settings

Nun animiert Snapchat Ihren Avatar automatisch in Filtern in der Kamera und im Editor. Das heißt, Sie können Fotos, Videos und GIFs mit Ihrem Avatar in 3D in Ihrer physischen Umgebung oder als 2D-Sticker im Editor aufnehmen, produzieren und teilen. In der Suchfunktion können Sie aktuelle Bitmoji-Filter, die andere Nutzer als UGC entwickelt und hochgeladen haben, suchen und damit interagieren.

Ihren Bitmoji-Avatar können Sie als Sticker im Editor oder als animierte 3D-Person in der Kamera in einem Video einbinden. Ihr Avatar kann Sie repräsentieren und Sie als Guide sichtbar machen, wenn Sie nicht im Visual zu sehen sind. Avatare können auch als Maskottchen für Ihre Marke genutzt werden.

Maps

Auf der in Snapchat integrierten Weltkarte sehen Sie Storys aus der ganzen Welt, die in den letzten 24 Stunden veröffentlicht wurden. Sie sehen, wo sich Ihre Snapchat-Freunde gerade befinden. Sie können wählen, ob Sie selbst als 3D-Avatar für Ihre Freunde auf der Karte sichtbar oder unsichtbar bleiben wollen.

Abbildung 4.28 Ein Bitmoji-Avatar repräsentiert die Account-Nutzerin auf Snapchat Maps.

In farblichen Hitze-Markierungen sehen Sie Orte auf der ganzen Welt, an denen gerade etwas stattfindet und wo sehr viele Menschen gerade Content generieren. Je röter die Markierung, desto mehr ist los.

Auf der Karte können Sie in Storys fremder Nutzer hineinsehen, die Storys an bestimmten Orten, also Location-basiert, veröffentlicht haben. Diese Storys kuratiert und wählt die Snapchat-Redaktion aus.

Maps ist ein Feature in Snapchat, das auf mobilen Geräten und im Webbrowser funktioniert. Es eignet sich, um Storys von Menschen außerhalb der eigenen Filterblase zu erleben, und ist auch ein spannendes Recherchewerkzeug für Journalisten und Storyteller.

Spotlight

Spotlight nennt Snapchat kurze Video-Storys, die öffentlich sind und von Snapchat redaktionell ausgewählt und veröffentlicht werden. Im Ausspielkanal Spotlight sollten Sie nur sehr gut produzierte Video-Storys teilen.

Spotlight ist Snapchats Variante des zuerst von TikTok entwickelten Video-Editors für kurze sequenzierte Social Videos. Spotlight-Videos stellen Sie mit der Snapchat-Kamera her, oder Sie laden vorproduzierte Videos von der Camera Roll hoch. Dann teilen Sie sie als Spotlight, nicht als Story.

4.3.6   Instagram

Instagram ist eine stark visuelle Plattform mit zahlreichen integrierten Ausspielkanälen, die Content-Produktion und Storytelling auf Instagram sehr vielseitig machen. 2021 erreichen Sie auf dieser Plattform mehr als eine Milliarde monatlicher Nutzer. Beides, die vielseitigen Content-Formate und die hohe Reichweite, machen die Plattform für Nutzer aus ganz unterschiedlichen Bevölkerungsgruppen und Werbekunden attraktiv.

Wofür

Typische Story-Formate auf Instagram unterscheiden sich je nach Ausspielkanal, ob Feed, Storys, IGTV oder Guides. Wir notieren das deshalb bei jedem Kanal.

Twitter mit Mikroblogging und Instagram mit Visuals, angefangen bei einem Foto-Still, sind die beiden Plattformen, die auch Anfängern Social Storytelling leicht machen. Öffnen Sie Instagram, landen Sie im Haupt-Feed. Dieser besteht aus Blogbeiträgen mit Fotos und/oder Videos, deren Texte auch lang sein können. Allerdings begrenzt Instagram den Zeichenumfang.

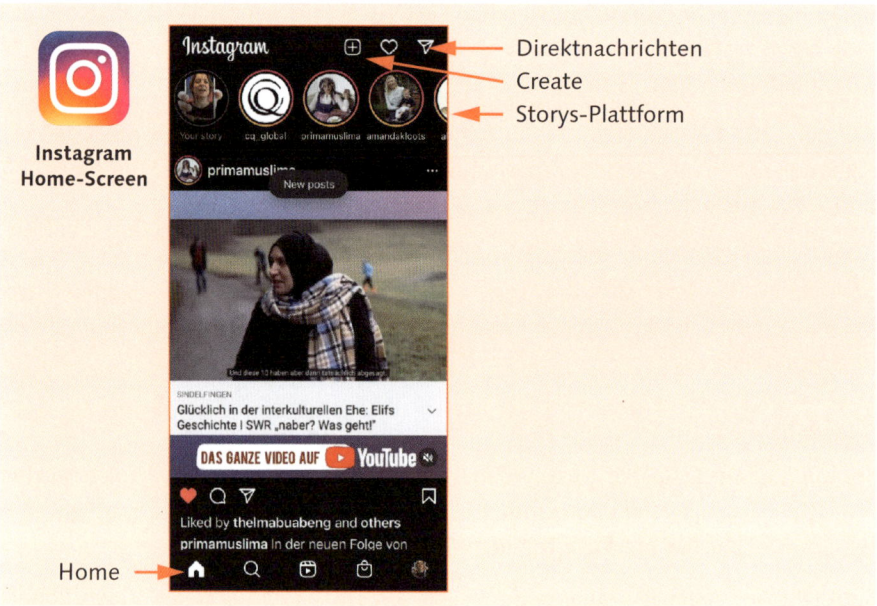

Abbildung 4.29 Der Home-Screen von Instagram

Der Instagram-Feed entspricht einer Social-Hompepage und wird durch ein kleines Haus-Icon symbolisiert. Auf dem Home-Screen finden Sie Instagrams zwei Haupt-Ausspielkanäle. Das sind zum einen die Storys oberhalb des Feeds in horizontaler Anordnung mit kreisrunden Profilbildern der Accounts, die in den letzten 24 Stunden eine frische Story geteilt haben. Zum anderen sehen Sie im zentralen Sichtfeld den Feed mit den Blog-Posts der Accounts, die Ihnen der Algorithmus ausspielt.

Auf dem Home-Screen können Sie allen Content anderer Accounts suchen und finden. Hier können Sie auch mit Stichworten, Hashtags oder Account-Handles suchen, auf Posts reagieren, chatten, Posts anderer taggen oder in Ihrer Story teilen. Sie finden hier auch das Pluszeichen, das für »Create« steht. Wenn Sie darauf tappen, öffnen Sie die Kamera-App Ihres Smartphones in Instagram und alle Features des in Instagram integrierten Editors.

Pro-Tipp für die intuitive Bedienung von Storytelling- und Editor-Apps

Denken Sie an eine einfache Regel im digitalen Storytelling und in Editor-Apps: Bei jedem Schritt zeigt Ihnen das Dashboard alle Optionen an, die Sie haben. Denken Sie nicht viel nach, sondern machen Sie einfach. Testen Sie alles, und finden Sie die Lösung, die zu Ihnen und Ihrem Content passt. Je mehr Sie sich auf die intuitive Bedienung einlassen, desto besser können Sie sich auf Ihre Story und Ihren Content konzentrieren und kreativere Lösungen finden.

In der Kamera sehen Sie zunächst die Ausspielkanäle, die einen eigenen Editor haben und für die Sie Content produzieren können:

▶ *Post*: Das ist der Content für den Feed.

▶ *Story*, *Reels*, *Live*: Wenn Sie den Kanal gewählt haben, öffnet sich automatisch die Kamera, und zwar in dem maßgeblichen Aspect Ratio, hochkant oder vertikal, und aktiviert den Editor, der je nach Kanal unterschiedliche Werkzeuge und Effekte anbietet.

Auf Ihrer Instagram-Profilseite sehen Sie das Pendant zur Feed-Page.

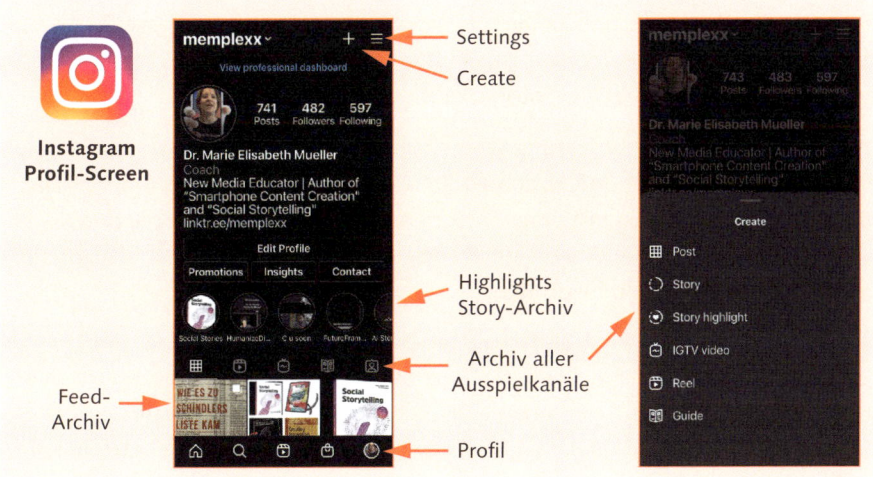

Abbildung 4.30 Der Profil-Screen mit Zugang zu allen Kanälen

Hier kommen Sie auf das Dashboard zu Ihrem Archiv. Darin finden Sie alle Ihre einmal veröffentlichten und die gespeicherten Storys und Inhalte. Archivierte Storys aus dem Storys-Kanal heißen Highlights und stehen in horizontaler Anordnung oberhalb Ihres Feed-Archivs.

Sie sehen die Profil-Page Ihres Accounts in demselben Design wie Nutzer und Follower, die zu Ihnen kommen. Hier sind als Icons alle Ihre persönlichen Kanäle, die Sie bespielen, auf einen Blick zu sehen. Sobald Sie zum ersten Mal Content auf einem der vielen Instagram-Kanäle veröffentlicht haben, erscheint das Icon dieses Kanals auf Ihrem Profil, vorher nicht.

Auf Ihrer Profilseite können Sie Ihre sämtlichen Instagram-Accounts managen und von einem zum anderen wechseln.

Und auch die Kamera lässt sich hier öffnen. Tappen Sie dafür auf der Profilseite auf das Plus, öffnet sich eine Liste mit allen aktuellen Instagram-Ausspielkanälen, etwa Post, Story, Story Highlight, IGTV Video, Reel, Guide. Wählen Sie einen aus, dann öffnet sich die Kamera mit dem passenden Editor für diesen gewählten Ausspielkanal.

Welche multimedialen Elemente dominieren

Instagram mit zahlreichen Ausspielkanälen ist wie ein Social-Media-Gemischtwarenladen, der für jeden etwas bietet. Damit der Content, der Ihnen vom Algorithmus in Ihrem Feed ausgespielt wird, nicht beliebig und unübersichtlich wird, empfehlen wir, ganz gezielt Accounts zu folgen und Hashtags und Gruppen zu abonnieren. Je gezielter und kleiner die Menge der Accounts, Hashtags und Gruppen, mit denen Sie eine formale Beziehung eingehen, zum Beispiel folgen, desto hochwertiger und für Sie relevanter wird Ihr Feed.

Instagrams vielseitige Ausrichtung spiegelt sich aber auch in den zahlreichen multimedialen Werkzeugen und Formaten für Storyteller und Content Creator. Dabei unterscheiden sich die in Instagram integrierten Audio/Video-Editoren und die Palette der integrierten multimedialen Werkzeuge von Kanal zu Kanal, genauso wie der Content-Fokus und die Formate.

Über alle Interaktionen mit anderen Accounts und Reaktionen von anderen Accounts informiert Instagram Sie in Nachrichten, auf Englisch »Notifications«. Wenn jemand eine Ihrer Storys geteilt hat, sehen Sie das im Bereich der privaten Nachrichten. Dort liken Sie Nachrichten und Content-Elemente, indem Sie schnell doppelt darauf tappen. In privaten Nachrichten können Sie direkt antworten oder auch Content teilen.

Das macht Engagement einfach und selbstbestimmt und kostet nicht viel Zeit. Dieses Engagement und alle Interaktionen fließen in Instagrams Algorithmus ein und werden bewertet – zwei wichtige Indikatoren für Algorithmen und für Ihre Erfolgsmessung, die wir in Kapitel 6 ausführlicher besprechen.

Die wichtigsten Instagram-Kanäle und multimedialen Editoren notieren wir jetzt kurz, damit Ihnen Einstieg und Überblick leichtfallen.

Integrierte Storytelling-Werkzeuge und Ausspielkanäle

Instagram bietet zahlreiche integrierte Werkzeuge und Ausspielkanäle an und baut immer wieder neue Funktionen ein. Das wird schnell unübersichtlich. Sie können sich die aktuelle Liste aller Kanäle auf Ihrer Profilseite anzeigen lassen, wenn Sie auf das Plus tappen.

Storys

Storys sind der Kanal, den viele Instagram-Nutzer zuerst oder ausschließlich ansehen, oft mehrmals am Tag. Der Content ist frisch, in Echtzeit oder auch Live und dann teilbar auf IGTV und/oder im Feed.

Typische Story-Formate sind Selfie-Reportagen, Quizze, Behind-the-Scene-Storys, Schnappschüsse von unterwegs, kurze Interviews, kurze Porträts, Ankündigungen und Calls-to-Action.

In der Storys-Kamera befindet sich der Editor, der für Hochkant-Storys optimiert ist. Ganz ähnlich wie auf Snapchat hat auch Instagram viele 3D-Effekte und Editor-Funktionen integriert, allerdings hat Instagram keine native Kamera wie Snap, und insgesamt sind die 3D-Effekte weniger innovativ.

Abbildung 4.31 Die Storys-Kamera von Instagram

Story Cards erstellen Sie im Editor. Sie speichern sie in der Camera Roll ab und teilen sie später oder direkt vom Editor in Stories. Nach 24 Stunden werden alle Storys gelöscht. Sie können sie als Highlight auf Ihrem Profil und Ihrem Archiv sichern.

Im Storys-Editor können Sie mit einem Fingertap ein gesplittetes Foto-Layout mit vier Fotos erstellen, den GIF-artigen Boomerang-Effekt live aufzeichnen und sofort teilen und Fotos oder Videos mit AR-Filter in der Front Camera oder Rear Camera aufzeichnen. Viele der Filter sind UGC und können im Filter-Suchbereich gefunden und in der Kamera aktiviert werden.

In der Kamera nehmen Sie Fotos oder Videos auf und bearbeiten Sie dann direkt im Editor, oder Sie laden vorproduziertes Material in Kamera und Editor hoch. Wie im Snapchat-Editor können Sie viele multimediale Content-Elemente ergänzen und jede Card im für Sie relevanten Design gestalten: Text, Fotos aus der Camera Roll, Sticker, Hashtags, Account-Handles, hier »Mention« genannt, Musik, GIFs und Spenden, Countdowns und weitere interaktive Elemente.

In Instagram-Storys verwenden Sie in der Regel wenig Text und pointierte Captions, anders als auf Snapchat. Natürlich gibt es immer Ausnahmen und spezielle Use-Cases, in denen auch auf Instagram mehr Text funktioniert.

Eine solide Option bieten auch monofarbige Cards, die Sie mithilfe des Grids in drei vertikale oder neun gleichgroße Felder aufteilen mit denen Sie Ihren Content ansprechend organisieren. Damit verwenden Sie ein Design, dass es Nutzern einfach macht, den Content zu genießen und intuitiv einer Struktur zu folgen.

Alle Inhalte, die sich für eine zusammenhängende Mikro-Story über mehrere Cards eignen, entwickeln Sie wie in Kapitel 2 beschrieben. Teilen Sie die Cards dann in der richtigen Ordnung, in der Nutzer die Story sehen sollen.

Pro-Tipp für die Nummerierung von Cards in einer Mikro-Story

Storys auf allen Plattformen bestehen aus einer logischen Ordnung aneinandergereihter, ja sukzessive aufeinander folgender Cards. Nutzer können darin vor- und zurückwischen.

Als Content Creator fügen Sie deshalb nicht unbedingt eine Nummerierung ein, da sich die Anordnung die Storyfolge intuitiv erschließt.

Es gibt aber Fälle, in denen Sie zusätzlich mit Nummerierungen arbeiten und die Reihenfolge kennzeichnen, insbesondere, wenn Ihnen das für das Verständnis der Story wichtig erscheint. Das gilt für alle Kanäle, macht besonders Sinn auf Twitter in Threads und auf Instagram im Feed, wenn Sie mit der horizontal aneinandergereihten Galerie mit Fotos und/oder Videos eine Story erzählen. Wenn Sie Impressionen oder eine Ausstellung präsentieren, deren Anordnung beliebig ist, nummerieren Sie den Content dann auf keinen Fall.

Mit einem Tap auf das kleine Icon in einem Feed-Post, das aussieht wie ein Papierflieger oder Pfeil, teilen Sie bislang eine Story und betten sie in einer Card in Ihre Storys ein. Falls eine Plattform die Funktion, Content zu teilen, einschränkt, können Sie diesen immer per Screenshot teilen; allerdings brauchen Sie für diesen Workflow etwas mehr Zeit.

Bevor Sie eine Story-Card teilen, können Sie eigenen Content ergänzen, etwa Emojis, GIFs oder Captions. Nutzer Ihrer Storys haben die Möglichkeit, den Post im Feed des eingebetteten Contents zu öffnen und dort komplett anzusehen.

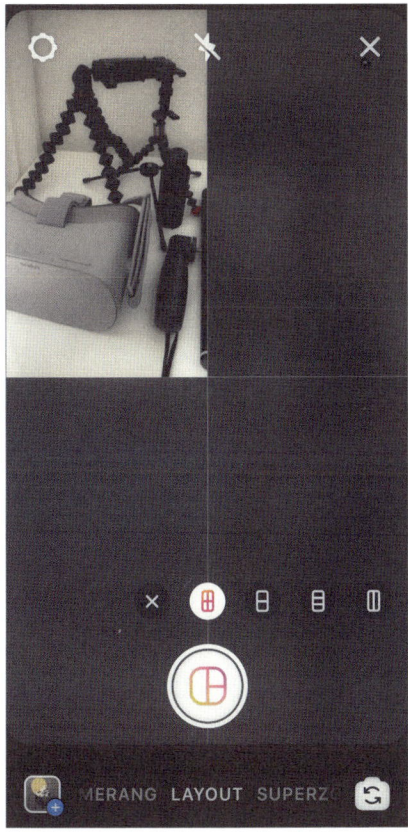

Abbildung 4.32 Die Auswahl des Layouts in der Storys-Kamera.

Feed

Feed-Posts sind Blogartikel, bestehend aus Text, meistens in Kombination mit Fotos und Videos. Der textliche Umfang kann aus einzelnen Wörtern oder langen Reportagen bestehen. Es gibt ein Textlimit, das nicht überschritten werden darf und angezeigt wird.

Typische Story-Formate im Instagram-Feed sind hochwertige Fotogalerien, Alltagsgeschichten, Team- und Behind-the-Scene-Storys, inspirierende Worte, aktuelle Zitate, Nachrichten, Produktinformationen, Porträts, Reportagen.

Feed-Posts müssen keine tagesaktuellen Informationen bieten, es können auch tief recherchierte Storys sein.

Interaktive Elemente sind in den Posts, anders als in Storys, nur rudimentär möglich und am ehesten mit der Navigation verbunden, weniger mit dem Content. Nutzer interagieren im Feed, indem Sie auf Videos und Audio tappen, durch die Galerie swipen und mit emotionalen Reaktionen wie Likes, oder Kommentaren, Tags und Teilen des Posts in Storys reagieren.

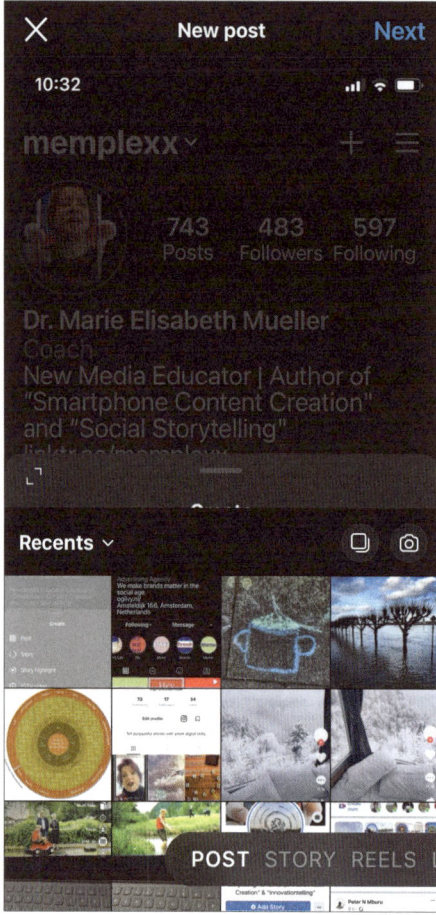

Abbildung 4.33 Die Feed-Kamera von Instagram

Längere Videos können in Storys oder Feed live gesendet, aufgezeichnet, archiviert und dann auf IGTV geposted werden. Alternativ produzieren Sie Videos vor und laden sie dann von der Camera Roll auf IGTV hoch und archivieren sie dort. Sie können zustimmen, dass jedes IGTV-Video im Feed-Post maximal 1 Minute lang ausgespielt wird. Interessierte Nutzer können im Feed dann zu IGTV wechseln und das komplette Video dort ansehen.

Das ideale Aspect Ratio in IGTV ist hochkant, also 9:16, und im Feed Square 1:1. Wenn Sie Videos für den Feed produzieren, achten Sie darauf, dass Sie in 1:1 produzieren und die Elemente im Video schon bei der Aufnahme für Square anordnen.

Im Feed werden 9:16-Hochkant-Fotos und -Videos ungünstig abgeschnitten, 4:3-Landscape-Fotos und -Videos werden in der Regel eingepasst, teils indem Sie sie beim Hochladen in den Editor einfach mit beiden Fingern pinchen. Das Pinchen funktioniert reibungslos mit nur einem Content-Element im Feed, kann aber im Feed-Editor im zweiten Schritt nach dem Hochladen auch Bild für Bild vorgenommen werden.

Bei der automatischen Ausspielung eines IGTV-Videos im Feed passt Instagram das Format automatisch an. Teils können Sie bei Videos auf Plattformen auch ein Thumbnail bestimmen, das dann im Feed zu sehen ist.

Reels

Reels sind kurze Videos in wenigen Sequenzen, angelehnt an Toks. Typische Story-Formate in Reels sind unterhaltsame Videos mit Comedy, Musik, Stunts, Alltagsschnipseln und AR-Filter-Effekten. Oft recyceln Creator auf Instagram zuvor auf Tik-Tok veröffentlichte Videos.

In der Kamera öffnen Sie den Reel-Editor und nehmen dann auf einer Timeline mehrere Sequenzen in einem Workflow auf. Reels können Sie komplett mit der Reel-Kamera aufnehmen, oder Sie laden Videoclips von der Camera Roll hoch und montieren sie aneinander. Jede einzelne Sequenz können Sie einzeln bearbeiten, Effekte und Content-Elemente hinzufügen. Ein komplettes Reel teilen Sie direkt oder speichern es in der Camera Roll ab und teilen es später oder woanders.

Reels werden im Feed ausgespielt und in Ihrem Profil unter Reels archiviert und können dort von jedem angesehen werden. Sobald Sie ein Reel produziert und geteilt haben, wird das Reel-Icon auf Ihrem Profil sichtbar.

Lenses

Mit Insta-Gesichtsfiltern produzieren Sie Hochkant-Storys mit animierten 3D-Effekten. Nutzer können bislang in AR Spark Studio (*https://blog.hootsuite.com/instagram-ar-filters/*) Filter entwickeln und damit kurze Videoclips produzieren. Dafür bietet Instagram einen Ausspielkanal, den ein Gesichts-Icon symbolisiert. Sobald Sie einen Filter entwickelt und in einem Videoclip geteilt haben, erscheint das Gesichts-Icon auf Ihrem Profil, und andere Nutzer können den Filter dort testen und in ihre Instagram-Kamera exportieren. Typische Story-Formate in Instagram-3D-Effekten sind »Wissen anschaulich machen«, Branding, CTAs und Werbung.

Gute Beispiele finden Sie bei *@faqyou*. Die Aufklärungsplattform nutzt AR-Filter für simples Branding mit einem animierten 3D-Briefumschlag und der Aufforderung, etwas zu tun – also ein CTA –, in diesem Beispiel einen aktivistischen Brief zu schreiben.

Ein anderes Beispiel bietet National Geographics @*GeoNat*. Sie verwenden Lenses Stories, um Dinosaurier und andere ausgestorbene Tierarten in 3D zu animieren und erfahrbar zu machen.

Guides

Instagram Guides sind wie Fotogalerien in Form eines Albums mit kuratierten Foto-Posts aus dem Feed aus allen von Nutzern freigegebenen Bildern. Diese Funktion erinnert ein wenig an Twitter Moments. In eine Guide-Story kann jeglicher Post eingebettet werden, den Sie oder jemand anders jemals im Instagram-Feed veröffentlicht haben. Instagram organisiert Guides jedoch in drei Typen: Orte, Produkte, Posts. Voraussetzung ist also, dass der Nutzer, der den Post veröffentlicht hat, Ort oder Produkt getaggt hat. Nur dann kann Instagram in Guide danach suchen, und Sie finden nur die Posts, die entsprechend getaggt sind. Alle anderen Posts können Sie nicht in einen Guide einbinden.

Instagram Guide öffnen Sie über das kleine Plus auf Ihrer Profilseite, also über *Create*. Sie wählen einen der drei Typen aus: *Orte*, *Produkte*, *Posts*. Bei allen führt Sie der nächste Schritt zur Suche, auf Instagram *Explore* genannt.

Bei ORTE suchen Sie im Fundus alle Posts, die mit einem Ort getagged worden sind. Typische Guides für Orte sind touristische Storys, beispielsweise Reise-Tagebuch, Ratgeber für eine bestimmte Stadt oder Region, eine bestimmte Hotelkategorie, für Märkte und Restaurants.

Bei PRODUKTE suchen Sie im Fundus aller Posts, die als Produkt veröffentlicht oder getagged worden sind. Für typische Guides eignen sich alle Produkte, die visuell ansprechend sind, auch Produktlinien, beispielsweise Bücher, Kosmetikprodukte, Taschen.

Bei POSTS suchen Sie in allen Posts, die Sie veröffentlicht haben, und nach Posts von anderen, die Sie abgespeichert haben. Hierfür suchen Sie also zuerst in Instagram-Feeds nach den Posts von anderen, die Sie in den Guide einbetten wollen, und speichern sie ab. Nur dann sind sie im Guide Editor auffindbar. Guides mit Posts sind thematisch fast unbegrenzt vielseitig möglich.

Typische Genres für Guides sind How-to-Anleitungen, Ratgeber, visuelle Ausstellungen, Argumentationen, Datenstorys, kompilierte Zusammenfassungen eines Events oder einer Konferenz.

Sobald Sie eine Guide-Story geteilt haben, wird das kleine Icon auf Ihrem Profil sichtbar. Den Guide kuratieren Sie mit dem Originalfoto des ursprünglichen Posts und fügen Titel und Caption neu hinzu. Den Originaltext des Posts bettet Instagram in Guides nicht automatisch ein.

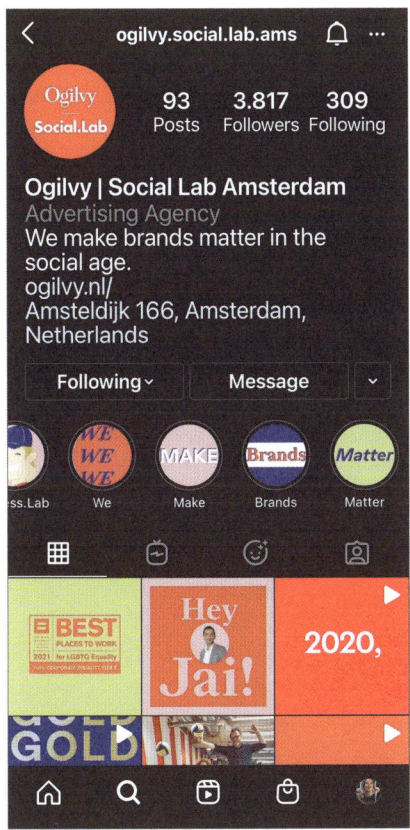

Abbildung 4.34 Die britische Social-Media-Agentur »Ogilvy« nutzt auf dem Instagram-Profil ihres holländischen Ablegers die Thumbnails in Highlights für ihren Claim. »We Make Brands Matter« – ein einfacher, geistreicher Hack.

IGTV

IGTV ist Instagrams Social-TV-Kanal mit langen Videos in Vertical Aspect Ratio, also 9:16. Auf IGTV können auch die Livestreams aus Storys und Feed nachträglich geteilt und angesehen werden. Deshalb behandeln wir dies hier gemeinsam.

IGTV nutzen Sie für lange, sehr gut produzierte Video-Storys und Talkshows. Sobald Sie ein IGTV-Video geteilt haben, wird das kleine Icon auf Ihrem Profil sichtbar.

Alle Livestreams in Instagram-Storys können aufgezeichnet und auf IGTV veröffentlicht und archiviert werden. Sie müssen mindestens 1 Minute lang sein. Oder Sie laden ein vorproduziertes Video aus der Camera Roll in IGTV hoch und veröffentlichen es dann dort.

In Livestreams können Sie jederzeit einen Gast zuschalten, dann wird der Bildschirm gesplittet. Bedingung ist, dass der Gast Ihrem Account folgt und im Livestream eingeloggt ist. Während des Livestreams sehen Sie alle Nutzer, die eingeloggt sind, und können sie auch suchen.

4.3.7 Facebook

Facebook ist für kurze und längere Videos, für Live-Events und für geschlossene Gruppen besonders geeignet. Typische Story-Formate sind fachliche/berufliche Beiträge, kuratierte, mit Hyperlink geteilte Inhalte anderer Nutzer, informative Storys aus Nachrichtenredaktionen und persönliche Geschichten. Auf Facebook erreichen Sie weltweit potenziell mehr als drei Milliarden Nutzer, zunehmend aus älteren demografischen Gruppen, kaum GenZ und jüngere. Wie Instagram, das Facebook gehört, funktioniert auch Facebook wie eine Social Website und wird immer mehr zu einem Social-Media-Gemischtwarenladen. Wenn Sie Instagrams UX und Navigation kennen, finden Sie sich auch auf Facebook spielend leicht zurecht.

Wofür

Auf Ihrer Facebook-Startseite finden Sie den Feed mit Posts anderer, darüber die horizontale Story-Leiste und seitlich die Übersicht mit Links zu allen Ihren Facebook-Pages, falls Sie mehrere unterhalten, und Gruppen, mit denen Sie verbunden sind.

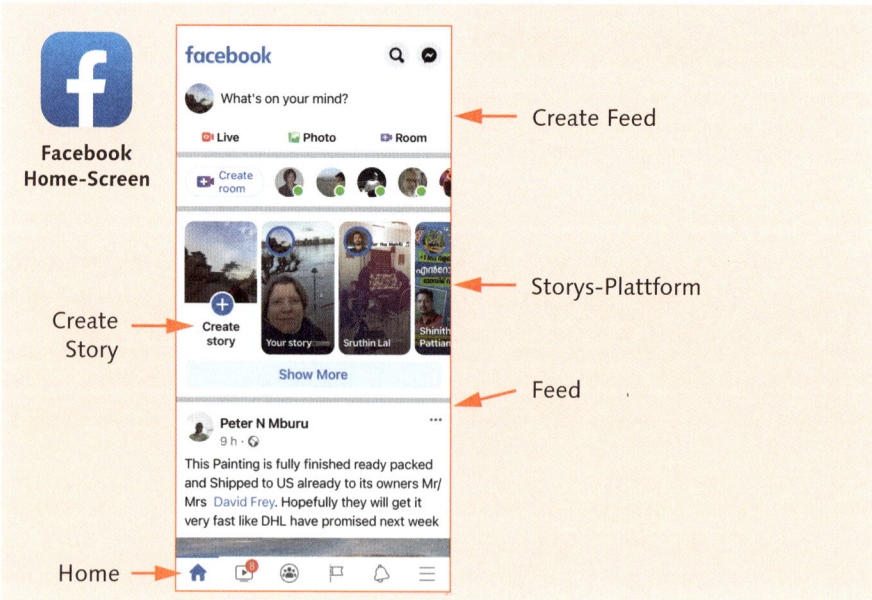

Abbildung 4.35 Der Home-Screen in der Facebook-App

Auf Ihrem Facebook-Profil finden Sie Ihr Archiv, alle Posts und gespeicherte Storys, die Sie einmal veröffentlicht haben.

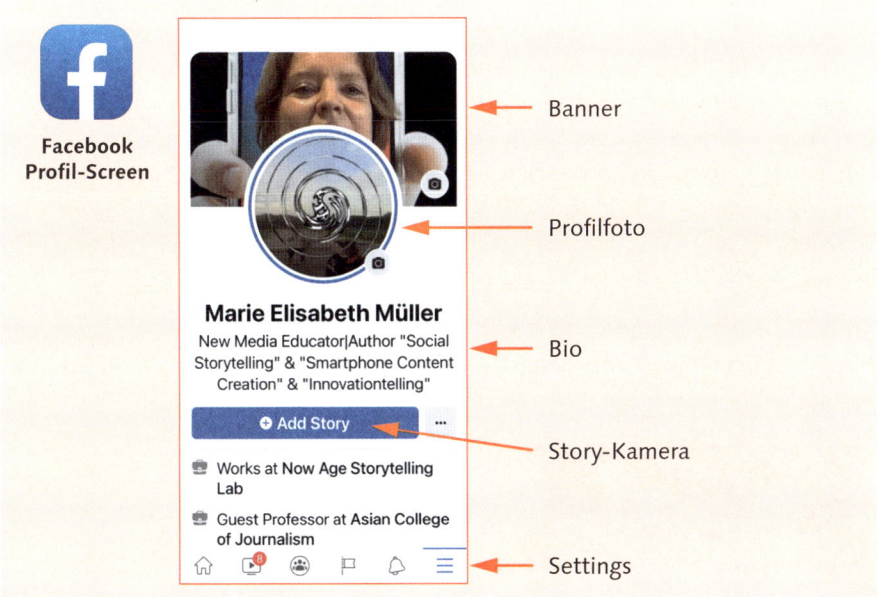

Abbildung 4.36 Der Profil-Screen in der Facebook-App

Viele Account-, Privacy-, Filter- und Sucheinstellungen bei Facebook sind besser oder ausschließlich in der Desktop-Version zu verwenden oder zu definieren. Bei Facebook lohnt es sich, regelmäßig in der Desktop-Version zu arbeiten, weil sie übersichtlicher ist und Sie dann alle Funktionen finden und ansehen können.

Sie finden alle Bereiche Ihres Content-Archivs und der Ausspielplattformen unter MEHR auf der Profilseite. Tappen Sie auf das kleine Plus auf der Profil-Page, dann sehen Sie die vielen Content-Formate, die Sie auf Facebook erstellen können, darunter auch Ads und Pages.

Facebook unterscheidet zwischen einer Profil-Page für individuelle Nutzer und einer Business-Page für eine Organisation. Für Content Creator und Storyteller ist relevant, dass Sie auf der Business-Page mehr kreative Werkzeuge und Marketing-Methoden zur Verfügung haben. Zum Beispiel können Sie auf einer Business-Page mobiloptimierte Artikel mit multimedialem Content erstellen, die sich schnell öffnen – auf Englisch »Instant Articles« –, oder Werbekampagnen designen oder einen Feed-Post oben pinnen.

Welche multimedialen Elemente dominieren

Die Optionen für multimedialen Content in Storys und Feed sind vielseitig. Dazu gehören auch 360-Grad-Fotos und -Videos, die in Facebook gerendert und angesehen werden können. Behalten Sie im Kopf, dass Facebook unter anderem mit der Oculus-Rift-Plattform und der inzwischen beendeten Facebook-Spaces-Plattform in Virtual-Reality- und Social-Virtual-Reality-Technologie investiert und einen multimedialen interaktiven Community-Bereich bislang außerhalb der Plattform selbst aufbaut. Mit Oculus Rift produziert und vertreibt Facebook auch hochtechnologische VR-Headsets. Auf Facebook Spaces folgt inzwischen Facebook Horizon, eine komplett virtuelle Welt, für die Nutzer spezielle Headsets und Tracking-Equipment benötigen.

Facebook experimentierte bis Oktober 2019 mit der Social-VR-Plattform »Spaces«. Nutzer der Beta-Testgruppe trafen sich auf der ganzen Welt in Echtzeit in virtueller Realität, repräsentiert von ihrem Avatar.

Abbildung 4.37 Facebook Spaces war eine der ersten Social-VR-Apps.

Für Gruppenformate auf Facebook stehen offene und geschlossene Gruppen, die von Gruppen-Administratoren moderiert werden, zur Verfügung. Beispielsweise mit Watch und Movies bietet Facebook seinen Nutzern auch Räume an, in denen Gruppen sich treffen und gemeinsam etwas unternehmen können, etwa Filme ansehen, Feedback geben oder ein Fachthema diskutieren.

Wir beschreiben jetzt kurz vier in Facebook integrierte maßgebliche Ausspielkanäle und Editoren, von denen aus Sie Facebook leichtfüßig weiter erforschen können.

Integrierte Storytelling-Werkzeuge und Ausspielkanäle

Facebook Live gehört zu den wichtigsten und für Sie nützlichsten Story-Formaten der Plattform. Live-Beiträge werden von vielen Nutzern angesehen, die zufällig vorbeikommen. Promoten und kündigen Sie einen Livestream Tage oder Wochen vorher an, und aktivieren Sie Nutzer und Communitys mit gut gemachten CTAs und gut platzierten Cross-Plattform-Kampagnen. Mit regelmäßigen und professionell durchgeführten Live-Events können Sie eine hohe Reichweite aufbauen.

Live

Ein essenzieller Erfolgsfaktor für Livestreams ist die Interaktion mit den Nutzern. Livestreams auf Facebook sollten mindestens zehn Minuten lang sein und können mehrere Stunden dauern. Das heißt, Facebook Live müssen Sie unbedingt planen, strukturiert durchführen, und Sie müssen Livestream und Kommentare monitoren, wie in Abschnitt 3.3.5, »Live ist Life«, beschrieben.

Das Live-Event wird im Feed angesehen und mit Titel und Caption gepostet. Im Feed kann ein Livestream wie jeder Post auch geteilt werden.

Das Live-Event wird aufgezeichnet und kann anschließend inklusive aller Kommentare im Feed angeschaut werden. In Facebook können Sie ein aufgezeichnetes Live-Video anschließend nicht bearbeiten oder herunterladen.

Typische Story-Formate für Facebook Live sind Expertengespräche, Konferenzen und Debatten. Wir nutzen es regelmäßig für Live-Reportagen mit Reportern an Smartphones von multiplen Orten auf der ganzen Welt in demselben Livestream.

Dafür können Sie Streaming-Studio-Software wie *BeLive* oder *Streamyard* nutzen. Studio-Software erhöht die professionelle Qualität und das Studio-Management. Sie haben dann beispielsweise die Möglichkeit, mit mehreren Kameras zu arbeiten, mehrere Gäste einzubinden, Ihr Logo oder vorproduzierte multimediale Storys in den Livestream zu integrieren.

Storys

Alle Eigenschaften und Methoden von Storys-Kamera und -Editor funktionieren auf Facebook fast genauso wie auf Instagram (vergleichen Sie bitte Abschnitt 4.3.6). Instagram-Storys können auch auf Facebook veröffentlicht werden, wenn die Konten verknüpft sind.

Typische Story-Formate sind auch auf Facebook Alltagsgeschichten, inspirierende Zitate, Ankündigungen, CTAs und Behind-the-Scenes-Storys.

Feed

Posts im Facebook-Feed sind wie Blogartikel. Facebook-Posts sind sehr vielseitig und flexibel.

Einen neuen Post starten Sie mit »Was machst Du gerade, Elisabeth« – Facebook redet Sie direkt mit Ihrem Vornamen an. Das Content-Management-System zeigt Ihnen dann bei jedem Schritt alle Optionen an. Sie können in Facebook Design und Layout von Posts definieren, multiple Fotos und Videos hochladen und mit Captions versehen, andere Nutzer und Locations taggen.

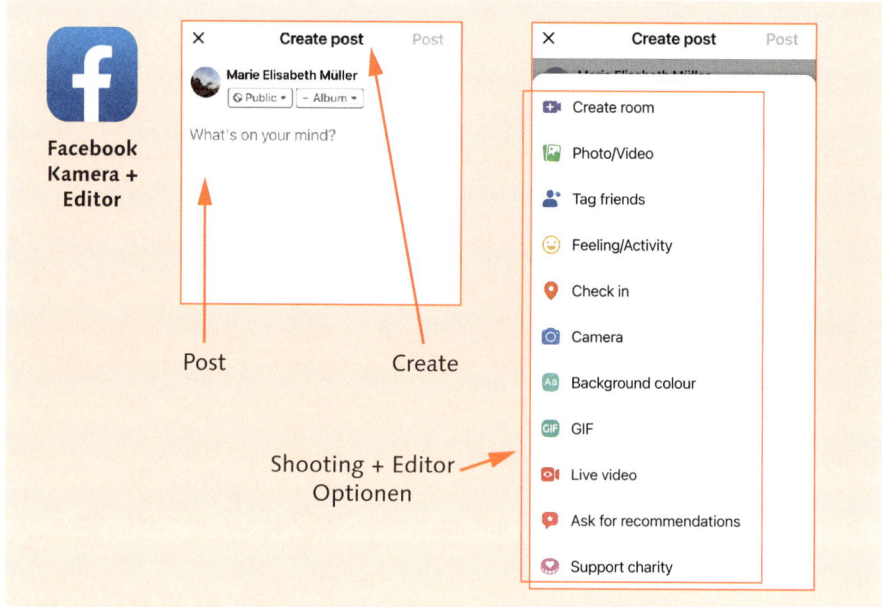

Abbildung 4.38 Feed-Kamera und Drop-Down-Liste der möglichen Content-Formate

Sie können aus sämtlichen multimedialen Methoden und Werkzeugen auswählen, Text, Audio, Video, interaktiven Content wie multimediale Datenstorys kombinieren.

Instant Experience (Desktop-basiertes Werkzeug)

Legen Sie eine Business-Page an, dann haben Sie in der Desktop-Version Zugang zu den Publikationswerkzeugen, auf Englisch »Publishing Tools«. Hier finden Sie »Instant Experience«, auf Deutsch so viel wie »unmittelbare Erfahrung«.

Anfangs nannte Facebook Instant Experience noch Instant Article und verkaufte die Technologie an Verlage, die ihren Nutzern damit eine schnellere Erfahrung bieten konnten. Das Geschäftsmodell griff zu kurz. Aber die Technologie bietet Ihnen bis heute in Facebooks Desktop-Version eine niederschwellige Möglichkeit, eine hochwertige multimediale Story von Anfang bis Ende zu planen, zu bauen und zu veröffentlichen. Sie haben ein hochwertiges kostenloses Storytelling-Werkzeug zur Verfügung, das sich auch für Werbekampagnen und Produktwerbung eignet.

Eine Story mit Instant Experience produzieren Sie auf dem Desktop. Sie und Ihre Nutzer erleben und sehen die fertige Story aber auf dem Smartphone. Hier haben Sie auch ein Beispiel für eine multimediale Content-Produktion, die langsamer und planungsintensiver ist, weil Sie Material und Dateien präzise vorbereiten und hin und her exportieren müssen.

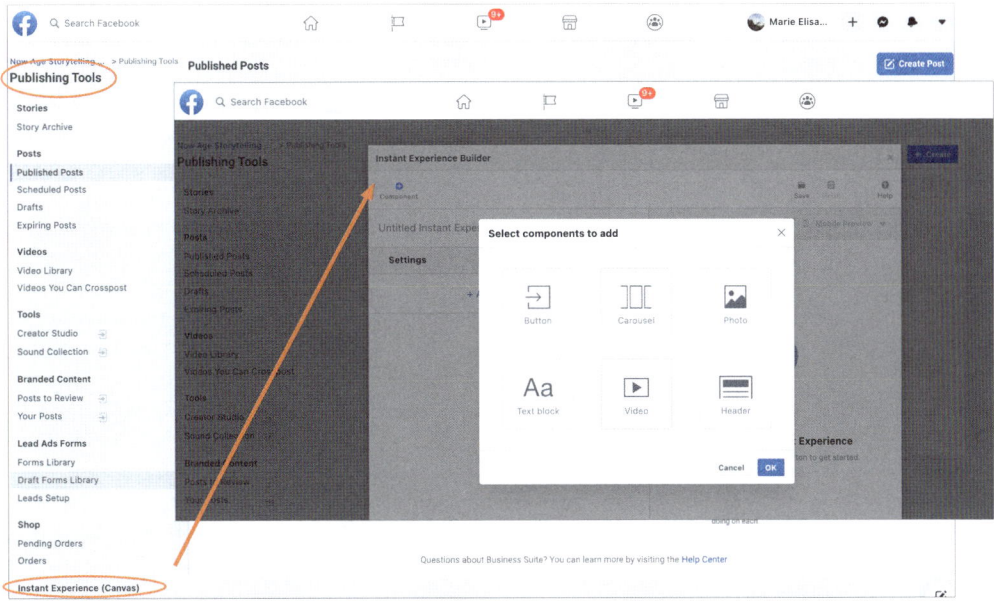

Abbildung 4.39 Instant Experience – das hochwertige, mobiloptimierte Storytelling-Werkzeug versteckt Facebook in seiner Desktop-Version.

Mit »Create« öffnen Sie den Instant-Artikel-Editor in den Publishing-Tools. Jetzt sehen Sie alle Content-Elemente, die Sie in der Story kombinieren können, etwa Banner, Text, Foto, Fotogalerie, Video oder einen interaktiven Button. Jedes Element können Sie aber nur einmal in die Story integrieren: Wie bei einem Puzzle gibt es jedes Element nur ein einziges Mal.

Bei der Entwicklung der Story und Durchführung der Produktion hilft Ihnen ein Storyboard, wie in Abschnitt 3.5.1 beschrieben.

Sehen Sie sich zuerst im Editor an, welche multimedialen Content-Elemente Sie nutzen können. Überlegen Sie sich, welche Story-Elemente sich für welches Format eignen, also was Sie jeweils mit Banner, Text, Foto, Fotogalerie, Video, interaktivem Button erzählen wollen. Legen Sie den Inhalt und die Reihenfolge der Elemente fest, wie Sie sie montieren wollen. Notieren Sie, was Sie wie aufnehmen. Dann nehmen Sie alles auf, und produzieren Sie alle Story-Elemente vor.

Speichern Sie alle Clips und Visuals in der Camera Roll in einem extra angelegten Ordner oder Album ab, sodass sie sie schnell wiederfinden.

Dann produzieren Sie die Story in Instant Experience in Facebook. Sie haben die Option, die fertige Story im Vorschaumodus anzusehen und zu editieren, bevor Sie sie teilen.

Pro-Tipp: Gehen Sie selbstbewusst mit Hatern, Trollen und Bots um (von Deana Mrkaja)

Fake News, Hatespeech, Trolle, Shitstorms – wer viel Zeit in sozialen Medien verbringt und mit ihnen arbeitet, hat höchstwahrscheinlich auch schon Bekanntschaft mit einem dieser Begriffe gemacht oder ist selbst davon betroffen gewesen. Manchmal scheint es, als wäre das Internet voller negativer Menschen und Dinge. Dabei besagt die bekannte 90-9-1-Regel aus der Netzkultur etwas anderes: 90 % der User sind eher passiv im Umgang mit sozialen Medien. Sie lesen, konsumieren, schauen sich Inhalte an, aber verhalten sich ansonsten ruhig. 9 % tragen gelegentlich etwas zum Diskurs bei. Sie kommentieren mal, teilen Content, lassen ein Like da und publizieren selten auch selbst etwas. Und nur 1 % der Nutzer ist tatsächlich sehr aktiv – und auch sehr laut. Denn unter diese 1 % fallen auch Trolle, Hater und Bots, die an einem destruktiven Diskurs interessiert sind. Auch die jeweiligen Algorithmen tun das ihre dazu, da sie bevorzugt Posts ausspielen, die hohes Engagement aufweisen. Algorithmen führen keine qualitative Analyse von Posts durch, sie konzentrieren sich rein aufs Quantitative. Ein Shitstorm wird somit als positiv bewertet, da dort viel Interaktion passiert. Wenn Sie also auch manchmal das Gefühl bekommen, auf Social Media wären alle verrückt geworden, liegt das unter anderem an diesen Mechanismen.

Um sich selbst in diesen Netzwerken zu schützen, sollten Sie einen Blick in Ihre Privacy-Einstellungen werfen. Dort können Sie festlegen, ob Ihre Inhalte der Öffentlichkeit ausgespielt oder nur Ihren Freunden angezeigt werden sollen. Das spielt besonders bei Facebook eine Rolle, der neben YouTube reichweitenstärksten Plattform, auch wenn andere soziale Netzwerke stark wachsen.

Auch bei Instagram, das Facebook gehört, kann eingestellt werden, ob Sie ein öffentliches oder ein privates Profil haben möchten. Bei Letzterem entscheiden Sie, wer Ihnen folgen darf und wer nicht. Am Ende müssen Sie immer für sich festlegen, wem Sie Einblicke in Ihre Inhalte auf Social Media gewähren wollen. Sie haben die Möglichkeit, in Ihren Privatsphäre-Einstellungen die Konfiguration so zu wählen, wie Sie es für richtig halten. In jedem Fall ist es sinnvoll, sehr private Inhalte und Informationen (wie beispielsweise die Adresse, Telefonnummer oder E-Mail-Adresse) nicht öffentlich einsehbar zu machen, um die eigene Person zu schützen. Auf vielen Plattformen können Sie zudem auch ihre Freundeslisten verbergen, sodass es nicht öffentlich ist, mit wem Sie vernetzt sind. Auch sollten Sie in den Einstellungen darauf achten, ob Suchmaschinen wie Google Ihre Profile anzeigen dürfen oder nicht.

Um die eigenen Accounts zu schützen, sollten Sie nicht nur ein starkes Passwort festlegen, sondern am besten in den Sicherheitseinstellungen die zweistufige Authentifizierung aktivieren. Wenn das Netzwerk einen Anmeldeversuch über ein unbekanntes Gerät oder einen unbekannten Browser feststellt, fordert es Sie damit zur Eingabe eines Codes auf, der per E-Mail oder direkt aufs Handy geschickt wird. Ebenso sollten Sie darauf achten, dass Sie Ihre Erlaubnis erteilen müssen, damit Sie jemand in einem Beitrag markieren darf. Loggen Sie sich zudem stets aus, wenn Sie Ihr Profil verlassen, und schließen Sie nicht einfach nur den Browser oder die App.

Der Umgang mit Hatern, Trollen und Bots ist anstrengend, und leider haben die sozialen Netzwerke bisher noch immer keine gute Methode gefunden, ein solches Verhalten komplett zu unterbinden. Trotzdem gibt es Dinge, die Sie tun können, um damit umzugehen. Egal ob es sich um einen Shitstorm handelt oder um Hasskommentare: Bleiben Sie ruhig! Jeder Shitstorm hat ein Ende. Trotzdem müssen Sie sich natürlich nicht jeden Kommentar gefallen lassen – schon gar nicht, wenn dieser beleidigend oder sogar justiziabel ist.

Am häufigsten begehen Verfasser von Hassreden den Tatbestand der Beleidigung oder der üblen Nachrede. Teilweise handelt es bei ihrem Vergehen auch um (öffentliche) Aufforderungen zu Straftaten oder um Volksverhetzung. Mittlerweile werden viele dieser Taten zur Anzeige gebracht – mit Erfolg. Denn die Amtsgerichte gehen meist streng mit den Verfassern von Hassreden um. Wenn Sie solche Kommentare erhalten, können Sie selbst entscheiden, wie Sie vorgehen wollen. Wenn Sie beispielsweise als »dumm« bezeichnet werden, wird dies keinen Strafbestand darstellen. Wenn Ihnen jedoch jemand droht, Sie umzubringen oder Ähnliches, wird das ein juristisches Nachspiel haben.

Empfehlenswert ist es immer, der jeweiligen Plattform den Kommentar zu melden und eine umgehende Entfernung zu verlangen. Mittlerweile sind die Netzwerke relativ schnell im Prüfen des Tatbestandes. Nicht empfehlenswert ist es hingegen, Kommentare zu löschen. Wenn Sie einen Kommentar löschen, kann der Verfasser sehen, dass dieser nicht mehr existiert. Dies kann gerade bei Trollen zu einer Kettenreaktion weiterer Hasskommentare führen. Stattdessen sollten Sie solche Kommentare lieber verbergen. Das bietet den Vorteil, dass sie weder für Sie noch andere in Ihrer Community sichtbar sind, dem Verfasser jedoch noch sichtbar angezeigt werden. Wenn niemand mehr auf einen solchen Inhalt reagiert, verstummen auch die größten Hater mit der Zeit.

Don't feed the troll! Trolle in sozialen Netzwerken wollen Gespräche innerhalb der Community lediglich stören. Sie provozieren und beleidigen und wollen, dass man unsachlich antwortet. Genau diesen Gefallen sollten Sie ihnen nicht tun. Statt sich auf eine Diskussion einzulassen – die in solchen Fällen zu nichts führt –, reagieren Sie kurz und sachlich, stellen Fakten oder Ihre Argumentationslinie dar und ignorieren ansonsten das weitere Geschehen. Scheuen Sie sich nicht, Kommentare zu verbergen, wenn es zu viele derselben Sorte werden oder sie beleidigend sind. Melden Sie der Plattform die jeweiligen Profile und verborgenen Kommentare, damit das Netzwerk ein weiteres Vorgehen einleiten kann. Auch Sie können Profile blockieren, sodass diese Personen weder Ihre Seite aufrufen noch Ihre Inhalte anschauen können. Das ergibt dann Sinn, wenn Ihnen gewisse Hater immer wieder begegnen oder sich dieselben Personen häufiger auffällig verhalten. Am Ende bleibt es Ihre Entscheidung, wen Sie sperren wollen und wen nicht. Natürlich können Sie in fast allen sozialen Netzwerken die Kommentarfunktion unter Beiträgen auch ausschalten. Wirklich empfehlenswert ist das jedoch nicht, weil es im Nachgang dadurch zu noch größeren Shitstorms kommen könnte.

Der Umgang mit Falschmeldungen hat sich in den vergangenen Jahren in sozialen Medien etwas verbessert. Lange Zeit gab es kein wirkliches Korrektiv, aber nun existieren zumindest rudimentäre Möglichkeiten für individuelle Nutzer, selbst Fake News zu melden. Ebenso kennzeichnen Twitter und Facebook beispielsweise Beiträge, die von einem Faktenprüfer als falsch eingestuft werden. Dann wird der Post mit einem entsprechenden Label gekennzeichnet, und seine Reichweite eingeschränkt. Zudem versucht Facebook, Alternativen zum Thema anzuzeigen, damit jedem Nutzer selbst überlassen bleibt, welche Quelle er konsumieren möchte. Allerdings funktioniert das System nicht gut und nicht durchgängig. Gehen Sie selbst deshalb auch immer kritisch mit den Informationen um, die Sie in Ihre Timeline gespült bekommen.

Abbildung 4.40 Die Journalistin und Social-Media-Expertin Deana Mrkaja hilft Nutzern, die eigene Privatheit und Daten im Internet besser zu schützen und mit den negativen Aspekten des Internets umzugehen (Quelle: Julia Zoooi).

4.4   Erklärvideos (Explainer Videos)

Erklärvideos sind von Anfang an und bis heute ein erfolgreiches Story-Genre auf sozialen Plattformen, insbesondere für Newsrooms, Journalisten, Wissenschaftler und alle, die Wissen teilen. Damit erreichen Sie auf allen Plattformen demografisch heterogene Nutzergruppen. Erklärvideos gehörten zu den ersten längeren multimedialen Videos, die für mobile Geräte optimiert im Feed ausgespielt wurden und immer noch werden.

Ein Erklärvideo folgt einem klaren Aufbau. Sie stellen eine Frage und beantworten diese dann mit Argumenten, Informationen, Beispielen und Stimmen von Experten. Zum Beispiel: »Wie kommen die Bläschen ins Mineralwasser?«, »Wer kämpft im syrischen Bürgerkrieg gegeneinander?« oder »Wie funktioniert der Motor in einem Elektroauto?«.

Erklärvideos dürfen unterhaltsam und ernsthaft zugleich sein und jedes beliebige Thema von Klimawandel bis zu Schminktipps behandeln. Alle fünf in Abschnitt 3.2.1, »Engagieren Sie Nutzer«, beschriebenen maßgeblichen Nutzerbedürfnisse können Sie mit Erklärvideos zielgenau anpeilen, entsprechend dem Thema, der Tonalität und Zielgruppe, die Sie erreichen wollen.

Erklärvideos beruhen auf der Kunst, einen komplexen Zusammenhang kurz und knackig zu erläutern – eine Aufgabe für Sie als *Guide*. Führen Sie ihre Nutzer durch das Video, und nutzen Sie dazu die multimediale Methode. Alle multimedialen Elemente ergänzen sich inhaltlich zu einem zusammenhängenden Gesamtbild, sie wiederholen sich nicht. Das wäre verschenkte Zeit. Beispielsweise erzählen Sie etwas anderes, als im Bild zu sehen ist. Oder Sie zeigen im Video anschaulich, was Sie mit Worten abstrakt erklären.

Die Länge von Erklärvideo variiert und hängt von der Komplexität des Themas und den Gewohnheiten der Zielgruppe ab. Auf Facebook waren schon nur 1,5 Minuten lange Erklärvideos erfolgreich und wurden von vielen Nutzern komplett angesehen. Das ist auch Ihr Ziel. Sie möchten, dass Ihre Nutzer ihr Video komplett ansehen und nicht aussteigen. In der Regel sind erfolgreiche Erklärvideos 3 bis 5 Minuten lang, es gibt aber auch gelungene, die mit über 8 oder 20 Minuten länger sind.

Erklärvideos werden meistens in einem Feed-Post veröffentlicht und mit einem Artikeltext oder mit einer Anmoderation kombiniert, die in das Thema einführt. Die Videos ergänzen dann den Text mit Bildern, Stimmen und Kontext. Teils ersetzen die Videos die Texte aber auch ganz und werden nur mit wenigen Angaben im Feed als Post geteilt. Erklärvideos entwickeln sich dynamisch weiter, werden zunehmend komplexer und mit mehr multimedialen Elementen gebaut.

Wie bei anderen Mikro-Storys hat die anhaltende Anziehungskraft von Erklärvideos sicher mit ihrer Variabilität zu tun. Es sind bewegte multimediale Bilder mit Texten, Fotos, Stimmen und Musik. Es waren mit die ersten Videoformate, die Nutzer ohne Audio ansahen, und deshalb sind die Stimmen im Erklärvideo grundsätzlich untertitelt. Nutzer können wählen, ob sie das Audio einschalten oder nicht.

Pro-Tipp für Untertitelung

Professionelle und komplette Untertitelung, auch *Captions* genannt, gehört zu den komplexeren Anwendungen, die bislang gar nicht oder nur rudimentär in den Editoren in den sozialen Plattformen angeboten werden. Nur auf IGTV und YouTube können Captions mit Übersetzungen bislang automatisch aktiviert werden, allerdings nicht in allen Sprachen.

Für Untertitelungen können Sie zahlreiche Premium-Apps im Smartphone oder Desktop-basierte Apps nutzen, beispielsweise *Headliner*. Auch in einem kompletten Editor können Sie Untertitelungen vornehmen, bislang aber nur manuell.

Aufgrund ihres Konzepts, gut recherchiertes und vertieftes Wissen kurz und unterhaltsam darzustellen und alle Stimmen zu untertiteln, gehören Erklärvideos zu den technisch anspruchsvolleren Mikro-Storys. Deshalb produzieren Sie Erklärvideos am besten in einem kompletten Audio/Video-Editor wie *Kinemaster* oder *Luma Fusion* oder – für kurze, flotte Videos – in einer KI-basierten App wie *Quik*. Auch dafür müssen Sie multimediales Material vorproduzieren, bevor Sie es in der App hochladen, die Reihenfolge der Sequenzen bestimmen, diese mit einem automatischen Layout ergänzen und rendern. Auf jeden Fall empfehlen wir Ihnen, hier alle in Kapitel 2, »Ein radikal neuer Baukasten für Social Storyteller«, beschriebenen Schritte inklusive Storyboard durchzuführen (siehe dazu auch Abschnitt 3.5.1).

4.5 Social Audio

Mit der Smartphone-Technologie boomen auf sozialen Plattformen auch Social-Audio-Formate. Wie bei allen Social Storys ist die Tonalität informell, direkt und konversationell. Unverzichtbar sind Stimmen und orale Kommunikation. Social Audio basiert maßgeblich auf der Produktion und der immersiven Erfahrung von miteinander interagierenden Stimmen. Bei Videos nutzen wir zusätzliches Bildmaterial, auf Schlau *Schnittbilder*, auf Englisch *Footage* oder *B-roll*, um damit Inhalte zu veranschaulichen und zu bebildern. Im Audio-Storytelling sagen wir dazu *Sonifikation*. Dafür nutzen Sie multimediale Audio-Content-Elemente wie Geräusche, atmosphärischen Sound und Musik und ergänzen damit Kontext und immersive Erfahrungen zum oralen Storytelling mit Stimmen.

Podcasts und Audio-Storys spielen eine immer wichtigere Rolle im Medien-Mix von Nutzern weltweit. Gleichzeitig gibt es in Social Audio noch viel Innovationspotenzial für interaktive und immersive räumliche Erfahrungen und präzise Stimmerkennung.

Zukünftig werden wir mit unseren Stimmen die KI-basierte Spracherkennung in neuen Technologien wie dem Internet of Things trainieren und mit freien Händen und nur mit unserer Stimme mit Gegenständen in Smarthomes und Smartoffices kommunizieren. Wir werden von Augmented Audio profitieren, beispielsweise von Filtern, die ausgewählte, für unsere Ohren unangenehme Frequenzen unterdrücken. Wir werden uns mithilfe von Spatial Audio in mehrdimensionalen Virtual-Reality-Räumen bewegen, wo Stimmen und Töne unsere Aufmerksamkeit lenken und mit uns kommunizieren.

Das dominierende Storytelling-Genre in diesem Bereich sind Podcasts. Und auch für Sie sind Podcasts ein wirkungsvolles Format, um ins Social-Audio-Storytelling einzusteigen, damit vertrauter zu werden und eine besonders aufmerksame und loyale Gruppe von Nutzern zu erreichen. Wir wissen, dass viele Hörer einen Podcast, also eine digitale Radiosendung, bis zum Ende anhören, wenn sie erst einmal die ersten zwanzig, dreißig Sekunden dabeigeblieben sind – egal wie lang der Podcast insgesamt ist, ob zwanzig oder fünfzig Minuten.

Das heißt für Sie: Gestalten Sie den Anfang eines Social Podcasts spannend und direkt und ohne langatmige Anmoderationen. Die ersten Sekunden entscheiden; das gilt für alle Social-Story-Formate, auch für Audio. Unterhalten Sie sich sofort mit einem oder mehreren Gästen, und stellen Sie die Gäste mit Namen und Funktion später vor. Steigen Sie direkt ein, und bringen Sie einen *Jingle* später. Jingles sind kurze, peppige Musikelemente wie eine Erkennungsmelodie für ein serielles Format. Jingles rahmen den Podcast relativ früh und am Ende ein. Sie können alleine stehen, beispielsweise nur Musik mit dem Namen der Sendung, oder Sie moderieren wichtige Informationen über den Jingle, etwa Titel, Thema, Namen der Beteiligten oder ein Call-to-Action.

Die Magie von Social Audio vollzieht sich, wenn ein Flow entsteht und alle Elemente sich natürlich miteinander verzahnen. Moderieren Sie einen Gesprächspodcast wie ein natürliches Gespräch, das einfach anfängt und in dem Gesprächspartner hin und her springen dürfen, Gedanken beim Sprechen ordnen und Informationen nachgereicht werden. So stark wie in keinem anderen Medium führen Sie im Audio-Podcast, Sie sind als Person, als Guide und Experte präsent und sprechen Ihre Nutzer direkt an. Podcasts sind engagierend, und es ist wichtig, dass Sie Zeit einplanen, um in Kommentaren auf die Nutzer einzugehen und sie zu beteiligen. Beantworten Sie beispielsweise Fragen, und nehmen Sie Themen und Anliegen im Podcast auf.

Gute Geschichten erzählen immer etwas, was nicht sichtbar ist. Audio-Storytelling und Musik erzählen immer unsichtbare Räume und Erfahrungen, die nicht sichtbar, aber hörbar sind, durch Stimmen, Klänge, Geräusche, Musik. Das ist ihre immersive Qualität. Sie erreichen Nutzer in ihrem Kopf und lassen sie in eine zuvor unbekannte und unsichtbare Welt eintauchen. Musik und Audio triggern gefühlte Erfahrungen, die im Gedächtnis bleiben. Der vielseitige, engagierende und einfach zu realisierende Einsatz von Musik macht beispielsweise auch TikTok so besonders attraktiv und zieht mit Leichtigkeit neue Nutzer auf der Plattform in Bann.

Denken Sie aber daran: Audio muss eine gute Qualität haben und verständlich sein. Nutzer zeigen wenig Toleranz für schwer verständliche Stimmen oder schwer erträgliche Audioaufnahmen, die stark rauschen, knattern, laut ploppen, zu leise sind oder sehr stark störende und unangenehme Hintergrundgeräusche beinhalten.

Verwenden Sie auch für Audio-Storys ein Storyboard, und planen Sie den Aufbau, dann machen Sie das Beste aus Ihrer Story: Sie vermeiden Fehler, sparen Zeit, und das Ergebnis wird professioneller. Social Audio können Sie komplett mit Ihrem

Smartphone produzieren und verbreiten. Solange die Aufnahme gelingt, sind Postproduktion und Distribution bei einfachen Gesprächsformaten technisch und zeitlich weniger aufwendig als ein Video. Im einfachsten Fall trimmen Sie die Audioaufnahme nur und veröffentlichen sie dann.

Sie teilen Audio-Storys auf Audio-Plattformen wie *Soundcloud* oder *Anchor*, und vergessen Sie nicht: auch überall da, wo es Videos gibt. Dafür verwandeln Sie Ihre Audioaufnahme zunächst in ein Video, kombinieren also ein Video mit der Audiodatei. Das ist mit KI-basierten Werkzeugen in Anchor oder in Audio-Editoren wie *Soundtrap* einfach möglich. Sie können beispielsweise auch Audio-Podcasts auf YouTube teilen, wenn Sie ein Thumbnail und eine Videodatei parat haben.

Mit der Visualisierung Ihrer Audio-Storys nutzen Sie das ganze multimediale Potenzial, Sie ergänzen visuellen Kontext, Ihr Content kann auf mehr Plattformen gefunden werden, und Sie erhöhen die Reichweite. In den spezialisierten Audio-Editoren finden Sie auch Vorlagen für Jingles, Effekte, Sounds und Musik.

Um die ganze Kontrolle über Ihr Audio-Story-Produkt zu behalten, verwenden Sie einen kompletten Audio/Video-Editor wie *Luma Fusion*.

Denken Sie auch an eine weitere Option: Wenn Sie zum Beispiel ein Videogespräch aufzeichnen, lösen Sie anschließend die Audiospur vom Video ab und produzieren damit einen Audio-Podcast. So verwerten Sie Ihren wertvollen Content optimal.

Die erste weltweit populäre Podcast-Serie war »Serial«, 2014 produziert von »This American Life«. Es handelte sich um die journalistische Untersuchung eines ungelösten Mordfalls in Baltimore mit einem Erzähler, einem Guide, vielen Interviews, Musik und Elementen einer Reisereportage. »Serial« startete einen Trend, in dessen Folge faktenbasierte journalistische Erzählungen und Reisereportagen in Social Media zu Bestsellern wurden. Das Genre gab es auch schon im linearen Radio, wir nannten es dort »Radio-Feature«.

Auf Smartphones und unterwegs erreichen Podcast-Reportagen heute neue immersive Qualität und Popularität. Die besten Podcasts in diesem Stil werden inzwischen täglich von großen englischsprachigen Newsrooms produziert und veröffentlicht, meist werbefinanziert und kostenfrei in den zahlreichen Podcast-Apps anzuhören. Auf ihrem Twitter-Profil hat Marie Elisabeth Müller eine Liste mit journalistischen Podcasts angelegt. Dort können Sie sich die interessantesten Podcasts der vergangenen Jahre mit einem Twitter-Account ansehen und die Liste abonnieren. Über Podcast-Nutzer gewinnen Medienhäuser inzwischen viele Abonnenten für andere Produkte, zum Beispiel ihre Print- und Online-Zeitungen.

Abbildung 4.41 Die Journalistin und Moderatorin Eva Schulz war in Deutschland eine der ersten Mobile-Journalistinnen. Sie entwickelt innovative Formate wie ihre Snapchat-TV-Serie »Hochkant« oder in 2021 eine gamifizierte politische Quizshow.

Social-Audio-Formate sind enorm vielseitig. Sie streamen sie live oder produzieren und teilen sie in Echtzeit, mit einer nur kurzen Postproduktions-Phase. Typische Genres sind in diesem Bereich:

- investigative Reportagen
- Reisereportagen
- Expertengespräche
- Comedy
- Unterhaltungsshows
- Vermittlung von Wissen und Kompetenzen
- Kommentare zu aktuellen Ereignissen der Zeitgeschichte
- informative Formate mit politischen Nachrichten oder Trends in einem gesellschaftlichen Bereich, von neuen Technologien bis zu Wellness

Bei der Länge von Audio-Podcasts sind Sie flexibel. In der Regel sind Podcasts mindestens zehn Minuten lang. Meist sind Hörer aber bereit, sich auf längere Formate einzulassen. Bei Serien empfiehlt es sich, jede Episode in ähnlicher Länge anzubieten, damit Nutzer sich darauf einstellen können.

Beim Zuhören erholen sich unsere Augen, sind unsere Hände frei, oder wir machen etwas anderes, während wir zuhören und unsere Gedanken schweifen lassen. Das greift ein anderes innovatives Audio-Format auf: die Live-Chat-Räume auf der Social+-Audio-Plattform *Clubhouse*, deren Charme anfangs in den USA vor allem darin bestand, dass Fremde sich spontan zum Gespräch treffen, einfach nur zuhören oder sich miteinander unterhalten und miteinander chillen. In Deutschland wurde Clubhouse Anfang 2021 in kurzer Zeit zur Haushalts-App für Experten, die ihre Unterhaltungen von Twitter und LinkedIn auf Clubhouse verlagern und anschließend auf Twitter und LinkedIn darüber berichten. Zumindest zu Beginn waren die Talk-Runden informeller als in linearen Medien, und Nutzer sprachen mit Prominenten aus Politik, Medien und Wirtschaft. Auf Clubhouse folgen bislang Menschen anderen Menschen, seltener Marken (*www.thedrum.com/opinion/2021/02/17/the-right-and-wrong-ways-marketers-can-use-clubhouse?utm_campaign=weekly_member_up-date&utm_source=pardot&utm_medium=email*).

Interaktives Audio und interaktive Chat-Räume bieten großes transmediales Potenzial. Auch Twitter experimentiert bereits mit Audio-Liveräumen »Spaces« in einer Betaphase. Aufwendiger und innovativ ist die Kombination von Audio-Storys und Messenger-Bots, bei der interessierte Nutzer synchron zur Audio-Erfahrung dokumentarische Fotos und andere Visuals ansehen können.

Mona Chalabi, amerikanische Journalistin und Expertin für Daten-Storytelling, produzierte 2018 für den Guardian USA den Podcast »Strange Bird«. Darin sprach sie mit Frauen, unter ihnen ihre Mutter, eine Ärztin, über Fehlgeburten – ein in den Medien unterrepräsentiertes Thema. Parallel zum Podcast konnten interessierte Nutzer mehr Hintergrund-Informationen und Visuals in einem Chatbot aktivieren und ansehen.

Abbildung 4.42 Der Chatbot synchron zum Podcast »Strange Bird«

Eine weitere Möglichkeit besteht darin, dass Nutzer eine lineare Fernsehshow oder einen TV-Film ansehen und synchron dazu in einem Chat-Raum darüber abstimmen, wie Show oder Handlung weitergehen, oder Live an einem Quiz teilnehmen.

Der interaktive »Murder-Mystery«-Podcast »Solve« (*https://solvehq.com/podcast/*) lädt Nutzer ein, sich in Detektive zu verwandeln und auf wahren Verbrechen beruhende Fälle zu recherchieren und zu lösen. Der Fall wird im Podcast als Hörspiel vorgestellt, und Nutzer können dann auf Snapchat und Instagram weiterermitteln, einen Fragenkatalog abarbeiten und den Fall lösen.

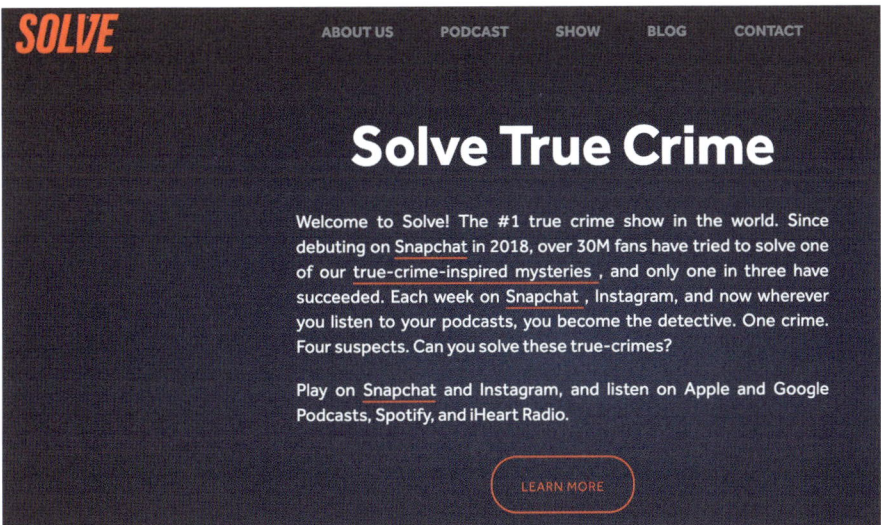

Abbildung 4.43 »Solve« ist einer der ersten interaktiven transmedialen Podcasts und engagiert Nutzer auf mehreren Plattformen in verschiedenen Story-Phasen.

Es gibt auch schon Suchmaschinen für Voice (*www.searchenginejournal.com/voice-search-optimization-strategy/379946/#close*) und Hyperlinks, die Audio verlinken. Alles weist darauf hin, dass wir Social Audio zukünftig noch interaktiver und partizipativer gestalten können.

4.6   Live-Social-TV

Live-Social-TV ist die große Schwester von Multimedia- und Video-Geschichten. Auf unterschiedliche Weise sind alle drei Methoden Storytelling auf Steroiden. Social TV ist zwar kein originales Mobile Genre wie Storys, denn Talkshows, Games und Live-Sendungen gab es im linearen Fernsehen und auf dem Smartphone von Anfang an. Was ist es dann?

Social TV ist aufgrund von Smartphone-Technologie und Bandbreite das erfolgreichste Videoformat. Live-Social-TV lebt von interaktivem Engagement, abgeschaut von Gaming-Plattformen, auf denen multiple Spieler in Echtzeit oder live miteinander agieren, gemeinsame Ziele verfolgen oder um einen Gewinn konkurrieren.

Das unter Videostreaming-Gamern bekannteste Web-Portal ist Twitch. Ursprünglich war das amerikanische Unternehmen auf interaktive Video-Livestreams für Gamers und eSport spezialisiert. Und so faszinierend viele Shows auf Twitch sind, es macht für Sie dann Sinn, wenn die für Sie relevanten Zielgruppen auf Twitch unterwegs sind oder Sie sie dorthin mitnehmen können. Bislang ist dies vor allem in den Bereichen Gaming, E-Sports, Live-Musik, Autos und Technologie der Fall.

Seit wenigen Jahren gibt es aber auch Newsrooms und Storyteller, die wie in den beiden abgebildeten Beispielen mit Twitch experimentieren.

Die Washington Post testete mit »Talk Shows« 2018 das erste journalistische Gaming-Format auf Twitch. Ein Moderator spielt mit einem Politiker ein Computerspiel, und dabei unterhalten sie sich über aktuelle politische Themen. »Artificial Next« ist eine interaktive scripted Live-Science-Fiction-Serie und handelt von künstlichen Intelligenzen, die die Follower auf dem Weg zur Menschwerdung begleiten. Nutzer können in vielfacher Weise interagieren, beispielsweise während des Livestreams im Chat direkt mit Charakteren interagieren und am Q&A teilnehmen oder Quizze auf der Website lösen. »Artificial Next« wird von Twitch als Original produziert und wurde 2019 mit dem Primetime Emmy Award und dem Peabody Innovation Award ausgezeichnet (*www.artificialnext.com*).

Viele Video-Livestreams auf Twitch werden aufgezeichnet und anschließend als Video veröffentlicht. Dann finden Sie sie im Twitch-Archiv und/oder auf der Website des Creators und können sie nachträglich ansehen. Facebook und YouTube sind auch für längere Livestreams in Social TV geeignet. Auf YouTube finden Sie alle Themen und Zielgruppen, auch Gaming. YouTube ist nach Google, dem YouTube gehört, die am zweithäufigsten besuchte Website der Welt. Etwa 70 % der YouTube-Nutzer kommen mit dem Smartphone auf die Plattform. Bei Twitch sind es bislang nur etwa 35 % Smartphone-Nutzer (*https://backlinko.com/twitch-users#usage-by-device*).

Es kommt also auch beim Live-Social-TV auf Ihre Ressourcen, Zielgruppen und Ziele an. Entweder konzentrieren Sie sich bei langen Livestreams auf Facebook und YouTube, wo Sie potenziell mehr als 2 Milliarden regelmäßige Nutzer weltweit erreichen – viele am Smartphone, was es Ihnen einfacher macht, Ihren Content für YouTube zu produzieren oder wiederzuverwerten. Oder Sie beziehen in Ihre Content-Strategie auch zugespitzte Zielgruppen und kleinere Portale wie Twitch mit rund 150 Millionen regelmäßigen und überwiegend jungen Nutzern am Desktop in Ihre Content-Strategie ein.

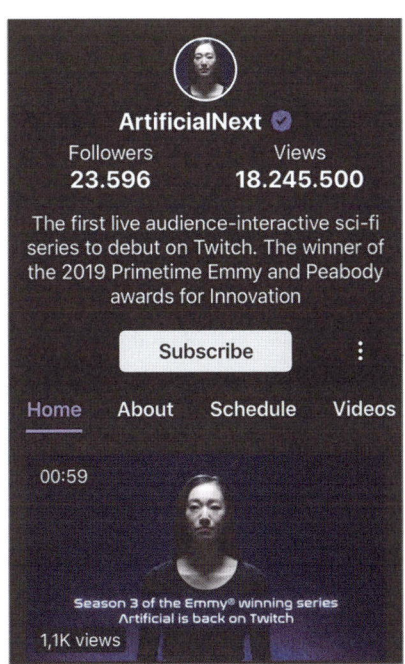

Abbildung 4.44 Links: Die Washington Post testet »Talk Shows«. Rechts: »Artificial Next« ist eine interaktive scripted Live-Science-Fiction-Serie.

Social TV transformiert das konventionelle lineare Fernsehen in ein inklusives, partizipatives, intimes und konversationelles Fernsehen für Smartphone-Nutzer auf sozialen Plattformen (siehe oben, Abschnitt 4.3).

Tatsächlich gibt es inzwischen zahlreiche Sendungsformate im linearen Fernsehen, beispielsweise die Wissenschaftssendung »Quarks«, die im linearen Fernsehen nur noch Statthalter sind. Quarks findet online statt, hier erreichen die Moderatoren mit vielen unterschiedlichen Formaten und auf mehreren Plattformen viele Millionen Nutzer und erzielen eine Reichweite, die weit über lineare Quoten hinausgeht.

Wir wissen auch, dass viele Nutzer, die zu Hause noch einen Fernsehbildschirm haben, damit kein lineares Fernsehen ansehen, sondern Social TV wie IGTV und YouTube, Social Web TV wie Twitch oder Video-on-demand-Streaming-TV wie Netflix oder Apple TV+.

Fast jede soziale Plattform bietet Live-Formate und/oder Live-Streaming an, viele in mehreren Ausspielkanälen, beispielsweise Instagram im Feed, in Storys und IGTV. In der Regel wird die Live-Show aufgezeichnet und kann anschließend in einem Ausspielkanal wie IGTV veröffentlicht und angesehen werden.

Pro-Tipp zu Livestreams und Studiotechnologie

Wenn Sie ein aufgezeichnetes Video in die Camera Roll herunterladen, können Sie es anschließend in einem kompletten Audio/Video-Editor bearbeiten, kürzen, Elemente wie Jingles und Logo ergänzen und dann auf IGTV oder YouTube teilen. Geben Sie dann an, dass Sie das Video des Livestreams editiert haben.

Es gibt auch professionelle Streaming-Studio-Software, meist mit Desktop-basiertem Studio-Management, die Ausspielung und Zuschaltung auf Smartphones ermöglicht, wie *BeLive* oder *Streamyard* oder *Open Broadcaster Software*. Mit professionellem Studio-Management können Sie direkt im Livestream auch Jingles, Logos, multimediales Material, mehrere Kameras und multiple Gäste von anderen Locations integrieren.

Der besondere Reiz von Live-Social-TV entsteht mit dem Smartphone, weil Sie dann im Live-Erlebnis alle Vorteile des Hosentaschen-Studios und die Tonalität von Smartphone-Storytelling haben. Sie können sich mit dem Smartphone auch geplant bewegen, sich zum Beispiel mit einem Gast im Gehen unterhalten. Beachten Sie weitere Hinweise zu audiovisuellen Aufnahmen in Abschnitt 3.4, die Sie auch live anwenden können.

Story-Formate und Genres im Live-Social-TV entwickeln sich sehr dynamisch, experimentell und plattformspezifisch. Typische Formate sind:

▶ Talkshows

▶ Reportagen

▶ Expertengespräche

▶ Unterhaltungsshows

▶ Musik-Events

▶ Verkaufsshows

▶ Games

Wir sind beide auf agile Social-TV- und Social-Audio-Formate spezialisiert und arbeiten im globalen Pop-Up Newsroom mit Hochschullehrern und jungen Journalisten und Communitys auf vier Kontinenten zusammen. Dabei berichten Moderatoren am Laptop und Reporter mit ihrem Smartphone in demselben Livestream aus verschiedenen Weltregionen. (Mehr zu Social TV und dem Global Pop-Up Newsroom finden Sie hier: *https://medium.com/@marieelisabethmueller/reimagining-crossborder-journalism-with-social-tv-a5eedb7b1157*)

Live-Social-TV sind Live-Events, die Sie planen, ankündigen, vorbereiten, produzieren, moderieren und dokumentieren. Nur dann investieren Sie die wertvolle Zeit optimal, Ihre und die der Nutzer. Livestreams sind »Gold« in sozialen Medien, weil sie starkes, interaktives Engagement und hohe Reichweite generieren, und zwar so-

wohl unter Followern als auch unter vielfach zufällig hinzustoßenden, vielleicht einfach neugierigen Nutzern. Dieses Potenzial zu vertieftem Beziehungsaufbau sollten
Sie nicht einfach verpuffen lassen.

Abbildung 4.45 Hier unterhalten sich die Moderatorinnen Alazia Wiliams von der Syracuse
University in New York und Aditi Murthi vom Asian College of Journalism im südindischen
Chennai.

Auch für den Aufbau einer Liveshow planen Sie in den drei grundlegenden Phasen:

▶ Intro – direkt einsteigen, W-Fragen beantworten (wer, was, wo, warum)

▶ Durchführung – Aufgabe/Thema des Tages bearbeiten, Nutzer engagieren

▶ Outro – Event zusammenfassen, Call-to-Action, Nächstes ankündigen

Berücksichtigen Sie für Ihre Moderation außerdem drei Aspekte, die sich im Journalismus bewährt haben:

Erstens: Interviews und Gesichter und Stimmen Dritter sind wirkungsvolle Bausteine in guten Live-Storys, mit denen Sie eine emotionale Erfahrung und glaubwürdige Verbindung ermöglichen.

Zweitens: Sprechen Sie Menschen im Livestream direkt mit Namen an, und reagieren Sie vor, während und nach dem Event in Chats und Kommentaren. Machen Sie
klar, dass Sie die Meinung ihrer Follower interessiert, dass Sie das Gespräch mit
ihnen mögen und dass Sie gemeinsam auf der Reise sind, um voneinander zu lernen
und sich zu unterhalten. Konversation und Dialog funktionieren während Live-
Streams gut über die Kommentarfunktionen und über interaktive Tools, beispielsweise mithilfe von »Umfragen« und »Fragen«. Fortgeschrittene Creator können
auch gamifizierte, interaktive Story-Sequenzen einplanen. Problematisch ist sicher
insbesondere unter jugendlichen Nutzern ein Trend, bei dem Creator ihre Follower
zu Spenden an den Creator motivieren, bekannt als »Donations«.

Drittens: Verankern Sie in Ihrem Content immer ein Signal in die Zukunft. Ein zu-künftiger Nutzen oder nächstes Event sind wichtig, um gemeinsam weiterzureisen. Im abschließenden »Piece to Camera« (PTC) integrieren Sie einen »Call-to-Action« (CTA) und kündigen nächste Events an.

Wichtig ist bei Live-Formaten, dass Sie alle Interaktionen überwachen, also »moni-toren«. Blockieren Sie Hater. Interagieren Sie mit Ihren Followern, und motivieren Sie Follower auch, miteinander zu kommunizieren. Definieren Sie schon in der Pla-nungsphase, was Sie erreichen wollen, messen Sie den Erfolg, und Sie bewerten es regelmäßig. Dann verbessern Sie ein Format und passen es immer weiter an. Wel-che Metriken und Indikatoren sinnvoll sind, auf Schlau *Key Performance Indicators* (KPIs), erläutert Ihnen Sascha Gottschalk in Kapitel 6, »Kampagnen messen – es geht nicht ohne Monitoring«.

5   So finden Sie die richtige Strategie

Was haben Storyteller mit Kriminalisten gemein? Für beide ist die Welt ein Schauplatz voller Indizien. Daraus rekonstruieren Kriminalisten und Story-teller eine in sich stimmige Erzählung. Genauso planvoll und nuanciert gehen Sie bei Ihrer Content-Strategie vor und kombinieren alle »Content-Indizien« auf einer Zeitachse. Warum und wie das gelingt, behandeln wir jetzt.

In digitaler Kommunikation ist nichts in Stein gemeißelt. Um effizient und erfolg-reich in einer dynamischen digitalen Umgebung zu arbeiten, hilft Ihnen ein struk-turiertes, strategisches Projektmanagement. Vielleicht fragen Sie sich: Sollte die Strategie nicht am Anfang stehen? Nun, richtig, Sie wenden in Ihrem Projektmanage-ment die Strategie direkt vom Startpunkt jedes Projekts aus an. Doch in unserem Buch haben wir für Sie und mit Ihnen erst den Grundstein für Social Storytelling und agile professionelle Content-Erstellung gelegt. Beides sind Voraussetzungen, damit Sie auch die integrierte Content-Strategie erfolgreich anwenden.

Bis hierher haben Sie sich mit neuen Methoden in der Content-Produktion vertraut gemacht. Sie verstehen jetzt, dass wir es in Social Media mit fragmentierten The-men, Mikro-Storys und Nischen-Communitys auf vielen verschiedenen Plattformen zu tun haben. Genau darauf legen Sie auch Ihre Strategie aus.

Mit der integrierten Strategie planen und produzieren Sie eine Story in vielen frag-mentierten Content-Elementen für Plattformen im gesamten Web 2.0 und inte-grieren auch lineare Medien und reale Events. In Strategie und Projektmanagement beziehen Sie von Anfang an alle Offline- und Online-Touch-Points der Nutzer/ Customer-Journey ein und definieren, welche Ausspielkanäle für Ihre Marke, für diese Story und für Ihre Nutzer und Community relevant sind.

Dafür geben wir Ihnen in diesem Kapitel einen kurzen Überblick über die wichtigs-ten Schritte zu einer integrierten Content-Strategie, kurz *»All-in-One«-Strategie* – kompakt und griffig. Danach runden wir in Kapitel 6, »Kampagnen messen – es geht nicht ohne Monitoring«, das Buch mit dem Überblick über die wichtigsten Er-folgsindikatoren ab. Im abschließenden Kapitel 7, »Alles bleibt anders – wie geht es weiter mit Storytelling?«, blicken wir auf die nächsten Trends für Storyteller.

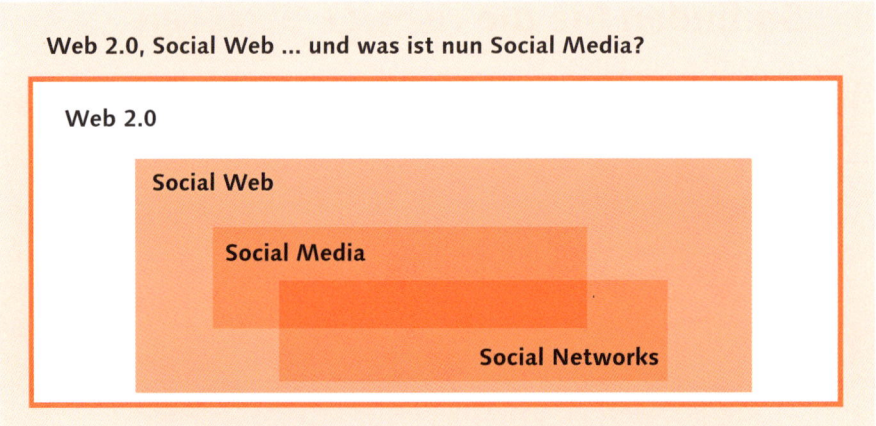

Abbildung 5.1 Online-Wording, 2011 dargestellt von Jan-Kristian Jessen (*www.slideshare. net/qundg/web-20-social-web-social-media-wording-der-onlinekommunikation-10469096*).

Egal, ob Sie alleine oder im Team, in einem Medienhaus, einer NGO, einer Bildungs- institution oder einem kleinen oder großen Unternehmen arbeiten – in Ihrer Mar- kenstrategie beschäftigen Sie sich immer wieder mit Ihren Werten und Zielen. Häufig kommunizieren Sie eine langfristige, konsistente Vision und mittelfristige Missionen. Missionen sind Meilensteine, die Sie regelmäßig an die Entwicklung anpassen und modifizieren. Ihre Vision bildet die strategische Matrix, aus der Sie konkrete Mei- lensteine in Form zeitlich begrenzter Aktionen ableiten. Meilensteine geben Ihrer Vision einen konkreten Kontext, und zu jedem Meilenstein gehören Storys, mit denen Sie Ihre Ziele erfahrbar machen und kommunizieren.

Auch die »All-in-One«-Strategie speist sich aus den Zielen und dem Wertesystem, die Sie in Ihrer Vision langfristig verankern. Daraus leiten Sie konkrete Storys und Kommunikation in Echtzeit ab, die in einer Kampagne aufeinander aufbauen und mehrere Plattformen und Events bespielen.

Mit der »All-in-One«-Strategie denken und planen Sie von Anfang an alle Ihre Sto- rys und allen Content vernetzt. Die Strategie leitet und begleitet Sie von Themen- findung und Storyboard über Shooting und Postproduktion bis hin zur Distribution auf allen für Sie relevanten Plattformen, der Erfolgsmessung. Und am Ende wartet auch die Anpassung Ihres Contents und Ihrer Strategie für die nächste Content- Kampagne. Mit der »All-in-One«-Strategie holen Sie das Beste aus Ihrem Content im Zeitalter konvergenten Storytellings heraus. Was das ist, erklären wir jetzt in einem kompakten Durchgang. Weiter geht's!

5.1   Integriertes, konvergentes Storytelling

Obwohl das Smartphone in seinem Namen den Begriff Telefon trägt, ist Telefonieren zu einer Smartphone-Anwendung geworden, die die meisten Menschen immer seltener oder kaum nutzen. Vielmehr nutzen wir alle das Smartphone für viele alltägliche und geschäftliche Aufgaben und um uns mit Dingen, Orten und Menschen zu vernetzen – beispielsweise als Kalender, als KI-basierten persönlichen Assistenten, als Dashboard für unser KI-getriebenes Smarthome, als Wasserwaage, als Spiegel, als Aufnahme und Produktionsstudio, als Radio, TV, Webbrowser oder als Finanzmanager.

Das bedeutet *Konvergenz*. Wofür wir früher viele verschiedene analoge Geräte brauchten, das erledigen wir heute mit einem einzigen digitalen Gerät, dem Smartphone. Das Smartphone ist die konvergente Schnittstelle, auf Englisch ein *Interface*, das die Verbindung zwischen uns und unserem Gehirn auf der einen Seite und Dingen der Welt auf der anderen Seite realisiert. Und diese Realisierung geschieht mithilfe multimedialer Kommunikation.

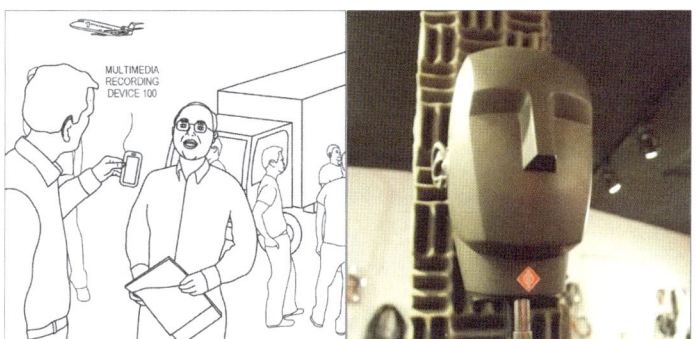

Abbildung 5.2 Links: Apple kündigt 2020 3D-Binaural-Aufnahmetechnologie (binaural = beidohrig) fürs iPhone an. Rechts: Neumann experimentiert seit Jahren mit Binaural-Sound mit seinen KU100-Mikrofonen und einem »Dummy-Kopf«. Binaural-Sound ist in 3D, Stereo ist in 2D.

Die »All-in-One«-Strategie optimiert alle Ihre Storys und Ihren gesamten Content für das digitale Mediensystem, in dem die meisten Menschen weltweit heute kommunizieren. Die wichtigsten Bausteine fürs Social Storytelling kennen Sie bereits. Darauf baut jetzt die integrierte konvergente Strategie auf, mit der Sie Ihre Storys und allen Content von Themenfindung bis Distribution einplanen und umsetzen.

5.2   Wie finde ich gute Storys?

Im besten Fall helfen gute Storys Ihren Nutzern, besser informiert zu sein und bessere Entscheidungen zu fällen, beispielsweise beim Kauf eines Produkts wie einer neuen Zahnpasta oder eines neuen Rasenmähers, bei der Wahl einer Schule für ein

Kind, bei neuen Erkenntnissen zu New Work oder beim Verifizieren einer politischen Nachricht.

Alle Social Storyteller können von Journalisten lernen, was gute Storys sind. Beispielsweise recherchieren und erzählen die Daten-Journalisten der Stuttgarter Zeitung seit vielen Jahren die Effekte von Feinstaub in verschiedenen Stuttgarter Stadtteilen zu unterschiedlichen Zeitpunkten. Aus der Recherche entstanden mit der Zeit viele weitere Storys, wie zum Beispiel datenbasierte interaktive Grafiken mit Messergebnissen in Echtzeit, Analysen der Faktoren und Verursacher, Reportagen zu Auswirkungen und politischen Kämpfen, Anleitungen zum Selbermessen, ein Fakten-Check zu Hintergrundwissen und Desinformation über Feinstaub oder Porträts etwa von Stadtbewohnern und ihren Erfahrungen mit den Auswirkungen von Feinstaub und Verkehrsaufkommen. Bis heute hilft der »Feinstaubatlas« (*www.stuttgarter-zeitung.de/feinstaub*) Menschen in Stuttgart dabei, die Feinstaubwerte in Echtzeit und weitere praktische Informationen rund um dieses Thema zu erhalten.

Gute Storys sind relevant für Nutzer und erfüllen einen Zweck, einen »Purpose« oder helfen, ein Problem zu lösen.

Pro-Tipp: Gute Storys sind gut für Ihre Community (von Maximilian Wolf)

Beeinflusse ich die Community, oder lasse ich mich von ihr lenken? Gerade bei einer starken Community ist diese Frage wichtig, kann aber aus meiner Erfahrung heraus nicht eindeutig beantwortet werden. Die Wahrheit liegt in der Mitte. Wenn Sie sich dazu entscheiden, auf einem Kommunikationskanal aktiv zu werden, sollten Sie auch wissen, warum und mit welchen Zielen. Die Ziele verändern sich dynamisch mit der Zeit, und Sie passen sie immer wieder an. Aber Ihre Werte, Ihre Anliegen und der »Purpose«, den Sie mit Ihrer Community teilen, sollten größer und beständiger als die Trends in den sozialen Netzwerken sein.

Essenziell ist, dass Sie auf Ihre Community hören und mit ihr in einen Dialog auf Augenhöhe treten. Ihre loyalen und aktiven Follower sind Ihr größtes Gut in Social Media. Sie sind gleichzeitig Ihre stärksten Multiplikatoren. Dementsprechend müssen sie auch ernst genommen werden. Sehen Sie Community Management nicht als Last, sondern als eines der wichtigsten Tools in Social Media an.

In Abschnitt 3.2.1, »Engagieren Sie Nutzer«, haben wir sechs maßgebliche Bedürfnisse identifiziert, die Nutzer mit Storys auf sozialen Plattformen befriedigen. Gelingt das, ist die Story gut, und Nutzer werden zu loyalen Followern. Der »Feinstaubatlas« ist ein gutes Beispiel dafür, wie aus Zuhören eine gute Story entsteht. Die Journalisten haben ein Thema gefunden, mit dem sie ihren Nutzern einen echten Service liefern, kombiniert mit einer tiefgehenden Recherche und aufwendigen interaktiven Visualisierungen. Nutzer können die interaktiven Werkzeuge personalisieren und relevante konkrete Informationen in Echtzeit abrufen, die ihre Lebenssituation abbildet.

5.2.1 Suchen, finden, verifizieren

In Social Media teilen wir zum einen Storys von anderen, indem wir sie zitieren oder wiederverwenden, auf Schlau *kuratierte Inhalte*. Zum anderen teilen wir Storys, die wir selbst produzieren, also *Native Content*. Egal, welche Story wir teilen, als Erstes müssen wir Inhalte, die für uns und unsere Nutzer relevant sind, suchen, finden und verifizieren. Die Wahrnehmung Ihrer Kompetenz und der Wert Ihrer Marke hängen von Transparenz der Quellen, Glaubwürdigkeit der Informationen und Relevanz der Inhalte ab.

Sie sollten unbedingt sicherstellen, dass Ihre Informationen und Storys glaubwürdig sind. Deshalb gehen Sie transparent mit allen Inhalten um und geben die Quellen, die Sie nutzen, grundsätzlich wahrheitsgemäß an, etwa für Texte, Zitate, Visuals, Musik. Dafür reicht oft schon der Account-Handle oder Name des Urhebers oder die URL zur Originalquelle, deren Inhalt Sie ganz oder teilweise kuratieren, also gezielt wiederverwenden.

Suchen, finden, verifizieren – alle drei sind Fertigkeiten, die gelernt werden können und müssen. Praktischerweise stehen Ihnen in sozialen Medien und im Internet heute für alle drei Methoden zahlreich Apps und Software kostenlos zur Verfügung. Damit können Sie zum Beispiel Themen, Trends, Hashtags, die ursprüngliche Quelle eines Visuals etwa mit einer »reverse search«, also einer umgedrehten Suche, recherchieren und Inhalte und Content-Elemente im Nu auf Authentizität überprüfen. Einige Beispiele nennen wir in Kapitel 3, »Professionelles Storytelling mit dem Smartphone in einer Mobile-first-Welt«, und Kapitel 4, »Die Umsetzung mobiler Story-Genres«.

Vergessen Sie nicht die unterschiedlichen Ziele, die Sie mit kuratierten Inhalten und mit Native Content erreichen. Regelmäßig und konsistent geteilte kuratierte Inhalte machen Sie als Experten sichtbar, beispielsweise im Diskurs über fahrerlose Autos, neue Smartphone-Kameras oder nachhaltige Kosmetik. Damit beteiligen Sie sich an fachlichen Diskursen und vernetzen Ihre Nutzer mit neuem Wissen und interessanten, relevanten Inhalten anderer Urheber. Demgegenüber wird regelmäßig produzierter Native Content in der Tonalität der jeweiligen Plattform von Algorithmen höher gerankt. Damit wird Ihre eigene Handschrift in Verbindung mit Ihnen und Ihrer Marke oder Ihren Produkten und Ihrem Service auf Dauer für Sie selbst und andere besser verständlich und sichtbar.

Tatsächlich kann in der Verbindung mit Ihnen als Guide und professioneller Biografie alles zur Story werden. Wie der am 6. Juli 2020 an Covid-19 gestorbene Broadway-Schauspieler Nick Cordero in seinem improvisierten Lied »für alle Lehrer« auf Instagram formulierte (*www.instagram.com/p/CJq2thLnIQJ*):

You can make a song about anything,
About a car or a bus or a bird that sing.
You can make a song about a bell that rings, about anything.
You can make a song about a Freddy dog,
About a Hot Dog, about the London fog,
You can make a song about anything.
Teachers, you can make a song about the a tree's leaves,
About your shirt's sleeves, about a bumble bee.
You can make a song about anything.

Auf Deutsch:

Du kannst ein Lied über alles und jedes machen,
Über ein Auto, einen Bus oder ein Vögelchen, das singt.
Du kannst ein Lied machen über eine Schelle, die klingelt, alles eben.
Du kannst ein Lied über ein Freddy Hündchen machen,.
Über ein Wurstbrötchen oder den Nebel in London.
Du kannst echt über alles ein Lied machen.
Lehrer, ihr könnt ein Lied über die Blätter an einem Baum machen,
Über die Ärmel eures T-Shirts oder über eine Hummel.
Ihr könnt über alles und jedes ein Lied machen.

Denken auch Sie bei der Entscheidung, was Sie in Ihren Storys behandeln, daran, dass Social Storytelling keine Quantenphysik ist. Trauen Sie sich, mehr von sich selbst und Ihrem Team zu erzählen, von Ihrem Alltag und gemeinsamen Erfahrungen oder Problemen, die Sie ebenso wie Ihre Follower und Community bewegen.

Abbildung 5.3 Drehplanung am Fuße des Mount Fuji. FMD-Produzent Sascha Gottschalk musste zur genauen Planung in Japan örtliche Guides wie auch Übersetzer mit einbeziehen (Quelle: Marc Bächtold, FMD Content Manager).

Pro-Tipp: Im Storytelling die eigene Handschrift suchen (von Adil Sbai)

Zu viel Vorsicht, zu viel Normalität sind Gift für Social Storyteller. Wer nicht wagt, der nicht gewinnt. Angst vor der Reaktion mindert die Kreativität. Ich halte mich hier gern an einen Tipp, den mir ein Regisseur einst gab: *If you think it's too much, you're perfectly right*.

5.2.2   Story-DNA

Machen Sie sich noch einmal klar, dass Gefühle uns Erfahrungen machen lassen. Deshalb bilden Gefühle auch die DNA von Geschichten. Die Relevanz von Geschichten entsteht durch den Nutzen. Die DNA einer Story entsteht mit der Bildersprache, die Sie verwenden, um den Nutzen zu erzählen. Mit Bildern übertragen Sie den Nutzen, die Relevanz und das Produkt, das Sie kommunizieren wollen, in eine emotionale Geschichte.

Dafür arbeiten Sie mit Metaphern, das heißt mit sprachlichen oder multimedialen Bildern, die sachliche Fakten in Bilder übertragen. Eine Metapher ist ein Vergleich ohne »wie«. Beispielsweise wird ein Lippenstift zu einem unwiderstehlichen Lächeln, das Licht digitaler Scheinwerfer ist die lebensrettende Sonne in der Nacht, eine Flugturbine ist ein Vogelschwarm, ein Energiegetränk ein Raketenantrieb.

Abbildung 5.4 In einem der für uns schönsten, inspirierendsten Imagefilme aktiviert »Mercedes Benz« 2018 die »Licht ist Leben«-Metapher. Damit bewirbt der Autobauer seine innovative digitale Lichttechnologie, die »Pars pro Toto« fürs ganze Auto steht (*https://youtu.be/eeszfpFlHzA*).

Gehen Sie sparsam und gezielt mit Metaphern um. Sie sind ein subtiles, magisches Mittel, mit dem Sie Ihre Story mit dem kollektiven Gedächtnis verbinden und an einen Assoziationsraum andocken, der viele unterschiedliche Nutzergruppen mitschwingen lässt.

Für eine gute Geschichte benötigen Sie nur eine starke, zentrale Metapher – etwa in den obigen Beispielen: Lippenstift ist Lächeln, Licht ist Leben, Turbine ist Vogelschwarm, Energiegetränk ist Raketenantrieb. Die eine für Ihre Story und Ihre Marke zentrale Metapher wenden Sie dann in allen Content-Schichten an – in Erzählung, Design und Layout.

Abbildung 5.5 Der amerikanische Konzern »General Electric« wirbt seit 2016 mit der Metapher »Natur inspiriert Innovation« und stellt sich mit agilen Qualitäten wie ein Start-up dar (*https://youtu.be/vSkcM0TZT5c*).

Beim Beispiel »Turbine ist wie ein Vogelschwarm« setzen Sie etwa Federn und aerodynamische Pfeile grafisch in Layout und Design um, während Sie in der Erzählung sprachliche Bilder und Attribute aus dem Assoziationsraum »Natur inspiriert Innovation« aktivieren. So gestalten Sie die DNA Ihrer Story einfach und optimal. Die Metapher ist Ihre Story-DNA.

Lassen Sie sprachliche Magie wirken

Marken mit visuellem Anker verbinden

»Wir sind der Uber im Tourismus.«

»Unser Produkt ist lebensrettend für Lehrer.«

Marken-Metapher designen

»Natur inspiriert Innovation.«

»Zu Hause in der Welt.«

Abbildung 5.6 Sparsam eingesetzte Metaphern sind die hohe Kunst des Storytellings. Metaphern helfen Ihnen, wichtige Markeninhalte kompakt, kurz und eindrucksvoll zu visualisieren. Damit aktivieren Sie kollektiv verwurzelte Assoziationen und können Inhalte kreativ und engagierend in Story und Design umsetzen.

Sie finden und definieren Sie am Anfang, wenn Sie die Story entwickeln und dann gezielt in allen Content-Schichten durchdeklinieren. Eine überzeugende ganzheitliche – auf Schlau holistische – Story-DNA und Metapher kann auch in Branding und Marken-Claim integriert werden.

5.2.3   Plattform-agnostisch planen

Mit Social Storytelling nehmen Sie an Unterhaltungen teil, gehen Beziehungen ein und bauen Communitys auf, mit denen Sie gemeinsame Ziele und Werte teilen. Es handelt sich nicht in erster Linie darum, ein Produkt oder einen Service zu verkaufen. Vielmehr geht es um eine längerfristige Beziehung und Mehrwert für beide Seiten. Ihr Ziel ist es, im Verlauf einer längeren User-/Customer-Journey auf organische Weise loyale Follower zu überzeugen. Diese werden zu Kunden und Partnern, die wiederkommen.

In Social Storys erhalten Sie auch direktes Feedback aus Ihren Zielgruppen. Das ist wichtig, um Produkt und Service immer weiter verbessern, schneller und innovativer sein.

Abbildung 5.7 Die agnostische Story-Planung funktioniert wie eine visuelle Totale – zum Beispiel die Aussicht auf das Wahrzeichen Japans, den Mount Fuji, aus der Totalen (Quelle: Marc Bächtold, FMD Content Manager).

Gehen Sie strategisch vor, und stellen Sie sicher, dass alle Storys und jeglicher Content zu Ihnen und Ihrer Marke passen. Sie wollen kosten- und zeiteffektiv produzieren und relevanten, marken-spezifischen Content mit hohem Wiedererkennungswert teilen, also nicht beliebig wirken.

Am Anfang jeder Story-Entwicklung steht deshalb die agnostische – das bedeutet so viel wie die plattformunabhängige – Planung.

Im ersten Schritt planen Sie Storys und Content aufgrund von Relevanz und Wertigkeit für Sie und Ihre Marke. Das nennen wir agnostische Story-Planung. Sie finden und entwickeln Thema, Story-DNA und mögliche Story-Punkte unabhängig von später folgenden Formatvorgaben und der Tonalität von Plattformen, auf denen die fertigen Story-Produkte dann ausgespielt werden sollen. Eine agnostische Story ist beispielsweise der touristische Erfahrungsbericht über eine Schweiz-Reise zu Corona-Zeiten oder die Gründung Ihres Start-ups.

Erst im zweiten Schritt gehen Sie daran, die agnostische Story in verschiedene Mikro-Storys zu segmentieren. Die Mikro-Storys entwickeln und produzieren Sie dann in Tonalität und Format nach den Merkmalen der Plattform, auf der sie ausgespielt werden (mehr dazu in Abschnitt 5.3.2).

5.3   Wie bereite ich mich vor?

Gute Vorbereitung ist auch beim Social Storytelling so gut wie die halbe Miete. Mit Vorbereitung, Konzept und Struktur heben Sie Ihren Content auf ein neues Level, weil er dadurch auf jeden Fall profunder, relevanter und professioneller gestaltet wird.

5.3.1   Fakten, Menschen, Geschichten

Sie können also aus allem eine Story machen (siehe dazu auch Abschnitt 5.2.1 oben). Aber bei allem, was Sie in eine Story verwandeln, kommunizieren Sie einen besonderen, möglichst auch neuen oder sogar überraschenden Blickwinkel. Das gelingt Ihnen, wenn Sie gut recherchieren und – scherzhaft formuliert – mehr über einen Gegenstand oder einen Menschen wissen, als die Polizei erlaubt.

Geschichten mit und über Menschen sind besonders spannend für Nutzer. Seien Sie gewiss, dafür eignen sich alle Menschen in Ihrem Umfeld oder Unternehmen – vom Pförtner bis zum CEO, von Content Creatorn bis Strategen oder Personalern, von Kunden bis zu Gleichgesinnten aus Ihrer Community. Und natürlich auch Influencer, die zu Ihrer Marke passen und die Sie zu einem Takeover einladen – bei diesem übernimmt ein Influencer für einen definierten Zeitraum einen Ihrer Accounts, etwa Instagram – oder zu gemeinsamen Storys, etwa zu einem Duett auf TikTok.

Pro-Tipp: Influencer sollten sich nicht verbiegen (von Tim Hendrik Walter)

Wichtig ist, dass man sich nicht verbiegt, um den Vorstellungen einer Marke zu gefallen. Das wirkt sich automatisch auf den Content aus, weil die Authentizität natürlich direkt verloren geht. Und weil Ihre Community das merkt, wirkt sich das auch auf den Erfolg einer eventuellen Kampagne aus – aber nicht positiv.

Damit die Zusammenarbeit mit Influencern und anderen Akteuren vor der Kamera gelingt, müssen Sie also Ihre Marke gut kennen und wissen, welche Ziele Sie mit Ihren Storys erreichen und welche Werte Sie kommunizieren wollen.

Mit diesem Wissen erzählen Sie dann Storys gezielt für und mit Menschen, die Ihre Marke erfahrbar machen. Zum Beispiel folgt eine »Behind the Scenes«-Mikro-Story konkret etwa diesem Aufbau:

1. Über mich (Reise des Gründers)

2. Über uns (Team und/oder Communitys, die dabei mitmachen)

3. Was jetzt zählt (Welches Problem wird gegenwärtig gelöst?)

4. Was kommt als Nächstes (Was ist geplant)?

5.3.2 Plattformspezifisch planen und produzieren

Ihr strategisches Ziel ist es, mit Ihren Storys die Nutzer-/Customer-Reise zu spiegeln und Ihre Storys parallel dazu reisen zu lassen, nämlich über alle für Sie relevanten Berührungspunkte im Social Web, auf Englisch »Touch Points« oder »Entry Points«. Mit einer Story wollen Sie überall da gefunden werden können, wo loyale Follower, Kunden, Partner und mögliche neue Nutzer potenziell vorbeikommen. Das nennen wir plattformspezifische Story-Planung.

Sie wollen also möglichst viele aktive Nutzer, die Ihnen bereits auf mindestens einer sozialen Plattform wie TikTok oder Instagram folgen, motivieren, mit Ihrem Content auf weitere Plattformen mitzureisen, beispielsweise von Instagram zu YouTube, von YouTube zu TikTok, von LinkedIn zu TikTok, von Twitter zu YouTube.

Erinnern Sie sich: In Abschnitt 2.1, »Story-Anatomie statt Heldenreise«, und Abschnitt 2.6, »Nutzen Sie Crossplattform-Methoden effektiv«, haben wir am Beispiel der Wengen-Reise beschrieben, wie Sie eine komplette Story crossmedial in unterschiedlichen Fragmenten und Formaten für unterschiedliche Plattformen aufbereiten und ausspielen. Eine Live-Story für Instagram-Storys funktioniert anders als ein Tok für TikTok oder ein YouTube-Video. Mit einer Story, die Sie crossmedial unterschiedlich aufbereiten und auf allen für Sie relevanten Plattformen ausspielen und breit streuen, ermöglichen Sie es Ihren Followern und interessierten Nutzern, Sie an vielen Stationen der User-/Customer-Journey zu finden.

Abbildung 5.8 Die spezifische Story-Planung definiert konkrete Momente und Story-Beats, gezielt für unterschiedliche Plattformen aufbereitet. Diese funktionieren wie visuelle Nahaufnahmen. Hier ein Moment für eine Instagram-Story, direkt vom Mount Fuji, nahe der Spitze (Quelle: Marc Bächtold, FMD Content Manager).

Damit erreichen Sie drei wichtige Ziele:

1. Sie engagieren sich in Konversationen auf den für Sie relevanten sozialen Plattformen und entwickeln dort eine Beziehung zu Ihren loyalen Followern, Communitys und interessierten Nutzern. Ihre Beziehung zielt nicht nur auf eine Transaktion und basiert nicht allein auf einer Transaktion, etwa ein Produkt zu promoten oder eine Kaufhandlung zu erzielen. In der »All-in-One«-Strategie planen Sie Konversionen in eine Transaktion wie eine Kaufhandlung im Webshop auf der Zeitachse erst später, nach erfolgreichem Beziehungsaufbau, ein.

2. Sie erreichen viele Nutzer aus Gruppen mit unterschiedlichen demografischen Merkmalen, zum Beispiel Alter, Bildungsgrad und Einkommen. Sie erreichen Nutzer mit unterschiedlichen Nutzungsbedürfnissen und Gewohnheiten, zum Beispiel Podcast-Fans, Wochenendleser von langen Storys oder Nutzer, die frühmorgens schnell durch kurze unterhaltsame Clips scrollen. Mehr Reichweite eröffnet Ihnen mehr Optionen für Konversionen, Monetarisierung und Umsatz.

3. Sie und Ihr Unternehmen werden unabhängiger von Unwägbarkeiten und plötzlichen Änderungen von Algorithmen oder Geschäftsmodellen auf sozialen Plattformen. Je unabhängiger Sie sich von kommerziellen Technologieplattformen machen, umso besser. Trotzdem bleibt es für die allermeisten Content Creator und Unternehmen notwendig, auf sozialen Plattformen präsent zu sein, solange diese die wesentliche Infrastruktur für die User/Customer-Journey von Milliarden von Nutzern weltweit stellen.

Es gibt also gute Gründe, warum Sie auf jede Plattform ausgerichtete und sich dabei gegenseitig ergänzende Informationen zu Ihrem Produkt und Ihren Themen planen und teilen. Darüber hinaus nutzen Sie so auch alle Ihnen dabei zur Verfügung stehenden Monetarisierungs-Methoden der jeweiligen Plattform.

Pro-Tipp: Wie sich Instagram, TikTok, LinkedIn und YouTube unterscheiden (von Adil Sbai)

Auf Instagram geht es mehr um Lifestyle und darum, sich zu präsentieren. Der Creator steht im Vordergrund, nicht der Content wie bei TikTok. Dank der beliebten Story-Funktion wird auch ein Blick hinter die Kulissen vermittelt. Obwohl die Macher beider Plattformen das nicht gerne hören werden, nähern sie sich immer mehr an. Seitdem der größte deutsche TikToker, Younes Zarou, die Making-ofs etabliert hat – die auch Herr Anwalt in seinem Tipp anspricht – wurde der Blick hinter die Kulissen auch auf TikTok ein beliebtes Stilmittel. Ein weiteres Beispiel für die Annäherung sind natürlich Instagrams »Reels«, eine klare TikTok-Kopie.

YouTube hingegen ist noch einmal eine ganz andere Liga. Die Plattform wurde 2005 gegründet und spricht eine ganz andere Zielgruppe an. Der Content unterscheidet sich komplett, da er quasi Spielfilmlänge haben kann. Wenn man die vielen Dokumentationen betrachtet – so etwas ist auf TikTok (aktuell) undenkbar. Instagram hat mit IGTV die technischen Rahmenbedingungen dafür geschaffen. Dabei blieb es jedoch, eine Konkurrenz zu YouTube wurde aus IGTV bislang nicht.

Für mich persönlich ist LinkedIn die perfekte Plattform, da ich mich höchstens als Business-Influencer bezeichnen würde. Auf LinkedIn kann ich den größten Impact haben. Mein Ziel ist es deshalb nicht, möglichst alle meine Follower auf allen Plattformen zu haben. Für Creator und Marken macht das viel mehr Sinn, um von potenziellen Followern und Nutzern aus ganz unterschiedlichen Milieus überall gefunden zu werden.

Die amerikanische Technologie-Vloggerin @*iJustine* erreichte auf YouTube im Mai 2020 mit 6,48 Millionen Followern bereits mehr Nutzer, als etwa der Staat Irland Einwohner hat. Sie erzählte in einem Interview, wie erstaunt sie war, als sie im Frühjahr 2019 auf TikTok bei null anfing und zuerst viel Zeit und Ressourcen investieren musste, um TikTok zu verstehen, ihren Content auf die Bedürfnisse der Plattform anzupassen und dort auch zu wachsen. Im Mai 2020 erreichte sie auch auf TikTok mit 3,5 Millionen Followern bereits ihr gewohnt großes Millionenpublikum.

Nehmen Sie sich die Zeit, und gehen Sie strategisch und organisch an Social Storytelling heran. Nur dann wird es Ihnen gelingen, eine glaubwürdige Marke mit sinnstiftenden Storys und einer loyalen Community aufzubauen. Mit der Zeit kristallisieren sich für Sie die relevanten Nutzungsmerkmale der Plattformen und Tonalität der Geschichten heraus. Sie erkennen Themen, Hashtags, Formate, die funktionieren. Sie verbinden sich aktiv mit anderen Nutzern und Communitys, indem sie kommentieren, fragen und antworten. Sie teilen Inhalte anderer und erstellen und teilen eigene originale Inhalte. Schöpfen Sie die natürlichen interaktiven Nutzergewohnheiten für Ihre ganzheitliche Content-Strategie voll aus, und planen und produzieren Sie Ihre Storys von Anfang an interaktiv und partizipativ.

Um Content und Storys optimal zu planen und zu nutzen, gehen Sie dabei entsprechend der »All-in-One«-Strategie vor: Planen Sie eine Geschichte von Anfang an crossmedial für viele Plattformen und unterschiedliche Formate, von der Aufnahme des Materials über die multimediale Produktion bis zur Veröffentlichung auf einer langen Zeitachse.

Wenn Sie dieselbe Mikro-Story und denselben Content für mehrere Plattformen verwenden, achten Sie darauf, jede Story von vornherein mit Variationen zu planen und zu produzieren. Sie variieren die Machart, beispielsweise Blickwinkel, Aspect Ratio wie hochkant oder Square, Hashtags, Wording, und stellen sicher, dass Ihr Content die unterschiedliche Tonalität und Zielgruppenansprache jeder Plattform trifft.

Auf einigen Plattformen, etwa Instagram und YouTube, bietet es sich an, mehrere feste Story-Formate wie eigene Programm-Kanäle auszuspielen. Dafür müssen Sie nicht unbedingt mehrere Accounts betreiben. Auf Instagram organisieren Sie Ihre regelmäßigen Story-Formate niederschwellig mit Hashtags und machen sie dadurch auffindbar. Im Profil nutzen Sie klar designte Thumbnails für die IGTV-Programme. Auf YouTube arbeiten Sie mit klarem Design von Thumbnails und Titeln und können Programm-Serien in »Featured Channels« auflisten.

Hashtags und Titel helfen Nutzern, auf allen Plattformen Ihre Storys im Suchbereich zu finden. Auf YouTube können Nutzer Ihre Storys auch als Listen sortieren und aufrufen. Die Organisation mithilfe von Hashtag-basierten Listen hat den Vorteil, dass alle Programme und Story-Formate klar zu Ihrer Marke gehören und nicht verwirrend vielen verschiedenen Accounts zugeordnet sind.

Das Content-Netzwerk *FUNK* von ARD und ZDF für junge deutschsprachige Zuschauer im Alter zwischen 14 und 29 Jahren ist ein Beispiel für eine starke Medienmarke auf Instagram und YouTube mit einem zentralen Marken-Account. Die über hundert Programmformate, die FUNK in den letzten Jahren entwickelt hat, sind mithilfe von Hashtags, Titel-Wording und Channel-Listen organisiert und auffindbar.

Abbildung 5.9 Die Macher von FUNK werten akribisch sehr viele Daten über ihre jungen Nutzer aus. FUNK produziert laufend innovative Formate und macht Storys ganz nah dran an seiner Community auf YouTube, in der eigenen FUNK-App und auch für die linearen Programme von ARD und ZDF.

Ähnlich arbeitet auch »Traces Dreams«, die globale Wissenschaftsplattform, von der italienischen Video-Produzentin und Content-Strategin Nerina Finetto gegründet.

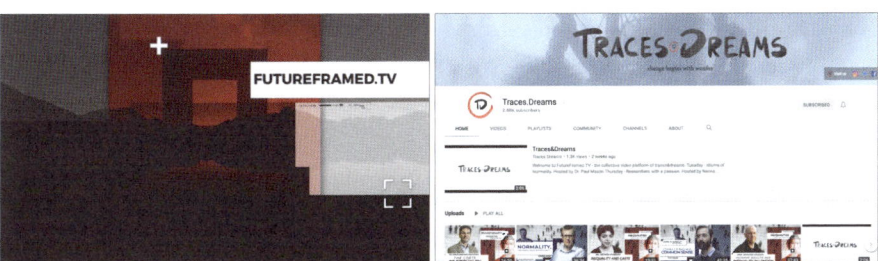

Abbildung 5.10 Traces Dreams gibt Wissenschaftlern, die sich gesellschaftlich engagieren wollen, eine Plattform. Dazu gehört unter anderem der Social-TV-Kanal »FutureFramed.TV« auf YouTube und IGTV.

Der zentrale Account des Video/Audio-Netzwerks auf IGTV, YouTube und weiteren Plattformen ist »Traces Dreams«. Darunter laufen weitere Sub-Programme: zum Beispiel »Future Framed TV« mit seriellen Talkshow-Programmen, produziert mit internationalen Wissenschaftlern, »Inequalities« der Entwicklungs-Ökonomin Aliza Crocer in Mexiko oder »Idioms of Normality« des Medizin-Anthropologen Paul Mazon in Australien. Diese werden mithilfe von Hashtags, Thumbnails, Titeln sowie plattforminternen Listen organisiert, suchbar und auffindbar.

5.4   Ein gutes Konzept ist Pflicht

Vorbereitung ist ein wesentliches Prinzip in allen Phasen der »All-in-One«-Strategie. Dazu gehört ein ganzheitliches Konzept im Content-Projektmanagement. Die wichtigsten Bausteine fassen wir jetzt kurz zusammen.

5.4.1   Planung

Planen und verzahnen Sie von Anfang an Aufnahme, Produktion und Distribution. So sparen Sie viel Zeit und können aus einer Produktion sehr viel Content und viele unterschiedliche Storys für mehrere Plattformen generieren und über lange Zeit teilen und wiederverwerten.

Mikro-Story

Social Storytelling behauptet nicht, wie toll etwas ist, es macht die Marke, das Unternehmen, das Produkt und dessen Sinn in Storys erfahrbar. In Storys, die das Produkt und sein Team dahinter erlebbar machen.

Im Social Storytelling werden Unternehmen und Marken sichtbar, indem sie ihr Gesicht zeigen. Das ist ganz wörtlich gemeint: Zeigen Sie Menschen in einer konkreten Situation, und erzählen Sie konkrete Geschichten mit Menschen, die Ihre Marke ausmachen.

Wer noch keine oder nur wenig Erfahrung mit professionellem Storytelling hat, kann mit einfachen, kurzen Formaten beginnen, die wir Mikro-Storys nennen (siehe dazu Kapitel 2, »Ein radikal neuer Baukasten für Social Storyteller«). Beispielsweise führen Sie ein 5-Minuten-Gespräch mit einem Kollegen oder Mitarbeiter zu einer aktuellen Frage, die mit Ihrer Marke zu tun hat. Oder Sie bauen und erzählen eine Video-Story in drei Schritten und mit drei kombinierten Clips.

Nutzen Sie ein Storyboard, mit dem Sie jede Story planen. Am Anfang folgen Sie dabei einem klaren, einfachen Schema. Dann kann nichts schiefgehen. Mit mehr Routine können Sie Ihre Erzählweise zunehmend variieren und komplexer gestalten.

Eine einfache Mikro-Story kann konkret diesem Aufbau folgen:

1. Thema etablieren – erzählen und zeigen, wer erzählt, wo und was

2. Twist bringen – eine unerwartete oder ungewöhnliche Perspektive zeigen

3. Cliffhanger und/oder Call-to-Action bringen – immer auf die Zukunft hin erzählen und konkrete Informationen zeigen, wie es weitergeht und was der Nutzer tun kann, wenn er das sieht

Interviews

Helfen Sie sich bei der Vorbereitung auf Interviews und Expertengespräche mit fünf bewährten journalistischen Methoden:

1. Formulieren Sie offene Fragen, auf die Ihr Gesprächspartner nicht nur mit Ja oder Nein antworten kann. Das passiert bei geschlossenen Fragen, die dazu da sind, etwas zu bestätigen, aber nicht zum Erzählen.

2. Recherchieren Sie die berufliche Biografie der Person oder der Personen, mit denen Sie sprechen, im Detail, genauso wie die Struktur und das Umfeld von Unternehmen und Organisationen, mit denen Ihre Gesprächspartner verbunden sind. Dann fragen Sie im Gespräch nur nach Informationen und Dingen, die Ihnen ausschließlich diese Person beantworten kann. Fragen Sie alles, was nicht einfach im Internet zu recherchieren ist, und überraschen Sie Ihr Gegenüber (und sich) mit Ihren Fragen.

3. Unterbrechen Sie Ihren Gesprächspartner sofort, wenn Sie das Gefühl haben, sie oder er schweift ab, wenn Sie wenig Zeit haben oder wenn ein Rhythmuswechsel dem Gespräch guttun würde. Was in privater Atmosphäre unhöflich wäre, gehört im professionellen Interview zum Handwerk.

4. Fragen Sie mehrmals hintereinander nach, »wie eine Schallplatte mit Sprung«, wenn Sie den Eindruck haben, an der Stelle könnte es noch mehr zu sagen geben. Variieren Sie Ihre Frage dabei, um nicht penetrant zu wirken. Tatsächlich fällt Gesprächspartnern häufig erst nach der dritten oder vierten Nachfrage etwas Wichtiges oder Unerwartetes ein.

5. Nehmen Sie vom Umfang auch bei einem Interview etwas mehr auf, als Sie hinterher für Ihre Story verwenden wollen. Dann haben Sie Schnittmaterial. Eine gute Faustregel sind 10 bis 20 %, zum Beispiel 1 bis 2 Minuten mehr als für ein 10-Minuten-Gesprächs-Endprodukt nötig. Achten Sie darauf, dass Sie nicht viel zu viel aufnehmen. Das würde Ihnen nicht nur sehr viel Mühe in Schnitt und Postproduktion machen. Ein Interview klingt auch anders, je nachdem, ob es auf Kürze oder Länge ausgelegt ist.

Aufnahmen und Postproduktion

Mit Storyboard und Aufnahmeplan planen und managen Sie alle Abläufe und Ressourcen während der Aufnahmen. Suchen Sie immer nach einem besonderen Blickwinkel, einer überraschenden Einstellung, einem ungewöhnlichen Gesprächspartner. Experimentieren Sie mit neuen Perspektiven, die die Arbeit mit Smartphones bietet, mit Einstellungen von tief unten, im Gehen und ganz nah dran an Dingen und Menschen.

Denken Sie auch daran, dass Sie mit Visuals und Audio eigentümliche Bedeutungsschichten und Story-Anteile beisteuern. Sie bebildern nicht eine Geschichte. Dazu gehören auch die Übergänge zwischen Videoclips und Audioclips, die Sie definieren und mit denen Sie eine eigene Handschrift und ein originales Design festigen können.

Notieren Sie sich während der Aufnahmen schon Timecodes und die Reihenfolge, wie Sie das Material in der Story voraussichtlich organisieren und in der Postproduktion montieren wollen. Ihre Aufzeichnungen während der Aufnahmen können Sie direkt ins Storyboard eintragen und dann in der Postproduktion nutzen. Achten Sie dann von Anfang darauf, dass Sie genügend Platz für Notizen im Storyboard lassen.

Distribution

Die Veröffentlichung und Distribution Ihrer Endprodukte planen Sie von Anfang an für mehrere für Sie relevante Plattformen ein. Sie produzieren für jede Plattform in der passenden Tonalität und Formatierung. Sie planen die Veröffentlichung auf einer langen Zeitachse ein, um Ihren Content optimal zu nutzen und wiederzuverwerten.

Dashboards für Social Media, etwa *Buffer*, *Hootsuite* oder *SocialBakers*, helfen Ihnen beim Zeitmanagement. Während *Tweetdeck* nur für Twitter bestimmt ist, gibt es zahlreiche andere Dashboards, die Sie für mehrere Plattformen nutzen können. Dann bereiten Sie Mikro-Storys und Content für unterschiedliche Plattformen und für einen längeren Zeitraum vor, etwa eine Woche oder einen Monat. Sie pflegen alle Content-Elemente, zum Beispiel Text für den Post und eine Foto-Story mit vier Fotos, ein und terminieren die Veröffentlichung. Dann wird der Content zum definierten Zeitpunkt automatisch veröffentlicht.

So können Sie vorplanen und mit begrenztem Aufwand viel Content aufbereiten. Dieser wird dann automatisch distribuiert, während Sie mit anderem beschäftigt sind. Vergessen Sie aber nicht, die Interaktionen zu monitoren und in Echtzeit mit Nutzern zu kommunizieren, die sich engagieren.

Dokumentation

Auch wenn wir oft nicht darüber nachdenken, auch in Social Media haben Sie ein Interesse daran, Ihren Content zu sichern und zu dokumentieren und ein Archiv anzulegen. Grundsätzlich ist jeder Content wertvoll für Markenbildung, fürs Portfolio und auch praktisch für die weitere Verwertung und crossmediale Aufbereitung. Bei kritischen Themen und für Berufsgruppen wie Wissenschaftler, Journalisten und Politiker sind zitierfähige und mit Zeitstempeln versehene dokumentarische Inhalte sogar zwingend notwendig.

Auf vielen Plattformen können Sie Ihren Content sichern oder eine in die Plattform integrierte Archivfunktion verwenden. Aber teils schließen Plattformen oder verschwinden hinter einer Bezahlschranke. Ein Beispiel ist »Storify«, ein Tweet-Kurations-Werkzeug. Deshalb sichern Sie wertvollen Content am besten auch auf externen Festplatten, oder synchronisieren Sie Ihren Content mithilfe zuverlässiger

Cloud-Server. Einige sind kostenlos, einige kostenpflichtig. Ein zuverlässiger und sicherer Dokumentations-Workflow lohnt sich für Sie auf jeden Fall.

Bei einigen Social+-Plattformen wie Clubhouse ist bislang keine Aufzeichnung und keine Dokumentation vorgesehen. Natürlich könnten Sie in solchen Fällen eine Aufzeichnung mithilfe von Screen-Recording anfertigen. Jedoch bräuchten Sie für die öffentliche Verwendung die Genehmigung aller Beteiligten, was aufwendig ist, und zudem ist es ungewiss, ob jeder zustimmt. Auch wirkt eine Aufzeichnung bei einem Netzwerk, das auf Live-Formate und informelle Mündlichkeit setzt, schnell deplatziert.

Bedenken Sie all das vor der Wahl der Plattformen und Netzwerke, mit denen Sie zusammenarbeiten. Stellen Sie sicher, dass Sie Ihren Content so oft wie möglich aufzeichnen, dokumentieren und damit auch wiederverwenden können.

Evaluierung

Die »All-in-One«-Strategie verlangt von Ihnen die Offenheit, aus jeder Kampagne zu lernen und Ihre Methoden weiter zu entwickeln. Am Ende jedes Meilensteins und der gesamten Kampagne evaluieren Sie die erreichten Ziele und passen Ihre nächsten Ziele und Vorgehensweisen daran an.

Denken Sie daran, dass im Digitalen alles messbar ist. Es liegt in Ihrer Hand, das Beste aus Ihrem Content und einer kontinuierlichen Evaluierung Ihrer Content-Ziele zu machen. In Kapitel 6, »Kampagnen messen – es geht nicht ohne Monitoring«, gibt's dazu noch mehr Tipps und einen ausführlichen Erfahrungsbericht unseres Experten Sascha Gottschalk.

5.4.2   Integrieren und verwerten Sie Ihre Mikro-Storys mehrfach

Als einer der ersten Newsrooms im digitalen Journalismus wandte der Boston Globe unter Leitung von Marty Baron seit 2001 diese kompakte Strategie an, die wir »All-in-One« nennen. Sein Newsroom-Team aus Journalisten und Datenexperten recherchierte und publizierte die Vertuschung eines massiven Kindesmissbrauchs-Skandals im lokalen katholischen Erzbistum. Aus dieser einen Recherche entwickelten die Journalisten des Boston Globe mehr als 600 Storys, die sie im Laufe von Jahren publizierten. Sie machten damit investigativen Journalismus zu ihrer Marke und definierten das Genre neu. Von 2012 bis 2021 managte Marty Baron dann die digitale Transformation im Newsroom der Washington Post, die seit der Aufdeckung des Watergate/Nixon-Skandals noch in Print-Zeiten ihre Marke als investigativer Newsroom herausgebildet hatte.

Mit der »All-in-One«-Strategie planen auch Sie von Anfang an die crossmediale Aufbereitung und Ausspielung Ihrer Storys und Inhalte – angefangen bei einfachen

Screenshots von Ihren Posts, beispielsweise Tweets, die Sie dann mit neuen Captions und Emojis auf einer anderen Plattform wie Instagram-Storys teilen, bis hin zu mehreren originalen Video-Storys, bei denen Sie Storys zu demselben Thema aus verschiedenen Blickwinkeln und in unterschiedlichem Format für mehrere Plattformen produzieren und ausspielen, beispielsweise für Instagram-Feed, LinkedIn, YouTube und Ihre Website.

Für die zeitsparende und effektive Verwertung von Mikro-Storys eigenen sich auch serielle Formate, mit denen Sie geschickt unterschiedliche Nutzergruppen erreichen, zum Beispiel solche mit linearen und mit nonlinearen Mediengewohnheiten. Denken Sie an ein Live-Format bei Instagram zu einem festen Wochentag und mit fester Sendezeit. Lineare Nutzer kommen dann immer zu diesem Zeitpunkt auf Ihren Kanal. Alle anderen sehen sich die aufgezeichnete Show auf IGTV an, wann immer es ihnen passt. Ein solches Live-Format kann vorher und anschließend mit weiteren Storys auf verschiedenen Plattformen vernetzt werden. Beispiele sind ein Making-of im Instagram-Feed, weitergehende Hintergrundinformationen auf Snapchat Stories, ein Gewinnspiel im Facebook-Feed, Behind-the-Scenes auf LinkedIn und Call-to-Action auf Twitter.

Mit seriellen Thementagen erzielen Sie ähnliche Effekte und erhalten redaktionelle Planungssicherheit. Zum Beispiel teilen Sie jeden Montag eine inspirierende Story, jeden Donnerstag teilen Sie Wissen, jeden Freitag gehen Sie live. Das können jeweils kurze, wenige Minuten lange Mikro-Storys sein. Mit wenig Aufwand sind Sie konsistent präsent. Das könnte konkret so aussehen: montags porträtieren Sie einen Mitarbeiter oder Lieblingskollegen – dazu passt auch ein festes Thema wie »was ich mache, um Energie zu tanken«. Donnerstags erzählen Sie vom Learning Lunch zu einem aktuellen neuen Thema oder einer neuen Kompetenz in Ihrem Team oder Unternehmen. Freitags präsentieren Sie ein regelmäßiges Live-Gespräch mit einem Top-Follower über Ihr Produkt oder Ihren Service und erzählen, welche Probleme es für die Follower löst.

In Kapitel 6, »Kampagnen messen – es geht nicht ohne Monitoring«, teilt Sascha Gottschalk gleich mit Ihnen, was hinter den erfolgreichen Kampagnen der Filmemacher Deutschland für Auftraggeber in der Tourismusbranche in Usedom, Uganda und Japan steckt.

5.4.3   Bauen Sie eine langsame interaktive Story

Planen Sie gegen Ende einer Kampagne eine Long-form-Story ein, die wie ein Showroom, ein Ausstellungsraum der gesamten Kampagne, fungiert. Eine Long-form-Story ist eine interaktive multimediale Webstory, in der alle Medienformate eingebettet sind und eine komplexe, tiefe und langsame Story ergeben. Professionell produziert und mit intuitivem UX gemacht wird die Long-form-Story zum Höhepunkt der Kampagne und bettet alle anderen Storys ein.

Auch dafür sichern Sie alle Ihre professionell produzierten Mikro-Storys und Ihr digitales Material. Denn daraus machen Sie dann Long-form-Storys für Ihre Website und Printprodukte, etwa ein Magazin.

Ein gutes Beispiel ist die Website des in Kapitel 1 erwähnten *#1619Project* der New York Times. Auf der Website werden wie in einem Ausstellungsraum alle bereits auf anderen Plattformen veröffentlichten Storys zum *#1619Project* präsentiert und mit neuen exklusiven Storys kombiniert.

Für Long-form-Storys gibt es Desktop-basierte Storytelling-Software wie *Shorthand* oder *Wix*, die die Umsetzung schnell und intuitiv macht und das Ergebnis für Nutzer am Smartphone optimiert. Das japanische Automobil-Unternehmen Honda betreibt seit 2016 seinen »Engine Room« mit der Software Shorthand, um Long-form-Storys attraktiv zu präsentieren.

Abbildung 5.11 Honda nutzt die Multimedia-Storytelling-Software »Shorthand« und erzählt damit immersive Marken-Geschichten in seinem »Engine Room«. Wir finden Shorthand ebenfalls fantastisch und dürfen die Software in unserer Lehre und für Trainings nutzen.

Honda gibt an, dass seit 2016 die Verweildauer, also die Zeit, die Nutzer mit den gut recherchierten Multimedia-Storys verbringen, um mehr als 85 Prozent gestiegen ist. Mit der »All-in-One«-Strategie planen auch Sie auf einer langen Zeitachse und werden mit Ihren Storys auf allen relevanten Touch Points der User/Customer Journey gefunden. Dazu gehören lange Formate wie Multimedia-Storys genauso wie hochwertige Multimedia-Videos und Games. Ihrer Kreativität sind auch dabei keine Grenzen gesetzt.

5.4.4   Geben Sie Daten ein Gesicht, und erzählen Geschichten mit Daten, die für Menschen und Ihre Community wichtig sind

Geschichten beginnen dort, wo Menschen auf Menschen, auf Produkte und auf Service treffen. Storytelling von Unternehmen ist immer spannend, weil alle Gründer, Mitarbeiter und Kunden einzigartige Geschichten zu erzählen haben. Das ist ausnahmslos und auf der ganzen Welt so. Jedes Unternehmen besteht aus Menschen, und jedes Unternehmen hat Kunden, und alle diese Menschen haben spannende und einzigartige Geschichten zu erzählen.

Wenn Sie etwas zu sagen haben, werden Sie auch Ihr Publikum, Ihre Community erreichen und aufbauen. Das ist ein organischer Prozess, ein viraler Hit hilft Ihnen nicht. Planen und arbeiten Sie konsistent und strategisch mit Content und Storys.

Betrachten Sie Social Storys als Ihre Online-Visitenkarte, das Tor zu Ihrer Marke. Mit Social Storys motivieren Sie interessierte Menschen und potenzielle Kunden dazu, Ihnen zu folgen und auch auf Ihre anderen Plattformen und zu Ihrem Online-shop zu kommen – Sie zu unterstützen oder Geschäfte mit Ihnen zu machen.

Es geht nicht darum, was Sie interessant oder langweilig finden, sondern was Ihre Kunden und Ihre Community nützlich und interessant an Ihnen und Ihrem Produkt finden. Das beobachten Sie über einen längeren Zeitraum und entwickeln Ihren Content entsprechend.

Viele finden es anfangs schwierig, Content zu finden und zu teilen. Jeder kann damit beginnen, von sich und seiner Arbeit zu erzählen, Räume und Menschen zu zeigen, ein Produkt und Use-Cases zu erklären.

Hat zum Beispiel ein Frachtunternehmen überhaupt Potenzial für viele spannende Geschichten? Sicher, sogar großes Potenzial. Denken Sie allein an die bewegende Story der *SAS Airline* aus Kapitel 2, »Ein radikal neuer Baukasten für Social Storyteller«. Logistik ist im Kern immer für Menschen da, löst Probleme für Menschen, hilft Menschen zu wachsen. Also kann ein Logistik-Unternehmer konkret erzählen, was es heißt, wenn seine Fracht auf den Weg geht. Er kann virtuell Wege nachzeichnen, die seine Fracht zurücklegt, grafisch erzählen, wie viele Menschen davon profitieren, wenn seine Fracht ankommt, kann sich mit Communitys für nachhaltige Ziele und verbesserte ökologische Fußabdrücke verbinden.

Dabei sind auch wissenschaftlich gesicherte Daten und Fakten für Social Storyteller extrem wertvoll, für viele aber auch unsexy. Machen Sie sich klar, dass Daten immer die konkrete Wirklichkeit von Menschen abbilden und Ihnen, Ihrer Marke und Ihren Geschichten helfen, nah an Ihren Nutzern und glaubwürdig zu sein. Finden Sie die Daten, die zu Ihren Geschichten und Nutzern passen. Dann vermenschlichen Sie diese Daten, indem Sie sie visualisieren und interaktiv gestalten, sodass Ihre Nutzer einen konkreten Mehrwert daraus ziehen.

6 Kampagnen messen – es geht nicht ohne Monitoring

Im Digitalen ist prinzipiell alles messbar, auch der Erfolg Ihrer Storys und Interaktionen mit Ihren Nutzern. Sie definieren Erfolgsfaktoren und Monitoring-Methoden für sich und Ihre Marke. So verfeinern Sie Ihre Content-Strategie und arbeiten mit belastbaren Daten für Ihren Erfolg. Die wichtigsten stellen wir Ihnen jetzt vor.

Wie wertvoll sind alle Ihre Maßnahmen und Bemühungen, wenn Sie sie nicht überprüfen können? Wie wollen Sie lernen, was gut funktioniert, was weniger gut funktioniert, und Erkenntnisse sammeln, wenn diese nicht klar herausstechen? Es gibt viele Möglichkeiten, Ihre Kampagnen zu gestalten, und viele Faktoren und Methoden, den Erfolg und die Reichweite Ihrer Kampagnen zu evaluieren. Damit kommen wir zum Monitoring – ganz wichtig, damit Sie bei allem, was Sie in Social Media tun, Ihre Follower und Nutzer immer besser kennenlernen und Ihren Content immer besser positionieren.

Dafür definieren Sie zuerst die wichtigsten Kennzahlen, KPIs genannt, das sind *Key Performance Indicators*, die Sie bei einer Kampagne messen wollen. Es gibt sichtbare Kennzahlen, wie die Anzahl der Likes oder Interaktionen und die Anzahl der Follower und Abonnenten. Doch weitere aussagekräftige Informationen sind nicht auf den ersten Blick zu erkennen, etwa die *Completion Rate*, die zeigt, wie viele Nutzer ein Video oder Multimedia-Inhalte komplett ansehen.

Bevor Sie KPIs messen, definieren Sie, welche Erfolgsfaktoren Ihnen wichtig sind. Bei dem Thema hilft es auch, sich Zeit zu nehmen, um Erfahrung aufzubauen, KPIs über einen längeren Zeitraum zu testen und immer wieder anzupassen.

In diesem Kapitel gibt Ihnen unser Experte Sascha Gottschalk, CEO der Produktionsfirma *Filmemacher Deutschland*, kurz FMD, praktischen Input zur Messbarkeit von Kampagnen. Bestimmt hilft Ihnen auch der Schulterblick, wie Sascha Gottschalk gemeinsam mit seinem Partner Tariq Khan und dem FMD-Team die komplexen Marketing-Kampagnen evaluiert und für seine Wirtschaftspartner in Deutschland und in fernen Weltregionen zu nachhaltigen Erfolgsgeschichten entwickelt. Bühne frei für Sascha Gottschalk.

Abbildung 6.1 Sascha Gottschalk mit Tariq Khan, hier im Rampenlicht beim Sunspot Award auf Usedom – von beiden kommen Idee, Konzeption, Organisation, Durchführung, Leitung vor Ort. Am Ende moderieren sie die Award-Show, feierlicher Höhepunkt der Kampagne (Quelle: Marc Bächtold, FMD Content Manager).

6.1 Wofür nutze ich digitales Monitoring?

Heute müssen wir nicht physisch reisen, um Fußabdrücke zu hinterlassen. Mit jeder Aktion im Web hinterlassen wir unseren digitalen Fußabdruck. Denn die metrischen Daten, die uns Aufschluss darüber geben, wie digitaler Content in Form von Texten, Fotos und Videos online genutzt wird, sind genau nachvollziehbar. Digitale Fußabdrücke lassen sich sogar in Echtzeit verfolgen und überprüfen. Auch Sie wollen die Häufigkeit der Interaktionen und Art der Reaktionen Ihres Publikums verfolgen, evaluieren und besser verstehen, um Ihren Content sinnvoller und Ihre Produkte erfolgreicher zu gestalten.

Dabei interessieren Sie sich für zwei Arten von Reaktionen der Nutzer, die mit Ihrem Content interagieren: Erstens können Nutzer direkt damit interagieren, beispielsweise kommentieren, teilen und reposten oder sich auf eine andere Ihrer Plattformen durchklicken, etwa von Instagram zu YouTube oder auf Ihre Website. Zweitens können Nutzer über Ihren Content »stolpern«, also nicht intentional zu Ihnen kommen, aber dann bleiben und mit Ihrem Content interagieren.

Digitale Datenerhebungen geben uns ein großes Potenzial für die gezielte Evaluierung und Weiterentwicklung unserer Kampagnen an die Hand. Die analytischen

Methoden und die Daten, die wir damit messen können, waren nie zuvor so um-
fangreich, kleinteilig und präzise wie im Social-Media-Solarsystem.

Natürlich ist das Tracken von Content-Kampagnen anhand bestimmter Kennzahlen
nicht neu und wurde auch in analogen Medien wie Print und linearem Radio und
Fernsehen versucht. Bei Tageszeitungen und Zeitschriften war die Auflage maßgeblich, also die Menge an gedruckten und verkauften Ausgaben. Bei linearem Radio
und Fernsehen waren es quantitative Umfragen sowie teils auch technische Signal-
verarbeitung, die für Hochrechnungen genutzt wurden. Diese Messverfahren arbeiten im Vergleich zu den digitalen heute sehr ungenau. Zeitungen können beispielsweise nicht segmentiert und in einzelnen Themengebieten evaluiert werden. Bei
Berechnungen zu TV- und Radio-Nutzung handelt es sich nur um Schätzungen, die
die Nutzungsgewohnheiten von wenigen Tausend Nutzern in Deutschland auf die
gesamte Bevölkerung von über 80 Millionen übertragen.

Im Vergleich dazu können etwa bei Online-TV-Sendern, Online-Blogs und Social-
Media-Storys alle On-Demand-Aktivitäten exakt getrackt und präzise Daten über
individuelles Nutzerverhalten gesammelt und ausgewertet werden. Es gibt also
eine immense Datenmenge, die auch Sie sammeln und auswerten können. Damit
evaluieren Sie, ob Ihr Content die von Ihnen definierten KPI-Ziele erreicht hat, und
verstehen das Verhalten Ihrer Follower und Nutzer besser. Sobald Sie den Erfolg
oder Misserfolg Ihrer Beiträge und Werbekampagnen in Echtzeit evaluieren, können Sie Ihre Kommunikation dynamisch anpassen und verbessern und kurzfristig
Ihre Ziele im Service- und Produktbereich besser erreichen.

Ich spreche in diesem Kapitel ganz bewusst von einer »Kampagne«, für die wir auch
den Begriff »All-in-One« geprägt haben. Bei einer Kampagne handelt es sich um
eine strategische Einheit und die Abfolge von inhaltlich verbundenen Content-Tei-
len, die über einen längeren Zeitraum crossmedial auf vielen Plattformen ausgespielt werden. Im Gegensatz dazu stehen ein einzelner losgelöster Beitrag oder Post
oder ein einzelnes zugespitztes Thema oder Format, mit dem nur eine Plattform
und eine zugespitzte Zielgruppe erreicht werden sollen. Bei Kampagnen planen
und berechnen Sie die Ausspielung – auch Distribution, Veröffentlichung, Upload
genannt – zu definierten Zeiten, bei Live-Storys auch an definierten Orten sowie
mit von Anfang an definierten Inhalten, die Sie jeweils an den Stil der Plattformen
anpassen.

Die »All-in-One«-Kampagnen-Strategie wurde maßgeblich von FMD seit 2016 geprägt und ist ein weltweit einzigartiges Geschäftsmodell des Online- und Social-
Media-Marketing-Zeitalters. Vor allem im fernen Ausland ist FMD hoch spezialisiert mit einer effektiven Content-Truppe, die zu den weltweit besten Medienpro-
duzenten gehören, sowie einem großen Netzwerk in Afrika und Asien.

Abbildung 6.2 Kompakte Übersicht über das FMD-Team bei der Uganda-Kampagne 2018 (*https://fmd-productions.com/en/uganda-content-tour.html*)

Wenn Sie eine crossmediale Kampagne gut planen, sparen Sie Kosten und produzieren effizient sehr viel Content auf einmal. Den Content verwerten Sie dann über einen langen Zeitraum immer wieder unterschiedlich, mit unterschiedlichen Formaten und für unterschiedliche Plattformen. Als Werbemaßnahme geht eine Kampagne über die Platzierung eines Produkts in einem einzelnen Beitrag, etwa ein Image-Video, auf nur einer Plattform weit hinaus. In einer Kampagne denken Sie vernetzt. Sie antizipieren das Verhalten von Nutzern, die mit unterschiedlichen Geräten und Screens auf vielen verschiedenen Plattformen unterwegs sind. Sie wollen mit Ihrem Content überall gefunden werden. Und Sie wollen Nutzern die Möglichkeit bieten, sich über lange Zeit mit Ihrem Content auf vielen Plattformen zu engagieren. Mit einer »All-in-One«-Kampagne gelingt es Ihnen, mit Ihren loyalen Followern, neuen Nutzern und Klienten zu interagieren und eine Konversation zu starten und zu befeuern. Mittelfristig bauen Sie so Ihre Community auf.

Wie immer im Leben hat auch das digitale Monitoring viele Vor- und Nachteile. Die Vorteile liegen auf der Hand: Datenerhebungen erhöhen die Transparenz. Sie geben Ihnen neue Möglichkeiten, zu lernen und mit Nutzern direkt zu kommunizieren und häufig zu interagieren. Die Nachteile entstehen aufgrund der Komplexität digitaler Daten. Leicht können Daten verfälscht werden und Schlussfolgerungen fehlgeleitet sein, ohne dass wir es sofort merken. Das sollten Sie immer im Kopf haben und von Anfang an bereits bei der Definition der KPIs berücksichtigen.

Meiner Erfahrung nach werden Storytelling und Content-Kampagnen in Social Media mit zunehmender Erfahrung immer einfacher und effizienter. Man muss nur am Anfang die Zeit investieren, sich einzuarbeiten und regelmäßig damit zu arbeiten. Darüber hinaus gibt es auch viele Möglichkeiten, sich online zu informieren und auf dem Laufenden zu halten sowie Experten zurate zu ziehen, die – je nach Budget – weiterhelfen.

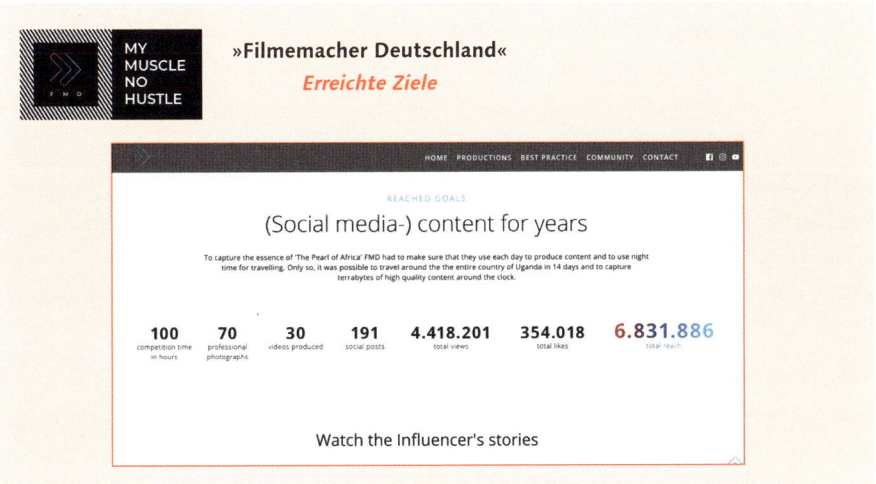

Abbildung 6.3 FMD verzeichnet einen internen Rekord: Bereits zwölf Mal insgesamt und sieben Mal in Folge haben die Social-Media-Kampagnen die angesetzten Reichweitenziele um Längen übertroffen. Bei der Japan-Kampagne 2019 waren es 34 %, bei Usedom 2020 sogar 58 % (*https://fmd-productions.com/en/uganda-content-tour.html*).

Das Monitoring einer Kampagne betrachtet qualitative Aspekte und quantitative Kennzahlen. Letztere nenne ich das Zahlenspiel der Social-Media-Werte. Diese Werte finden Sie größtenteils auf den Plattformen selbst in Settings und Analytics. Mit qualitativen Metriken erfassen Sie das Warum, das Was und das Wie einer Kampagne. Bei der Qualität stehen komplexere Faktoren wie die Relevanz von Inhalten im Mittelpunkt, auch die Qualität der User-Reaktionen, etwa wie lange Nutzer sich mit einem Content-Element beschäftigen, ob Nutzer den Content bis zu Ende ansehen und ob sie zu einem anderen Zeitpunkt wieder zurückkommen.

Bei einer Kampagne kommt auch die Entwicklung über einen langen Zeitraum als messbarer Wert hinzu. Darüber hinaus können Sie auch die Wechselwirkungen Ihrer Posts, Plattformen und Accounts und damit die Integration der Content-Elemente einer Kampagne beobachten und messen. Diese Wechselwirkungen geben uns Aufschluss über die »Customer-Journey«, die persönliche und individuelle Reise eines Nutzers entlang Ihrer Posts, Touch Points und Online-Inhalte über verschiedene Plattformen und Websites, die Sie bespielen. Mit Ihrem Content spiegeln Sie diese User-Reise und erleichtern es interessierten Nutzern, Sie und Ihre Organisation, Ihre Produkte und Ihren Service online an vielen Stellen zu finden.

Mit einer »All-in-One«-Kampagne erzeugen Sie eine strategische Wirkung und den größtmöglichen Mehrwert über einen langen Zeitraum. Der Mehrwert für Sie liegt im Aufbau eines aktiven Netzwerks von Followern und Nutzern bis hin zu einer echten Community aus loyalen, interessierten und kaufwilligen Nutzern, die Ihre Website besuchen, sich in Ihren E-Mail-Verteiler eintragen, Ihre Produkte oder Ihren Service abonnieren oder kaufen. Die Übertragung von Reichweite in einen aktiven Mehrwert nennt man Konversion, etwa wenn User aufgrund eines Posts zu Ihrem Online-Shop gehen und dort einen Kauf tätigen oder den Kanal abonnieren.

Wir fassen zusammen: Sie haben die Qual der Wahl unter vielen Mitteln, die Ihnen das Monitoring einer Kampagne ermöglichen. Denken Sie bei der Planung der geeigneten KPIs und analytischen Methoden vom Ende her. Welche Ziele wollen Sie zeitnah, mittelfristig und langfristig erreichen? Welche Unternehmensbereiche stehen dieses Mal im Mittelpunkt? Danach definieren Sie die Kennzahlen.

Beispielsweise würden Sie Content für den Verkauf einer touristischen Reise in ein bestimmtes Land ganz anders planen und ausspielen als den Verkauf eines Alltagsproduktes wie beispielsweise einen Lippenstift, bei dem Sie den Nutzerinnen eine App mit Augmented-Reality-Filtern anbieten, in der sie den Lippenstift an sich selbst testen können.

6.1.1 »Filmemacher Deutschland« – FMD-Kampagnen als Best-Practice-Beispiele

In den letzten Jahren wurden wir selbst bei großen Tourismus-Kampagnen von dem bahnbrechenden Erfolg unserer Social-Media-Marketing-Strategie positiv überrascht. Unsere spektakulären Dokumentationen entstehen in agilen Marathons. Zwar planen wir die gesamte »All-in-One«-Kampagne detailversessen und auf einer langfristigen Zeitachse. Dazu gehört im Anschluss an jede Reise eine wochenlange Postproduktion. Jedoch schneiden und produzieren wir teilweise auch schon Material, während wir noch reisen und täglich weiteres Material aufnehmen.

Dieses agile Vorgehen erweist sich für unser Social Storytelling als extrem erfolgreich. Während wir das Material für lange Formate wie Imagefilme, YouTube-Videos, Websites, TV und Kino noch produzieren, berichten Influencer und unser Social-Media-Team bereits täglich von unserer Reise und aus der Produktion – teils live, teils mit schnellem, professionell produziertem Social-Media-Content. Aus unseren Erfahrungen greife ich zwei Kampagnen heraus, die wir für Japan und für Uganda realisiert haben. An diesen können Sie die Wirksamkeit der »All-in-One«-Strategie nachvollziehen.

Und keine Angst, diese Content-Strategie lässt sich auch auf kleine und sehr kleine Budgets herunterbrechen. Professionelle Content-Produktion geht immer mehr in

Richtung von Creatorn, die Allrounder sind und alle Aspekte einer Content-Kampagne beherrschen. Die beispielsweise genauso mit einer Drohne, einer komplexen digitalen Red-Kamera oder mit Smartphones erstklassigen Content herstellen. Auch wir arbeiten mit möglichst kleinen Teams und häufig mit professionellen Allroundern, weil wir dadurch agiler sind.

Abbildung 6.4 Kopfüber in den Nationalpark. Die außergewöhnlichen Luxus-Lodges in Ugandas Nationalparks bieten Panoramen, die man sonst nur aus Filmen oder Träumen kennt (Quelle: Marc Bächtold, FMD Content Manager).

6.1.2   »Uganda-Series 2018. Große Tiere – in freier Wildbahn?«

Das Tourism Board von Uganda gab uns 2018 den Auftrag, eine Content- und Social-Media-Kampagne zu entwickeln und durchzuführen. Damit sollte Uganda als Reiseziel für Touristen aus Europa und weltweit beworben werden. Soweit ein Standardauftrag und unser tägliches Brot. Was diese Kampagne besonders machte, war die Zielregion selbst. Afrika birgt für Europäer so manches Abenteuer und garantiert unvergessliche Erfahrungen. Aber an Uganda begeisterte uns von Anfang an die Aussicht, mit Schimpansen und Gorillas zu filmen.

Damit wir nicht zu stark nur auf dieses Highlight fokussierten, kam uns eine Idee, wie wir Uganda so nah wie möglich zu Nutzern auf Social Media bringen konnten. Wir schrieben den bekannten YouTuber und Reise-Influencer *Thomas Alex Norman* an. Norman war noch nie zuvor in Afrika gewesen. Damit taten wir genau das Gegenteil dessen, was sonst bei der Zusammenarbeit mit Reise-Influencern häufig passiert. Es wird oft ein Influencer genommen, dem eine zu bewerbende Region vertraut ist. Wir jedoch wollten bewusst einen hervorragenden und talentierten Storyteller einladen, der mit Afrika eine neue Region entdeckt und Nutzer authentisch mit auf unbekanntes Terrain nimmt.

Daneben integrierten wir ein Lifestyle- und Luxusmagazin sowie einen Instagram-Fotografen. Sie sollten gemeinsam für eine größere Reichweite sorgen, während unser Filmemacher-Deutschland-, kurz gesagt, unser FMD-Kernteam jede Menge Content, vor allem Videos und Bilder, produzierte.

So entstand die wunderschön produzierte, 4-teilige »Uganda Series« von Thomas Alex Norman. In insgesamt über 90 Minuten erzählt er aus großer Nähe von seiner Reise durch Uganda und teilt mit den Nutzern unmittelbar seine Gedanken und Gefühle. Der Erfolg der Serie ging weit über Normans YouTube-Kanal hinaus. Sie wurde in nur zwei Jahren auf vier Filmfestivals gezeigt, mehrfach ins Kino gebracht, gewann zwei Publikumspreise und wurde als 45-Minuten-Version im linearen Fernsehen ausgestrahlt.

Abbildung 6.5 Natur und Wildlife stehen beim Reiseziel Uganda im Vordergrund. FMD berät bei der optimalen Zielgruppenfindung und der Ausrichtung des Online-Marketings (Quelle: Marc Bächtold, FMD Content Manager).

6.1.3   Japan 2019/2020 – Bucket List

Einen ähnlichen Auftrag erhielten wir 2019 dann auch vom japanischen Tourismus-Verband. Mit unserer Kampagne sollten wir Menschen inspirieren, Japan zu bereisen und zu ihrem nächsten Urlaubsziel zu machen.

Um dies zu erreichen, unterschieden wir bereits bei der Planung zwei Content-Teilbereiche. Zum einen planten wir eine Content-Produktion für hochwertige Longform-Videos und spektakuläre Bilder, die eine aufwendige Postproduktion erforderlich machten. Diese Produktion würden wir mit unserem FMD-Kernteam vor Ort durchführen. Zum anderen planten wir eine Social-Media-Kampagne mit Live-Storys und unpoliertem Real-time-Content, die keine große Postproduktion erforderlich machten. Parallel zu unserem Kernteam arbeiteten wir dafür auch wieder mit Influencern zusammen. Insgesamt konnten wir so viele unterschiedliche Nutzergruppen erreichen.

Mit dieser Vorgehensweise nutzten wir unseren produzierten Content effektiv und generierten optimalen Mehrwert. Wir veröffentlichten Storys und Content zu jedem Zeitpunkt der Reise und über die gesamte Produktionsphase – zum einen in Echtzeit in Social Media, zum anderen mit aufwendiger Postproduktion in langen Formaten zu einem späteren Zeitpunkt.

Unser zentrales Content-Ziel war bei dieser Kampagne eine Landing-Page, auf der Nutzer weitere spektakuläre Fotos und vertiefte Video-Storys sehen konnten. Hier konnten sie auch mehr Details über Reiserouten abfragen, unkompliziert direkte Kaufaktionen wie Flugbuchungen durchführen sowie viele praktische reisetechnische Informationen einsehen.

Abbildung 6.6 Interaktiver Travel Guide. Content effizient fürs Web eingesetzt (*http://bucketlistjapan.de*). Mehr bald auf FMD »Epic Places« (*http://epic-places.com*), der neuen interaktiven Reise-Website von FMD.

Damit realisierten wir für unsere Follower und neue Nutzer eine User-Reise beziehungsweise Customer-Journey mit zahlreichen Touch Points auf vielen verschiedenen Plattformen. Diese spiegelten wir mit der Story-Reise punktgenau wieder. Dafür veröffentlichten die mit uns assoziierten Influencer und unser Kernteam regelmäßig plattformspezifisch aufbereitete Mikro-Storys auf verschiedenen Plattformen, die für unsere Auftraggeber und unseren Content relevant sind, etwa Instagram-Storys, Instagram-Feed, Facebook-Feed, YouTube und Web.

Die »All-in-One«-Strategie beruht auf dieser Erfolgsgeschichte und wird jetzt in allen Kampagnen eingesetzt und weiterentwickelt. Das Besondere liegt darin, dass Sie bereits attraktiven Content veröffentlichen und eine hohe Reichweite und aktive Community auf Social Media aufbauen, noch bevor Sie die Haupt-Content-Produkte veröffentlichen. Bei unseren Uganda- und Japan-Aufträgen waren die Haupt-Content-Produkte Long-form-Videos und eine Landing-Page. Es ist möglich, dass Sie ein Hauptprodukt erst in Folge der erfolgreichen Social-Media-Strategie verkaufen und Ihre Kampagne von vornherein splitten.

Bei der Japanreise begannen wir beispielsweise mit einzelnen Instagram-Storys, live oder in Realtime. Darauf folgten präzise geplante Instagram-Posts und Facebook-Beiträge, gefolgt von YouTube-Videos. Diesen folgten später die sogenannten »Bucket List«-Videos und weitere multimediale Ad-Kampagnen auf verschiedenen Social-Media-Plattformen. Dann begleiteten wir Nutzer auf die Landing-Page (*http:// bucketlistjapan.de*), die zum alles krönenden Touch Point und Hub wurde.

Über Drittplattformen wurde unser hochwertiger Content ebenfalls weiterverbreitet und oft geteilt, etwa auf *Unilad*. Darüber hinaus veröffentlichte PlanetTV eine TV-Dokumentation. Unsere Projektpartner aus der Automobilbranche und von einer Airline komplettierten die Kampagne. Sie nutzten und teilten unsere Videos und Bilder ebenfalls. Mit dieser Strategie sorgten wir für weitreichende und diverse Zielgruppen-Aktivierungen.

Unsere Videos und Bilder planen und produzieren wir von Anfang an in unterschiedlichen Formaten, wie hochkant (9:16) für Instagram-Storys und Square (1:1) und Portrait (4:5) für Instagram Posts sowie Landscape (3:4) für Facebook. Damit garantieren wir, dass unsere Inhalte die optimale Unterstützung der jeweiligen Plattform bekommen und leicht auf jedem Smartphone zu konsumieren sind, wo heute die meisten Nutzer weltweit und jeden Alters zuerst aktiv sind.

Am Uganda-Beispiel erkennen Sie sehr gut die Relevanz des Social Storytellings, das im Zentrum der Kampagne stand. Am Japan-Beispiel überzeugt vor allem die komplexe Customer-Journey. Diese spiegelten wir mit der Story-Reise und generierten dadurch enormen Mehrwert. Mehrwert für unsere Auftraggeber, aber auch für alle anderen Beteiligten – vor allem für Nutzer, die sich mithilfe unserer »All-in-One«-Kampagne perfekt informieren können und denen wir eine Reisebuchung ganz leicht machen.

Abbildung 6.7 So facettenreich das Reiseziel Japan ist, so verschieden sollten die Social-Media-Beiträge sein, die jede Zielgruppe abholen (Quelle: Marc Bächtold, FMD Content Manager).

6.2   Was sind relevante Kennzahlen?

»Wenn Ihnen der Beitrag gefallen hat, so liken Sie ihn gerne, und sollten Sie in Zukunft mehr davon sehen wollen, dann drücken sie auf den kostenlosen Abonnement-Button.« So oder ähnlich lauten Aufforderungen an Nutzer, die sich ein Video auf Social Media bis zum Ende ansehen. Das »Like« ist als Ausdruck des Gefallens und des Zuspruchs seit den ersten Tagen von Facebook im Jahr 2004 nicht mehr wegzudenken. Inzwischen ist es um viele andere Gefühlsreaktionen erweitert, die auf sämtlichen Plattformen genutzt werden.

Mit einem Klick auf den »Plus«-Button auf TikTok oder die »Abonnement«- und »Follow«-Buttons auf anderen Plattformen signalisiert ein Nutzer den Algorithmen sein Interesse, mit dem Account in Verbindung zu bleiben und über weiteren Content und Aktionen informiert zu werden. Like und Follow sind zwei Basiswerte und Kennzahlen auf jeder Social-Media-Plattform, egal ob YouTube, Instagram oder TikTok.

Aber ist die Auswertung wirklich so einfach? Wie wichtig sind diese Kennzahlen? Wie aussagekräftig sind sie für Ihr Monitoring? Was sagen sie über den Erfolg Ihrer Kampagne aus? Haben sie damit weniger zu tun, als wir auf den ersten Blick meinen könnten?

Zwar sind diese beiden Kennzahlen auf den ersten Blick transparent und klassifizieren Posts, etwa ein Video oder eine Fotogalerie mit Text, mithilfe der Anzahl der messbaren Nutzer-Reaktionen und Interaktionen. Aber auch wenn diese Reaktionen zählbar sind, wissen Sie deshalb noch lange nicht, wie viel Zeit ein Nutzer mit Ihrem Content verbracht hat, ob er den Content bis zu Ende geschaut hat und möglicherweise auch noch zur Landing-Page weitergereist ist. Weil diese quantitativen Kennzahlen wenig aussagen, gewichten Algorithmen sie inzwischen nicht mehr vorrangig. Auch Sie werten den Erfolg Ihres Contents realistischer aus, wenn Sie sich auf qualitative Kennzahlen konzentrieren, wie Relevanz, Completion Rate und Reichweite (Reach).

Das Problem liegt klar auf der Hand: Auf der einen Seite bilden quantitative Kennzahlen digitale Werte ab, die im Marketing mit realen Geldwerten verrechnet werden. Auf der anderen Seite verfügen Nutzer in Social Media beinahe unbegrenzt über diese quantitativen Währungen. Jeder kann so viele Likes vergeben, wie er Zeit zum Klicken hat, und kann unbegrenzt Abonnements abschließen.

Beantworten Sie selbst diese Fragen: Wie viele Likes vergeben Sie täglich auf Social-Media-Plattformen? Wie streng sind Ihre Kriterien für die Vergabe? Wie viele Kanäle haben Sie schon abonniert? Oder von wie vielen Abonnements wissen Sie schon gar nichts mehr?

Abbildung 6.8 Eine Frage der Perspektive! Das FMD-Team arbeitet interdisziplinär mit Content-Experten verschiedener Disziplinen, Foto, Video und auch Luftaufnahmen. So entsteht eine Vielzahl an Blickwinkeln (Quelle: Marc Bächtold, FMD Content Manager).

Das Geheimnis von Social-Media-Plattformen, die virale Inhalte puschen, wie Instagram und TikTok, liegt in der Leichtigkeit, mit der quantitative Werte vergeben werden können – nämlich mit nur einem Fingertap oder einer Wischbewegung. Behalten Sie deshalb im Kopf, dass diese Kennzahlen für Sie wenig aussagekräftig sind, um den Erfolg Ihres Contents realistisch zu bewerten.

Sehen wir uns kurz gängige Kennzahlen an. Ein View ist vor allem auf einer Videoplattform wie YouTube eine der wertvollsten Kennzahlen und bemisst, wie oft Ihr Beitrag angesehen wurde. Ein View sagt aber nichts darüber aus, wie lange sich der Nutzer mit Ihrem Beitrag beschäftigt hat. Wurde beispielsweise das ganze Video angeschaut? Sie wissen nicht, wie viele Personen es sich gemeinsam angesehen haben. Sobald ein Video angeklickt wird und die ersten Sekunden gelaufen sind, addiert der Zähler einen Wert. Dadurch wird auch hier eine präzise Berechnung und Auswertung erschwert.

Mittlerweile gibt es weitere Kennzahlen wie Reichweite und Impressionen, die Aufschluss über die Anzahl der Nutzer geben, die den Content wahrgenommen haben. Dies ist etwa so, als wenn man bei einer Tageszeitung bemessen würde, wie viele Menschen eine Überschrift kurz angesehen haben. Es sagt nichts darüber aus, wer sich wie lange mit dem Content beschäftigt hat, und natürlich auch nichts darüber, wie ein Nutzer den Content aufgenommen oder bewertet hat.

Wer einen Kommentar verfasst und öffentlich teilt, verwendet ein interaktives und explizites Format für Feedback, das eine qualitative Auswertung ermöglicht. Doch auch bei dieser Funktion muss man Bots ausschließen, die automatische Phrasen teilen und damit die Auswertung verzerren.

Auch die Anzahl, wie oft Nutzer einen Post »archiviert« haben, gehört zu quantitativ wertvollen Kennzahlen. Auf Instagram kann man beispielsweise sehen, wenn ein Nutzer den Post in einer separaten Liste abgespeichert hat. Jedoch können wir über die Motivation nur spekulieren. Wir wissen nicht, ob er den Post später erneut ansehen, jemandem zeigen oder den Account auf diese Weise im Auge behalten will.

Genauso kann ein »Share« starken Einfluss auf den Erfolg eines Artikels haben. Teilt ein Nutzer einen Artikel auf seinem eigenen Kanal, so macht er ihn für alle seine Follower öffentlich sichtbar. Dieser Effekt kann zum »viralen Erfolg« eines Beitrags führen. Stellen Sie sich vor, alle Ihre Follower teilen einen Beitrag von Ihnen. Nehmen Sie an, Sie haben nur zehn Follower und diese haben ebenfalls jeweils zehn weitere Follower, mit denen sie auf Facebook verbunden sind. Wenn alle diesen einen Post teilen, steigt seine Viralität exponentiell an. Im ersten Schritt erreicht der Post zehn Personen, im zweiten bereits hundert, im dritten tausend und so fort. Für Sie heißt das, wenn Nutzer Ihre Posts teilen und anderen zeigen, können Sie das als Erfolg bewerten.

6.2.1   Evaluieren Sie die ganze Customer-Journey

Ich glaube, es wird deutlich, worauf ich hinausmöchte: Stützen Sie Ihr Monitoring nicht allein auf Kennzahlen. Um den Erfolg eines Content-Elements oder einer Kampagne zu evaluieren, reicht es nicht, alle Kennzahlen zu sammeln und zu bewerten. Kennzahlen sind nur ein Teil des »Weges« Ihrer Nutzer. Vielmehr möchten Sie die ganze Customer-Journey an jedem Touch Point planen und mitvollziehen. Nur dann werden Sie mit der Zeit verstehen, wie Ihre Nutzer ticken. Dann können Sie Ihren Content so einplanen, dass viele Nutzer motiviert werden, den ganzen Weg mit Ihnen zurückzulegen.

»All-in-One«-Kampagnen führen Nutzer von der initialen Inspiration, beispielsweise durch ein Facebook Ad oder eine Live-Story auf Instagram, über weitere Plattformen zu den langen Formaten auf YouTube, auf Ihrer Website und auch in Ihrem Online-Shop. Sie wollen genau dieses übergeordnete Ziel in Ihrer Content-Kampagne erreichen. Das heißt, Ihr Produkt oder Ihren Service so attraktiv zu gestalten und zu erzählen, dass Nutzer bereitwillig Ihren Storys folgen, Ihren Content komplett ansehen, zu Ihrer Website weitergehen und in Ihrem Online-Shop eine Kaufaktion tätigen und Ihren Newsletter abonnieren.

Daten-basiertes Monitoring ist für Sie wertvoll, sobald Sie damit die ganze »Customer-Journey« tracken, daraus lernen und immer weiter optimieren können. Definieren Sie deshalb strategische KPIs, mit denen Sie alle Ihre integrierten Marketing-Maßnahmen evaluieren können und Aufschluss über jeden einzelnen Punkt der Customer-Journey beziehungsweise der User-Reise und Story-Reise erhalten. Dann werden Sie die Effektivität Ihres Contents realistisch bewerten, anpassen und steigern können.

Unser wichtigstes Learning bei der Entwicklung einer Customer-Journey ist: Halten Sie den Weg so kurz und so intuitiv wie möglich. Alles, was unbequem oder nicht zur Tonalität der Plattform passend ist, birgt das Risiko, dass Nutzer ihre Reise mit Ihrem Content abbrechen. Denn die nächste Attraktion ist immer nur einen Klick weit entfernt.

Erfolgreiches Marketing zielt auf die kürzeste Verbindung von der initialen Inspiration bis zum Kauf des entsprechenden Produkts oder Services. Wer möchte schon einen unnötig langen Fußmarsch hinter sich legen, wenn er das Ziel früher erreichen kann? Ersparen Sie Ihren Kunden jede Mühe und unnötige Arbeit, sorgen Sie dafür, dass sie nur die nötigsten Schritte machen müssen. Jeder Schritt ist eine Barriere, an der ein Teil Ihrer Nutzer den Pfad vorzeitig verlässt und abspringt.

Im Normalfall führt die Customer-Journey bis zum Kauf über diese fünf Schritte:

1. Inspiration (etwa Ad, Post, Foto, Video, Empfehlung)

2. Einsicht und Informationen zum Produkt (etwa Website, Landing-Page, YouTube)

3. Qualitätsprüfung (etwa Kundenbewertungen auf Amazon, Stiftung Warentest, verschiedenen Foren)

4. Besuch der Website, des Online-Shops oder Gang zum realen Shop

5. Kauf, Abonnement, Sponsoring

Je nach Art des Produkts wird die Kundenreise variiert und kreuzt von online zu offline. Beispielsweise würden bei einem Autokauf noch Beratungsgespräch und Probefahrt hinzukommen. Bei eher günstigen oder praktischen Produkten des täglichen Bedarfs fallen die Schritte 2 und 3 weg. Der kürzeste Weg ist die »One click away«-Lösung im wortwörtlichen Sinne, die von Schritt 1 direkt zu Schritt 5 führt, wenn zum Beispiel unter dem initialen Post ein Button direkt auf die Kaufseite führt. Allerdings müssen selbst dann aufgrund rechtlicher Sicherheitsbestimmungen in der Regel vor dem Kauf immer einige Zwischenschritte zur Verifizierung im Kaufprozess eingeplant werden. Doch das Prinzip, Nutzer »so kurz und intuitiv wie möglich« durch die Reise zu führen, besitzt im Digitalen immer Priorität.

Abbildung 6.9 Natur pur. Der legendäre Mooswald auf Yakushima Island in Japan lädt zu künstlerischen Motiven ein, ideal für Instagram (Quelle: Marc Bächtold, FMD Content Manager).

Je mehr Sie über das Verhalten Ihrer Nutzer an den einzelnen Stationen der Customer-Journey erfahren, desto realistischer können Sie Ihre integrierten Marketing-

Maßnahmen bewerten und evaluieren. Umso kürzer, unmittelbarer und intuitiver dieser Weg ist, desto besser können Sie ihn nachvollziehen. Besonders bei langwierigeren Kaufprozessen, etwa bei einer Reisebuchung, reißt eine nachvollziehbare Interaktion oft abrupt ab. Dabei kann man auch im Nachhinein nur schwer einschätzen, ob der Abbruch als eine Reaktion auf die Navigation, auf den Content oder aufgrund anderer Umstände erfolgte.

Das verhält sich ähnlich wie bei der Frage, die sich so oder ähnlich jeder schon einmal gestellt hat, der von einer Erkältung wieder genesen ist: Hätten Sie es auch ohne die Hustenbonbons aus der Apotheke geschafft? Sie wissen einfach nicht genau, ob Ihre integrierte Marketing-Kampagne zu dem Kauf geführt hat oder nicht. Doch diese Unsicherheit ist ein allgemeines »Problem« im Bereich des Marketings, vor allem des Image-Marketings und Brand-Marketings, und kann nur durch häufiges Experimentieren, Evaluieren und Anpassen minimiert werden.

Komplexer wird es, wenn es das Ziel Ihrer Kampagne ist, die Bekanntheit Ihrer Marke oder eines Produkts zu erhöhen, oder wenn das Image einer Organisation oder einer Marke verändert oder verbessert werden soll. Ein gutes Beispiel dafür ist der österreichische Getränkehersteller *Red Bull*, der seit 1987 das moderne Marketing mitbegründet und sogar revolutioniert hat. Die Marke geht mit ihren Produkten heute weit über Softdrinks hinaus, und Red Bull setzte dabei von Anfang an auf reines Image-Marketing. Das Sinnbild »Verleiht Flügel« kennt heute fast jeder auf der Welt.

Insbesondere Extremsport ist gegenwärtig weltweit nicht mehr ohne den roten Bullen im Hintergrund vorstellbar. Ob Skispringen, Paragliding oder Rennsport, alles »Extreme« wird mit Red Bull verbunden. Damit ist Red Bull ein Beispiel für eine Marke, die erfolgreich über einen langen Zeitraum auf eigenen hochwertigen *Native Content* und nachhaltigen Aufbau mit immer neuen, messbaren Etappenzielen gesetzt hat. Auch wenn im Nachhinein die Gesamtstrategie homogen wirkt, so ist jede Etappe mit Unsicherheit verbunden und muss evaluiert werden. Das gilt für Großkonzerne genauso wie für kleine Unternehmen und Solo-Selbstständige.

Machen Sie nicht den weitverbreiteten Fehler, eine Etappe und einen Teilerfolg innerhalb Ihrer Customer-Journey als übergeordnetes Ziel zu setzen. Planen Sie »All-in-one«, und integrieren Sie alle Touch Points innerhalb einer Kampagne von der Planung bis zum Monitoring. Im Bereich des Social-Media-Marketings beobachten wir bei vielen Unternehmen, dass diese Fehleinschätzung bereits in der Struktur des Unternehmens verankert ist. Strategische Fehler sorgen für große Budgetverluste, die unerkannt bleiben, wenn man Etappenziele mit Gesamtzielen verwechselt.

Beispielsweise habe ich es erlebt, dass Mitarbeiter das Management mit der Präsentation von schnell erreichten hohen Kennzahlen auf einer Plattform begeistern und dies als Erfolg ihrer Kampagne darstellen. Wenn wir aber die gesamte Strategie evaluieren, zählen Relevanz und Kaufzahlen mehr als eine einzelne virale Etappe, die nur Teil des Weges ist. Eine Etappe soll im Zusammenspiel mit anderen Plattformen und weiterem Content neuen Mehrwert generieren, der auf einer längeren Zeitachse zu Wachstum führt.

Ich würde behaupten, dieser Fehler passiert in der Mehrzahl von Unternehmen. Machen Sie nicht den gleichen Fehler, sondern definieren Sie klare Ziele für Ihre Kampagne, die am Ende Ihr Unternehmen langfristig weiterbringen soll.

Um Ihre gesamte Customer-Journey zu evaluieren, müssen Sie alle integrierten einzelnen Etappen der Kampagne genau kennen. Bei der strategischen Planung Ihrer Social-Media-Kampagne besteht diese aus mehreren Maßnahmen, die Sie ausgehend von einem einzelnen Post auf einer initialen Plattform – wie TikTok, Twitter oder Instagram – zu einer Kampagne ausrollen. Dehnen Sie die gesamte Kampagne zeitlich aus! Sie möchten nicht, dass Nutzer Sie auf nur einer Plattform finden und Ihrem Content nur kurz Aufmerksamkeit widmen. Sie wollen überall gefunden werden und selbst die Möglichkeit haben, in diese Reise einzugreifen, sie zu lenken und aktiv zum Ziel zu führen.

Abbildung 6.10 Noch vor der offiziellen Eröffnung des SHIBUYA SCRAMBLE SQUARE in der Mitte Tokios war FMD eingeladen, die ersten Bilder und Videos zu produzieren. Eines der höchsten Gebäude der Stadt mit einer 360-Grad-Aussichtsplattform auf eine der größten Städte der Welt – ein neues Tourismus-Highlight (Quelle: Marc Bächtold, FMD Content Manager).

Denken Sie mehr an Schach als an Roulette. Ist beim Roulette die Kugel einmal ins Rollen gebracht, heißt es, abzuwarten. Sie gehen deshalb wie beim Schach vor und gestalten und evaluieren Ihre strategische Kampagne zu jedem Zeitpunkt. Aber Sie sind nicht nur als Schachspieler gefragt, sondern auch als Regisseur Ihrer Kampagne.

Gestalten Sie die Customer-Journey für Nutzer so spannend und abwechslungsreich wie möglich! Wie bei einem guten Roman, einem spannenden Film, kurzum einer unterhaltsamen Story, halten Sie Nutzer bei Laune und fesseln ihr Interesse. Ist mit dem ersten Content-Element einer Kampagne bereits alles gesagt, dann kann dies zwar sogar zu einem viralen Erfolg führen. Der allerdings bleibt isoliert und generiert keinen oder sehr limitierten Mehrwert.

Bleibt der Erfolg ganz aus, gibt es keine Möglichkeit, das Momentum nachzuholen, andere Plattformen zu integrieren und den Content doch noch zu einem Erfolg umzumünzen. Initiieren Sie ihre Kampagne deshalb wie eine dramatische Geschichte. Nutzer müssen den Weg genießen können, mehr wissen wollen, gespannt sein auf den weiteren Verlauf. Jeder Neueinsteiger soll an jedem Punkt der Customer-Journey unmittelbar angesprochen und mitgerissen werden. Dann entfaltet die Kampagne ihren Sinn und geht weit über isolierte, voneinander losgelöste Einzelaktionen hinaus.

Planen Sie Ihre Customer-Journey über mehrere Plattformen und Orte! Nutzen Sie viele Social-Media-Netzwerke, auf denen Sie verschiedene Arten von Content unterbringen und optimal nutzen können. Videos, Fotos und Textbeiträge funktionieren auf unterschiedlichen Plattformen unterschiedlich erfolgreich. Nutzen Sie die virale Power der sozialen Netzwerke, indem Sie sie integrieren, und führen Sie Ihr Publikum am Ende auf Ihre Webseite, in Ihren Online-Shop oder an das Ziel Ihrer Kampagne.

Bleiben Sie so nah wie möglich bei Ihren Nutzern! Vor allem die Einsicht in ihre emotionalen Reaktionen gibt Ihnen konkret Aufschluss über die Wirkung Ihres Contents. Kommentare und Newsletter sind dafür besonders wertvoll. Hier bekommen Sie Feedback von engagierten Nutzern und können in die Marktforschung übergehen, die Kommentare auswerten und analysieren, wie Menschen auf Ihr Produkt reagieren. Haben Sie nur wenige Kommentare bekommen, so kann dies ein Zeichen für mangelndes Interesse bedeuten und Ihre Kampagne einer nutzerzentrierten Dimension berauben.

Ein kleines Beispiel aus unserem Erfahrungsschatz: Der Post eines Influencers über ein Luxushotel erhielt sehr viele Likes. Doch bei näherer Betrachtung der Kommentare fanden wir heraus, dass der Post alles andere als erfolgreich war. Die offenkundigen Kennzahlen wie Views, Likes und Impressionen waren sehr hoch. Das war aber kein Wunder, denn der Influencer hat Tausende von Followern. Ein Blick in die über 250 Kommentare gab uns deutlich zu verstehen, dass *nicht ein einziger*

Nutzer in seinem Kommentar auf das Hotel einging. Alle Nachrichten kommentierten Kleidung, Aussehen oder Status des Influencers. Unser Ziel, die Sichtbarkeit des Hotels zu befördern, erreichten wir vermutlich gar nicht.

Pro-Tipp: Was bei der Zusammenarbeit mit Social-Media-Creatorn zählt (von Maximilian Wolf)

In den vergangenen Jahren ist die Zusammenarbeit mit Influencern unverzichtbar für viele Organisationen und Unternehmen geworden. Wichtig ist, den richtigen Influencer für meine Organisation und die Werte und Ziele meiner Kampagne auszuwählen.

Für mich sind Influencer nicht nur reichweitenstarke Creator in den sozialen Medien, sondern Menschen, die die Botschaften einer Organisation verbreiten. Das können Mitarbeiter und Unterstützer, aber auch Freunde, Bekannte oder Stakeholder sein.

Nehmen Sie diese menschenzentrierte Definition von Influencern auf, dann wird schnell deutlich, dass es keine allgemeingültigen Dos and Don'ts gibt. Jede Kooperation ist auf ihre Art und Weise einzigartig und sollte dementsprechend individuell betrachtet werden.

Hier konzentriere ich mich auf die Kooperation mit Social-Media-Creatorn, eine weitverbreitete Form der Influencer-Kommunikation. Dabei fokussiere ich mich auf Kooperationen im Non-Profit-Bereich und auf organisches Wachstum. Das unterscheidet sich von der Zusammenarbeit mit kommerziellen Unternehmen, etwa beim Einsatz von Werbemitteln und gesponserten Posts.

Da für mich in jeder Kooperation der Mensch im Vordergrund steht, sind Influencer für mich keine lebendigen Werbetafeln, sondern Kreative, die unsere Geschichte im Zweifel besser erzählen können als wir selbst. Deswegen ist auch die Reichweite, die sie mitbringen, eher zweitrangig. Wichtig sind Authentizität, Bezug zum Thema, zu unseren Werten und das Engagement der Community.

Im Non-Profit-Bereich entstehen Kooperationen oft in zwei verschiedenen Richtungen. Die herkömmlichste Variante ist, dass eine bestehende Botschaft oder ein Produkt in Form einer (Mini-)Kampagne durch die Reichweite der Creator vervielfacht werden soll. Dabei ist es sinnvoll, selbst die Kommunikation durch die Auswahl des Influencers zu bestimmen. Dafür können Influencer mit besonderen Merkmalen ausgewählt werden, die etwa eine geeignete Community mitbringen oder persönlich einen sichtbaren Bezug zum Thema haben. Zum anderen werden größere Organisationen auch von Creatorn angesprochen, die die Arbeit der Organisation mit ihrer Reichweite unterstützen wollen.

Für Sie ist es wichtig, dass der Creator sich persönlich mit den Werten Ihrer Organisation und mit Ihrer Botschaft voll und ganz identifizieren kann. Sobald das nicht der Fall ist, sollten Sie von einer Kooperation absehen, da im Non-Profit-Bereich Glaubwürdigkeit und Authentizität am wertvollsten sind und nicht beschädigt werden dürfen. Das bedeutet allerdings nicht, dass sich der Influencer für die gemeinsame Kampagne verstellen oder das eigene Profil verlieren soll. Sein Profil zeichnet ihn aus, und deswegen hat er eine aktive Community, die er von den Werten der Organisation schließlich überzeugen will.

Achten Sie darauf, die Formate jeder Kampagne individuell an die Creator anzupassen. Die Community des Creators folgt der Kampagne aufgrund seines Contents, und dieser sollte nicht offensichtlich verfälscht werden. Ein Creator, der nicht zu einer Organisation passt oder sich und seinen Content für eine Kampagne zu stark verändert, ist unglaubwürdig und noch immer einer der größten Faktoren für das Scheitern von Influencer-Kommunikation.

Im kommerziellen Kontext kann das die nicht authentische Einbindung eines Produktes oder die unkreative Platzierung der Marke als Fremdkörper im restlichen Content sein. Im Non-Profit-Sektor sind vor allem Werte wie Nachhaltigkeit oder andere politische Botschaften oft nah an der Grenze zur Doppelmoral. Das bedeutet nicht, dass beispielsweise Creator aus dem Beauty-Sektor sich nicht mit politischen Bewegungen wie »Fridays for Future« solidarisieren können. Es bedeutet vielmehr, dass das Narrativ umso stärker sein muss, damit die Community diese Botschaften auch als glaubwürdig annimmt und verinnerlicht.

Teil der Authentizität ist auch die gemeinsame Auswahl der passenden Kommunikationskanäle. Nicht alle Influencer sind für alle Plattformen geeignet oder haben auf diesen einen eigenen Auftritt. Für den größtmöglichen Erfolg der Kommunikationsmaßnahmen sollten dementsprechend nur Kanäle bespielt werden, die mit der Community der Creator und der anvisierten Zielgruppe übereinstimmen. Im Zweifel sollten Sie sich lieber auf einen Kanal konzentrieren und dafür das Format perfekt anpassen und auf Ihren eigenen Plattformen teilen und Verbindungen herstellen, aber keinen halb garen Content auf möglichst vielen Kanäle ausspielen, auf denen der Creator nicht präsent ist oder zu denen er nicht passt.

Creator, die ihre Community ausschließlich auf YouTube besitzen, sind somit nicht zwangsläufig Erfolgsgaranten für eine Kampagne auf TikTok und vice versa. Nicht nur die Inhalte sollten immer plattformspezifisch sein, sondern auch die ausgewählten Creator. Ansonsten entstehen schnell Reibungsverluste.

6.2.2   Denken Sie nachhaltig statt in schnellen Klicks und Likes

Soll ein Feuer über einen langen Zeitraum lodern – was nehmen sie dann, um die Flammen zu füttern? Papier oder Holz? Davon hängt ab, wie lange Ihr Feuer brennt oder wie früh es erlischt und kalte Nacht über Ihnen einbricht.

Sie kennen sicherlich typische Stoffe für viralen Content auf YouTube, Instagram, Facebook und Co. Süße Tierbabys, witzige Momente, Luxusgüter und auch Sex werden nie langweilig und befeuern virale Mikro-Storys in sozialen Medien. Das Rezept für einen viralen Beitrag ist also ganz einfach. Man nehme einen Influencer mit großer Reichweite und beauftrage ihn, einen viralen Post mit ihrem Produkt zu machen.

Erinnern Sie sich, einen Post mit einem Influencer gesehen zu haben, auf dem in der unteren rechten Ecke ein Pflegeprodukt oder ein Fitnessriegel zu sehen ist? Das ist ein solcher Post! Viele Views, viele Likes, große Reichweite. Nehmen Nutzer aber auch das Produkt wahr? Interessieren Sie sich für Informationen dahinter? Haben Nutzer das Produkt gekauft? Wir wissen es nicht, denn das geht aus der Tatsache einer viralen Reichweite nicht hervor.

Wie ein mit Papier gefüttertes Feuer wird viral erzeugte Aufmerksamkeit schnell aufflodern und schnell wieder vergehen. Dabei hinkt mein Vergleich sogar noch, weil ein Creator oder eine Marke nicht einmal herausfinden können, inwiefern ein Teil der Aufmerksamkeit dem eigenen Produkt galt oder nicht.

Abbildung 6.11 Hochwertiger Content und Social-Media-Storytelling kombiniert. FMD berichten live und in Echtzeit von ihren Produktionstouren. So entstehen bereits während der Shootings und der Produktion nachhaltige Marketingeffekte.

Machen Sie es also von Anfang an besser und richtig. Nehmen Sie sich die Zeit zu lernen, Erfolgszahlen angemessen zu hinterfragen und relevanten, aussagekräftigen Werten zuzuordnen. Später zeige ich Ihnen noch ein Beispiel für einen erfolgreichen Tourismus-Marketing-Post.

Was Erfolg heißt, können Sie nur beurteilen, wenn Sie alle Kennzahlen mit einbeziehen und sie in Relation zueinander setzen. Was könnte es bedeuten, wenn Sie viele Views haben, aber kaum einen Kommentar? Lesen Sie die Kommentare, und werten Sie sie aus! Interagieren Sie mit erreichten Nutzern.

Fordern Sie sie mit jedem Post zu einer weiteren Aktion auf. Laden Sie die Nutzer zu einem Gewinnspiel ein, stellen Sie eine Frage, bieten Sie einen weiterführenden Link an. Social-Media-Kampagnen sind Beziehungsarbeit. Wenn die Reise bei einem einzigen Post bereits stoppt, dann ist keine Verbindung entstanden.

Achten Sie genauso auf Qualität und Stil Ihrer Posts wie der Accounts und Nutzer, die Kommentare posten. Viele Likes und Views für eine Automobilwerbung bringen keine Konversion, wenn sie von 15-Jährigen kommen.

Gestalten Sie zwischendurch immer wieder komplexere, interaktive Posts, indem Sie Umfragen einfügen.

▶   »Welcher Ort hat Euch am besten gefallen?«

▶   »Würdet Ihr auch nach Japan reisen wollen – ja! – nein!?«

▶   »Welches Essen würdet ihr wählen?«

So können Sie Posts zu Marktforschungszwecken nutzen und zu Meinungsumfragen machen, die Nutzer nicht viel Zeit kosten und Spaß machen. Wenn sie gut gemacht sind, signalisieren Sie Nutzern damit, dass Sie sie sich wirklich für ihre Meinung und den Nutzen für sie interessieren.

Während unserer Japan-Reise planten wir in unseren Social Storys pro Tag mindestens einmal eine Abstimmung ein. Bei allen Videos, die im Nachhinein erschienen, gab es die Möglichkeit, über die Info-Box oder per Link zur Landing-Page zu kommen oder mehr über alle beteiligten Influencer zu erfahren. Auf diese Weise geben Sie Nutzern gleich mehrere Auswahlmöglichkeiten, ohne sie zu überrumpeln und ohne dass sie die Plattform, etwa YouTube, umständlich verlassen müssen, um auf Ihre Seite zu kommen.

Über weitere vertiefende Videos und Interaktionen mit anderen Influencern befördern Sie Vertrauen in Ihren Content, steigern die Neugierde und motivieren Nutzer, auf Ihre Landing-Page zu kommen.

Auf der Landing-Page sollten Sie vor allem gute Storys und hochwertigen Content im Vordergrund halten und wissen, was Nutzer finden wollen. Zu unserer Landing-Page der Japan-Reise kommen Nutzer nur, weil sie sich für Japan oder für schöne Fotos und Videos interessieren. Enttäuschen Sie sie nicht. Hier finden interessierte Nutzer dann noch mehr spektakuläre Bilder und vertiefende Videos sowie weiterführende Informationen, beispielsweise die Route und einzelne Sehenswürdigkeiten. Ihr Ziel ist es, alle zu inspirieren und ihnen dabei zu helfen, ihre Reise zu realisieren. Deshalb darf in dem Fall der Link zur Buchung nie weit entfernt sein.

Im besten Fall etabliert sich die Landing-Page als digitaler Guide zu Ihrem Produkt oder Service und zur weiteren Unternehmensumgebung. Unsere Landing-Page der Japan-Reise fungiert als Reiseführer für Routen durch Japan, und Menschen empfehlen sie weiter und nutzen sie mehrmals. Auch unsere weiteren Reiseaufträge werden auf dieser Seite erscheinen, und es werden sich im Laufe der Zeit immer mehr dazugesellen. Sollte Ihre Kampagne erfolgreich sein, so sorgen Sie dafür, dass Sie immer wieder daran anschließen können!

6.2.3 »All-in-One«-Kampagnen = Content x Reichweite x Event, am Beispiel des »Usedom Sunspot Awards«

Bauen Sie Ihre Kampagnen von Anfang an so auf, dass sie gleich mehrere Ziele vereinen und ein umfassendes Projekt bieten, welches nachhaltig und langfristig für Erfolg und gute Zahlen sorgt. Als Beispiel möchte ich Sie ein weiteres Mal zu einer Initiative aus der Tourismus-Industrie mitnehmen: zu unserer »Usedom Sunspot Award«-Kampagne. 2020 sind wir dafür vom Ostdeutschen Sparkassenverband mit dem Innovations-Marketing-Award »Leuchtturm der Tourismuswirtschaft« ausgezeichnet worden.

Abbildung 6.12 Partner wie das »Strandhotel Ostseeblick« auf Usedom bereichern die innovativen und komplexen FMD-Kampagnen und profitieren von dem daraus resultierenden Erfolg (Quelle: Marc Bächtold, FMD Content Manager).

Der *Sunspot Award* ist das größte Tourismus-Marketing-Event Deutschlands und fand 2020 im Oktober auf Usedom statt – ein Videofilmwettbewerb, den wir von FMD ins Leben gerufen und organisiert haben und den die Usedom Tourismus GmbH (UTG) finanziert und ausgeführt hat. Den Videowettbewerb schrieben wir im September 2020 in unserer FMD-Facebook-Gruppe aus, der größten Online-Community von Filmschaffenden in Europa und mit mehr als 28.000 kreativen Filmschaffenden einer der größten weltweit. Es bewarben sich über hundert Filmemacher, von denen die Jury zehn zuließ.

Die zehn Teilnehmer wurden für sieben Tage nach Usedom eingeladen, inklusive Unterkunft, Verpflegung, Reisepauschale und dem Extra eines Fallschirmsprungs. Ihre Aufgabe bestand darin, in exakt hundert Stunden einen exakt hundert Sekunden langen Film über Usedom zu drehen. Fantasie und Kreativität wurden sonst keine Grenzen gesetzt. Dem ersten Gewinner winkten ein Preisgeld von 500 Euro und die neuste Sony-Kamera, alle anderen Teilnehmer erhielten zudem auch kleinere Preisgelder.

Auf unser großzügiges Angebot bewarben sich die kreativsten und professionellsten Videomacher Deutschlands. Aber was hat ein solcher Wettbewerb mit einer Social-Media-Marketing-Kampagne zu tun? Sehr viel. Denn hier vereinen sich die Welten des Content-Marketings, Social-Media-Marketings und Event-Marketings idealerweise in einer einzigen großen Kampagne.

Bereits mit der Ausschreibung zogen wir große Aufmerksamkeit in den sozialen Medien auf den Wettbewerb und uns. Die spektakuläre Gestaltung des Wettbewerbs beförderte zudem das Interesse der Presse. Wie bei unseren Reisen wurde auch hier noch während des Wettbewerbs sehr viel User-generated Content veröffentlicht, von kleinen Videos über Fotos und Story-Snippets auf Instagram bis hin zu kompletten Reportagen. Ein ganzes Team von begleitenden Social-Media-Influencern steuerte seine Reichweite bei. Die Einbindung von starken Industriepartnern sorgte für zusätzliche Aufmerksamkeit.

Abbildung 6.13 Dreharbeiten in den frühen Morgenstunden beim Sunspot Award auf Usedom. Das junge Filmteam dokumentiert die traditionelle Arbeit eines Fischers an der Ostsee (Quelle: Marc Bächtold, FMD Content Manager).

Der Wettbewerb war das Vehikel, mit dem wir vor allem die Insel in all ihren Facetten ins öffentliche Licht rückten. In nur sieben Tagen entstanden hier mehr Content und Berichte über Usedom, als in allen Jahren zuvor zusammengenommen. Am Ende entstand sowohl eine kurzfristige Reichweite in den sozialen Medien als auch hochwertiger Content in Form der Videos. Die Videos aller Teilnehmer am Wettbewerb können von der Usedom Tourismus GmbH langfristig ausgespielt, beworben und für Jahre als Werbefilme verwendet werden. Die abschließende Award-Show selbst war ein Ereignis, zu dem über die Teilnehmer hinaus wichtige Persönlichkeiten der Insel und des Bundeslandes eingeladen wurden und über das ebenfalls ausführlich von der Presse und in User-generated Content, kurz UGC, berichtet wurde.

Mit dieser Initiative hat die Usedom Tourismus GmbH mit unserer Hilfe umfangreichen Content in allen Variationen produziert, für große Reichweite in den sozialen Medien und sehr viel UGC gesorgt und ein besonderes Event geschaffen, welches sicherlich fortgeführt wird.

6.2.4   So evaluieren Sie erfolgreich in Social Media und Content Marketing

Stellen Sie sich einmal vor, Sie haben die Aufgabe, ein Reiseziel zu bewerben und dafür Influencer Marketing einzusetzen. Sie finden einen Influencer-Künstler auf Instagram, der mit tollen Bildern des Reiselandes überzeugt. Darüber hinaus ist er fähig, seine eigene Person zurückzunehmen, und weist eine überzeugende Ratio im Verhältnis von Followern und Engagement in Form von Likes und Kommentaren vor.

Sie integrieren ihn in Ihre Kampagne und drücken die Daumen, dass er während Ihrer Kampagne in etwa die Erfolgszahlen ernten wird, die er auch sonst durchschnittlich mit seinen Posts erreicht.

So sind wir bei unserem Japan-Beispiel vorgegangen. Einer unserer Influencer mit über 500.000 Abonnenten macht im Durchschnitt 25.000 Likes und 250 Kommentare mit jedem Post. Die Qualität seines Contents ist überragend gut, da es sich um einen professionellen Fotografen handelt. Seine Zielgruppe interessiert sich für Reisen, Natur und Erlebnisurlaub und ist damit sehr spitz definiert.

Nehmen Sie ferner an, die Reise hat stattgefunden, der Influencer hat spektakuläre Bilder erstellt, diese auf seinem Kanal gepostet und hohe Aufmerksamkeitsraten erzielt. Hier sehen wir ein Beispiel von unserer Japan-Reise:

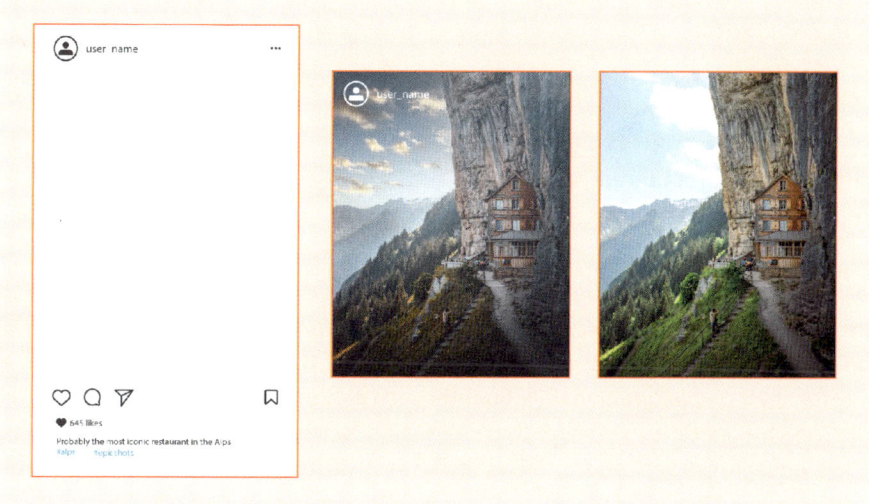

Abbildung 6.14 Die drei Ebenen der Aufmerksamkeitsverteilung anhand eines Post-Beispiels auf Instagram.

Wer sich dieser Ebenen nicht bewusst ist, verfehlt die Ziele seiner Kampagnen. Wie in Abbildung 6.14 zu sehen. Links, Ebene 1: Instagram-Social-Media-Ebene – hier entstehen Kennzahlen aufgrund der User-Gewohnheiten, Algorithmen und Auto-matismen. Mitte, Ebene 2: Der Akteur/User/Künstler bearbeitet das Bild in seiner Handschrift – hier entsteht Aufmerksamkeit durch den Stil des Creators und der Lo-yalität eines Followers. Rechts, Ebene 3: Das Abgebildete – hier (erst) entsteht eine Aufmerksamkeit für das abgebildete Motiv, was für den Geldgeber im Vordergrund steht. Wie viel Aufmerksamkeit bleibt nach den ersten beiden Ebenen noch übrig?

Erreichte Personen	178.332
Likes	26.679
Kommentare	288
Shares	47

Tabelle 6.1 Statistik zur Abbildung 6.14

Alles sieht nach einem erfolgreichen Post aus, und die Zielgruppe stimmt auch. Aber reichen diese Zahlen schon aus, um von einem Erfolg zu sprechen? Werfen wir einen analytischen Blick hinter die Zahlen, und verstehen wir, wie diese zu-stande gekommen sind. Wir schließen aus, dass es sich hier um in irgendeiner Art gekaufte Zahlen handelt; alle wurden rein generisch und mit Native Content erzielt. Für unsere Content-Strategie definieren wir von Anfang an drei Kategorien, die bei jedem Schritt unserer Planung bis zur Evaluierung eine maßgebliche Rolle spielen: die Plattform, der Künstler-Influencer, das Story-Objekt oder die Location. Sehen wir uns die drei genauer an.

Die Plattform: Instagram

Unter »Plattform« behandeln wir augenscheinliche Werte wie Reichweite, Likes und Kommentare sowie die spezifischen technischen und analytischen Funktionen der jeweiligen Plattform. Die Reichweite wird allein dadurch erreicht, dass ein Post im Feed eines Follower-Accounts auftaucht, egal, ob ein Nutzer einfach nur »darü-berscrollt« oder sich näher damit beschäftigt. Viele Nutzer auf Instagram liken aus Gewohnheit und aufgrund der Netiquette auch als Zeichen ihres »Supports«. Durch die Touch-Funktion wurde positives Feedback leicht gemacht, gleichzeitig sind Likes unbegrenzt verfügbar, anders als beispielsweise Geld. Die qualitative Aus-sagekraft von Likes ist daher aus meiner Sicht gleich null.

Neben positivem Feedback und Netiquette wie »Support« für den Creator gibt es auch organisierte Gruppen, die sich planmäßig mit Reaktionen auf Posts gegensei-tig unterstützen. So generieren sie in kurzer Zeit eine hohe Anzahl von Likes und kurzen Kommentaren. Damit triggern die Akteure den Instagram-Algorithmus, der bislang eine schnell aufkommende Viralität als qualitativ hochwertigen Post wertet und automatisch in Trends und zahlreichen Listen und Feeds hochspielt. Hier ist auch der Erfolg von gekauften und automatisch generierten Reaktionen einzuordnen, wenn auch nicht in unserem Beispiel. Ich schätze, dass 30 bis 60 % der Reaktionen auf die Beziehung zur Plattform zurückgehen.

Das Profil: Künstler-Influencer

Beim Künstler-Influencer stehen sein künstlerischer Stil, seine Community und sein Einfluss im Vordergrund. Bei unserer Japan-Reise waren es der individuelle Stil des Fotografen, seine Art der Bildbearbeitung und Präsentation sowie auch sein Image, das uns interessierte. In der Zusammenarbeit stellten wir fest, dass seine Follower und Nutzer mit positivem Feedback auf seine Person und seine künstlerische Arbeit reagieren, sich aber meist nicht auf das abgebildete Objekt, die Sehenswürdigkeit oder das Reiseziel beziehen.

Viele Abonnenten dieses Künstlers stoßen aufgrund der Art seiner herausragenden Bildgestaltung auf den Kanal und abonnieren ihn. In der Folge interessieren sie sich für seine Kunstfertigkeit und seinen Stil und honorieren beides. Ihre Likes beziehen sich auf seine Bildgestaltung, es sind Fan-Likes als Anerkennung für den individuellen Account. Das funktioniert vergleichbar der ersten Kategorie, der Zugehörigkeit zu derselben Plattform.

Künstler-Influencer werden für ihre Arbeit honoriert und mit emotionalen Reaktionen auf Social Media gefördert. Oft wird auch ihr Lebensstil, der in den Posts sichtbar wird, geliked. Leben und Handeln des Künstlers motivieren die Interaktionen mit seinen Posts, aber nicht die konkrete Story. Diese Kategorie ist eng mit dem authentischen und sozial vernetzten Auftritt des Künstlers verbunden. Das macht sie zur wichtigsten der drei Kategorien für die Bewertung und Einordnung hoher Kennzahlen. Wird der Künstler einmal von seiner Community ins Herz geschlossen, dann unterstützt sie ihn bedingungslos. Ich schätze, 40 bis 80 % der Reaktionen gehen zurück auf die Beziehung zur Persönlichkeit des Künstler-Influencers.

Das Story-Objekt: Location

Als dritte Kategorie kommt schließlich das Story-Objekt selbst und damit im Fall der Japan-Reise das sehenswürdige Hotel ins Spiel. Nutzer kommunizieren, dass ihnen der Ort gefällt, artikulieren in Kommentaren ihren Wunsch, dorthin zu reisen, oder bestätigen den positiven Eindruck, weil sie bereits dort waren. Diese Kategorie ist für geschäftliche Beziehungen sehr wichtig, weil sie sich direkt auf das Produkt bezieht und eine relevante qualitative Beziehung etablieren kann. Jedoch ist die Aussagekraft aus meiner Sicht fraglich. Denn die nuancierte Auswertung der Kommentare zeigt, dass in der Regel weit weniger als 5 % aller aktiven Nutzer das konkrete Reiseziel überhaupt wahrnehmen. Mehrheitlich gehören Kommentare zur zweiten Kategorie; sie entstehen aufgrund einer positiven Beziehung zum Künstler-Influencer, seiner Arbeit und seinem Lebensstil.

Anhand der drei Kategorien sehen Sie, wie schwierig es sein kann, aus den emotionalen Reaktionen aussagekräftige Kennziffern und einen Marketing-Erfolg abzuleiten. Berücksichtigen Sie diese Punkte und vermeiden Sie, hohe Kennzahlen allzu schnell als Indikator für Erfolg zu interpretieren.

Um den Erfolg von Posts zu messen, hilft es, auch die Umgebung von Auftraggeber und Kampagne zu berücksichtigen. Daraus können sich weitere relevante KPIs ergeben. Wie viele weitere Reiseziele bewirbt der Influencer pro Jahr? Wie viele davon befinden sich in direkter Konkurrenz zu Ihrem Produkt? Wie wirkt der Content unmittelbar zu den Posts davor und danach in seiner Timeline? Gibt es hier einen unglücklichen Kontrast?

Wenn Sie die Fragen beantworten, die sich aus der Umgebung ergeben, können Sie Ihr Monitoring noch effizienter machen und Ihren Content erfolgreicher planen.

Warum die Umgebung wichtig ist, können Sie sich auch mit dem folgenden kurzen Gedankenspiel vor Augen führen. Heute kennt jeder Social-Media-Influencer. Früher nannten wir sie Stars und VIPs, und Persönlichkeiten des öffentlichen Lebens, die ihren berühmten Namen in Werbung einsetzen, gab es in der Massenkommunikation schon immer: einen Profisportler, der eine Schuhmarke empfiehlt, einen Schauspieler, der ein Hörgerät bewirbt, ein Model, das eine Süßigkeitsmarke anpreist.

Sie erinnern sich bestimmt noch an George Clooney als Gesicht für eine Kaffeemarke. Stellen Sie sich vor, Sie sehen einen TV-Werbespot, in dem Clooney mit charmantem Lächeln in einem Satz seine Liebe für einen guten Espresso erklärt. Keine zwei Minuten später sehen Sie im gleichen Werbeblock noch einmal sein Gesicht. Doch dieses Mal wirbt er für eine Marke mit entkoffeiniertem Kaffee. Wie finden Sie das?

Nun gehen Sie noch einen Schritt weiter. Stellen Sie sich vor, Sie sehen George Clooney innerhalb eines Monats in vier Spots zu vier verschiedenen Kaffeemarken. Klingt wie ein Sketch in einer Comedy-Sendung, oder? Im Social-Media-Influencer-Bereich ist das Alltag. Deshalb sind Sie gut beraten, immer auch die Umgebung mit zu bedenken und zu prüfen.

6.2.5   Bewerten Sie Konversionen in Verkaufszahlen und Abonnements

Lassen Sie uns über Geld sprechen. Obgleich Likes und Views wenig über den tatsächlichen, nachhaltigen Erfolg eines Posts oder einer Story für Ihr Unternehmen aussagen, haben diese Kennziffern einen realen Gegenwert in Geld. Wie viel ein Influencer für einen Post verlangen darf, hängt von seinen durchschnittlich erreichten Kennziffern ab. Aber ich bleibe dabei: Dennoch sind diese Werte nicht Ihr maßgebliches Ziel. Sie müssen die Kennziffern übersetzen in Werte, die für Ihr Unternehmen relevante Konversionen sind und Mehrwert bedeuten.

Beispielsweise kann es Ihr Ziel sein, einen neuen Nutzer in einen Abonnenten zu verwandeln, der regelmäßig Ihre Stories konsumiert und Ihr Produkt oder Ihren Service kauft. Diese Konversionen sind wie Beförderungen im Beziehungsaufbau. Gelingender Beziehungsaufbau mit Followern, Nutzern und Communitys wird maßgeblich in Konversionen und geschäftlichen Interaktionen messbar.

Wieso sollte jemand Ihren Kanal abonnieren, wenn er einen Beitrag von Ihnen gesehen hat, selbst wenn er ihm gefallen hat? Er wurde unterhalten und wischt weiter zum nächsten Beitrag. Versetzen Sie sich in die User hinein, und fragen Sie sich selbst, wann und warum Sie einem Kanal oder einer Person folgen wollen, anstatt den Beitrag nur zu liken. Die Antwort liegt oft klar auf der Hand. Sie versprechen sich mehr von dieser Art des Contents und wollen nichts mehr verpassen. Egal, ob wertvolle Informationen, inspirierende Bilder und Videos oder Unterhaltung, Sie möchten mehr davon und regelmäßig. Genau dasselbe müssen Sie bieten. Sie müssen mehr für Ihre Follower und Nutzer wollen.

Abonnements sind ein wichtiger Bestandteil Ihrer Kampagne, egal ob als Teilziel oder Hauptziel. Konversionen sind selten mit nur einem Content-Element zu schaffen. Sollte ein Nutzer aber über ein Content-Element auf Ihren Kanal kommen und sollten ihm weitere Content-Elemente gefallen, dann könnte er überzeugt sein und abonnieren oder kaufen – ebenso wenn Nutzer Ihren Content vom Algorithmus einer Social-Media-Plattform vorgeschlagen bekommen und Ihnen auf andere Plattformen folgen.

Und nicht nur mit Qualität verwandeln Sie Ihre Nutzer in Follower. Das kann auch mit einer expliziten Aufforderung, einem Call-to-Action oder mit anderen Anreizen gelingen. Verweisen Sie beispielsweise auf bevorstehende Inhalte, und sorgen Sie dafür, dass Ihre Nutzer neugierig werden. Bei unserer Japan-Kampagne haben wir jeden Tag ein bevorstehendes Ereignis angekündigt, wie bei einem Cliffhanger in einer guten Serie. Ähnliches erreichen Sie auch mit Interaktionen, etwa wenn Sie eine interessante Abstimmung gestalten und ein User das Ergebnis nicht verpassen möchte. Dann abonniert er Ihren Kanal, um auf dem Laufenden zu bleiben. Gewinnausschreibungen haben einen ähnlichen Effekt.

Ist ein Nutzer zu Ihrem Follower geworden, erreichen Sie ihn mit jedem Ihrer Beiträge und können ihn motivieren, zu einem loyalen Kunden zu werden, der mit Ihnen interagiert, sich mit Ihrer Marke identifiziert und Ihr Produkt kauft. Bestenfalls werden Follower zu loyalen Kunden und sogar zu Fans Ihrer Marke, die motiviert sind, User-generated Content zu kreieren und zu teilen. Die Qualität Ihres Contents und das Produkt selbst werden Nutzer überzeugen. Vermutlich gehören Follower zu einer Zielgruppe, die zu Ihrem Angebot passt, weil sie einen großen Nutzen daraus zieht.

Das Abonnieren Ihres Kanals ist ein Zwischenziel, ein Schritt im Beziehungsaufbau, der darauf hinweist, dass ein Nutzer zu einer passenden Zielgruppe gehört. Aber Ihre Zielsetzung ist nachhaltig und geht weit darüber hinaus. Sehen Sie den Abschluss eines Abos vielmehr als Anfang einer langen Beziehung, in der Sie dauerhaft mit Ihren Produkten überzeugen wollen. Mit dem Klick auf »Subscribe« und »Follow« geht es erst los. Sehen Sie dies als Chance. Jeder einzelne Abonnent ist wie eine Person, die Ihr Geschäft betritt. Sorgen Sie dafür, dass sie sich dort wohlfühlt, bei Ihnen bleibt, durch die Regale streift, sich interessiert umsieht, gerne etwas kauft und wiederkommt.

Bei unserer Japan-Kampagne gab es gleich mehrere Möglichkeiten für zielführende Konversionen. Über die Distributionskanäle der Influencer und von FMD gelang es uns, Abonnenten und Follower zu gewinnen, die sich für unsere spektakulären Japan-Bilder und -Videos interessierten und bei uns bleiben wollten. Viele reisten weiter auf unsere Landing-Page. Damit erreichten wir ein großes Ziel. Die Follower betraten nun unser Zuhause und machten sich die Mühe, uns zu finden. Dafür reisten sie von der einen Plattform zur anderen, klickten sich dann schließlich auf unsere Landing-Page und reisten weiter zu den Seiten unserer Partner, um den Buchungsprozess für eine Reise zu starten. So wurden aus interessierten Followers überzeugte Kunden. Das kann auf jeden Fall gefeiert werden.

6.3   Wann ist eine Kampagne erfolgreich?

Sie verstehen, dass die Höhe von Social-Media-Kennzahlen für den Erfolg einer »All-in-One«-Kampagne nicht aussagekräftig ist. Mit Ihrer Kampagne verfolgen Sie einen Zweck. Sie wollen Umsatz machen, die Bekanntheit Ihrer Marke oder eines Produktes steigern. Vielleicht wollen Sie auch ID-Marketing machen und Ihr Image verändern. Entsprechend definieren Sie den Erfolg Ihrer Kampagne über dieses Ziel.

Stiegen die Verkaufszahlen Ihrer beworbenen Produkte? Kamen mehr Nutzer auf Ihre Webseite? Reden Nutzer in sozialen Medien über Ihre Marke? Beachten Sie, dass Sie viele Fragen erst nach längerer Zeit beantworten können und die Wirkung einer Kampagne sich mit der Wirkung von Folgekampagnen vermischen kann.

Ich möchte Ihnen nun noch aufzeigen, woran Sie frühzeitig und messbar absehen können, inwiefern Ihre Kampagne ein Erfolg war oder nicht. Finden Sie eine Strategie, mit der Sie jenseits von reinen Kennzahlen Ihre Customer-Journey und Story-

Reise auswerten und evaluieren, damit Sie Ihre nächste Kampagne noch effektiver planen können. Denn schließlich soll Ihnen ja die Beschäftigung mit Social Media und das Drücken und Ziehen an den vielen Hebeln und Stellschrauben der Plattformen immer mehr Spaß bereiten und immer leichter fallen. In Zukunft spielen Sie auf Social-Media-Plattformen wie auf einem Instrument. Ihre Story ist die Sinfonie, und Ihre Erkenntnisse und Ihr Wissen sind die Noten.

6.3.1   Kein Content ohne Call-to-Action

Ihre wichtigste Ressource auf Social Media ist Ihr Content. Wollen Sie aktiv werden, dann brauchen Sie Content. Sind Sie ein talentierter Schreiber, dann produzieren Sie vielleicht vorrangig Content in Form von Texten. Sind Sie ein Fotograf oder können Sie Grafiken und Bilder digital erstellen, dann sind Sie mit Visuals auf Instagram oder Facebook genau richtig. Videos sind auf allen Plattformen sehr beliebt. Für eine »All-in-One«-Kampagne planen und erstellen Sie sehr viel Content in vielen unterschiedlichen Formaten und multimedial. Dafür planen Sie Ihre Ressourcen ein. Entsprechend können Sie es sich nicht leisten, wertvollen Content nicht effektiv und optimal zu nutzen, den crossmedialen Mehrwert verpuffen zu lassen und Ihre Ressourcen zu verschwenden.

Jeder Post, der nicht in das Gesamtgefüge der Kampagne passt, ist eine Verschwendung. Die Kampagne ist der große Entwurf, wie der Bauplan einer Architektin. Darin ist jedes einzelne Content-Stück wichtig und muss eine Funktion erfüllen. Der Content sind die Steine und das Baumaterial für das Haus. Ein Stein, der nichts zum Gesamtplan beiträgt, ist eine Verschwendung von Zeit und Geld, bisweilen sogar kontraproduktiv.

Integrieren Sie in alle Posts einen Call-to-Action für Nutzer, um sicher zu stellen, dass jeder Post zur Kampagne beiträgt und auch für Nutzer als integriertes Element sichtbar ist. Jedes Content-Element bietet die Chance auf persönliche Sprechzeit mit jedem einzelnen Nutzer. Fügen Sie keine Calls-to-Action ein, verlieren Sie eine wertvolle Chance. Deshalb nutzen Sie bewusst jede einzelne Chance!

Die Aufforderung, den Like-Button zu klicken, gehört zu den am häufigsten verwendeten Formulierungen bei YouTube-Videos. Glauben Content-Produzenten etwa, dass Nutzer die Funktion des Like-Buttons nicht kennen? Oder den Abo-Button? Nein, es geht dabei um Interaktion und persönliche Ansprache. Allein der Call-to-Action sorgt dafür, dass viele Nutzer Ihrer Aufforderung gerne nachkommen. Vor allem wenn es um eine Interaktion geht, wie das Verfassen eines Kommentars, die Beteiligung an einem Gewinnspiel, die Verbreitung eines Hashtags. Sagen Sie Nutzern, was Sie von ihnen als Nächstes wollen und lassen Sie dazu keine Gelegenheit ungenutzt verstreichen.

Nehmen Sie Ihre Rolle als Guide in der Customer-Journey ernst, und nennen Sie Ihren Nutzern immer ein nächstes Ziel:

▶ »Klicken Sie nun auf dieses Video, um den nächsten Teil …«

▶ »Schauen Sie auf diesem Kanal vorbei, und entdecken Sie mehr von unserer Reise …«

▶ »Klicken Sie nun auf den Link, und schauen sich die Route auf unserer Landing-Page an.«

▶ »Spenden Sie nun mit nur einem Klick für die Gorillas …«

Warten Sie nicht darauf, dass Nutzer von selbst auf die nächste Handlung kommen oder dem Pfad Ihrer Customer-Journey folgen. Nehmen Sie sie an die Hand, und führen Sie sie weiter.

Bei unserer Japan-Reise verwies beispielsweise jeder Post auf einen Post eines anderen Influencers, auf eine Webseite, auf das Angebot eines Partners oder auf Content auf einer anderen Social-Media-Plattform. Ein Foto führte zu einem ausführlicheren Video, ein Video zu einem anderen Behind-the-Scenes-Video. Dieses führte zu einer Landkarte auf einer Landing-Page. Die Landing-Page führte zu einer Buchungsseite für den eigenen Flug. Helfen Sie Nutzern auf dieser Reise, und integrieren Sie in jeden Post, jede Story den nächsten Reiseschritt. So bauen Sie Vertrauen auf, und Nutzer absolvieren gerne die gesamte Customer-Journey, Ihre Geschichte wird komplett angeschaut, und Ihre Kampagne wird zu einem Erfolg.

Pro-Tipp: Bewerten Sie Erfolg im Non-Profit-Bereich (von Maximilian Wolf)

Eine Non-Profit-Organisation misst den Erfolg nicht nur in vorher festgelegten KPIs und den üblichen Social-Media-Metriken, sondern in eigens definierten Zielen der Nachhaltigkeit einer Kooperation. Organisationen im Non-Profit-Bereich profitieren vor allem davon, wenn sie Menschen langfristig von ihren Werten und ihrer Arbeit überzeugen und an sich binden können. Das gilt nicht nur für ihre Community, Unterstützer und Stakeholder, sondern gerade auch für prominente Botschafter.

Denken Sie daher nicht in einzelnen Kampagnen, sondern in langfristigen Kooperationen. Vereinbaren Sie gemeinsam und explizit langfristige Ziele, mit denen sich alle Beteiligten identifizieren, und gewichten Sie diese höher als kurzfristige Kampagnen-KPIs. Dann binden Sie nicht nur einen Influencer öffentlich an sich, sondern geben dem Creator und seiner Community auch die Zeit, sich mit den Werten der Organisation vertraut zu machen und zu identifizieren.

Zu meinen Best-Practice-Beispielen zählen unter anderem Heiko und Roman Lochmann, die als Jugendliche zu Kampagnenbotschaftern von »Jugend gegen AIDS« wurden und seit über sechs Jahren die Werte unserer Aufklärungsinitiative öffentlich vertreten. Seit 2014 sind die vielleicht bekanntesten Zwillinge Deutschlands auf jeder Kampagne von Jugend gegen AIDS zu sehen. Im Jahr 2015 veröffentlichten Heiko und Roman als »DieLochis« ein Video im Rahmen der Kampagne »100 ways not to use a condom«, in dem sie zehn Wege zeigen, wie ein Kondom nicht benutzt werden sollte. Bis heute wurde ihr Video mehr als eine Million Mal angeschaut. Das Video passte zu dieser Zeit perfekt in den Kanal der Zwillinge, die von ihrer Community vor allem für lustige und unterhaltende Videos gefeiert wurden.

Mit der Zeit entwickelten sich sowohl Heiko und Roman als auch Jugend gegen AIDS weiter. Ein Jahr später präsentierten »DieLochis« ihr erstes Studioalbum bei der offiziellen Kampagnenpräsentation der Aufklärungsinitiative. Obwohl Zeit und Ort des Geheimkonzerts erst wenige Stunden vorher über Snapchat bekannt gegeben wurden, strömten Hunderte Jugendliche in die Mall of Berlin, um die Zwillinge zu sehen. Zu sehen bekamen sie neben dem Konzert aber vor allem die neue Kampagne unter dem Claim: »Do what you want. Do it with love, respect and condoms.«

In den Jahren darauf war Jugend gegen AIDS bei so gut wie allen »DieLochis«-Konzerten mit einem eigenen Stand vertreten und begleitete die beiden bis zu ihrem letzten offiziellen Konzert als »DieLochis« im Herbst 2019. Ab diesem Zeitpunkt traten die Zwillinge nur noch als Heiko und Roman in Erscheinung, und neben Jugend gegen AIDS entstand »FAQ YOU«. Das gleichnamige Buch wurde von Heiko und Roman als Gastautoren und bei der späteren Kampagne unterstützt. Die Kooperation ist ein nahezu perfektes Beispiel dafür, dass die Verbindung zwischen Menschen und Botschaft nachhaltiger ist als eine kurzfristige Kooperation zwischen Creatorn und Produkt.

6.3.2   Planen und initiieren Sie User-generated Content

Sie brauchen viel Content, und Sie brauchen immer mehr Content für Ihre Produkte, Dienstleistungen oder Ihr Image? Das müssen Sie nicht unbedingt ganz alleine stemmen. Ein effektiver Trend: Lassen sie Ihren Content produzieren! Damit meine ich nicht, dass Sie diesen kostspielig in Auftrag geben und Videos oder Fotos am laufenden Band herstellen. Wenn Sie eine enge Verbindung zu Ihren Nutzern und zu Ihren Abonnenten aufgebaut haben, generieren diese auch gern Content für Sie. User-generated Content entsteht meist aus einer Win-win-Situation.

Klingt erst einmal etwas suspekt, aber wenn ich Ihnen nun einige der bekanntesten Beispiele dafür nenne, dann werden Sie nicht nur verstehen, was damit gemeint ist, sondern auch, wie effektiv dieses Vorgehen ist.

Denken Sie beispielsweise an Amazon. Das weltgrößte Versandhaus hat mit UGC eine neue Ära des Kundenvertrauens geschaffen. Was ist einer der ausschlaggebenden Faktoren für Ihren Kauf und auch für Ihr Vertrauen in das Produkt, wenn Sie bei Amazon einkaufen? In den meisten Fällen ist es die Bewertung – in Form von Sternchen und Kommentaren leicht abrufbar und von Menschen wie Ihnen und mir kreiert. Die vielen Bewertungen und Kommentare sorgen für Vertrauen, das nicht von geschäftlichen Interessen geleitet wird. Genauso ist es bei vielen anderen Plattformen, etwa eBay. Das ist UGC, der für Ihr Geschäft, in diesem Fall für Amazon bzw. eBay, täglich arbeitet.

313

Ein anderes Beispiel sind neue Consumer-Technologien wie Kameras oder Smartphones. Wenn diese auf den Markt kommen, gibt es im Netz und vor allem in sozialen Medien eine Vielzahl von Reaktionen in Form von »Unboxing«-Videos, Fotos, Tutorials, Tests, Vergleichen und Kommentaren zu diesem Produkt. Dies ist User-generated Content in Reinform.

Filmemacher Deutschland basiert auf der größten Online-Community von Filmschaffenden in ganz Europa und weltweit einer der größten. Unsere geschlossene Facebook-Gruppe umfasst mehr als 28.000 Mitglieder, die alle im Bereich Film, Video und Fotografie tätig sind. Mit bis zu 12.000 Interaktionen an einem Tag gehört die Community zu einer der interaktivsten Europas. Die FMD-Gruppe beruht vollständig auf UGC. Sie schafft damit einen enormen Mehrwert für viele Bereiche in der Gesellschaft, Wirtschaft und Industrie. Die Mitglieder posten täglich eigene Videos, teilen Links zu Videos und Webseiten, beraten sich gegenseitig, schreiben Beiträge, erstellen Umfragen, vernetzen sich, kommentieren Posts und laden Bilder hoch. All dies bildet eine enorme Fülle an Content, während wir selbst als Betreiber und Administratoren dieser Gruppe zwischen drei und sechs Veröffentlichung pro Tag machen.

Sprechen Sie Ihre Follower und Nutzer direkt an, rufen Sie sie zu Handlungen auf, die Content generieren, die ihre Beziehung und ihre gemeinsamen Interessen berühren und befördern. In unseren weltweiten Kampagnen animieren wir immer wieder, zu kommentieren, Hashtags zu benutzen oder zu bestimmten aktuellen Themen zu posten. »Wart ihr schon einmal in Japan? Wenn ja, dann ladet euren Lieblingsspot hoch mit dem Hashtag #*bucketlistjapan*.« So könnte ein Aufruf lauten, und dann beobachten Sie, was geschieht.

Machen Sie Ihre Social-Media-Kanäle zu einer interaktiven Plattform, auf die Nutzer kommen, um etwas zu erleben, sich zu vernetzen, zu lernen und sich auszutauschen. Entwickeln Sie nicht nur eine spannende Customer-Journey und Experience, sondern sorgen Sie auch dafür, dass sich jeder einzelne Nutzer als Teil dieser Journey fühlt. Jeder soll sich einbringen und mit den anderen austauschen.

Selbst mit einem einfachen Abstimmungstool entsteht bereits interaktiver UGC, über den sich die Menschen wieder unterhalten werden. Verfolgen Sie diese Entwicklung aktiv, befördern Sie den respektvollen Austausch, und nehmen Sie selbst daran teil. Im Social-Media-Bereich funktionieren Nähe und Authentizität, sie sind das Maß der Dinge. Eine Firma, die regelmäßig auf die Kommentare reagiert und sich mit den Usern unterhält, wird greifbar, sie entwickelt eine Persönlichkeit und wird erfahrbar. Der große Konzern und die unantastbare Marke werden plötzlich Bestandteil des eigenen sozialen Umfelds und Erlebens. Davon profitieren beide Seiten, und eine lebenslange Beziehung kann entstehen.

6.3.3   Bleiben Sie an Ihrer Community dran!

Sie sind der Guide und Leader Ihrer Community. Sie halten diese zusammen, moderieren und redigieren. Von Ihnen kommen viele Impulse, Inspirationen sowie Motivationen und Aufforderungen, die den maßgeblichen Purpose und die Tonalität innerhalb der Community prägen. Verstehen Sie sich als Initiator und verantwortlicher Teil einer Bewegung, egal, ob dies eine von Ihnen geplante Kampagne ist oder die Ausrichtung des Kanals und der Plattform. Gestalten Sie allen Ihren Content und Ihre Kampagne so, dass Sie mit Ihrer Customer-Journey einen Mehrwert schaffen, den die User als wertvoll erfahren, der sie motiviert, sich auszutauschen und zu interagieren. Wenn Sie es schaffen, dass jeder Post eine Vielzahl von weiteren Inhalten generiert, ob Kommentare, Hashtag-Nutzungen oder komplexere Handlungen wie das Posten von Fotos oder Videos, dann haben Sie eine Bewegung initiiert. Führen Sie diese Bewegung auf ein sinnvolles Ziel zu.

Um dies zu erreichen, müssen Sie so dicht wie möglich an Ihrer Community bleiben. Die Filmemacher-Deutschland-Community wäre niemals so groß geworden, wenn mein Partner Tariq Khan nicht von Anfang an einen permanenten und sehr persönlichen Austausch mit den Mitgliedern unterhalten hätte. Als Administrator der Gruppe und Experte bietet er professionellen Mehrwert durch regelmäßige Posts mit branchenspezifischen Inhalten, antwortet auf Reaktionen und Fragen und animiert Nutzer mit seinen Inhalten, darauf zu reagieren.

Abbildung 6.15 Tariq Khan fungiert auf Content-Touren nicht nur als Social-Media-Experte und Koordinator hinter den Kulissen, sondern auch als Model vor der Kamera. Hier streift er durch die faszinierenden Shrine-Bögen des »Fushimi Inari-Taisha«, des traditionellen Orts in Kyoto, eines der größten Tourismus-Highlights in Japan (Quelle: Marc Bächtold, FMD Content Manager).

Dabei führen viele Varianten zu Engagement, zum Beispiel Umfragen zu neuen Produkten:

▶ »Wie findet ihr die neue Kamera xyz?«

▶ »Welches Schnittprogramm nutzt ihr am liebsten: A, B oder C?«

Ein weiteres Beispiel ist die fachliche Begleitung großer Events. Beispielsweise postet FMD anlässlich der Oscars die Listen der Nominierten und animiert Mitglieder, sich darüber zu unterhalten. Bei solchen Events funktioniert auch Mund-zu-Mund-Propaganda, und bereits etablierte Mitglieder laden neue Mitglieder ein, an dem Event teilzunehmen. Häufig bleiben die neuen Mitglieder dann fest bei der Community.

Sie können in der Rolle eines Administrators oder einer Gruppe von Administratoren selbst immer mit Rat unterstützen, darüber hinaus Expertenmeinungen aus der Community einfordern und damit anderen Experten eine gewichtige Rolle in der Gruppe einräumen. All das kommt allen zugute und stärkt die Community.

Für FMD erwiesen sich direkte Aufforderungen zu Posts als besonders erfolgreich. »Was war euer bester Drohnenshot?« oder »Zeigt eure Videoproduktion des Jahres, damit wir ein Gruppen-Showreel machen können«, sorgten für qualitativ hochwertigen und zielgruppengerechten Content. Die erfolgreichsten Posts generierten Tausende von weiteren Content-Elementen und verhalfen der Gruppe zu ihrem gigantischen Aufstieg und anhaltenden Erfolg. Das mündete in der Filmfestival-Opening-Party auf der Berlinale, die von FMD in den Jahren 2018, 2019 und 2020 veranstaltet wurde und zu einer der besucherstärksten Berlinale-Veranstaltungen wurde. So gelang es uns, die Nähe zur Online-Community ins reale Offline-Leben zu überführen und greifbarer denn je zu gestalten.

Und nun – nun liegt es bei Ihnen, Ihre eigene ganzheitliche Content-Strategie für die gesamte Customer-Journey und Ihre Nutzer zu entwerfen. Vergessen Sie nicht, die dafür passende Story-Reise zu planen, zu produzieren und auszuspielen und dafür transparente Kennziffern anzuwenden. So werden Sie den Mehrwert für Ihre Nutzer und Sie selbst korrekt evaluieren und Ihre Kampagne zum Erfolg führen.

7 Alles bleibt anders – wie geht es weiter mit Storytelling?

Ihre Nutzer, Kunden und Partner sind schon unterwegs zu neuen Technologien und Content-Gewohnheiten. Es lohnt sich deshalb für Sie, Technologie-Berichte zu verfolgen und Trends zu verstehen. Wir nehmen Sie gemeinsam mit unseren Experten mit zu kommenden Neuerungen, mit denen Storyteller von heute sich auf morgen vorbereiten.

An der Geschichte der Innovationen sehen wir: Es sind äußerst selten isolierte Genies, die eine bahnbrechende naturwissenschaftliche Entdeckung oder eine künstlerische oder technologische Innovation herausbringen. Vielmehr entstehen Innovationen und Trends in einer Umgebung miteinander verwandter Entwicklungen und benachbarter Innovatoren – Innovatoren, die miteinander arbeiten oder gegeneinander konkurrieren. Beides beflügelt neue Erfindungen.

Evolutionsbiologe Charles Darwin, Uhrmacher und Motoren-Erfinder Christian Reithmann, Mathematikerin und Rechenmaschinen-Erfinderin Ada Lovelace oder die Pop-Art-Ikone Andy Warhol – alle arbeiteten in der Ideen-Umgebung ihrer Zeit, in der andere dieselben Themen bearbeiteten. Deshalb sind Erfindungen häufig umstritten, und viele Erfinder bleiben unbekannt, weil sie zu spät zum Patentamt gingen, eine weniger durchschlagende Marketing-Strategie verfolgten oder weil sie Frauen waren.

Auch Johannes Gutenberg, der deutsche Erfinder des Buchdrucks, hatte bereits mehrere erfolglose »Start-ups« gegründet, bevor er die Druckerpresse erfand und erfolgreich auf den Markt brachte. Auch Gutenberg schuf nicht aus dem Nichts. Er modellierte seine erste Druckerpresse anhand des Modells einer Weintrauben-Presse. Wir wissen, dass er damit eine unvergleichliche Erfolgsgeschichte begann.

Gutenberg legte den Grundstein für die Moderne und die über Jahrhunderte dominierende Massen-Medientechnologie, die immer weiterentwickelt wurde und bis heute funktioniert. Er, seine Zeitgenossen und nachfolgende Druckergenerationen hatten sehr viel Zeit, die Technik immer weiter zu verfeinern und zu transformieren.

Anders heute. Wir nähern uns einer Innovationsgeschwindigkeit in Echtzeit an, wenn wir die Innovationsgeschwindigkeit daran messen, wie lange es von der Entwicklung bis zur Marktfähigkeit einer Software oder eines Produkts dauert. Dabei vergeht immer weniger Zeit, manchmal sind es nur noch wenige Monate.

Auch für Sie ist es wichtig, vorausschauend zu planen und Trends zu verstehen. Nur dann können Sie frühzeitig und proaktiv reagieren und in der digitalen Transformation im Fahrersitz Platz nehmen.

Wer es versteht, Signale aus gesellschaftlichen und technologischen Entwicklungen herauszulesen, die zu Trends werden können, entwickelt seine Strategie erfolgreicher und nachhaltiger.

Seit wann integrieren Sie Smartphones in Ihre Strategie? Wer wollte, konnte seit den Neunzigern den Mega-Trend zu Smartphone und konvergenten mobilen Geräten erkennen. Das gelang insbesondere Menschen, die aufmerksam studierten, was in der nicht-europäischen Welt, in Asien und Afrika, vor sich ging, wo Menschen neue Technologien sehr schnell adaptieren und aus jeder sich bietenden Möglichkeit eine Geschäftsidee entwickeln.

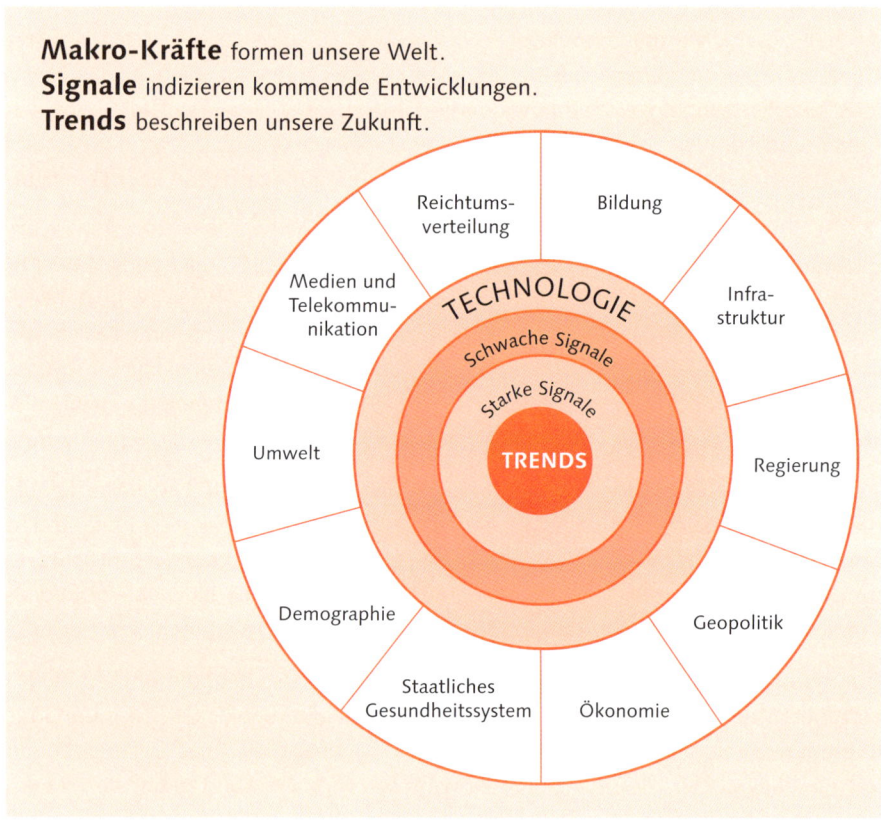

Abbildung 7.1 Amy Webb, quantitative Futuristin und Gründerin des Future Today Institutes. Bevor ein Trend sichtbar wird, wirken Makro-Kräfte und starke und schwache Signale, 2020.

Aber in den Neunzigern war das Smartphone noch nicht mehr als ein peripheres Signal, das sich zu einem Trend, ja sogar einem Mega-Trend entwickeln würde. Ein

Mega-Trend, der andere Trends und Technologien aufisst, mit anderen Worten kannibalisiert. Richten Sie Ihre Strategie an zukünftigen Szenarien in unterschiedlichen Entfernungen zum Heute aus.

Quantitative Futuristen, also Zukunftsforscher, die quantitative Methoden verwenden, und Trendforscher wie die Amerikanerin Amy Webb, Gründerin des »Future Today Institute«, stützen ihre Analysen auf große Datenmengen, die sie mit ausgewählten Fragestellungen durchforsten. Die entstehenden Muster übersetzen sie in datenbasierte Szenarien und zukunftsfähige Strategien. Die Szenarien werden auf einer Zeitachse mit drei Phasen angeordnet: die nächste Zukunft, die mittlere Zukunft und die ferne Zukunft. Es macht auch für Sie Sinn, Ihre Content-Strategie nicht nur auf offensichtliche Trends, sondern auch nächste Trends und leise Signale auszurichten. Bleiben Sie dran, informieren Sie sich mithilfe von Newslettern und Podcasts zu neuen Technologien, digitalen Geschäftsmodellen und Trends.

7.1   Bereiten Sie sich auf diese Trends in Technologie und Storytelling vor

Wir sind uns sicher, für Sie bleibt der wichtigste Trend der »Video-First«-Trend, also »Video zuerst«. Video-First bestimmt unsere Gegenwart und wird auch die nächste Zukunft in E-Commerce und Social Web bestimmen. Wir müssen in keine Kristallkugel sehen, um darauf zu kommen. Denken Sie daran, dass sogar Audioformate vielfach mit Visuals kombiniert oder als Video ausgespielt werden. Gleichzeitig verbirgt sich dahinter auch keine banale Einsicht, denn auch Videotechnologie und Nutzergewohnheiten entwickeln sich technisch immer weiter.

Zum Beispiel zeigen Toks Ihnen einen weiteren Trend auf: in Videos integrierte kommerzielle Transaktionen. Denken Sie an kurze Mikro-Storys und Videoclips, die schnell und suggestiv sind und einen direkten Link zu einer Kaufaktion bieten. In dem Bereich arbeitet Snapchat erfolgreich mit Online/Offline-Anwendungen – etwa mit Video-Snaps, die QR-Codes und Augmented-Reality-Filter integrieren, die 3D-Informationen, Werbung und Produkte zum Austesten in der physischen Realität der Nutzer aktivieren.

Rechnen Sie auch damit, dass Menschen in der mittleren Zukunft keine Smartphones mehr nutzen werden. Was wird die nächste massentaugliche Computer-Mensch-Technologie und Schnittstelle? Schon jetzt steht eines fest: Mit 5G kommt das Internet der Dinge, bei dem wir keine Displays mehr benötigen, um Content und virtuelle Objekte einzublenden. Dies wird auf jeden Fall eine kleine Revolution in Kommunikation, Bildung und E-Commerce auslösen.

Abbildung 7.2 Die Technologie-Journalistin Joanna Stern vom Wall Street Journal sieht die Zukunft Ihres Büros im Virtual-Reality-Set und in Avataren (*www.wsj.com/video/series/joanna-stern-personal-technology/the-future-of-your-office-is-in-a-vr-headset/774E11D3-C8F3-43B3-9674-C6B145650EF7*).

Zusammengefasst heißt das für Sie: Eine Video-zuerst-Strategie ist ein Must-have. Sie muss mit Ihrem Markenkern übereinstimmen, und Sie müssen sie mit Ihren Ressourcen stemmen können.

Pro-Tipps: Acht Trends aus Sicht der Autoren

1. Verbreitung von 5G, Internet der Dinge (IoT), Edge Computing, also dezentrale Datenverarbeitung nahe an der Quelle – alles Technologien, die viele andere IT-Anwendungen kannibalisieren werden.

2. Gaming-Methoden expandieren in alle gesellschaftlichen Bereiche, wie Gesundheit, Kultur, Konzerte, Fachkonferenzen, Trainings – inklusive interaktiver Livestreams, auch bekannt als Gamification.

3. Mehr immersives, interaktives und 360-Grad-räumliches Audio.

4. Mehr Remote-Arbeit und verbesserte Bandbreite bei gleichzeitig zunehmender Ungleichheit beim Zugang zu Remote-Arbeit.

5. Mehr Biotechnologien und innovative Impfprodukte.

6. Gefahren durch Gesichtserkennung und Überwachungstechnologie nehmen zu.

7. Nutzer und Konsumenten werden verstärkt die Selbstkontrolle ihrer Daten einfordern.

8. Technologie-Plattformen werden zunehmend reguliert.

7.2   Was sollten Sie im Blick behalten? Unsere Experten-Tipps

Wussten Sie, dass die meisten Besitzer von Fernsehbildschirmen darauf YouTube und Netflix, aber kein lineares TV ansehen? Dieser Fakt ist wie ein Sinnbild für den digitalen Wandel. Er wird häufig erst auf den zweiten Blick sichtbar, weil viele traditionelle Strukturen noch davorstehen.

Die Streaming-Plattform Netflix wiederum wird seit 2020 in der umgekehrten Richtung zum Vorreiter. Netflix will mit linearen Programmen expandieren und diese zur Nische gewordenen Publikumsgewohnheiten monetarisieren (*www.vulture.com/2020/11/netflix-linear-channels-direct.html*).

Wir sammeln zum Abschluss unseres Buchs für Sie so viel handliches Wissen wie möglich über periphere Signale und offenkundige Trends in Technologie und Storytelling. Dafür haben wir unsere Experten nach Tipps für Sie gefragt. Hier kommen ihre Antworten, welche Trends Sie auf dem Schirm haben sollten.

Deana Mrkaja: Erzählen Sie immersive Storys

Storytelling ist permanenten Veränderungen unterworfen – insbesondere in Social Media. Wie Storys erzählt werden, verändert sich also stetig, aber was gleich bleibt, ist, dass wir immer gute Geschichten brauchen werden. Und wie Hellmuth Karasek – in Bezug aufs Kino – einst sagte, gilt das Gebot: »Du sollst nicht langweilen.« Gutes Storytelling bedeutet auch in Zukunft, dass die Zuschauer, Leser, Zuhörer unterhalten werden, ihre Emotionen geweckt werden und sie von der Geschichte gefesselt sein müssen.

Doch wie schaffen wir das in einer Ökonomie der Aufmerksamkeit, bei der die Aufmerksamkeit von Menschen als knappes Gut gilt? Wie schaffen wir das in sozialen Medien, wo der nächste gute Inhalt nur einen Klick weit entfernt ist? Die Antwort ist für mich der nächste Trend im Social Storytelling: das immersive Storytelling. Es wird darum gehen, die Nutzer in die Geschichten eintauchen zu lassen. Sie werden Teil der Geschichte, indem sie in das Storytelling mit eingebunden werden. Das passiert einerseits durch Interaktion – das bedeutet, die Nutzerinnen und Nutzer sind nicht mehr nur Konsumenten, sondern interagieren mit der Geschichte, können sie vielleicht sogar lenken, nehmen an Abstimmungen teil und können immer wieder ein- und aussteigen. Andererseits wird verstärkt auf Gamification gesetzt werden, indem spieltypische Elemente in einem spielfremden Kontext gebraucht werden, um den Spieltrieb von Menschen zu triggern.

Wichtig wird sein, nicht nur den Zugang zur Geschichte zu ermöglichen, sondern die knappe Aufmerksamkeit so lange wie möglich zu halten. Wenn man sich anschaut, wie lange vor allem junge Menschen Internet- und Konsolen-Spiele am Stück konsumieren können, wird deutlich, dass die vermeintlich kurze Aufmerksamkeitsspanne von der stets gesprochen wird, nicht zutreffen kann, sondern dass es vielmehr um die Art und den Aufbau des Produktes geht, der Menschen fesselt oder eben nicht. Die Geschichten werden also neue Erlebniswelten schaffen müssen, die das Gefühl von Teilhabe ermöglichen.

Technisch werden diese Dinge mit Virtual Reality und Augmented Reality (VR und AR) umzusetzen sein. Noch ist der Zugang dazu beschränkt, da gerade VR technisch hohe Anforderungen hat. Doch im Bereich AR gab es in der jüngeren Vergangenheit bereits viele Beispiele, die die neue Form des Storytellings genutzt haben – auch im journalistischen Bereich. Wichtig wird daher sein, dass der Zugang zur Technik niedrigschwelliger wird und man ohne weitere technische Zusätze wie teure VR-Brillen diese neue Form der Realität nutzen kann. Der Trend wird zudem zum *Mobile-first*-Denken gehen. Geschichten werden erstrangig für Mobiltelefone optimiert, konzipiert und gebaut. Der stationäre Gebrauch wird zweitrangig.

Was sich bereits als gängige Methode etabliert hat, aber auch weiterhin bleiben wird, ist das bewegte Bild. Unser aller Timelines sind geflutet von Videos, Storys, Reels und TikToks. Ich gehe davon aus, dass auch in Zukunft weiterhin auf diese Form dynamischen Storytellings gesetzt wird – einerseits in aufwendigeren Produktionen und längeren Formaten und zusätzlich in Form von Mikro-Storys, die eher auf TikTok und in der Reels-Funktion von Instagram erzählt werden. Inhaltlich werden unsere Geschichten mehr von Diversität als von Klischees geprägt sein, um ein ganzheitlicheres Bild der Gesellschaft wiederzugeben. Auch der Fokus auf die Zielgruppe wird sich verstärken, um wirklich die Menschen zu erreichen, für die die Inhalte relevant sind.

Sascha Gottschalk: Arbeiten Sie mit User-generated Content

Durch die Fülle an Fotos, Videos und Beiträgen sowie die unzähligen Kreativen dahinter entstehen in Social Media beinahe täglich neue Trend-Aktionen, die unmittelbar aufgegriffen werden. Ein virales Video genügt oft schon als Auftakt für Hunderte oder sogar Tausende von Nachahmern, die es teilweise eins zu eins kopieren oder darauf reagieren. Über Trend-Aktionen hinaus gibt es auch längerfristige Trends, die den Content auf den gängigen Social-Media-Kanälen weiterentwickeln.

In einem solchen längerfristigen Trend befinden wir uns: Es geht um die Erstellung und Verbreitung von »authentischen« Beiträgen. Social Media geht zurück zu den Wurzeln und befördert User-generated Content (UGC). Hoch stilisierte, teure Studioproduktionen, egal ob Fotos oder Videos, erzielen nicht mehr dieselbe große Reichweite wie vor einiger Zeit und werden auch von den Plattformen selbst nicht mehr gefördert. Echte Zeugnisse alltäglicher Erfahrungen sind nun gefragt, oft auch mit wackeliger Handy-Kamera und suboptimalem Sound. Dieser Storytelling-Trend geht also in die Richtung, in der Social Media einst entstanden sind. Die Algorithmen der wichtigsten Plattformen sorgen dafür, dass authentischer Content vorrangig ausgespielt wird.

Auch die Verkürzung von Inhalten ist ein anhaltender Trend. So sind die Plattform TikTok und ihr durchschlagender Erfolg ein Produkt dieses Trends. Umso kürzer das Video oder der Beitrag, desto höher die Reichweite. Je kürzer die Zeit und Aufmerksamkeitsspanne zwischen dem Konsumieren der einzelnen Beiträge, desto mehr Content erreicht den User. Instagram bedient diesen Trend bereits durch die Swipe-Funktion der Galerie und das Durchscrollen des Feeds optimal. TikTok macht das Gleiche mit Videos.

Tim Hendrik Walter: Gemeinsam lernen in Social Storys

YouTube wurde vor allem deshalb zum Evergreen, weil die Creator dort informativen Content – oftmals unterhaltsam – zur Verfügung stellen. Ich vermute, dass TikTok auch in diese Richtung will, dafür stehen zum Beispiel Kampagnen wie #lernenmittiktok.

Maximilian Wolf: Mit Edutainment und Livestreams liegen Sie richtig

Parallel zu allen technischen Entwicklungen rund um Augmented Reality und künstliche Intelligenz wird meiner Meinung nach die menschliche Interaktion wieder stärker in den Mittelpunkt rücken. Gerade in Zeiten der Reizüberflutung und des Ausnahmezustands innerhalb einer Pandemie, sehnen sich die Menschen mehr denn ja nach Austausch, Nähe und Individualität.

Die Corona-Pandemie wirbelte im Frühjahr 2020 alles durcheinander, was wir davor »unseren Alltag« nannten. Die Kommunikations- und Medienbranche sah sich mit einem Schlag vor der Herausforderung, alle Prozesse zu digitalisieren – was sie in den Vorjahren zu langsam anging, sollte jetzt ad hoc passieren. Einen Boom erlebten Livestreams und Remote-Formate jeglicher Art, die uns alle noch länger begleiten werden.

Fürs Storytelling ergeben sich dadurch viele neue Perspektiven. Events müssen plötzlich komplett online und menschliche Interaktion muss digital gedacht werden. Innovative Formate entstehen, Plattformen wie Twitch für Livestreams und TikTok für kurze und knackige Inhalte werden noch erfolgreicher.

Für die Zukunft denke ich, dass innovative Livestreams zu einer echten Konkurrenz für lineare Fernsehformate werden könnten. Skeptisch bin ich, was Livestreams als Ersatz zu Festivals oder Konferenzen angeht. Da bleibt der soziale und intuitive Wohlfühlfaktor wichtiger. Wahrscheinlich wird es viele Hybrid-Konzepte geben, die online und offline verbinden.

Aufregend wird auch die Zukunft von Podcasts, die sich bereits vor der Pandemie zunehmend großer Beliebtheit erfreuten. Ähnlich wie andere Content-Formate müssen sich auch Podcasts stetig weiterentwickeln und von der Konkurrenz unterscheiden, um erfolgreich zu sein. Das könnte vor allem eine Chance für journalistische Formate sein, wo Redakteure bereits über das Skillset und Wissen für innovative Podcasts verfügen.

Ich bin auch sicher, dass der Trend zu »Edutainment«, der Symbiose aus Informationen und Unterhaltung weitergehen wird, und zwar in Form von »Snackable Content« auf Plattformen wie TikTok. Spannend wird zu beobachten sein, ob konkurrierende Plattformen wie Instagram mit *Reels* oder YouTube mit *Shorts* ähnlich erfolgreich sein oder sich auf andere Tools konzentrieren werden.

Adil Sbai: Finden Sie kreative Lösungen für Copy-Cats

Mir fällt immer häufiger auf, dass Ideen und Konzepte kopiert oder adaptiert werden, übrigens plattformübergreifend. Beispielsweise ist das auch auf LinkedIn ein zunehmend großes Problem. TikTok ist hierfür noch mal ein Multiplikator, weil durch mögliche extreme Schwankungen in der Reichweite und damit jederzeit mögliche Viralität spektakuläre Ideen deutlich mehr belohnt werden als anderswo. Das belohnt zwar die Schnellen und Mutigen, ist aber auch ein gewisses Risiko für den Vibe der Plattformen.

Es gibt bereits erste Abmahnungen bzw. Unterlassungserklärungen von großen Creatorn an »aufstrebende« Creator, die sich ihrer Ideen und Konzepte bedienen. Rechtlich mag die Situation recht eindeutig sein, denn man kann sich Ideen und damit auch Content-Formate kaum patentieren lassen, Ideen sind in der Regel urheberrechtlich nicht geschützt. Die Entwicklung zeugt aber davon, dass hier Konfliktpotenzial besteht. Spätestens wenn die Creator ihre Reichweite erfolgreicher monetarisieren, wird der Konkurrenzkampf um Werbe- und Plattform-Deals zunehmen und damit Reibung entstehen.

Wenn man klug damit umgeht, dass man kopiert wird, kann man das auch in ein erfolgreiches Branding ummünzen. Zum Beispiel geht Younes Zarou mit dem Phänomen »kopiert werden« kreativ und locker um. Er lobt andere Creator für deren

Adaptionen seiner Konzepte und versucht, mit ihnen zu netzwerken. Interessanterweise machte Zach King, einer der erfolgreichsten Video Creator weltweit, Selbiges bei Younes und kommentierte lobend ein Video von diesem. Gleichzeitig arbeiten viele sehr erfolgreiche Creator wie Younes oder Zach hart dafür, immer innovativ und einen Schritt voraus zu bleiben.

Abbildung 7.3 Computer wanderten aus vollen Zimmern in unsere Jackentaschen. Sie wurden immer kleiner, kostengünstiger, mit mehr Funktionen, viel intimer (Collage, eigene Darstellung, inspiriert von Mark Bellinghurst).

Hier endet unser Buch, doch nicht unsere gemeinsame Reise. Für weiteren fachlichen Austausch, zur Beantwortung Ihrer Fragen und für vertiefende Trainings stehen wir und unsere Experten Ihnen jederzeit gern zur Verfügung.

Bis dahin verbleiben wir mit den besten Grüßen und wünschen Ihnen und Ihrem Team gutes Gelingen, guten Erfolg und kreativen Spaß mit unserem kompletten Werkzeugkasten und der Umsetzung Ihrer »All-in-One«-Strategie!

Ihre
Marie Elisabeth Müller und **Devadas Rajaram**

Autoren und Experten in diesem Buch

Autoren

Dr. Marie Elisabeth Müller

Die SWR-Journalistin, Hochschullehrerin und Trainerin für digitalen Journalismus und Kommunikation ist seit mehr als zwanzig Jahren in der Medienindustrie, an Hochschulen und in Organisationen tätig. Sie ist eine vielseitige Autorin und Publizistin für Radio, TV, Onlinemedien und Print.

(Foto: Peter Korn-Hornung)

Marie Elisabeth Müller promovierte in Medienwissenschaften/Philosophie an der Universität Konstanz zum Thema »Digitales Storytelling im Film«. Sie lehrt interaktives Multimedia-Storytelling und Plattform-Strategie an Hochschulen im In- und Ausland, einschließlich der Hochschule der Medien in Stuttgart, Universität der Künste in Berlin, S. I. Newhouse School for Public Communications in Syracuse (USA), Asian College of Journalism in Chennai (Indien) und Danish School of Journalism in Aarhus (Dänemark). Von 2004 bis 2008 war sie als DAAD-Lektorin an die University of Nairobi in Kenia entsandt.

Darüber hinaus führt sie Storytelling-Trainings, Content-Strategie-Coachings und Design-Sprints für innovative digitale Produkte für Medienhäuser, NGOs sowie kleine und mittelständische Unternehmen durch.

Gemeinsam mit Prof. Devadas Rajaram und Prof. Harald Eichsteller gibt sie die agile Medienreihe »Now Media« im Nomos Verlag heraus, in der junge Absolventen aktuelle Arbeiten zu innovativen Storytelling-Methoden in Journalismus und Marketing veröffentlichen.

Im Februar 2021 publizierte das Autorenduo Müller/Rajaram sein Paper »It's not about the room, it's about the mind-set. How to create an integrated newsroom with digital workflows and cross border collaboration«. Das Paper ist Teil des Bestsellers »Creating Innovation Spaces« im Schweizer Springer Verlag.

Marie Elisabeth Müller gehört zum Kernteam des *Global Pop-Up Newsroom*, den Prof. Dr. Melissa Wall (California State University Norfolk, Los Angeles, USA) 2012 gemeinsam mit Prof. Dr. David Baines (Newcastle University, UK) und Prof. Devadas Rajaram (Asian College of Journalism, Chennai, Indien) gründete.

Im *Global Pop-Up Newsroom* kollaborieren erfahrene Journalisten und Hochschullehrer, junge Studierende und unabhängige Reporter auf vier Kontinenten in vielen Weltregionen. Sie planen spezielle »Pop-up-Events« während derer sie sich zusammentun und Geschichten aus einer regionalen Perspektive zu einem globalen Thema erzählen. Dabei empowern sie Menschen aus unterrepräsentierten und lokalen Communitys und geben ihnen eine Stimme. Neben Marie Elisabeth Müller gehören zum Kernteam Prof. Priya Rajasekar (Coventry University, UK), Prof. Faith Sidlow (Fresno State University, USA) und Prof. Sandra Whitehead (Marquette University, USA, und Rafik Hariri University, Beirut, Libanon).

Kontakt:

- *www.linkedin.com/in/memplexx*
- *www.nowagestorytelling.co*

Professor Devadas Rajaram

Der Futurist und Journalismus-Hochschullehrer hat mehr als zwanzig Jahre Erfahrung in digitalen Medien- und Print-Nachrichtenredaktionen im Mittleren Osten und in England. 2018 zeichnete ihn die renommierte amerikanische Medienorganisation *Media Shift* als einen der zwanzig innovativsten Journalismus-Lehrer der Welt aus – den einzigen, der nicht aus den USA stammt (*http://mediashift.org/2018/01/edshift20-honoring-innovative-journalism-educators-2017/*).

Devadas Rajaram ist einer der Pioniere in digitalem Journalismus. Er begann 1997, mit *Mobile Storytelling* zu experimentieren. Er hat einen distinguierten Masterabschluss in *International Multimedia Journalism* von der Newcastle University (UK).

Seit 2012 unterrichtet er Mobile-Journalismus, Social Media und interaktives Multimedia-Storytelling am Asian College of Journalism in Chennai. Er war als Gastdozent an der Hochschule der Medien in Stuttgart und an der American University in Bulgarien tätig.

Gemeinsam mit Dr. Marie Elisabeth Müller und Prof. Harald Eichsteller gibt er die agile Medienreihe »Now Media« im Nomos Verlag heraus, in der junge Absolventen aktuelle Arbeiten zu innovativen Storytelling-Methoden in Journalismus und Marketing veröffentlichen.

Im Februar 2021 publizierte das Autorenduo Müller/Rajaram sein Paper »It's not about the room, it's about the mind-set. How to create an integrated newsroom with digital workflows and cross border collaboration«. Das Paper ist im Bestseller »Creating Innovation Spaces« im Schweizer Springer Verlag veröffentlicht.

Devadas Rajaram gehört zum Gründertrio des Global Pop-Up Newsroom, gestartet 2012 von Prof. Dr. Melissa Wall (California State University Norfolk, Los Angeles, USA) gemeinsam mit Prof. Dr. David Baines (Newcastle University, UK).

Im *Global Pop-Up Newsroom* kollaborieren erfahrene Journalisten und Hochschullehrer, junge Studierende und unabhängige Reporter auf vier Kontinenten aus vielen Weltregionen. Sie planen spezielle »Pop-up Events« während derer sie sich zusammentun und Geschichten aus einer regionalen Perspektive zu einem globalen Thema erzählen. Dabei empowern sie Menschen aus unterrepräsentierten und lokalen Communitys und geben ihnen eine Stimme. Zum Kernteam gehören neben Dr. Marie Elisabeth Müller (Bonn), Prof. Priya Rajasekar (Coventry University, UK), Prof. Faith Sidlow (Fresno State University, USA) und Prof. Sandra Whitehead (Marquette University, USA, und Rafik Hariri University, Beirut, Libanon).

Kontakt:

▶ *www.linkedin.com/in/devadasrajaram*
▶ *www.nowagestorytelling.co*

Experten

Sascha Gottschalk

Sascha Gottschalk ist der Gründer, Geschäftsführer und Produktionsleiter von FMD – Filmemacher Deutschland. Er studierte Germanistik und Philosophie an der Heinrich-Heine-Universität zu Düsseldorf. Anschließend machte er sich mit einem Unternehmen für Imagefilm-Produktion selbstständig und bereiste die Welt. Seine internationalen Erfahrungen und das damit verbundene kreative und unternehmerische Netzwerk inspirierten ihn, 2016 das Unternehmen FMD gemeinsam mit seinem Geschäftspartner Tariq Khan zu gründen.

Heute sind die beiden mit ihrem Team für spektakuläre und einzigartige Produktionen im Auftrag global operierender Unternehmen, Marken und Regierungen verantwortlich. 2020 sind sie mit dem Innovations-Marketing-Award »Leuchtturm der Tourismuswirtschaft« ausgezeichnet worden.

FMD plant und realisiert bei jeder Produktion sämtliche Facetten der Content-Strategie und des Social-Media-Marketings. FMD zählt weltweit zu den Top-Produktionsfirmen für Superlativ-Events und arbeitet mit globalen Firmen und Marken für innovative Content-Kampagnen und einzigartige Online-Offline-Events zusammen. FMD basiert auf der größten Online-Community von Filmschaffenden weltweit, 2012 von Tariq Khan gegründet.

Kontakt:

▶ *https://fmd-productions.com/de/*

Deana Mrkaja

Deana Mrkaja ist Journalistin, Politologin und Zukunftsforscherin. Die mit namhaften Preisen ausgezeichnete Journalistin ist für Medienhäuser in Deutschland tätig. Sie realisiert innovative journalistische Formate in Social Storytelling. Als Expertin für Social Media unterrichtet sie auch an der Akademie für Publizistik in Hamburg. Deana Mrkaja ist Mitbegründerin und Vorstandsvorsitzende der Partei »Die Neuen«, die 2021 erstmals bei der Wahl zum Berliner Abgeordnetenhaus antritt.

(Foto: Julia Zoooi)

Kontakt:

▶ *https://deana-mrkaja.de*

▶ »Die Neuen«: *https://instagram.com/mr_s_kaja?igshid=1brl8dlqbzhfb*

Adil Sbai

Adil Sbai ist Co-Founder der Social-Media-Agentur *weCreate*. Als Autor der »TikTok Bibel für Influencer und Creator« (*https://reports.wecreate.media/de/tiktokCreators/*) und Mastermind hinter dem Erfolg des am schnellsten wachsenden TikTok-Creator Europas Younes Zarou erarbeitete er sich den Ruf als führender TikTok-Experte der DACH-Region. weCreate berät mittlerweile gleichermaßen bekannte Content Creator (wie unter anderem »Herrn Anwalt«, siehe *www.tiktok.com/@herranwalt*), Unternehmen und Agenturen bei der Planung und Umsetzung von TikTok-Kampagnen.

(Foto: weCreate)

Kontakt:

▶ *www.linkedin.com/in/adil-sbai-500b75117*

Tim Hendrik Walter

Tim Hendrik Walter sorgt als Anwalt für Familienrecht nicht nur in der analogen Welt für Recht und Ordnung. Seine Millionen, zum Großteil jungen Follower klärt Walter als »Herr Anwalt« in sozialen Netzwerken über allgemeine rechtliche Fragen auf und wurde damit für viele Jugendliche zu einer wichtigen Bezugsperson in sozialen Medien. Auch als innovativer Storyteller und Creator setzt er neue Maßstäbe für effektive Social-Media-Lernformate, Edutainment und Markenkommunikation.

(Foto: weCreate)

Kontakt:

▶ Social Media Handle: *@HerrAnwalt*

Maximilian Wolf

Maximilian Wolf leitet das Marketing der *ohhh! foundation e. V.*, der »Organization for Human Health and Happiness«. Zur ohhh! foundation gehören unter anderem die Projekte »Jugend gegen AIDS« (in English »Youth against AIDS«) und »FAQ YOU«. Sie wollen junge Menschen befähigen, ihre sexuelle Identität sicher und respektvoll zu erforschen, anzunehmen und zu erleben in einer Zeit, die sich ständig verändert.

Nach einem Volontariat bei einer Regionalzeitung in Thüringen studierte Wolf in Stuttgart, Singapur und London Crossmedia-Journalismus und Public Relations und spezialisierte sich auf die Verbindung von Marken und Kultur in der Kommunikation. Bei der ohhh! foundation verantwortete er als Projektleiter unter anderem das mehrfach ausgezeichnete Buch »FAQ YOU – frequently asked questions about sex and love«.

(Foto: Luca Borsotti)

Kontakt:

▶ *www.linkedin.com/in/max1wolf*
▶ *https://twitter.com/max1wolf*

Index